경제 인류학으로 본
세계무역의역사

Cross-Cultural
Trade in World History

Cross-Cultural Trade in World History by Philip D. Curtin
Copyright ⓒ 1984 by Cambridge University Press
All Rights reserved.

Korean translation edition ⓒ 2007 by Motivebook Publishing House
Published by arrangement with Cambridge University Press, Cambridge, UK
Through Bestun Korea Agency, Seoul, Korea
All Rights reserved.

이 책의 한국어 판권은 베스툰 코리아 에이전시를 통하여 저작권자와 독점 계약한
모티브북에 있습니다.
저작권법에 의해 한국 내에서 보호를 받는 저작물이므로
어떠한 형태로든 무단 전재와 무단 복제를 금합니다.

경제 인류학으로 본

세계 무역의 역사

필립 D. 커틴 지음 | 김병순 옮김

모티브 BOOK

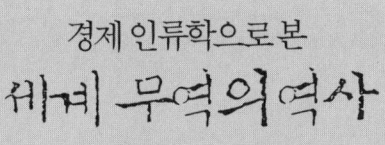

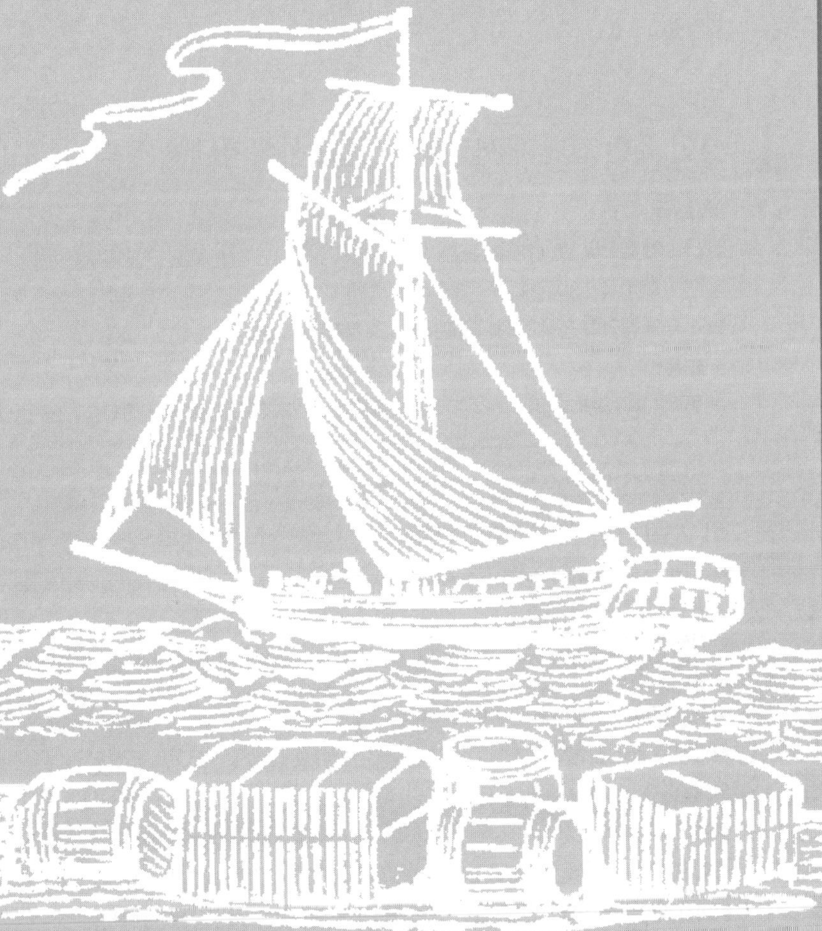

차례

머리말　_9

1　상인 유민 집단과 서로 다른 문화 사이의 국제 무역

상인 유민 집단　_16
상인 유민 집단의 역사　_19
상인과 교역 국가의 관계　_22
외국 무역 상인의 정착과 상인 집단 내부의 관계　_25
문화 융합　_32
몇 가지 다른 무역 유형　_34

2　아프리카
: 교역을 자극한 요소들, 경쟁의 유형

교역을 자극한 요소들　_41
소금, 철, 물고기　_42
낙타, 대추야자, 사하라 사막 무역　_49
사막에서 열대 삼림으로　_56
열대 아프리카 해안 무역　_58
중계 무역 시장　_61
협력 경쟁　_67
동아프리카 : 무역망의 진화　_69

3 아프리카
: 무역 상인과 무역 공동체

보호 비용, 강압, 국가 _82
혈맹의 관계에서 협약의 관계로 _89
종교의 배타적 기능과 포괄적 기능 _94
지주, 중개 상인, 대상의 우두머리 _102
해안 시장과 유럽 무역 상인 _108

4 고대 무역

메소포타미아 무역 _116
아나톨리아의 아시리아 무역 상인 _126
이집트의 고대 무역과 동지중해 _131
그리스 인과 페니키아 인 _137
콜럼버스 이전의 아메리카 무역 _146
초기 교환 형태의 진화 순서 _156

5 새로운 무역의 축
: 지중해에서 중국으로, 기원전 200년~서기 1000년경

초기 중국 무역과 중앙아시아를 통한 개방 _160
서인도양의 해상 무역 _169
동남아시아의 초기 무역 _176
로마 제국 멸망 후의 지중해 : 새로운 제국의 등장 _180
인도양 무역과 이슬람의 성장 _185

6 인도양 동쪽의 아시아 무역
: 1000~1500년

송나라 초기의 '경제 기적' _189

지중해 이슬람 국가들의 국제 무역, 970~1250년 _191
무역 방식 : 지중해 기독교 국가들, 1000~1500년 _199
아시아 무역의 재편, 1250~1500년 _205
인도양 동쪽의 무역 방식 _218

7 유럽의 아시아 해상 무역 진입

포르투갈의 교역소 무역 _232
16세기 아시아 무역 상인들의 대응 _246
북유럽과 포르투갈의 경쟁 _253
네덜란드 동인도 회사 _259
영국 동인도 회사 _263

8 부기 족, 바니안, 중국인
: 유럽의 대형 무역 회사와 아시아 무역 상인들

남술라웨시 섬의 상인 유민 집단 _269
중국해의 무역 _282
이단자들과 중개 상인 바니안 _290
항구 도시들의 연결망 _298

9 17세기 육상 무역
: 유럽과 동아시아를 이어 준 아르메니아 인

아르메니아 인의 초기 무역 _306
16세기 이전의 아르메니아 상인 유민 집단 _311
아르메니아 인과 페르시아 사파비 왕조 _313
페르시아에서 러시아까지 육상 무역 _316
아르메니아 공동체 안의 상인들 관계 _322
아르메니아 무역 상인 공동체들 _330

10 북아메리카의 모피 무역

북아메리카의 환경 : 전염병과 문화 _344
북아메리카의 환경 : 지리적 조건과 해양에서 내륙으로 들어가는 전략 _354
세인트로렌스 만에서 최초로 시작한 모피 무역, 1600~1649년 _363
허드슨 만의 개방 _368
모피 무역과 협정 가격 시장 _373

11 상인 유민 집단의 쇠퇴

산업주의와 흔들리는 힘의 균형 _382
산업 시대의 아프리카 무역 : 아프리카의 2차 제국들 _389
비공식 제국과 새로운 형태의 교역소 : 싱가포르 _398
홍콩과 중국의 조약항 _401
영사관 _406
주변부 지역의 서구화 _409
유럽의 지배 수단 416

참고문헌 _421
찾아보기 _441

머리말

　대개 역사에 대한 글은 우리가 알고 있는 시간과 공간, 그리고 그 속에서 일어난 사건들로 구성되어 있다. 그러나 이 연구는 정통의 역사 서술 방식에서 좀 벗어난다. 무엇보다도 이 책의 이론 구조를 이루는 역사적 경제 인류학historical economic anthropology은 공인된 사회과학의 여러 분야 가운데 여전히 많은 논의가 진행 중인 미개척지이다. 그러나 여기에 석용된 세 가지 학문 분야 가운데 첫째로 관심을 가져야 할 분야는 역사다. 여기서 말하는 역사는 비교 세계사comparative world history인데 이 분야도 아직 연구 실적은 미미하지만 점점 성장해 가는 학문 분야이다.—'비교'라는 말이 붙은 까닭은 서로 다른 문화권 사이에서 이루어지는 국제 교역과 관련해서 특정 현상을 추출하고 이 현상들 사이에 있는 유사성과 차이점을 찾아내야 하기 때문이다. 그리고 '세계'라는 말을 쓴 것은 전 세계에서 일어난 사실들을 모두 다룬다는 것이 아니라 서구 중심의 시각에서 벗어나겠다는 뜻이다. '역사'는 오랜 시간의 흐름 속에서 변화를 관찰했기 때문에 붙인 말이다. 그리고 시간이 흐르면서 인간 사회가 어떻게, 왜 변화했는가, 하는 역사가의 질문을 던져야 하기 때문에 역사인 것이다.

그러나 이와 더불어 역사는 경제학자와 인류학자가 연구하는 변화의 종류와도 관련이 있다. 따라서 이 연구는 경제학자들과 인류학자들의 개념에서 많은 부분을 빌린다.

역사를 다루는 이런 태도와 다른 학문 분야에서 빌린 개념들을 조합하는 것은 그만한 대가를 치러야 한다. 이 책은 역사적 사실의 중요성을 기준으로 여러 가지 사실을 모아 쓴 것이 아니다. 무엇보다도 이것은 단순히 세계 무역의 역사를 쓴 책이 아니다. 여기서는 농업 혁명(수렵, 채취 사회에서 농경 사회로 바뀐 신석기 시대를 일컬음-옮긴이)과 상업 혁명commercial revolution(1520~1650년 유럽의 경제 팽창 시기로 식민지 건설과 국제 무역망이 널리 형성된 시기를 일컬음-옮긴이) 사이의 오랜 시간 동안 몇몇 지역에서 일어난 여러 형태의 상업 활동을 자세히 조사한다. 그리고 시간의 흐름에 따른 발전 과정을 한 줄기로 엮어 나간다. 그러나 그 과정에 드러나는 중요한 무역 상인과 교역로를 모두 다루지는 않는다. 내 연구는 비교 문화 관점에서 무역의 다양한 모습을 보여 주는 사례를 찾는 것이다.—거래되는 상품의 양에 영향을 끼쳤다거나 또는 역사의 다른 측면에 아주 큰 충격을 주었다거나 하는 것은 중요한 기준이 아니다. 예를 들어 아시아로 가는 육상 교역로나 러시아와 중국 사이의 육상 교역은 거의 언급하지 않았는데, 그것은 그 사실이 중요하지 않기 때문이 아니라 이런 교역 활동을 알 수 있는 자료들이 다른 시기와 지역들만큼 풍부하지 않기 때문이다. 그래서 많은 문화가 가볍게 다뤄지고 많은 시기가 지니고 있는 가치만큼 주목받지 못한다. 이런 기준에 불만인 역사가들이 있다면 또 다른 사례들을 선택하여 연구해도 좋을 것이다.

이 책이 다루지 않는 또 하나의 중요한 사실은 주요 문화권 안에서 이루어진 무역의 역사다. 비교 문화의 관점으로 무역의 역사를 한정했기 때문에 서기 1000년경 중국 송나라의 엄청난 국내 교역의 성장이나 이후 서유럽에서 일어난 상업의 부흥을 다루지 못한다.¹

셋째로 이 책은 정치사와 개별 인간들의 관심사들을 조금도 다루지 않는다. 따라서 이 책은 정통 역사 서술에서 매우 중심이 되는 일련의 사건들과도 관련이 많지 않다.

이 책에서 일관하는 또 하나의 관점은 행동 양식에 대한 것이다.—때때로 반복되는 양식 또는 규칙을 말한다. 역사의 '법칙'과 같이 틀에 박히고 엄격한 규칙을 따르는 것은 아니지만 어떤 환경에서 반복하여 일어나는 특정 행동 양식은 주목할 가치가 있다. 행동 양식을 찾아낸다는 것은 특정 사실을 선택하여 뽑아낸다는 것을 뜻한다. 역사에 대해 쓴 글은 모두 어떤 특정한 때의 특정한 곳을 알 수 있는 모든 자료 가운데서 선택하여 뽑아낸 것이다. 이 책에서 나는 인간의 역사 가운데 아주 일부분에만 관심을 둘 것이다. 바로 사람들이 서로 다른 생활양식을 가진 사람들과 상품을 교환하는 방식에 대한 것이다.

나는 인류의 역사에 대해 유럽 중심의 사관에서 벗어나려고 애썼다. 하지만 그 같은 시도는 중대한 문제점을 안고 있다. 사회 과학자들은 모두 자신들이 속해 있는 문화와 시간이라는 덫에 걸려 있기 마련이다. 이처럼 자연스런 자기 민족 중심주의를 넘어서려고 아무리 노력해도 나는 역사를 우리 시대의 서양 문화에서 일반화된 사회

---

1 이 주제를 다룬 문헌은 다음과 같다. Fernand Braudel, *Civilization and Capitalism: 15th~18th Century. Volume II, The Wheels of Commerce*(New York, 1982) ; William H. McNeill, *The Pursuit of Power: Technology, Armed Force, and Society since A.D. 1000*(Chicago, 1982) ; Mark Elvin, *The Pattern of the Chinese Past*(Stanford, 1973) ; Tapan Raychaudhuri and Irfan Habib(eds.), *The Cambridge Economic History of India*, 2 vols.(Cambridge, 1982).

과학의 개념을 써서 서양의 말로 표현해야 한다. 마찬가지로 이 연구는 현재 쓸 수 있는 정보의 종류나 범위로 한정될 수밖에 없다. 그리고 이 정보는 끊임없이 바뀐다. 내가 참조한 가장 중요한 출전의 거의 절반 이상이 내가 처음 이 책을 쓰려고 생각했던 1970년대 초반 이후에 발간된 자료들이다.

여기 나온 사례들은 또한 언어의 한계 때문에 범위가 제한되었다. 나는 서유럽과 북미에서 많이 쓰는 일부 언어만 안다. 러시아 어와 아르메니아 어 또는 중국어를 잘 읽을 수 있었다면 이 연구에 여러 지역의 훨씬 더 많은 자료들을 출전으로 썼을 것이다. 그러나 반면에 필요한 언어를 모두 배우는 데 시간을 보내려고 한다면 아무것도 쓰지 않겠다는 말과 다름없을 것이다.

끝으로 하고 싶은 말이 있다. 역사학과 사회 과학의 지식은 최근 수십 년 동안 크게 성장했고 학자들은 더욱 전문화하였다. 그러므로 그들은 세분화된 자기 전문 분야의 틀에서만 글을 쓰려고 하는데 이 같은 사실은 그 글을 읽을 만한 사람이 선택된 소수뿐이라는 것을 암시한다. 내가 이 책을 쓴 까닭은 역사학과 사회 과학계에 새로운 사실들을 밝힐 수 있다고 자신했기 때문이기도 하지만 아울러 교양 있는 일반 사람들도 쉽게 읽음 직하다고 생각했기 때문이다. 내 의도가 성공했는지 여부는 독자들만이 알 것이다.

이 책이 나오기까지 많은 토론과 조언, 대화로 도움을 준 여러 친구와 동료, 그리고 학생들에게 뭐라 말해야 할지 모르겠다. 그러나 무엇보다 볼티모어 존스 홉킨스 대학 아이젠하워 기념 도서관의 도서관 상호 도서 대출부에서 많은 도움을 준 사서들의 헌신을 잊을 수 없다. 또한 특별히 패트리샤 로메로 커틴, 리처드 헬리에, 알렌 아이작맨, 폴 러브조이, 윌리엄 H. 맥닐, 앤서니 레이드, 존 F. 리처드, 윌리엄 로위, A. J. R. 러셀우드에게 감사의 말을 보낸다. 이들은 모두 내가 쓴 초고의 전부 또는 일부를 충분히 읽어 보고 자세히 비평해 주었다. 이 책에 대해서, 특별히 훌륭한 충고를 받고도 잘못된 부분이 남아 있다면 말할 나위도 없이 나 한 사람에게 책임이 있다.

또한 내가 이 작업을 하는 동안 위스콘신 대학의 비교 세계사 프로그램으로 재정 지원을 해 준 뉴욕의 카네기 재단과 존 시몬 구겐하임 기념재단에 감사의 말씀을 드린다.

필립 D. 커틴

1
상인 유민 집단과 서로 다른 문화 사이의 국제 무역

문화의 경계를 넘나드는 무역 거래와 교환 행위는 인류 역사에서 매우 중요한 역할을 했다. 이것은 무지막지한 무력 정복이 인류 역사에 끼친 영향력을 빼고는 가장 중요한 바깥 세계의 자극이었을 것이다. 그리고 이 바깥 세계의 자극은 예술과 과학, 기술의 변화와 발전을 이끌어 내는 가장 중요한 구실을 하였다. 어떤 인간 집단도 자기들이 물려받은 문화와 기술 가운데 아주 작은 부분을 빼고는 어떤 새로운 것도 홀로 창조할 수 없었다. 예를 들어서 이 책의 제작 과정을 짧게 얘기해 보자. (이 책을 쓴 언어인) 영어는 게르만 족의 이동과 함께 서유럽으로 들어온 언어들 가운데 하나에서 파생되었다. 영어는 남쪽에서 온 제국의 정복자들이 강요한 라틴 어와 또 다른 차용어들이 함께 섞였다. 책 페이지를 표시하는 것은 '아라비아 숫자'다. 이것은 실제로 유럽 사람들이 아랍 민족에게 숫자를 배웠다는 것을 나타낸다. 그런데 아랍 민족은 맨 처음 자릿수 표기법을 발명한 인도 사람들에게 이 숫자를 빌려 왔다. 또한 인류는 꽤 오래전부터 직접 갖고 다닐 수 있는 모양으로 책을 인쇄했을 것이다. 이것은 중국 사람들에게서 비롯되었다.

반대로 부정적인 측면을 살펴볼 때 서로 다른 문화 사이의 교역과 의사소통은 특별한 문제를 낳았다. 생활양식이 다른 사람들은 당연히 서로 이방인들이다. 그들이 어떻게 행동할지 헤아릴 수 없고, 헤아릴 수 없다는 것은 결국 위험한 것이다. 의사소통을 하는 것 자체도 어렵다. 함께 쓰는 제2의 언어가 생겨도 서로를 이해하는 것은 역시 어렵다. 이방인들과 친하게 지낼 수도 있지만 여전히 자기 이웃이나 친척들을 믿는 것만큼 믿지는 못한다. 서로 다른 문화를 이해할 때 생기는 이런 문제들 때문에 상호 교역은 언제나 양쪽의 상호 안전을 보장해 줄 수 있는 특수한 제도적 장치를 통해서 이루어져야 했다.

상인 유민 집단

서로 다른 문화 사이에 최초로 교역이 이루어졌던 시대의 상황은 역사를 복원해서 다시 알아내기 어렵다. 한 세기 또는 그 전까지 외지인들과 접촉이 없이 사냥과 채집을 하며 살았던 석기 시대 사람들의 생활 관습처럼 이런 '원시' 생활양식까지 먼 과거로 거슬러 올라가 자세히 소개할 필요는 없다. 그러나 서로 다른 문화 사이에 일어난 최초의 교역이 사냥하는 무리끼리 우연히 마주치면서 발생했거나 전쟁을 하면서 섞였을 수 있다고 상상해 볼 수는 있다. 또한 다른 공동체 사이의 최초 교역이 그들이 사는 지역의 경계선에서 발생했다고 생각할 수도 있다. 이런 사실을 입증해 주는 흔적이 고대 그리스의 언어에 남아 있다. 나중에 헤르메스Hermes는 교역의 신이기도 하면서 이 도시와 저 도시를 나누는 경계석, 국경의 신이기도 했다.[1] 그러나 이렇게 경계 지역에 형성된 시장의 초기 형태는 기원전 8세기 무렵 그리스 도시 국가들이 나타나면서 끝났다. 만일 이와 비슷한 시설이 고대 세계 밖의 다른 곳에 있었다면 그것도 최초의 도시화 과정에서 사라졌을 것이다. 초기 도시의 시장은 도시 변두리가 아니라 도시 중심부 가까이에 만들어졌다. 상인들이 물건을 살 만한 사람들을 가장 잘 만날 수 있는 장소가 그곳이었기 때문일 것이다.

서로 다른 문화 사이에 이루어진 최초의 교역 형태가 어떠했든 간에 도시 생활이 시작되면서 어디서나 가장 먼저 들어서는 것이 상인들의 거주 시설이었다. 장사를 생업으로 하는 상인들은 스스로 자기가 본디 속했던 공동체에서 벗어나 다른 도시에서 이방인으로 살고자 했다. 도시는 그 나라의 변두리가 아니라 중심부에 있었다. 다른 나라에서 온 상인들은 이곳에 정착하고 이 지역의 말과 관습, 상거래 방식을 배웠다. 그 후 이들은 자기들이 정착한 사회와 교역로를 따라 자기 고향에서 온 사람들 사이에서 이루어지는 거래를 돕고 연결해 주는 중개상 구실을 했다. 이 단계에서 자기 고향을 떠나 한곳에 정착한 상인들과 이곳저곳으로 이동하는 사람들 사이에 차이가 생겨났다. 상황은 곧바로 더욱 복잡하게 발전했다. 상인들은 하나였던 정착촌을 다른 도시 국가들로 확대시켜 커다란 정착촌 집단을 형성했다. 그 결과 이런 상인 집단들이 서로 연결된 상업 공동체의 망이 만들어졌는데 이를 무역망trade network 또는 상인 유민 집단trade diaspora이라고 한다.—디아스포라diaspora는 곡식 낟알을 흩뿌려 심는

---

[1] Norman O. Brown, *Hermes the Thief: The Evolution of a Myth*, 2nd ed.(New York, 1969), 38~46쪽; Jean-Christophe Agnew, "The Threshold of Exchange: Speculations on the Market", *Radical History Review*, 21권 99~118쪽(1979), 101~103쪽.

다는 뜻의 그리스 어에서 나왔다.[2]

 서로 이어진 무역망 안에서 이방인으로 사는 외국 상인들의 무역 공동체는 도시 생활이 시작되면서 모든 대륙에서 생겨난다. 무역 공동체는 이제까지 인간이 만든 집단 중에서도 가장 널리 퍼진 것 가운데 하나이다. 그러나 이 집단도 농업 시대의 도래와 함께 시작해서 산업 시대의 도래와 함께 사라지는 인류 역사의 긴 흐름을 피할 수 없었다. 그들의 활동 상황에 대한 가장 좋은 자료는 17세기에서 19세기까지의 아프리카에서 일부 찾을 수 있다. 그러나 레반트Levant(동지중해 섬과 그 연안 지역 - 옮긴이)와 에게 해안Aegean(그리스와 터키 사이 - 옮긴이)에서 서쪽으로 널리 펼쳐져 있던 페니키아 무역망과 그리스 무역망처럼 훨씬 더 다양하고 널리 알려진 사례도 많다. 또 이때부터 약 2,000년이 지나서 독일 라인 강변의 쾰른 상인들은 라인 강 상류에서 하류로 이어지는 교역로를 따라 정착했다. 그다음에는 북해와 발트 해안을 따라 동쪽으로 이동하면서 나중에 독립 무역 도시들로 구성된 한자 동맹Hanseatic League의 기초를 놓았다.

 일부 상인 유민 집단은 육로로 이동하거나 물길을 따라 내륙으로 들어갔다. 가장 잘 알려진 것 가운데 오대호Great Lakes까지 이르는 북아메리카 교역로가 있다. 이 길은 프랑스 정부의 정식 허가를 받지

---

[2] 'trading diaspora'라는 용어는 인류학자 애브너 코언Abner Cohen이 처음 쓴 말로 그는 "사회적으로 서로 독립되어 있지만 공간적으로 널리 흩어져 있는 공동체들의 종족 집단"이라고 정의했다. "Cultural Strategies in the Organization of Trading Diasporas", in Claude Meillassoux(ed.), *The Development of Indigenous Trade and Markets in West Africa*(London, 1971), 267쪽. 다른 인류학자들은 보통 자세한 정의를 피하고 'trade networks'라고 간단하게 쓴다. Lloyd A. Fallers(ed.), *Immigrants and Associations*(The Hague, 1967) ; Karl A. Yambert, "Alien Traders and Ruling Elites : The Overseas Chinese in Southeast Asia and the Indians in East Africa", *Ethnic Groups*, 3권 173~198쪽(1981) 참조.

않고 인디언과 교역했던 프랑스계 캐나다 인coureurs de bois들이 개척한 교역로인데, 원래 인디언과 모피 무역을 하려던 것이 미시시피 강 너머로까지 길을 열었다. 고고학계에서 발견한 유물은 기원전 3500년에 이미 중동에 상인 유민 집단이 있었다는 것을 보여 준다. 기원전 2000년경 쐐기 문자로 비명을 새긴 점토판이 발견되었는데, 여기에는 소아시아(흑해와 지중해 사이의 지역 – 옮긴이)의 카파도키아 Cappadocia에 있던 아시리아 상인 정착촌의 상거래 활동에 대한 자세한 내용이 기록되어 있다.

이 무역망들은 완연히 다른 여러 가지 방식으로 구성되었는데, 어떤 것은 정식으로 치밀하게 조직했다기보다는 그저 상인들이 한 사람씩 정착한 것이 공통된 문화로 묶이다 보니 연결되어 이루어졌다. 반면에 17세기와 18세기 유럽의 대형 무역 회사처럼 무역 거래뿐만 아니라 자체 육군과 해상 함대를 거느리고 그 지역 무역에 대한 확실한 독점권을 부여받아 공식으로 조직한 무역망도 있었다.

상인 유민 집단의 역사

서로 다른 문화권에 속한 사람들이 시대마다 어떻게 교역했는지 그 가설들을 연구하는 과정에서 상인 유민 집단은 자체적으로 점차 사라져 갔다는 사실을 확인할 수 있었다. 처음에 이들은 교역 당사자들 사이의 문화적 차이를 중개할 필요가 있었다. 그러나 몇 세기 또는 몇십 년의 오랜 세월이 흐르면서 상호 문화 차이는 줄어들었고 문화 중개자의 자리도 사라져 갔다. 처음에는 멀리 떨어진 다른 나라 사람과 하는 거래는 친척이나 적어도 같은 나라의 믿을 수 있는 사람을 중개자로 내세웠는데, 시간이 흐르면서 여러 종류의 다른 중개자들이 나타났다. 오랜 세월이 지나 다국적 기업의 시대가 오면서 마침내 서양의 상업 문화는 세계 공통의 상업 문화가 되었다.

그러나 실제로 여러 종류의 상인 유민 집단은 저마다 크게 서로 다른 방식으로 사라져 갔다. 어떤 집단은 정착 지역의 주민들에게 자신들이 그동안 해 오던 구실을 맡기고 자기 나라로 돌아갔다. 이 유형이 유럽의 중세 시대에 널리 나타난 상인 유민 집단의 전형적 모습이었다. 정식으로 해외에 세운 상인 정착촌은 16세기 말에 대부분 사라졌다. 예를 들면 한자 동맹은 '대저울Steelyard'이라고 부르던 런던의 외국 상인 거주지를 폐쇄했다. 프랑스 북부 지방의 칼레는 16세기 중엽까지 영국 소유였다. 이곳은 영국산 양털을 대륙으로 배포하는 데 중심지 구실을 했지만 프랑스령으로 반환되었다. 해외에 영국 모직옷을 파는 주요 판로인 영국 상인 모험 회사English Company of Merchant Adventurers는 본디 영국 본토가 아니라 앤트워프Antwerp(벨기에의 항구 - 옮긴이)에 본사가 있었는데 1550년대에 그 특별한 지위를 잃었다. 영국제 옷이 유럽 대륙의 훨씬 더 많은 도시에서 팔리기 시작했기 때문이다.

'재외 상관在外商館 체계factory system'는 중세 플랑드르(벨기에와 네덜란드 남부, 프랑스 북부에 걸친 중세 국가 - 옮긴이)에서 처음 시작했는데 외국 상인이나 중개인 들이 거래할 수 있도록 별도로 세운 반공공 상점으로서 유럽에서는 16세기에 점차 사라졌다. 그러나 유럽이 아시아, 아프리카와 교역을 하면서 이 체계가 다시 나타나기 시작했다.[3] 유럽 안에서 국제 무역은 다른 나라에 자기 나라 중개상을 두

---

[3] Kristof Glamann, "European Trade, 1500~1750", in Carlo M. Cipolla(ed.), *The Fontana Economic History of Europe*, 6 vols.(London, 1974), 2권 514쪽.

고 거래하기보다는 그 나라의 대리인에게 위탁 판매하는 경우가 더 많았다. 예를 들면 튜더 왕조 때인 16세기 초 런던에는 거대한 이탈리아 상인 집단이 상주하고 있었지만 후에 영국과 이탈리아의 무역 거래가 증가하는데도 이들의 수는 오히려 점점 줄어들었다. 그 까닭은 영국의 위탁 판매인을 이용하는 비용이 더 쌌기 때문이었다.[4]

한편 이들과 다른 상인 유민 집단은 원거리 무역을 하지 않게 된 뒤에도 외국 땅에서 자기 문화를 지키는 소수 민족의 형태로 대대로 남았다. 동남아시아에 중국인들이 정착하기 시작하면서 서기 1세기에 활동했던 상인 유민 집단이 다시 나타났다. 그들은 나중에 계약 노동자나 다른 종류의 이주 형태로 그 집단에 보충되었다. 20세기 들어 해외 중국인들은 자기들 고유의 상거래 전통을 유지하고 도매업과 소매업을 모두 지배하였지만 더는 상인 유민 집단을 운영하지 않았다. 이것은 비록 문화적으로 소수 민족이지만 상인 유민 집단을 운영하지 않아도 자신들의 고유한 교역 능력과 공동체의 연대를 이용할 수 있고 자신들이 거주하는 나라의 상거래 활동에서 독점력을 행사할 수 있었던 일부 상인 집단의 사례들 가운데 하나를 보여 준 것이다.

그리고 탄자니아, 케냐, 우간다에서 인도인들의 무역 공동체도 이와 비슷한 역사를 갖고 있었다. 이들의 교역은 19세기에 들어서야 활기를 띠었다. 그러나 이들은 세 나라가 식민지에서 독립할 때까지 그 나라들의 소매 무역을 모두 지배했다. 비록 우간다에서는 인도인들을 대규모로 쫓아냈지만 탄자니아에 남아 있던 인도인들과 특히

---

[4] M. E. Bratchel, "Italian Merchant Organization and Business Relationships in Early Tudor London", *Journal of European Economic History*, 7권 5~32쪽(1978), 6쪽, 29쪽.

케냐에 있던 사람들은 동남아시아에서 인도인들이 이미 한 세기 전에 그랬던 것처럼 소매 무역에서 여러 다른 경제 분야로 옮겨 갈 수 있었다.

상인과 교역 국가의 관계

상인 유민 집단의 비교 연구에서 가장 눈에 띄는 변수 가운데 하나는 유민 집단의 무역 공동체가 자기들이 정착한 사회와 맺고 있는 매우 넓은 관계들이다. 어떤 곳에서는 상인들이 정착한 나라의 지배자들이 이들을 천민 계급으로 여겨서 자기들 마음대로 빼앗고 약탈할 수 있다고 생각했다. 그리고 상인들이 쓸모 있다고 생각할 때에만 관용을 베풀었다. 지역마다 다르기는 하지만 이 같은 상황은 중세 유럽에서 유대 상인들의 처지와 비슷하다. 그러나 정착한 나라의 정치적 다툼에서 중립을 지키고 평화주의를 내세워 자치권이 있는 공동체를 세우는 데 성공한 상인 집단도 있었다. 17세기에서 18세기에 서아프리카에 있었던 자한케Jahaanke(니제르 감비아 강 지역 – 옮긴이)가 바로 그런 경우다.

반면에 16세기에서 18세기까지 유럽 상인들이 아시아에 세웠던 여러 종류의 교역소交易所, trading-post empires는 이런 다양한 관계가 극단으로 나타난 형태였다. 이들은 무역 상인들의 집단 거주지를 자신들의 무력 통제 아래 두었으며, 아시아 인들의 무역도 강제로 통제하고 자기들 마음대로 교역 조건을 바꾸려고 했다. 18세기 말에 가서 이들은 아주 효과적으로 영향력을 발휘해서 적어도 인도에 있던 영국 동인도 회사와 자바에 있던 네덜란드 동인도 회사가 군사력을 지닌 상인 집단으로 되는 것을 막았다. 교역소들은 실제로 자기들의 영토나 마찬가지였는데 이것들은 나중에 인도의 영국 통치령British raj(1853~1947년까지 지금의 인도, 파키스탄, 방글라데시, 미얀마에 대한 영국의 통치를 일컬음-옮긴이)과 네덜란드 동인도 식민지Netherlands East Indies(네덜란드 동인도 회사가 세운 식민지들을 일컬음-옮긴이)의 토대가 되었다.

무역 상인들과 교역 국가 사이의 힘의 균형이 어떻든지 간에 그 지위는 어쩔 수 없이 차이가 났다. 무역 상인들은 단일 분야의 경제 이익을 추구하는 사업의 전문가들인 반면에 교역 대상 국가는 여러 직업과 계층, 지배자와 국민 사이의 정치적 차별을 포함하는 하나의 전체 사회였다.

또한 상인은 많은 사회에서 조금 특별한 직업이었다. 직업 무역 상인들은 산업화 이전 사회에서 언제나 소수였다. 대다수는 자기 나라에서 일해서 먹고사는 것이 당연했다. 상인들은 엄밀하게 말해서 생산 계층이 아니었기 때문에 자기 나라에서 노동하여 먹고사는 사람과 정치나 신을 모시는 일처럼 꼭 필요한 기능을 수행하는 상류층에게 의심의 눈초리를 받았다. 고대 그리스와 일본 도쿠가와 시대같이 서로 멀리 떨어진 사회에서 똑같이 상업을 낮은 계층의 직업으로 생각했던 것은 바로 이런 정서가 밑바닥에 깔려 있기 때문이다. 상인이 사회 계층으로는 인기가 없었지만 낮은 지위 대신에 큰 부를 누릴 수 있었기 때문에 그 세계에 필요한 인력을 쉽게 보충할 수 있었을 것이다. 그리고 원거리 무역을 하는 상인들은 예기치 않은 위험을 감수하는 만큼 놀랄 만한 이익을 얻을 수 있는 확실하고 특별한 기회가 주어졌다.

대개 상인들을 의심의 눈초리로 바라보는 사람들은 외국인을 더욱 경계한다. 그러나 어떤 사회에서는 외국 상인들을 장려하기도 했다. 상업 활동을 천하게 여긴 곳에서는 그 일을 외국인들이 전담했던 것을 자주 볼 수 있다. 이런 사실은 상인들이 매우 큰 영향을 미쳤던 고대 그리스의 여러 사회에서도 마찬가지였다. 중세 시대 유럽의 기독교 사회에서도 대금업은 유대 인들이 맡아서 하는 경우가 많았다. 어떻든 원거리 교역을 위해서는 누군가가 외국에 가야 하고 외국인이 되어야 했다. 외국인에 대한 시기와 불신은 상인에 대한 멸시와 의심을 더욱 강화했을 것이다.

노먼 브라운Norman O. Brown은 여러 가지 저술 활동을 통해 헤르메스 신화를 연구하여 고전적 색채로 이들 관계를 밝혀냈다.[5] 맨 처음 헤르메스는 경계석의 신이었다. 그러나 그는 점점 상인의 신, 장사를 위해 국경선을 왕래하는 사람들의 신이 되었다. 헤르메스는 다른 신들처럼 그렇게 존경받지 못하는 신(그리스 신들 사이에서 소식을 전하는 전달자)이었을 뿐만 아니라 그리스 사회의 주변부에 있는 사기꾼과 도둑과 비천한 사람의 신이었다. 플라톤은 거래를 싫어했다. 물질적 이익을 추구하는 다른 직업과 마찬가지로 거래는 그가 중요하게 여기는 덕을 따르는 생활과 양립할 수 없다고 생각했다.

중세 기독교 시대에 토마스 아퀴나스는 상인들은 그들의 직업 속에 이미 물려받은 죄에 대한 유혹이 깃들어 있으므로 구원을 얻으려면 고통스러운 시간이 필요하다고 생각했고 상인들을 언제나 믿지 않았다. 심지어는 상인들이 도둑의 엄지손가락을 부적처럼 지니고 다닌다고 생각했다. 그러나 성 니콜라스는 도둑과 상인 모두의 수호신이었다.

---

[5] Brown, *Hermes the Thief*, 특히 82~87쪽. 그리고 Agnew, "The Threshold of Exchange", 100~105쪽 참조.

외국 무역 상인의 정착과 상인 집단 내부의 관계

상인 유민 집단 안에 있는 개별 상점들 사이의 관계는 두 번째로 중요한 변수다. 그 관계는 매우 다양한 형태로 나타났다. 때때로 같은 문화권의 상인들이 여기저기 흩어져서 정착한 경우는 집단에 대해 어떤 종류의 공식적인 의무도 없었다. 이들은 그저 같은 종교와 언어, 먼 친척 관계라는 정서적 유대를 바탕으로 묶여 있을 뿐이었다. 그러나 극단의 경우에는 개별 상점들이 중앙의 통제를 받는 정치 결사체처럼 이루어진 유민 집단도 있었다. 16세기 포르투갈이 아시아에 세운 교역소인 에스타도 다 인디아Estado da India(Portuguese India라고도 함. 포르투갈이 지배했던 인도 식민지들을 일컬음 - 옮긴이)가 그 예인데, 고아Goa(인도 남서 해안에 있는 옛 포르투갈 영토 - 옮긴이)를 지배하는 총독Viceroy이 동아프리카의 모잠비크와 지금의 싱가포르 근처에 있는 멜라카Melaka, 중국 남부 지방의 마카오 같은 하부 교역소를 함께 지배했다.

개별 상점들 사이의 관계는 교역 국가와 그 나라에 정착한 상인들과의 관계에 따라 크게 달랐다. 교역 국가의 지배력이 큰 나라에서는 상인들이 다른 상인 공동체와 정식으로 정략적 관계를 만들려고 하지 않았다. 그러나 상인들이 정착촌과 그 이웃을 관리할 수 있는 나라에서는 적어도 다른 비슷한 종류의 상인 정착촌과 정략적 관계를 맺었을 것이다.

또한 이 밖에도 여러 가지 관계가 있었을 것이다. 어떤 곳에서는 정략적 유대가 약하더라도 정서적 유대는 강했을 수 있다. 그리스 무역 상인 정착촌은 '어머니 도시metropolis(mother city)'라는 뜻을 가진 중심 도시의 권한을 존중했지만 때로는 독립된 도시 국가로 성장하기도 했다. 이들은 때때로 종교와 정치 관계에서 유대를 지속하기도 했다. 그러나 어떤 경우에는 중심 도시가 그 관계에서 사라지기도 했다. 티레Tyre(고대 페니키아의 가장 큰 항구 도시. 이집트 등 여러 지역과 교역하던 페니키아 문화의 중심지로, 지금의 레바논 베이루트 남부-옮긴이)와 시돈Sidon(고대 페니키아의 상업 도시 국가. 유리, 상아, 금은 세공을 교역하던 무역항으로, 지금의 레바논 자누브주-옮긴이) 같은 고대 페니키아의 레반트 무역 도시들의 중심 도시가 바로 그런 경우였다. 이 도시들은 처음에는 외국에 정복되었고 기원전 4세기가 지나서는 알렉산더 대왕의 후계자들이 거대한 헬레니즘 세계를 건설하자 그곳으로 흡수되었다. 이로써 서지중해 지역에 있던 페니키아 식민지들은 그대로 방치된 채 남게 되었지만, 나중에 이들 가운데 카르타고Carthage(아프리카 북부의 고대 도시 국가로 튀니스 만 연안에 있음-옮긴이)가 이 도시들의 중심 도시가 되었다.

독일 북부 지방의 도시들이 맺은 한자 동맹은 상인 집단들 사이의 또 다른 관계를 보여 준다. 이 동맹은 12세기와 13세기에 쾰른의 상인들이 다른 나라로 퍼져 나가면서 시작되었다. 처음에는 브레멘과 함부르크로 해서 유틀란트 반도의 서쪽으로, 그런 다음 멀리 동쪽 뤼베크로, 발트 해의 남해안을 따라 항구 도시들로 퍼져 갔다. 한자 동맹에 참여한 도시들은 14세기와 15세기 초에 부와 영향력이 최고에 올랐다. 이때 서쪽으로 런던과 브뤼주Bruges에서 북쪽으로 노르웨이의 베르겐Bergen까지, 동쪽으로는 멀리 러시아 내륙 깊숙이 노브고로트Novgorod까지 이르렀다. 이 동맹은 경제력이 막강했지만 개별 상인 집단은 서로 독립을 유지했다. 시간이 지나면서 쾰른이 동맹에서 떨어져 나가고 뤼베크가 한자 동맹의 중심 도시가 되었다. 그러나 중심 도시는 다른 도시에 영향력을 끼치는 정치적 의미의 수도는 아니었다. 한자Hansa(중세 이후 서유럽의 떠돌이 상인 집단을 일컫는 독일 말-옮긴이)는 독립 도시들의 연맹이었지 하나의 독립 국가가 아니었다. 동맹이 전쟁을 수행하기는 했지만 그때그때 필요한 도시들이 연합해서 전쟁을 치렀다. 전쟁에 참여할 도시를 정해서 비공식의 압력을 넣는 것 말고는 영향력을 행사하는 일은 없었다.

이와는 반대되는 형태가 유럽 동해에 있었던 공인된 유럽 무역 상사들의 상인 유민 집단이었는데 이들은 서로 아주 단단하게 뭉쳐서 관리되었다. 이 지역의 중심 도시는 정치적 수도이면서 무역 회사들을 관리하는 본부이기도 했다. 몇십 개의 독립된 도시에서 운영하는 몇천 개의 독립된 한자 동맹의 무역 회사들과 비교해 볼 때 상반되는 형태였다.

이러한 상인들 사이의 여러 가지 관계 형태는 점점 더 복잡해졌다. 상인 정착촌을 따라 상인들이 정착하면서 도시 전체 또는 일부분이 전문화되었다. 따라서 상인들은 도시를 지배하는 더 넓은 관계망에 끼어들게 되었다. 도시화 이론Urban theory에 따르면, 도시는 단순히 사람들이 조밀하게 집중하는 곳일 뿐만 아니라 서로 다른 일을 하는 사람들이 함께 모이는 곳이다. 또한 도시를 규정하는 특징은 도시에 사는 사람들의 수보다는 그들이 보여 주는 다양한 행동에서 나온다.[6]

인류가 물질생활을 시작한 초기 단계에서 사냥과 채집을 하는 사람들은 살아남기 위해서 자연 속으로 널리 퍼져 나가야 했다. 농경 생활의 초창기에도 들판에 나가 일하는 사람들의 필요에 따라 마을

---

[6] Eric Lampard, "Historical Aspects of Urbanization", in P. M. Hauser and Leo F. Schnore(eds.), *The Study of Urbanization*(New York, 1965).

과 부락이 만들어졌다. 그리고 어느 곳이든 집단을 유지하기 위해 더 전문화된 기능을 수행할 수 있었지만 대개는 중앙 지역에서 그 기능을 맡았다. 그 기능은 신을 모시는 신전이 있는 곳에서 처음 시작했을 수 있는데 그곳으로 군중을 끌어 모으기가 쉽기 때문이었을 것이다. 그리고 이렇게 모인 군중은 상인들과 소매 무역상들을 불러들였을 것이다. 신전과 군중, 무역 상인들은 모두 정치 지도자와 재판소, 세관원이 생겨나게 된 원천이 되었다. 무엇이 먼저 생겨났는지 순서는 중요하지 않다. 전문화된 기능들이 분화해서 서로 엮이고 도시가 만들어지고 많은 사람이 정착하고 그 안에서 서로 다른 일들이 발생하게 되었다는 사실이 중요한 것이다. 또한 거꾸로 도시 안에서 일어나는 일들은 여러 도시로 구성된 전체 사회가 끊임없는 생명력을 이어 나가는 데 필요한 핵심 요소였다. 그러나 어떤 도시는 다른 지역과 멀리 떨어진 내륙 지역에 있기도 했다. 그곳에서는 마을이나 작은 부락들이 중앙에 모여 있는 도시에서는 거의 하지 않거나 아니면 더 세분화된 기능—가축을 키우거나 농사짓기 같은 일을 홀로 수행해야 했다.

 도시들 중에서도 어떤 도시는 다른 도시보다 더 많은 기능을 수행했다. 그러므로 개별 도시가 내륙의 지방 도시와 관계되는 것과 같은 방식으로 중앙에 있는 도시들끼리 서로 관계를 맺고 있었다. 작은 도시가 지방 도시보다 이점이 있는 것과 마찬가지로 더 많은 기능을 수행하는 도시는 그렇지 않은 도시보다 이점이 있었다. 가장 많은 기능을 수행하는 도시는 그 자체로 전체 사회가 움직이는 데 필수적인 기능들을 수행했다. 결국 국가의 정치 구조가 성립되었든 안 되었든 상관없이 도시는 각자가 수행하는 기능의 많고 적음에 따라 계층 구조를 이루고 도시망을 구축하게 되었다.

초보적 도시망의 형태에서 그 모형은 단순하다. 그러나 시간이 흐르면서 도시들 사이의 관계가 바뀌는 것을 이 초기 모형을 통해 확인할 수 있다는 점에서 중요하다. 이런 변화의 모습은 상인 집단 정착촌들 사이의 관계로까지 확장해서 볼 수 있다. 이 모형은 두 가지 이론 가설을 시사한다. 첫째, 기능이 적은 도시들이 기능이 많은 도시들에 의존함으로써 모자란 기능에 대한 의존과 함께 경제와 정치도 종속하게 된다는 사실이다. 둘째, 사회의 기술력이 발전할수록 그 사회가 수행할 기능의 범위는 더 커진다는 사실이다. 그러므로 인류 사회는 시간이 흐르면서 더 복잡한 기술을 발전시키고 그에 따라 도시망의 계층 구조에서 하위에 있는 도시들은 상위에 있는 도시들에 점점 더 의존하게 된다.

'종속'이라는 용어의 사용은 최근에 나온 이론 체계이며 때때로 종속 이론이라고 부르는 경험적 연구와 관련이 있을 수 있다. 이 이론은 앙드레 군더 프랑크André Gunder Frank, 알기리 엠마누엘Arghiri Emmanuel, 이마누엘 월러스딘Immanuel Wallerstein 같은 학자들이 개발한 이론이다.7 그러나 종속 이론 학파의 학자들은 근대의 개발 국가 또는 자본주의 국가와 저개발 국가의 관계에 주로 관심을 둔다. 이들은 네오마르크스주의자로서 자본주의가 지배하는 세계의 '중심부'와 '주변부' 사이의 관계에 초점을 맞추었다. 그러나 도시들의 관계에 대한 내 가설은 이와는 사뭇 다르다. 어느 특정 연대기에 세워진 특정 경제 체계의 지배를 받지 않는다. 또한 언제나 역사의 변화를 '일

---

7 종속 이론 학파의 문헌은 매우 광범위하며 다양하다. 다음 문헌들을 참조하라. Charles K. Wilber(ed.), *The Political Economy of Development and Underdevelopment*, 2nd ed.(New York, 1979) ; Arghiri Emmanuel, *Unequal Exchange : A Study of the Imperialism of Trade*(New York, 1972) ; Immanuel Wallerstein, *The Modern World-System*, multivol.(New York, 1974~).

으키는' 주요한 원동력의 구실을 하는 것은 아니다. 이것들은 단지 많은 역사 과정 가운데 하나의 영향력일 뿐이다. 이 관계들은 주로 '중심지 이론central-place theory' 또는 경제학의 입지론location theory으로 알려진 지리적 개념에서 파생되었다.[8]

도시들의 종속 관계는 두 가지 다른 종류의 갈등을 불러일으킬 수 있다. 하나는 도시의 기능이 많고 적음에 따라 만들어진 계층 구조에서 계층이 다른 도시 사이에 일어나는 갈등이고, 다른 하나는 같은 계층에 속한 도시들 간에 생기는 경쟁이다. 이런 긴장 관계는 18세기와 19세기에 북아메리카 역사에서 잘 볼 수 있다. 도시의 다기능성 계층 구조에서 맨 위에 있던 도시는 런던이었다. 런던은 아메리카가 독립한 후에도 아메리카 경제를 계속해서 지배했다. 대서양 연안에서 내륙으로 진입하는 주요 항구 도시들은 런던과 북아메리카 대륙에 영향력을 행사하려는 경쟁력 있는 중요 도시들에 대한 의존이 컸기 때문에 쇠퇴했다. 몬트리올은 오대호까지 거대한 자연 수로로 이어진 세인트로렌스 계곡의 덕을 톡톡히 봤다. 이에 대응해서 뉴욕은 이리 운하Erie Canal를 건설하고, 볼티모어는 볼티모어 – 오하이오 철도를 놓았다. 뉴올리언스 주변의 다른 항구 도시들도 각자의 방식으로 대응하거나 아니면 그냥 쇠퇴해 갔다.

---

[8] 이론적 토대는 1930년대 독일에서 마련되기 시작했다. 대표 저작물로는 Walter Christaller, *Central Places in Southern Germany*(Englewood Cliffs, N.J., 1966-영문 번역본)와 August Lösch, *The Economics of Location*(New Haven, Conn., 1954-영문 번역본)이 있다. 이 이론을 역사 분석에 최초로 적용한 글은 G. William Skinner, "Marketing and Social Structure in Rural China", *Journal of Asian Studies*, 24권 3~43쪽(1964)과 G. William Skinner(ed.), *The City in Late Imperial China*(Stanford, Calif., 1977)이다. 이 이론을 무역과 교역로의 역사 분석에 적용한 글은 Allen M. Howard, "The Relevance of Spatial Analysis for African Economic History : The Sierra Leone-Guinea System", *Journal of African History*, 17권 365~388쪽(1975)이다.

경쟁 도시들은 때로는 런던에 대한 적개심을 공유했다. 그러나 항상 그런 것은 아니었다. 마침내 미국 독립 전쟁American Revolution이 일어나면서 찰스턴에서 보스턴까지 이어지는 항구 도시들은 식민지라는 공동의 연대감을 기반으로 런던에 대항하기 위해 뭉쳤다. 그러나 몬트리올은 런던에 충성을 맹세하며 전쟁에 참가하지 않았다. 그 이유는 몬트리올이 과거 남부 도시들과 경쟁 관계에 있었기 때문이기도 하지만 그 밖에 적어도 세인트로렌스 교역로와 북아메리카 서부 지역의 모피 무역에 대한 특별한 지배력을 갖고 있었기 때문이었을 것이다. 이와 비슷한 경쟁 관계들이 나중에 내륙 지역으로 더 확장되었다. 중심 도시를 향한 변경 지역의 분노는 위스키 폭동, 은행과 철도에 대한 분노, 그리고 대개 '동부 지역'에 대한 지방과 인민당원들의 적개심과 같은 여러 가지 환경이 작용하면서 오랜 기간 계속되었다. 시카고와 뉴올리언스 사이의 경쟁 관계는 비록 독립 전쟁보다는 규모가 작지만 더 복잡해지면서 마침내 미국 남북 전쟁으로 발전했다.

이런 단순 갈등 모형은 주제들을 반복해서 강조하는 데 도움을 줄 수 있지만 실제 상황은 언제나 훨씬 더 복잡했다. 모형도 조건이 필요하다. 무엇보다도 도시의 기능에 따른 계층 구조는 사회의 모든 영역에서 똑같지 않기 때문이다. 예를 들어 미국의 독립과 함께 런던은 정치적 계층 구조에서 떨어져 나갔다. 그러나 경제적 계층 구조에서는 몇십 년 동안 계속해서 맨 위에 남아 있었다.

한편 종교적 기능의 계층 구조는 또 달랐다. 그리고 종교마다 그 구조가 달랐다. 모로코 아틀라스 산맥에 있는 작은 마을에서 그 계층 구조가 시작하는 이슬람교의 예를 들어 보자. 마을 사람들의 종교적인 삶은 그들의 방식으로 신에게 기도할 수 있다는 점에서 한편으로는 자기만족의 삶이었지만 그 밖의 종교적 욕구는 다른 곳에서 찾아야 했다. 더 높은 계층 구조에 있는 중심지 가운데 무함마드의 후손이 사는 숄파shorfa라는 마을이 있다. 지방의 이슬람교에서는 마을에서 일어나는 재판이나 종교 기능을 수행하기 위해 이런 사람들이 필요하다. 숄파 마을 위로는 지역을 관할하는 신성 도시와 물레이 이드리스Moulay Idris 같은 순례지가 있다. 그 계층 구조를 도시로 확대해 가면 모로코에는 종교적 지식과 교육의 중심지인 페스Fez가 있다. 더 멀리 떨어진 곳에 있는 카이로는 북아프리카 전체 이슬람교 교육의 중심지다. 카이로 위로는 메카와 메디나가 있는데 이슬람교 신도라면 누구나 일생에 적어도 한 번은 순례 여행을 떠나는 최고의 성지 도시들이다. 영국 성공회와 로마 가톨릭, 모르몬교 같은 다른 종교 공동체에서도 확실히 이와 비슷한 계층 구조를 확인할 수 있지만, 힌두교나 불교, 침례교에는 이런 조직이나 계층이 없다.

인간 사회의 다른 영역들에서 나타나는 비슷한 유형은 상인 유민 집단의 정착촌들의 관계에서도 나타난다. 계층 구조를 따라 아래로 갈수록 정치적 의존이 커지는 것은 분명하다. 에스타도 다 인디아 같은 기구 안에 있는 공식 구조는 리스본에서 시작해서 고아를 거쳐 마카오, 티모르까지 작용했다. 종교적 계층 구조도 이것과 평행하게 작용했다. 그러나 그리스 도시 국가들 사이의 관계처럼 비공식 관계에서는 종교적, 경제적, 정치적 계층 구조가 이와는 아주 다르게 나타났을 것이다.

문화 융합

상인 유민 집단 사람들은 도시 사회의 구성원일 뿐만 아니라 두 가지 이상의 문화가 나란히 공존하는 복수 사회의 일원이었다. 대부분 이들은 그 사회 안에서 상인과 다른 직업을 가진 사람 사이의 긴장 관계와는 별도로 또 다른 압박을 받았다. 시간이 흐르면서 사회 안에 있던 문화적 차이는 사라졌을 것이다. 실제로 이 같은 현상은 상인 유민 집단이 점점 그들의 입지를 잃어 가는 과정의 일부였다. 그러나 실제의 문화 통합 과정은 매우 다양했다. 어떤 유민 집단은 자신들의 고유문화 전통을 순수하게 지키려고 무척 애썼다. 그들은 서로 다른 문화를 중개하는 구실을 맡고 있었는데도 교역을 위해 외국으로 나가는 자기 집단의 상인들이 '그 지역에 동화되는 것'을 막기 위해 복잡한 사회 통제 체계를 개발했다. 이런 체계 가운데 가장 잘 만들어진 것이 남알제리의 오아시스 지역에 있었던 미자비Mizabi라는 종교 무역 공동체의 통제 체계였다. 그들은 알제리 북부 지방의 도시들과 몇 세기 동안 교역을 했지만 그들 자신의 고유한 이슬람 문화와 베르베르 어를 끝까지 지켰다(3장 참조).[9]

그러나 결혼하지 않은 채 고향을 등지고 외국으로 장사를 떠난 상인들은 그곳에서 결혼하고 빠르게 그곳 문화에 적응하는 경우도 많았다. 18세기 자바의 경우, 중국 상인들과 그 지역 여성들의 국제결혼은 페라나칸peranakan('후손들'이라는 뜻 - 옮긴이)이라고 부르는—자바의 문화와 서중국의 호키니즈Hokkienese(지금의 타이완과 말레이시아에 사는 중국인들로 만다린 말을 씀 - 옮긴이) 문화가 섞인—새로운 혼합 문화를 만들어 냈고 그 이후로 안정되면서 그 지역의 문화로 자리 잡기 시작했다. 19세기에는 대부분의 자바 도시에 자신들의 지역을 구축했고, 네덜란드 식민지법 아래에서도 고유의 지위를 갖고 소

---

[9] L. Vigourous, "L'émigration mozabite dans les villes du Tell algerien", *Travaux de l'institut de recherches sahariennes*, 3권 87~102쪽(1945), 95~97쪽.

매 거래와 자잘한 상거래 분야에서 자신들의 전문 직업 영역을 만들었다. 그렇지만 대부분의 문화 양식은 점점 자바의 문화 형태로 옮겨 가고 있었다.

어떤 유민 집단의 상인들은 대개 자기네 문화의 순수성을 지키는 데만 노력을 기울였다. 그러나 다른 집단의 상인들은 그들이 거래하는 교역국의 문화를 자신들의 문화로 바꾸려고 애쓰기도 했다. 인도에서 온 힌두교 상인들은 자신들의 종교뿐만 아니라 비종교적인 세속 문화도 동남아시아에 널리 퍼뜨렸다. 나중에 인도의 이슬람교 상인들은 동남아시아 섬들에 이슬람교를 전파했다. 한편, 대개 외국에 사는 상인들은 서로 다른 문화의 중개자로서 역할을 배우기 위해 그 나라에 간 것이지만 일부는 자기들의 문화만큼 그 나라의 문화를 열심히 배우지 않았던 것 같다. 예를 들면 노예무역이 한창이던 때 서아프리카 해안을 따라 소수의 원주민 집단과 교역하던 유럽 상인들은 어느 누구도 아프리카 말을 배운 적이 없었다. 그러나 그 지역의 아프리카 상인들은 유럽의 상거래 문화에 대해 여러 가지를 배웠을 뿐만 아니라 크리올계creole(남북 아메리카의 에스파냐 식민지에서 태어난 백인과 원주민의 혼혈인 - 옮긴이) 포르투갈 어와 영어 같은 유럽 말도 배웠다.

몇 가지 다른 무역 유형

상인 유민 집단이라는 용어는 대개 경제 인류학이나 역사학 연구에서 새로운 개념이다. 역사학자들은 몇십 년 동안 교역소trading-post라는 용어를 써 왔다. 한자 동맹이나 지중해의 페니키아 무역망 같은 무역 집단은 빼놓을 수 없는 매우 중요한 기구이지만 이들은 서로 다른 문화 사이의 무역에서 일어나는 특별한 문제들이 명쾌하게 겉으로 드러나지 않았다.10 그러나 서로 다른 문화 사이의 무역은 여러 가지 다른 정황 속에서 검토되었다.

가장 오래된 논의 가운데 하나가 아프리카의 북부 또는 서부에서 있었던 침묵 거래silent trade에 대해 헤로도토스가 쓴 글이다. 나중에 여행자들이 이와 비슷한 기록을 남겼는데, 원거리 무역 상인들은 도시나 마을에서 멀리 떨어진 시골 지역에서 거래할 때 자기들이 잘 아는 교역 장소로 거래할 상품을 가지고 간다. 상품을 거기에 놔두고 떠난다. 그러면 이번에는 그 지역 상인들이 나타나서 자기들이 교환할 상품들을 거기에 놔두고 마찬가지로 떠난다. 첫 번째 상인들이 돌아와서 지역 상인들이 두고 간 상품을 보고 값을 매긴다. 자기들의 상품과 바꿀 만하다고 생각하면 지역 상인들이 두고 간 상품을 가지고 간다. 바꿀 만하지 않다고 생각하면 자기들이 가져온 상품의 양을 조금 줄이고 다시 떠나서 상대편이 어떻게 나오는지 침묵의 반응을 기다린다.11

서로 다른 문화 사이의 무역에서 발생하는 특별한 문제점들을 인식할 수 있게 해 준다는 점에서 이 기록은 흥미롭다. 어떻게 중개자

---

10 아프리카 지역은 예외다. 이곳의 상인 유민 집단을 꽤 자세히 연구한 사례가 많다. Philip D. Curtin, *Economic Change in Precolonial Africa : Senegambia in the Era of the Slave Trade*, 2 vols.(Madison, Wis., 1975), 1권 59~66쪽, 68~76쪽, 92~152쪽 ; Richard Roberts, "Long Distance Trade and Production : Sinsani in the Nineteenth Century", *Journal of African History*, 21권 169~188쪽(1980) ; Paul Lovejoy, *Caravans of Kola : The Hausa Kola Trade, 1700~1900*(Zaria, 1980) ; Robert W. Harms, *River of Wealth, River of Sorrow : The Central Zaire Basin in the Era of the Slave and Ivory Trade, 1500~1891*(New Haven, Conn., 1981) ; Stephen B. Baier, *An Economic History of Central Niger*(London, 1980)를 참조.
11 Herodotus, *Histories*, IV, 196쪽. 침묵 거래에 대한 다른 설명들은 P. J. Hamilton Grierson, *The Silent Trade : A Contribution to the Early History of Human Intercourse* (Edinburgh, 1903)에 나온다.

도 없이 서로 말을 하지 않고 그런 거래가 일어날 수 있었는지, 더구나 상대방을 보지도 않고 어떻게 거래를 할 수 있었는지 참 감탄스러울 따름이다. 이런 방식은 세계 곳곳에서 약간씩 다른 형태로 반복되었는데, 내용의 정확성보다는 그 이야기가 전해 주는 매력에 더 분명한 암시가 있다. 이런 기록들에 대한 경험적 증거는 매우 약하다. 침묵 거래를 전해 들은 사람들이 그것에 대해 썼든 말로 설명한 내용을 누가 다시 썼든 간에 상품 교환을 위해 사용한 의사소통의 수단은 단지 침묵이었다. 대체로 오늘날 경매에서도 입찰자들은 말을 하지 않고 표시로만 응찰 가격을 나타낸다. 여러 문화권에서 서로 얼굴을 맞대고 하는 거래에서는 말을 하지 않고 다른 신호를 많이 쓰지만, 이것은 헤로도토스의 기록에 나오는 서로 다른 문화 사이의 무역에서 상인들이 서로 만나지 않고 하는 거래와는 다르다. 그런데 꽤 설득력을 지닌 헤로도토스의 기록에 나온 거래 유형은 언뜻 보기에는 별로 일어날 것 같지 않다. 상인들이 그렇게 만나지 않고 정교하게 거래하기 위해서는 서로 아무것도 모르는 사람들이 정직과 신의를 갖고 행동할 것을 가정해야 하는데, 이것은 상인들 사이에 서로 다른 문화에 대한 보기 드문 이해가 바탕이 되어야 한다.—그리고 독자들이 이것을 그대로 믿는다면 여러분은 무엇이든 쉽게 믿는 사람일 것이다.[12]

서로 다른 문화 사이의 또 다른 무역 유형은 칼 폴라니Karl Polanyi가 그 영감을 불러일으킨 초기 무역에 대한 중요한 책에서 로버트 리비

---

[12] 침묵 거래에 대한 최근 논의는 Lars Sundstrom, *The Trade of Guinea*(Lund, 1965), 특히 22~31쪽 ; P. F. de Moraes Farias, "Silent Trade : Myth and Historical Evidence", *History in Africa*, 1권 9~24쪽(1974) ; John A. Price, "On Silent Trade", and Schinichiro Kurmoto, "Silent Trade in Japan", both in George Dalton (ed.), *Research in Economic Anthropology*, 3권 75~108쪽(1980)을 참조.

어Robert B. Revere, 앤 채프먼Anne Chapman, 로즈메리 아널드Rosemary Arnold 가 각각 쓴 논문에 소개한 '무역항port of trade'이다.13 여기서 무역항은 단지 가끔 무역이 일어나는 항구만을 말하지 않는다. 무역항은 근대 이전의 사회에서 서로 다른 문화 사이의 무역이 보여 주는 전형적인 제도와 관습을 모두 통합한 뜻을 담고 있다. 무역항은 작은 도시 또는 작은 부족 국가였지만 꼭 해안가에 있을 까닭은 없었다. 그곳은 좀 더 큰 부족 국가들 사이의 분쟁에서 중립 지대로 인식되었고 의도적으로 그 방식을 유지했다. 더 나아가 원거리 무역은 국가가 밀접하게 관리하고 국가의 목적에 맞도록 다스렸다. 국가는 거래 조건과 공정 가격을 정했고 오랫동안 그것들을 유지했다. 그리고 상인들이 가격을 담합하는 것을 엄격하게 막았다. 상품 가격이 수요와 공급의 영향에 따라 오르고 내리는 것을 허용하지 않았다.

무역항이라는 개념은 폴라니 학파(실체주의자substantivists)와 주류 서구 경제 이론의 전통을 따르는 사람들(형식주의자formalists) 사이에 벌어진 광범한 논쟁의 한 요소였다. 실체주의자는 형식론이 사람들이 갖고 싶은 용역과 재화를 배분할 때 경제적으로 생각해서 사용한다는 사고방식에 집중하는 잘못을 저질렀다고 주장했다. 이럴 경우 구매자와 판매자의 시장 거래를 통해서 실현되는 수요와 공급의 기능

---

13 Karl Polanyi, Conrad M. Arensberg, and Harry W. Pearson, *Trade and Markets in Early Empires*(New York, 1957), 38~63쪽, 114~153쪽, 117~187쪽. 나중에 A. Leeds, "The Port of Trade as an Ecological and Evolutionary Type", in *Proceedings of the 1961 Annual Meeting of the American Ethnological Society*(Seattle, 1961)에서 더 정확하게 개념을 정의하고 다듬었다. 이 분야에 대한 폴라니의 논문들은 George Dalton(ed.), *Primitive, Archaic and Modern Economies : Essays of Karl Polanyi*(New York, 1968)에 잘 정리되어 있다. 이것에 대해 논쟁하는 양쪽 의견은 매우 광범위한데 S. C. Humphreys, "History, Economics, and Anthropology : The Work of Karl Polanyi", *History and Theory*, 8권 165~212쪽(1969)에 잘 요약해 놓있다.

에 바탕을 둔 가치 이론을 강조하게 된다. 그러나 실체주의자는 18세기 이전까지는 거의 중요한 구실을 하지 못했던 가격 담합 시장을 근대의 인류 역사에서 혁신으로 평가한다. 지난 시절에 이들은 경제의 흐름이 비경제적인 제도 속에 '들어가 있는' 방식—그리고 상호 교환(선물 주고받기)과 재분배(상품이 중앙 기관으로 귀속되었다가 사회적 가치가 매겨진 다음 다시 배분됨)를 통해 비시장에서 교환되는 체계를 더 강조한다. 반대로 형식주의자는 시장의 영향력이 무엇보다도 가장 중요하며 선물이나 다른 형태의 교환에 내재된 가치를 정할 때도 마찬가지로 중요하다고 주장한다.

이 논쟁은 크게 밝혀진 것이 없었다. 어떤 실체주의자들은 형식주의자들이 자신들의 이론 모형을 실체가 지닌 특징을 대표하는 것으로 보지 않고 실체 자체인 것으로 보는 것처럼 쓴다. 그리고 반대로 어떤 형식주의자들은 실체주의자들이 시장 영향력의 구실을 완전히 부인하는 것처럼 쓴다. 그러나 사실 양쪽의 훌륭한 사회 과학자들은 시장과 다른 형태의 교환이 모두 제 역할이 있다고 생각한다. 문제는 특정한 상황에서 서로 어느 정도의 영향력을 끼치느냐 하는 것이다.

다양한 논쟁 모습이 다음에 서술하는 내용 여기저기서 다시 불거져 나올 것이다. 그러나 이 같은 이론적 논쟁은 오랜 세월의 흐름과 세계사라는 관점에서 개별의 상인 유민 집단이 처한 고유한 상황과 함께 검토되어야 한다. 그러나 이들에 대한 최초의 역사로 거슬러 올라가기 전에 근대의 아프리카 상인 유민 집단을 먼저 검토하는 것이 유용하다. 이들에 대한 쓸모 있는 자료들이 다른 것과 비교해서 자세히 남아 있기 때문이다. 가까운 과거에 대한 관찰은 우리의 심금을 울릴 수도 있고 먼 과거에 남겨진 희미한 기록들을 잘 이해하는 데 도움을 줄 수도 있다.

2

아프리카 :
교역을 자극한 요소들,
경쟁의 유형

아프리카 사하라 사막의 남쪽은 아프리카와 유라시아 대륙의 다른 지역보다 훨씬 멀리 떨어진 채 세계 교역의 큰 흐름에서 고립되어 있었다. 아시아의 항해사들은 이미 기원전 200년경에 동쪽 해안을 따라 여러 곳을 방문했고 북아프리카 사람들도 서기 800년을 전후해서 사하라 사막을 정기적으로 횡단했다. 그리고 유럽 항해사들은 15세기에 서쪽 해안을 따라 항해했다. 이 지역의 내륙은 18세기와 19세기까지 다른 지역보다 훨씬 바깥 세계와 단절되어 있었다.— 사하라 사막의 건조한 기후와 이 지역에서 반복해서 발생하는 질병 등 자연환경 때문에 외부와 차단되었다. 체체파리(아프리카에 서식하는, 피를 빨아 먹는 파리로 수면병을 일으킴 - 옮긴이)와 그것이 옮기는 트리파노소마(혈액 속에 기생하는 편모충의 일종 - 옮긴이)라는 기생충은 아프리카 열대 지역을 지날 때 짐을 운반하는 동물들을 쓸모없게 만들어서 원거리 무역을 방해했다. 특히 열대성 말라리아와 황열병 같은 질병은 다른 환경에서 살던 사람들에게는 치명적이었기 때문에 아프리카는 19세기 후반까지 외지인들에게 거의 알려지지 않은 대륙으로 남아 있었다.

아프리카 경제사를 기술한 교과서나 짧은 논문 들을 보면 아프리카 지도에 해안가에서 내륙으로 향하는 화살표가 그려져 있다. 이 화살표는 이집트에서 나일 강 계곡을 따라서, 그리고 동쪽 해안에서 고지대 호수 지역으로 향하고, 마그레브Maghreb(북아프리카의 모로코, 알제리, 튀니지에 걸친 지역 - 옮긴이)에서 사하라 사막을 거쳐 수단 서쪽으로 가고, 대서양 쪽 해안에서 콩고의 분지로 관통하는 모양을 그린다. 또한 반대 방향으로 가는 화살표는 아프리카의 상품과 사람들이 아프리카 바깥 세계로 어떻게 빠져나갔는지 그 경로를 보여 준다. 그러나 대륙을 잇는 교역은 전체 무역의 일부일 뿐이었다. 세계 다른 지역과 마찬가지로 아프리카에서 지역 내 거래는 원거리 무역보다 더 중요했다. 대개 교역을 할 곳이 멀수록 무역 상품은 점점 더 고가품과 부피가 작은 상품으로 한정되었다. 물론 시간이 흘러 운송 기술이 좋아짐에 따라 무역 상품의 부피도 더 늘어날 수 있었다.

자기 지역을 벗어난 역외 무역에 치중하다 보면 무역 관계에서 외부 요소의 주도권을 과도하게 강조할 수도 있다. 아프리카 역사에 대한 잘못된 신화 가운데 하나는 아프리카의 상업을 정체된 대륙을 가로질러 들어온 외지인들이 개척하였다는 해묵은 견해다. 사실 마을 단위를 넘어서는 거래는 이미 지역 안에서 아프리카 인들이 시작했다. 교역로를 따라 외지로 나간 무역 상인들은 점점 복잡한 형태로 대륙을 종횡으로 가르며 상인 유민 집단을 형성했다. 19세기 유럽 '탐험가들'은 이미 원거리 무역업을 하고 있던 아프리카 상인들의 도움과 안내 덕분에 아프리카 해안에서 내륙으로 여행할 수 있었다.

교역을 자극한 요소들

어떤 사람이 무슨 까닭으로 상업을 하고 또 어떤 사람은 하지 않았는지에 대한 가장 분명하고 오래된 설명은 타고난 기질이 다르다는 것이다. 사람들이 꽤 멀리까지 흩어져서 같은 환경에서 사는 곳이라면 마을 단위를 벗어나서 교역해야 할 분명한 자극 요소가 없다. 또한 모든 사람이 식량 생산에 반드시 종사해야 하는 곳에서는 마을 안에서 일을 나눠서 전문화할 까닭도 별로 없다. 그러나 사는 환경이 서로 다른 지역이 나란히 연결되어 있는 곳에서는 분업과 교역이 필요했을 것이다.

세계 어느 곳에서고 다양한 환경을 나누는 가장 극적이고 중요한 경계선은 사막의 가장자리에 있는 사바나 지역이다. 이곳은 농사를 지을 수 있는 스텝 지대와 유목 생활밖에 할 수 없는 사막 지대를 나눈다. 유목민들은 고기와 우유 같은 먹을거리 또는 옷을 만드는 섬유를 생산하는 일을 전문화하는 것이 필요하다. 그러나 곡식은 대부분 생산할 수 없다. 한곳에 정착해서 농사를 짓는 가구들은 자기들이 쓸 물건을 대부분 스스로 생산할 수 있다. 유목민들은 소를 데리고 이동해야만 했는데 이 때문에 다른 가축을 키우는 것은 힘들다. 위급할 때는 동물이 생산한 것만으로 살 수 있지만 대부분의 유목민들은 정착민들과 곡식, 옷, 금속 들을 거래하고 싶어 했다. 역사는 결국 정착 사회와 그들의 이웃인 유목민 사이의 경쟁과 협력의 기나긴 투쟁이었다. 이렇게 사막의 변경을 드나드는 관계는 평화스런 무역 관계일 수도 있었고 카인과 아벨의 이야기에서 상징적으로 나타나는 것처럼 폭력의 무역 관계일 수도 있었다. 그러나 이 생태학적 경계 지역에서의 상품 교환은 동일한 환경 조건에서 사는 사람들끼리 한 것보다 훨씬 활발하게 이루어졌다.

아프리카 사하라 사막은 남쪽과 북쪽으로 경계 지역이 있다. 남쪽의 대초원 지대를 따라 거대한 사바나 지역이 띠 모양으로 펼쳐져 있다. 남쪽 더 멀리에는 사바나 지역과 열대 삼림이 만나는 또 다른 생태학적 경계 지역이 있다. 그곳에서도 열대 삼림에서 생산되는 감자와 야자기름을 사바나에서 더 잘 자라는 셰어넛 기름shea-nut oil과 땅콩으로 교환하기 위한 다양한 환경이 만들어졌다. 그러나 이 경우에는 경계선 양쪽에 사는 공동체들이 모두 정착민들이었고 유목민들처럼 일이 전문화되지도 않았다. 그리고 이 생태학적 경계 지역을 오가는 초기 교역은 사바나 지역을 넘나들던 무역 규모보다는 작았을 것으로 추측된다.

또 다른 생태학적 경계 지역은 고도의 차이에서 온다. 동아프리카에서는 언어에 남아 있는 흔적에서 찾아볼 수 있는데, 킬리만자로 산과 케냐 산 지역이 기름지고 물이 풍부한 환경을 제공했고 그 주변 지역은 다른 곳에 비해 건조하고 인구 밀도가 낮은 평원이었다는 사실은 아프리카 최초의 시장 가운데 일부가 이 지역에서 비롯되었다는 것을 말해 준다.[1] 이와 비슷한 사례가 에티오피아 고지대에서 희망봉을 향해 남쪽으로 이어지는 산맥을 따라 많이 나타난다.

소금, 철, 물고기

자연환경에 따른 천연자원의 불균등한 분포는 초기 교역을 자극

---

[1] L. J. Wood and Christopher Ehret, "The Origins and Diffusions of the Market Institution in East Africa", *Journal of African Studies*, 5권 1~17쪽(1978).

하는 또 하나의 중요한 요소였다. 구리, 철, 조가비 같은 것들을 초기부터 교역했다는 사실은 고고학 연구를 통해 알 수 있지만 그것들을 누가 어떻게 운반했는지는 기록에 남아 있지 않다. 최초 무역은 먼저 상품을 산 사람이 집에서 멀리 떠나지 않고 다른 사람에게 되파는 중계 무역이었을 것으로 추측된다. 상품들은 짧은 거리 안에서 거래가 연속으로 이어져서 멀리까지 이동했을 것이다. 또한 사람들에게 널리 알려진 소금 같은 천연자원이 나는 장소는 그 주변의 먼 곳에서 다른 집단을 끌어들이는 기능을 맡았을 것이다. 그러나 역사 기록을 통해 알 수 있듯이 이방인에게 그런 희귀 상품을 팔기 위해 교역로를 개척해서 외지로 장사를 나간 사람들은 희귀 상품의 주인이거나 전문 생산자들이었다. 이 과정에서 상인 유민 집단이 만들어지고 시간이 지나면서 점점 진화하여 훨씬 많은 상품들을 취급하게 되었다. 아프리카 동부와 서부의 열대 지역에 사는 내륙 사람들은 처음에 소금이 나는 곳을 기반으로 해서 상인 유민 집단을 형성했다. 그러다 훨씬 다양하고 많은 생산물을 싣고 원거리 무역을 하는 전문 상인으로 발전했다. 예를 들면 니제르 남쪽에 있는 덴디Dendi는 소금으로 무역을 시작했는데 이들의 무역망이 널리 퍼지면서 19세기 무렵 덴디 어가 오늘날 토고Togo와 베냉Benin(토고와 나이지리아 사이에 있는 나라-옮긴이)에서 가장 주요한 무역 언어가 되었다.[2]

바다 소금은 바닷물을 담기 위해 특별히 만든 웅덩이에서 바닷물

---

[2] Paul E. Lovejoy, *Caravans of Kola : The Hausa Kola Trade, 1700~1900*(Zaria, 1980), 32~33쪽 ; N. Levtzion, *Muslims and Chiefs in West Africa : A Study of Islam in the Middle Volta Basin in the Pre-Colonial Period*(London, 1968), 173~174쪽 ; Charles M. Good, "Salt, Trade, and Disease : Aspects of Development in Africa's Northern Great Lakes Region", *International Journal of African Historical Studies*, 5권 543~586쪽(1972).

을 끓이거나 자연 증발 시켜서 얻었는데 아프리카의 모든 해안을 따라서 이용할 수 있었다. 서아프리카의 해안가에 사는 몇몇 사람은 나중에 중요한 무역 상인이 되었는데 그 지역의 소금 독점권을 이용해서 내륙의 오지를 관통하는 상업 활동을 시작했던 것으로 보인다. 코트디부아르 남부의 아비캄Avikam과 알라디안Alladian, 니제르의 아이조Ijo 사람들이 바로 이들을 대표하는 상인들이다.³ 서아프리카의 사바나 지역처럼 소금이 특별히 귀한 나라에서는 해안에서 생산되는 물품을 공급받기 위해 교역로를 새로 개척하거나 운영하는 내륙 사람들이 있었다. 내륙 중심부 만디Mande에서 나오는 두 개의 교역로—하나는 서쪽으로 감비아의 해안가로, 또 하나는 남쪽으로 라이베리아를 지난다—는 아프리카 사람들이 사는 지역을 따라 상인들의 흔적을 남겼다. 본디 말리의 서쪽 지역에 살았던, 말린케Malinke 말을 하는 사람들이 즐겨 장식하는 띠는 그들의 선조들이 처음 소금을 찾으러 떠났던 감비아 강변을 따라서 서쪽 지역에서도 지금까지 볼 수 있다. 그리고 라이베리아 서쪽에서 쓰는 바이Vai 말은 옛날 라이베리아 해안까지 이어진 교역로를 따라 전해진 말린케 말과 비슷한 언어로서 말린케 말을 하는 사람들의 본체에서 나중에 떨어져 나온 흔적이라고 추정하고 있다.⁴

아프리카에서 철은 소금보다 훨씬 더 넓게 분포되어 있지만 철광

---

3 Marc Augé, "L'organisation du commerce pré-colonial en basse Côte d'Ivoire et ses effets sur l'organisation sociale des populations côtières", in Claude Meillassoux(ed.), *The Development of Indigenous Trade and Markets in West Africa*(London, 1971) ; E. J. Alagoa, "Long Distance Trade and States in the Niger Delta," *Journal of African History*, 3권 319~329쪽(1970).

4 Philip D. Curtin, *Economic Change in Precolonial Africa : Senegambia in the Era of the Slave Trade*, 2 vols.(Madison, Wis., 1975), 1권 212~213쪽 ; Adam Jones, "Who Were the Vai?", *Journal of African History*, 22권 159~178쪽(1981).

석을 캐내는 전문 기술과 제련 기술은 소수의 상인 유민 집단이 독점하고 있었다. 이들이 기술을 보유하고 안 하고는 철을 생산하는 방식이 그 사회의 생활양식에 맞는지에 달려 있었다. 대개 서아프리카에서 철광석을 캐는 노동자들은 그 사회의 다른 사람들과 구별되는 집단으로 인식되었고, 여섯 명 중 한 명꼴로 특별한 직업 계급으로서 자기들끼리만 결혼할 수 있었다. 이들은 자신들이 지닌 기술 지식 때문에 존경받았지만 한편으로는 두렵기도 했다. 철을 다루는 일은 신에게 위험한 간섭을 하는 것이었다.―광석을 캐는 일은 땅의 신을 노엽게 하고 숯을 굽기 위해 나무를 베는 것은 나무의 신을 간섭하는 일이다. 고대 그리스 상인들처럼 철을 다루는 것은 위험한 일이기 때문에 사람들은 대장장이들을 두려워하기도 하고 경멸하기도 했다. 서아프리카에서는 이들을 하층 계급으로 천시하는 곳이 많았다.

와술루Wasulu에서는 상인, 대장장이 집단을 쿠로코Kooroko라고 불렀는데 이들은 자신들의 낮은 지위를 장점으로 바꿔 이용할 수 있었다. 와술루는 오늘날 기니 코나크리와 코트디부아르 접경 지역 근처의 말리 지역이었다. 이 지역은 사바나 지역과 열대 삼림 지역 사이에 있는 생태학적 경계 지역 가까이에 있다. 와술루를 다스리는 작은 부족 국가의 지배자들은 사냥과 가축 기르기, 농사를 자유민에게만 허락했다. 또한 그들은 광대, 목수, 동물 가죽 제품을 만드는 사람, 대장장이를 차별하여 하층 계급으로 생각했다. 상인들은 차별 계급도 아니었고 존경받지도 않았지만 쿠로코의 선조들은 자신들의 낮은 지위에서 한 가지 이점을 얻었다. 이들은 와술루 지역 안에서 마음대로 옮겨 다닐 수 있었는데, 지위가 높은 사람들은 그럴 수 없었다. 집에서 멀리 떠난 귀족은 다른 지역의 귀족들에게 위험인물이었고 잘못하면 죽을 수도 있고 노예가 될 수도 있었다.

쿠로코는 19세기에 제한된 지역 안에서 중요한 무역 상인 집단으로 성장하였다. 처음에 이들은 주로 와술루 지역 안에서 자신들이 만든 철물과 도자기, 가죽 제품을 팔고 다녔다. 그러다가 북쪽에서 소금을 사고 그 대가로 와술루 서쪽 변경 지역에서 콜라열매를 사다 파는 중개 무역으로 발전했다. 이들이 크게 성공한 것은 20세기 들어서였다. 이때 이들은 와술루 지역을 떠나서 프렌치 수단(지금의 말리), 특히 바마코Bamako 같은 좀 더 큰 도시에 상인 유민 집단으로 정착하기 시작했다. 식민지 환경에서 이들은 이제 상인 유민 집단이 아니라 열대 삼림에서 자라는 콜라열매를 생산지에서 사바나 지역을 통해 더 큰 시장으로 싸게 내다 팔기 위해 트럭과 전보를 이용할 줄 아는 전문 상인 공동체가 되었다.[5]

아프리카 동남쪽 말라위Malawi 주변 지역 출신인 야오Yao 족도 철 생산을 바탕으로 활발한 무역 활동을 했다. 16세기 이전까지 야오 족은 사냥을 중요한 부업으로 하는 농부들이었다. 그런데 어느 날 숙련된 철공 노동자 집단인 와치시Wachisi 족이 야오 족 사회로 이주해 와서 야오 족의 문화를 받아들였다. 이들은 철 기구를 만들기 시작했고 그것들을 이 지역에서 팔았다. 그러자 전에 사냥일과 같은 틈새 직업을 맡았던 다른 야오 족도 철을 생산하기 시작하면서 멀리 무역 여행을 떠났다. 그리고 남성과 여성 사이의 분업은 여성에게 농사일의 많은 부분을 맡기고 남성은 사냥을 할 수 있도록 하였다. 남성이 사냥하기 위해 오랫동안 집을 비우는 것을 허용했던 관습은

---

[5] 쿠로코를 다룬 주요한 권위 있는 책은 Jean-Louis Amselle, *Les négociants de la savanne : histoire et organisation sociale des Kooroko(Mali)*(Paris, 1978), 특히 25~48쪽, 101~171쪽을 참조.

멀리 무역 여행을 떠나는 일에도 똑같이 적용되었다. 예전에 사냥 무리를 이끌었던 부족장들은 이제 무역 상인들의 우두머리가 되었다. 질병을 예방하는 의술과 세정 의식을 지키고 남편이 집을 비운 사이 아내의 부정을 막기 위해 썼던 옛날 방식들을 무역 여행에서도 그대로 답습했다. 16세기에 야오 족은 말라위 호수 서쪽의 자기 나라에서 모잠비크 근처의 해안까지, 그리고 탄자니아의 킬와Kilwa로 이어지는 교역로를 개척했다. 무역 활동이 활발해지면서 철의 중요성은 줄어들었고 대신에 바다 소금과 외국 상품을 사기 위해 코끼리의 상아를 교환했다. 쿠로코처럼 야오 족도 먼 내륙에서 온 상품을 취급하기 시작했으며 마침내 인도양의 해안과 아프리카 남부의 중심을 이어 주는 매우 복잡한 상업망의 한 부분이 되었다.[6]

해안이나 강가에 사는 어부들도 유목민들이 무역에 뛰어들게 된 계기와 똑같은 이유로 무역업에 종사하게 되었다. 이들은 균형 잡힌 더 좋은 식사를 위해 바꿀 수 있는 전문 상품을 가지고 있었다. 또한 자기가 잡은 물고기를 시장에 내다 팔거나 돈을 벌기 위해 다른 상품을 시장으로 운송할 수 있는 배를 가지고 있었다. 주요한 강이 있는 곳에서는 어디서나 일찍부터 '수상' 문화가 발달하였다. 이들 문화는 유목 문화가 서로 많이 다른 것처럼 지역마다 매우 달랐다. 한편 콩고 중부 지역이나 자이르(지금은 콩고 민주 공화국) 지역의 보방기Bobangi 족은 이런 유형의 무역 활동 사례로 볼 수 있다.[7]

---

[6] Edward A. Alpers, *Ivory and Slaves in East Central Africa : Changing Patterns of International Trade to the Later Nineteenth Century*(London, 1975) ; Jan Vansina in Philip D. Curtin 외 공저, *African History*(Boston, 1978), 421~424쪽을 참조. 이와 비슷한 제한된 중계 무역 제도에 대해서는 Igor Kopytoff, "Aghem Ethnogenesis and the Grassfields Ecumene", in Claude Tardits(ed.), *Contribution de la recherche ethnologique à l'histoire des civilisations du Cameroun*, 2 vols.(Paris, 1981), 2권 371~381쪽 참조.

보방기 족은 적도에서 스탠리 호수Stanley Pool 또는 말레보 호수Pool Malebo라고 부르는 곳까지 남쪽으로 500킬로미터에 이르는 강 유역을 지배했다. 그러나 18세기 초, 이들은 그 강을 따라 비슷한 수상 문화를 이루며 살고 있던 여러 부족 가운데 하나일 뿐이었다. 이들은 고지대에 오랫동안 살 만한 정식 부락을 세웠다. 그리고 건조기에 강물의 높이가 낮아지면 얕은 물에서 편하게 고기를 잡기 위해 저지대에 임시 부락을 지어 옮겨 갔다. 그래서 이들은 일 년 내내 고기를 잡을 수 있었고 많은 양의 잉여 물고기를 생산할 수 있었으므로 그것을 팔아 이웃에서 생산한 카사바 녹말과 감자, 채소 등 농작물을 샀다. 어떤 의미에서 이들은 유목민들이 천막집을 옮기기 위해 짐을 나르는 소를 이용했듯이 생업을 위해 배를 이용할 줄 아는 반유목민이라고 할 수 있다.

콩고에서 18세기 후반에 강변 무역이 증가하기 시작하자 보방기 족은 강의 상류와 하류 지역으로 교역 활동을 확장하고 자신들과 비슷한 수상 문화 부족들과 연합하기 시작했다. 하지만 다른 나라 영토로 퍼져 나가는 정상적인 상인 유민 집단은 아니었고 그 운영 기간도 짧았다. 보방기 족은 강 유역을 따라 사는 사람들을 하나하나 자기 문화로 동화하여 모두 보방기 족으로 만들었는데 이들은 보방기 족이 지배하는 강 유역에서 떨어져 사는 내륙의 이웃들과 정치 문화적으로 구별되었다.

보방기 족이 이렇게 성공한 것은 군사력 때문이 아니라 우수한 기술 때문이었다. 배의 길이가 10미터 정도 되고 1.5톤까지 짐을 실을

---

7 보방기 족에 대한 권위 있는 연구서는 Robert W. Harms, *River of Wealth, River of Sorrow: The Central Zaire Basin in the Era of the Slave and Ivory Trade, 1500~1891*(New Haven, Conn., 1981)이다.

수 있는 보방기 족 화물선은 머리에 짐을 이고 운반하는 방식과 경쟁해서 쉽게 이겼다. 그러므로 이들은 아프리카산 철과 구리, 카사바 녹말, 물고기, 캠우드camwood(콩과 식물의 단단한 나무 - 옮긴이), 바크클로스barkcloth, 야자나무로 만든 여러 가지 돗자리, 담배, 야자기름, 야자술 같은 상품들을 대량으로 싣고 다니며 교역할 수 있었다. 상아와 노예의 수출과 인도산, 유럽산 옷의 수입은 대륙 사이를 오고 가는 전체 교역량이나 가치에서 볼 때 아주 작은 부분이었다.

낙타, 대추야자, 사하라 사막 무역

사하라 사막을 지나는 무역은 사하라 사막 이남의 서쪽 지역이 바깥 세계와 처음으로 만나는 가장 중요한 계기였다. 그리고 이 무역의 기원은 초기 무역의 일반 유형을 밝히는 데 도움이 된다. 사하라 사막의 바위들에 새겨진 짐수레 그림에는 사하라 서쪽 지역을 가로질러 거대한 나이저 강의 북쪽 지역까지 이어진 두 개의 교역로가 그려져 있다. 나이저 강 유역의 팀북투Timbuktu(아프리카 서부, 말리 중부에 있는 도시 - 옮긴이)는 나중에 중요한 사막 항구가 되었다. 나이저 강은 비가 매우 적은 스텝 지역에 일 년 내내 물을 잘 공급해 주었고 상류는 말리 쪽으로, 하류는 나이지리아 쪽으로 배 운송을 원활하게 할 수 있게 해 주었다. 사막 교역로 가운데 하나는 모로코를 향해서 북서쪽으로 나 있고 다른 하나는 튀니지를 향해 북동쪽으로 나 있었다. 사막을 지나는 여행은 일찍이 기원전 1000년에 시작했지만 정기적으로 널리 교역을 하기 시작한 것은 그로부터 조금 지난 다음이었다. 로마가 지배하는 북아프리카 지역은 사하라 사막의 침입자들을 막기 위해 방어선을 치고 있었다. 그러나 로마 인들은 수단 서쪽에 대해서는 아는 것이 없었다. 또한 로마 시대에 사하라 사막 서쪽을 가로질러 교역을 많이 했다는 증거도 없다. 로마 인들은 나일 강 계곡과 에티오피아 고지대, 동아프리카와 남쪽으로 탄자니아까지 알고 있었지만 서아프리카 지역은 알지 못했다.

2세기에서 5세기 사이 사하라 사막에 낙타가 등장한 것은 본격적인 사하라 사막 무역의 시작을 알리는 신호였다. 낙타가 사막에 처음 나타난 계기에 대한 가장 유력한 가설은 오늘날 사하라 지역을 지나는 데 이용하는 단봉낙타(혹이 하나인 낙타)가 아라비아 반도 서쪽에서 길들여졌다는 사실을 제시한다. 낙타의 이용은 처음에 소말리아까지 퍼졌다가 나중에 기원전 1세기 또는 2세기에 북쪽 이집트로 확산되었다. 그러는 동안 낙타 무리는 남부 사막을 따라 차드 호수Lake Chad 너머 주변 지역까지 서쪽으로 퍼져 나갔다. 그런 다음 남부 지역에서 아프리카 북서쪽까지 도달했는데 이 낙타들은 아마도 베르베르Berber 말을 하는 지금의 투아레그Tuareg 족의 유목민 조상들이 처음 이용했을 것으로 추측하고 있다.

낙타는 짐을 나르는 동물 가운데 가장 쓸모가 있으며 대부분의 환경에서 짐수레보다 더 좋은 효과를 내는 동물이다. 낙타는 오랫동안 물을 먹지 않고도 이동할 수 있기 때문에 사막 여행에 반드시 필요한 동물이 되었다. 그러나 무엇보다도 낙타의 우수성은, 늘 교역의 장애가 되기는 했지만 유목민 침입자들의 공격을 피할 수 있는 사하라 사막을 통해 가장 값싸게 상품을 나를 수 있다는 점에 있었다.[8]

최초 단계의 사하라 사막 무역에 대해서는 아는 것이 없다. 그러

---

[8] 일반 낙타에 대한 것은 Richard W. Bulliet, *The Camel and the Wheel*(Cambridge, Mass., 1975), 특히 7~27쪽, 111~140쪽을 참조. 서부 사하라 사막에서 운송의 효율성을 계산한 것은 Philip D. Curtin, *Senegambia*, 1권 278~285쪽을 참조.

나 8세기 후반 또는 이보다 좀 더 앞선 시기에 대상隊商, caravan이 낙타를 타고 사막을 가로질러 정기적으로 내왕했을 것으로 보고 있다. 4세기 무렵 사하라 사막 이남에서 발굴된 금이 북아프리카로 수입되기 시작했고 400년경에 북아프리카산으로 추정되는 구리가 사하라 사막 남쪽 말리의 나이저 강 유역에 있는 제네제노Jenné-Jenno라는 폐허에서 발굴되었는데 이곳은 한때 중요한 상업 도시였다. 사바나 지역은 본디 다른 지역보다 좀 더 일찍 넓은 범위에 걸쳐 교역이 이루어졌을 것으로 추측하지만 초기에 어떻게 무역이 행해졌는지는 거의 알려진 것이 없다. 그러나 사하라 사막 무역을 처음 시작하고 북아프리카의 사막 주변을 지배했던 사람은 모로코 남부 지역에서부터 동쪽으로 알제리 남부와 튀니지를 지나서 트리폴리타니아Tripolitania와 지금의 리비아 남부 페잔Fezzan 지역까지 대추야자가 자라는 오아시스에 살던 사람들이었다. 이들이 만든 사하라 사막 교역로는 남쪽에 있는 여러 개의 사막 항구까지 이어져 있었다. 세네갈과 니제르 북쪽으로 고대 가나 제국과 나이저 강 유역, 튀니지 남쪽에서 차드 호수 지역으로 여러 개의 사막 항구가 있었다.[9]

오아시스 지역은 낙타로 짐을 나르는 대상이 원거리 무역을 하기에 아주 알맞은 지리적 환경을 제공해 주었다. 또한 사막의 경계 지역이라는 이점이 있었을 뿐 아니라 가장 생산성이 좋은 나무들 가운데 하나인 대추야자date palm(학명은 포에닉스 닥틸리페라Phoenix dactylifera) 생산지였다. 야자나무는 고대 메소포타미아에서 처음 재배되었

---

[9] Tadusz Lewicki, "Traits d'histoire du commerce transsaharien : marchands et missionaires ibadites au Soudan occidental et central au cours des VIIIᵉ-XIIᵉ", *Ethnografia Polska*, 8권 291~311쪽(1964). Timothy F. Garrard, "Myth and Metrology : The Early Trans-Saharan Gold Trade", *Journal of African History*, 23권 443~461쪽(1982).

지만 로마 시대 이전에 이미 북아프리카에서 널리 퍼졌다. 대추야자가 자라기 위해서는 매우 특별한 자연조건이 필요한데 일 년에 몇 달 동안 섭씨 30도 안팎의 온도에서 뜨겁고 건조한 날씨가 지속되어야 한다. 또 자라는 데 필요한 물은 빗물로 얻는 것이 아니라 땅에서 끌어올리는 물이 필요하다. 오히려 비가 내리면 어떤 때에는 야자열매 농사를 망치기도 한다. 그리고 대추야자는 북아프리카 사막 경계 지역의 모래와 알칼리성 토양에서 잘 자란다. 조건만 잘 맞는다면 한 그루의 대추야자에서 한 해에 40~80킬로그램의 열매를 얻을 수 있다. 당분 함량이 매우 높아서 필요할 때 식사 대용으로도 쓸모 있는 보충 식품이지만 날마다 먹기에는 알맞지 않다. 달리 얘기하면 대추야자 생산자는 소를 기르는 유목민이나 어부들과 같은 부류의 사람이라고 할 수 있다. 이들은 귀중한 생산품을 가지고 있지만 그것의 대부분은 오직 무역을 통해서만 상품으로 만들 수 있었다.

  원거리 무역을 하기 위해서는 운송이 필요했다. 그런데 이 지역은 대추야자를 생산하는 오아시스와 낙타를 키우는 유목민들이 주변을 둘러싸고 있어서 무역을 하기에 알맞은 자연환경을 제공해 주었다. 모로코 동남쪽 타필랄트Tafilalt(아틀라스 산맥 남쪽에 있는, 사하라 사막에서 가장 큰 오아시스 – 옮긴이)가 그 대표적인 지역인데 시간이 지나면서 수단 서쪽으로 사하라 사막을 마주 보는 사막 항구 가운데 가장 중요한 곳이 되었다. 아틀라스 산맥 아래로 흐르는 시스Ziz 강물은 처음에는 하나의 띠 모양으로 오아시스 발원지로 흐르다가 나중에는 폭 20킬로미터, 길이가 15킬로미터에 이르는 넓은 평원에 관개용수를 공급한다. 오늘날 오아시스는 몇십만 그루의 대추야자와 함께 심은 적은 양의 곡식과 채소에 물을 공급한다. 프랑스가 정복하기 전인 19세기 후반에 이 지역에는 사람이 10만 명 정도 살았는데, 인구 밀도가 제곱킬로미터당 300명을 넘었다.

자연 강우량은 보통 한 해에 10센티미터를 넘지 않아서 농사를 짓기에는 터무니없이 적었지만 낙타와 염소와 양 떼를 키우기에는 충분한 목초지를 제공했다. 대추야자와 낙타의 조화는 이 지역에서 무역을 하기 위한 열쇠였다. 처음에는 북쪽으로 페스, 메크네스Meknes, 모로코의 여러 도시로 무역을 떠났고 나중에는 금과 노예와 열대성 산물을 거래하기 위해 사하라 사막을 건넜다. 사하라 사막 무역이 남쪽으로까지 닿은 것은 중요한 일이었지만 북쪽에서 대추야자 거래를 위해 왕래했던 교역량과 비교할 때 아주 미미한 수준이었다.[10]

타필랄트는 사하라 사막의 북쪽과 남쪽의 교역에 중요한 구실을 했을 뿐 아니라 동쪽과 서쪽의 무역에도 마찬가지 역할을 했다. 대상은 낙타에 짐을 싣고 아틀라스 산맥의 남쪽 스텝 지역을 가로질러 동쪽의 오아시스 도시들에 도달할 수 있었다. 또한 알제리 남부 지역에서는 가다야Ghardaya와 우아르글라Ouargla(수도 알제 남쪽 약 560킬로미터 지점에 위치, 다섯 개의 오아시스로 구성 - 옮긴이), 므자브Mzab 계곡에 있는 오아시스 도시들이 비슷한 자연환경이어서 일찍부터 대추야자를 재배했고 사하라 사막 무역을 시작했다. 더 동쪽으로 가면 가트Ghat, 가다메스Ghadames(튀니지와 알제리 국경에 가깝고 나이저 강 유역의 대상로 요충지였음 - 옮긴이), 쿠프라Kufra(리비아 동남쪽에 위치 - 옮긴이) 같은 리비아의 오아시스 도시들이 나오는데, 이곳도 대

---

[10] Ross E. Dunn, *Resistance in the Desert*(Madison, Wis., 1977) ; Dunn, "The Trade of Tafilalt : Commercial Change in Southeast Morocco on the Eve of the Protectorate", *International Journal of African Historical Studies*, 6권 271~304쪽 (1971), 특히 270~276쪽.

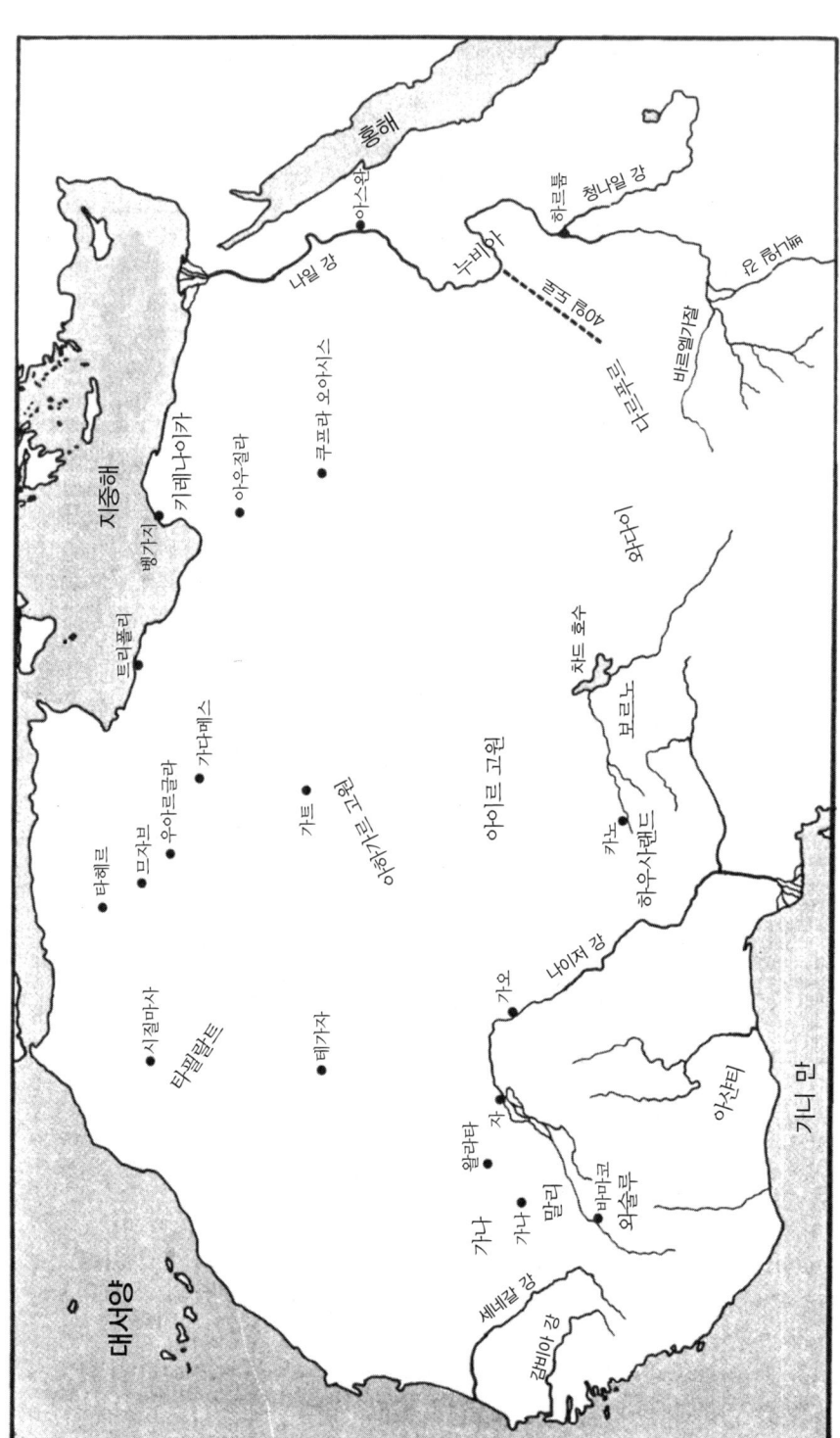

지도 2.1 _ 북아프리카

추야자를 생산하고 사하라 사막을 횡단해 온 상인 유민 집단의 전초기지 역할을 맡았으며 마그레브 지역과 수단 서부 지역에서 이집트로 상품을 전달하는 구실도 했다.¹¹

대추야자와 낙타를 이용한 무역 체계는 더 멀리 동쪽까지 뻗어 나갔다. 아스완Aswan에서 남쪽으로 하르툼Khartoum 주변까지 나일 강을 따라 펼쳐진 누비아 지역은 이집트와 사하라 사막 이남 지역을 연결해 주는 통로였고 또한 정착 농민들이 낙타를 몰고 다니는 유목민들과 관개수가 흐르는 좁은 띠 모양의 땅을 사이에 두고 함께 살면서 대추야자를 재배하는 곳이었다. 바로 이 지역 출신 사람들이 마지막으로 19세기에 이 지역 상인 유민 집단의 부흥과 쇠퇴에 중요한 역할을 하게 되었다(11장 참조).¹² 에티오피아 고지대를 건너뛰어서 소말리아에서도 이런 무역 체계가 다시 나타났다. 이곳에서는 주바 강Juba River 상류에 있는 띠 모양의 오아시스가 에티오피아 고지대에서 소말리아 해안까지 무역을 하는 상인에게 기반을 제공했다.¹³

---

¹¹ Donald C. Holsinger, "Migration, Commerce and Community : The Mizābis in Eighteenth- and Nineteenth-Century Algeria", *Journal of African History*, 21권 61~74쪽(1980) ; Terrence Walz, *Trade Between Egypt and Bilad-as-Sudan, 1700~1820*(Cairo, 1978) ; Dennis D. Cordell, "Eastern Libya, Wadai, and the Sanusiya : A Tariqa and a Trade Route", *Journal of African History*, 18권 21~36쪽(1977) ; Stephen Baier, *An Economic History of Central Niger*(New York, 1980), 57~78쪽.
¹² William Y. Adams, *Nubia : Corridor to Africa*(Princeton, N.J., 1977) 참조.
¹³ Mordechai Abir, "Caravan Trade and History in the Northern Parts of East Africa," *Paideuma*, 14권 103~120쪽(1968) ; Abir, "Southern Ethiopia", in Richard Gray and David Birmingham(eds.), *Pre-Colonial African Trade : Essays on Trade in Central and Eastern Africa before 1900*(London, 1970).

사막에서 열대 삼림으로

약 1,000년 전 사하라 사막 남부 지역의 상업 환경이 어떠했는지 기록은 별로 없지만 그 뼈대를 다시 구성할 수는 있다. 낙타를 타고 이동하며 교역로를 개척했던 대상은 서부 사막의 경계 지역에서 천연 장애물을 만났다. 낙타는 수단 서쪽에 있는 사바나 지역의 습한 날씨 때문에 남쪽으로 더는 건강하게 이동할 수 없었다. 상인들도 이보다 더 습한 열대 지방의 치명적인 질병에 면역력이 없었다. 그래서 이들은 대개 사막 주변의 사바나 지대에서 멈추었는데, 가나 제국의 왈라타Walata 같은 사막 항구들 또는 세네갈 북쪽으로 나이저 강까지 띠 모양으로 형성된 지역의 도시들이 바로 그런 곳이다.[14] 이들은 여기서 처음으로 북쪽에서 내려온 다른 상인들을 위한 문화적 중개자로서 역할을 했다. 그리고 몇십 년이 아니라 몇 세기가 지나서 사바나 지역에 사는 일부 사람들이 이슬람으로 개종했고 스스로 중개자의 역할을 맡기 위해 북아프리카 문화를 자기 것으로 충분히 흡수했다.

적어도 사막 경계 지역에서 최초로 이슬람으로 개종한 다른 문화권의 중개자는 분명히 니제르의 사바나 지역과 세네갈 강의 북쪽 사바나 지역 사이에 있는 고대 가나의 중심부 출신으로 소닌케Soninke족 말을 하는 사람이었을 것이다. 어쨌든 이들은 무역 상인들처럼 남쪽으로 이동해서 무역 식민지를 만들었다. 그곳에서 다시 사막 경계 지역에서 남쪽으로 여행 온 자기 지역 사람들을 위해 중개자 역

---

[14] Michael Brett, "Ifriqiya as a Market for Saharan Trade from the Tenth to the Twelfth Century, A.D.", *Journal of African History*, 10권 347~364쪽(1969) 참조.

할을 할 수 있었다. 그리고 곧바로 자신들이 정착한 지역 사람들의 말과 여러 가지 문화를 배웠다. 그러나 자기들의 종교인 이슬람교는 철저하게 지켰으며 사막 경계 지역에 살았던 자기 조상들의 역사를 잃어버리지 않고 변함없이 소닌케 족의 혈통을 자랑스럽게 생각했다. 20세기에 들어서도 이들의 후손들은 여전히 조상들의 상거래 전통을 유지했다. 이들을 부를 때 가장 많이 쓰는 이름은 왕가라Wangara인데, 이슬람 상인이라는 뜻 이외에 아무런 의미도 없다. 이들 유민 집단은 야르세Yarse, 마라카Maraka 또는 마르카Marka, 줄라Juula 또는 듈라Dyoula, 자한케 또는 디아한케Diakhanke처럼 독자적인 하부 집단으로 갈라졌다.[15]

1350년대 북아프리카의 여행가 이븐바투타Ibn Battuta(튀니지 사람으로 중세 시대 27년 동안 세계 44개 나라를 여행함 - 옮긴이)는 사막을 횡단하고 수단 서쪽을 여행하면서 본 것들을 자세하게 기록으로 남겼다. 그는 타필랄트에서 왈라타의 사막 항구까지 횡단했는데 그곳에 북아프리카 상인들이 살고 있고 사하라 사막 무역에서 큰 역할을 하고 있다는 것을 발견했다. 그는 나중에 리비아의 가다메스라는 오아시스 도시 출신 상인들과 함께 북쪽으로 돌아갔다. 사막 경계 지역

---

[15] Paul E. Lovejoy, "The Role of the Wangara in the Economic Transformation of the Central Sudan in the Fifteenth and Sixteenth Centuries", *Journal of African History*, 19권 341~368쪽(1978) ; Ivor Wilks, "Wangara, Akan, and the Portuguese in the Fifteenth and Sixteenth Centuries", *Journal of African History*, 23권 333~350쪽, 463~502쪽(1982) ; Said Hamdun and Noel King, *Ibn Battuta in Black Africa*(London, 1975)는 이븐바투타의 동아프리카와 서아프리카 여행기를 잘 번역해 놓았다. Claude Meillassoux, *Trade and Markets in West Africa*, 199~284쪽 ; Curtin, *Senegambia*, 1권 75~83쪽 ; Richard Roberts, "Long Distance Trade and Production : Sinsani in the Nineteenth Century", *Journal of African History*, 21권 169~188쪽(1980) ; Susan Keech McIntosh, "A Reconstruction of Wangara/Palolus, Island of Gold", *Journal of African History*, 22권 145~158쪽(1981) ; Levtzion, *Muslims and Chiefs*.

은 여전히 북아프리카 인들과 왕가라들의 무역의 분기점으로 남아 있었지만 일부 북아프리카 상인들은 니제르 계곡 상류 지역에 있는 말리 왕국처럼 멀리 남쪽까지 내려와 살았다.[16] 이때는 사막 경계 지역의 상인들이 당나귀로 짐을 싣고 갈 수 있을 정도의 거리까지만 남쪽으로 가서 교역했던 시기였다. 가장 남쪽에 있는 사바나 지역과 기니 만Gulf of Guinea을 따라 펼쳐진 열대 삼림 지역에는 체체파리가 기승을 부려 짐을 나르는 동물을 몹시 괴롭혔다. 그래서 이곳에서는 사람이 머리에 짐을 이고 나르거나 강물에 카누를 띄워서 짐을 옮겨야 했기 때문에 삼림 지대에 사는 사람들은 자기 지역에서는 스스로 무역 일을 해야 했다. 그러나 일부 사바나 지역의 이슬람 상인들은 유럽 사람들이 15세기 후반 그 해안에 나타나기 전에 이미 기니 만까지 멀리 여행을 했다.

열대 아프리카 해안 무역

아프리카 사하라 사막 이남으로 이르는 길은 성격이 다른 세 곳의 '해안'이 있다. 사하라 사막과 접한 해안과 인도양과 접한 해안, 대서양과 접한 해안이 그것이다. 외국 상인들은 모두 이 세 지역으로 옮겨 와 정착했고 아프리카 사람들이 외국 상인들을 다루는 방식은 세 곳이 아주 달랐다. 서로가 정기적으로 만나기 시작한 것은 기원전 1세기쯤 동쪽에서였다. 정기적인 왕래가 있기 전 800년 동안은 사하라 사막을 건너야 했다. 소말리아에서 남쪽으로 탄자니아까지 이르는 해안 지역은 인도양 해안 무역의 한 부분이 되었다. 수단 서

---

[16] Hamdun and King, *Ibn Battuta*, 22~59쪽.

쪽의 사막 경계 지역에서 경험한 것을 유추해 볼 때, 사막을 건너온 무역 상인들이 사막 경계에 있는 사바나 지역의 소닌케-왕가라와 서로 역할을 나누었던 것처럼 이 해안가 항구 도시에서는 외국 상인과 아프리카 상인 사이에 짐을 나르는 역할을 분담했을 거라고 생각한다. 즉, 해안에 사는 아프리카 상인들이 내륙으로 외국 상품을 나르는 역할을 맡았으리라고 예상할 수 있을 것이다.

그러나 이런 일이 동아프리카에서는 일어나지 않았다. 배를 타고 인도양을 건너온 상인들은 주로 아랍과 페르시아 사람이었는데 이들은 내륙으로 교역하러 들어가지 않았으며 그렇다고 해안가에 살고 있던 아프리카 사람들이 그 일을 하지도 않았다. 소말리아에서는 낙타와 대추야자로 무역을 시작한 오아시스 지역의 상인들이 아래로 내려와서 해안까지 길을 열었다.—그 반대가 아니다. 지금의 케냐와 탄자니아 지역인 스와힐리 북쪽 해안에서는 18세기가 될 때까지 사하라 사막 쪽에서든 해안 쪽에서든 내륙으로 가는 정기적인 원거리 무역이 전혀 개발되지 않았다. 그 후 이 교역로를 처음 개척한 사람은 해안에 사는 상인들이 아니라 내륙에 있는 상인들—케냐 중심부에 사는 캄바Kamba 족과 탄자니아 중심부에 사는 니암웨지Nyamwezi 족이었다. 초기에는 바다거북 등딱지나 가까운 내륙에서 가져온 상아처럼 해안에서 생산된 상품과 건조한 페르시아 만 해변에 집을 지을 때 필요한 맹그로브 목재처럼 실용품에 한정해서 교역이 이루어졌다. 훨씬 더 남쪽으로 내려가서 짐바브웨의 금광 지대에서 소팔라Sofala 항구까지 이르는 지역은 16세기 이전에 아랍 해상 상인이 아니라 내륙에 사는 아프리카 사람들에 의해 교역이 이루어졌다. 아랍 어로 씌어진 문헌을 모두 찾아봐도 1500년경 유럽 상선들이 도착하기 전 이 해안에 대한 글은 하나도 없다. 그리고 이븐바두타가 사하라 사막 경계 지역을 기점으로 남쪽으로 말리 수도까지 탐험했던 것처럼 외국인이나 해안 지역 상인들이 이 지역에 대해 간접적으로 쓴 기록도 찾아볼 수 없다.[17]

이보다 훨씬 많은 일들이 일어났겠지만 지금 그 기록은 남아 있지 않다. 그러나 무역 상품의 운송 문제에 대한 그럴듯한 설명이 있다. 내륙 지역에 서식하는 체체파리 때문에 무역 상품을 사람이 직접 지고 날라야 했는데 18세기와 19세기에 많은 양의 상품이 이렇게 운송되었다. 이보다 앞선 시기에는 해상 무역을 하는 상인들이 내륙으로 가는 무역에 관심이 없었거나 능력이 없었을 것으로 추측하고 있다.—아마도 먼 내륙 지역의 상품들이 해안에서 운송비를 부담하고도 이익을 남길 정도로 높은 가격에 팔릴 수 없었을 것이라는 추측이 더 맞을 것 같다.—또는 반대로 인도양을 건너온 상품들이 먼 내륙 지역에서 경쟁력 있게 팔리지 못했을 수도 있다. 그러나 한 군데는 예외였는데 짐바브웨의 금광 지역으로 가는 교역로였다. 그곳에서는 16세기 초에 벌써 아랍 상인들이 세나Sena같이 먼 내륙 지역으로 들어갔다. 그 당시 그 먼 곳까지 들어가는 것은 상인들에게 충분히 이익이 될 수 있었을 것이다. 내륙에서 해안으로 나가고 다시 해안에서 내륙으로 들어오는 복합적인 무역 형태가 생겨난 것은 1,500년이 지나 포르투갈 상인들이 해안 가까이에 나타난 다음부터였다.

서아프리카에서 해안과 내륙 사이의 무역은 유럽 상인들이 그곳에 도착하기 훨씬 전인 15세기 중반에 시작되었다. 그러나 거래 품목은 해안에서 나는 소금이 중심이었고 오직 가까운 지역 안에서만

---

[17] 이븐바투타를 포함한 유용한 문서들의 출전을 보려면 G. S. P. Freeman-Grenville (ed.), *The East African Coast: Select Documents from the First to the Earlier Nineteenth Century*(Oxford, 1962)를 참조.

거래되었다. 또한 대개가 중계 무역이었는데 몇백 킬로미터 단위로 쪼개져서 상품을 중계하고 단일 문화권 안에서만 이루어졌다. 때때로 가봉의 해안에서처럼 개인끼리의 상품 중계는 매우 짧은 거리 안에서 이루어졌다. 19세기까지도 이런 무역이 행해졌는데 내륙 지역 안에서 겨우 몇백 킬로미터 떨어지지 않은 곳에서 생산한 수출품은 세 차례씩이나 중계 무역업자들을 거쳐 운송되었다.[18]

체체파리에 시달리는 열대 삼림은 그 자체가 교역 환경을 설명해 주듯이 사람이 직접 상품을 나르거나 보트를 이용해야 했다. 또한 열대 삼림에는 베냉, 오요Oyo(나이지리아 이바단 북쪽 50킬로미터 지점에 위치 - 옮긴이), 아샨티Asante(서아프리카의 구왕국으로 지금은 가나에 속함 - 옮긴이)처럼 정교한 정치 구조를 갖춘 나라들도 있었지만 이런 자연환경은 국가의 지배력이 미치지 못하는 사회나 작은 부족들에 유리했다. 국가의 지배력이 미치지 않는 지역에서 무역을 하기 위해서는 혈족 관계나 종교 신앙을 교묘하게 이용하는 힘든 문화 조정 과정이 필요했다(3장을 참조). 어쨌든 비교적 짧은 교역 단계를 여러 번 거치는 중계 무역은 서로 다른 무역 상인 집단 사이에 빈번한 교환 거래를 초래했다.

중계 무역 시장

서로 다른 무역 상인 집단이 만나는 시장을 때때로 중계 무역 시

---

[18] Georges Dupré, "Le commerce entre sociétés lignagères : les Nzabi dans la traite à la fin du XIXe siècle(Gabon-Congo)", *Cahiers d'études africaines*, 12권 616~658쪽 ; Jan Vansina in Philip D. Curtin 외 공저, *African History*, 421~424쪽. 이와 비슷한 제한된 중계 무역 제도에 대해서는 Igor Kopytoff, "Aghem ethnogenesis"를 참조.

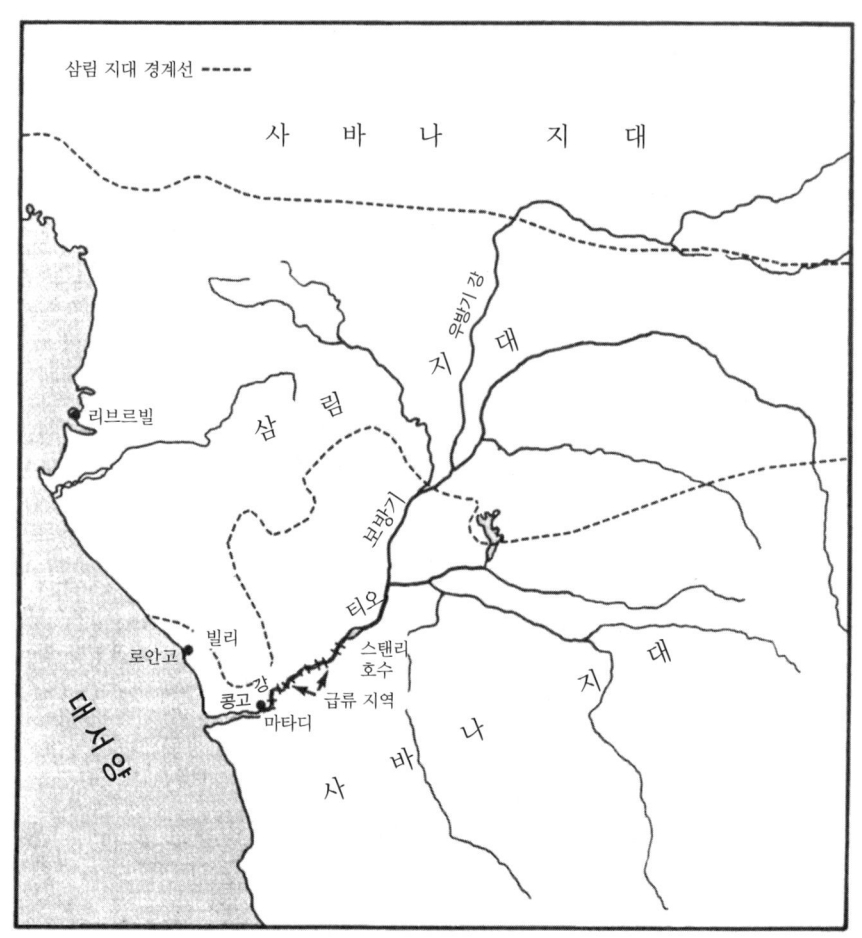

지도 2.2 _ 서아프리카 중앙 지역과 콩고 강 하류 분지

장이라고 부른다. 중계 무역 시장의 위치는 자연 지리적 환경이나 종족의 경계, 정치나 군사 지배력으로 나눌 수 있다. 예를 들면 19세기 콩고에서는 보방기 족이 지배했던 지역이 스탠리 호수의 하류 지역에서 끝났다. 보트가 더 갈 수 없었다. 콩고 강어귀의 물이 깊은 지역까지 배를 타고 가려면 곤두박질치듯 빠르게 떨어지는 350킬로

미터의 강을 지나가야 하기 때문이다. 18세기와 19세기에 내륙의 호수에서 해안으로 나가는 무역은 주로 해안의 상인들이 담당했는데 그들은 사람을 써서 짐을 나르는 데 전문이었다. 반면에 보방기 족은 보트로 짐을 운송하는 일에 전문이었다.[19] 그러나 보방기 족이 상류 지역으로 진출하지 않은 이유는 물리적 자연환경 때문이 아니라 정치와 군사적 조건 때문이었다. 보방기 족은 자기들이 지배하는 강 유역을 독점하려고 했다. 필요하면 무력을 써서라도 지키려고 했다. 상류 지역에 사는 이웃 부족도 마찬가지였다. 그 결과 다툼이 일어나고 때때로 무력 충돌이 있는 분기점에 중계 무역 시장이 생기게 되었다.[20]

반면에 나이저 강 유역의 분지 지역은 콩고 강의 급류같이 장엄한 자연 분기점도 없었고, 나이저 강의 수상 운송업자들은 보방기 족이나 그 이웃들처럼 자기 영역을 지키려고 다투지도 않았다. 그럼에도 그 지역에는 일정한 거리를 두고 중계 무역 시장이 형성되었다. 나이저 강 북쪽 삼삭주 지역의 꼭대기에 있는 아보Aboh, 현대 도시인 오니차Onitsha(나이저 강 동쪽에 위치 - 옮긴이)의 반대편에 있는 아사바Asaba(나이지리아 동남쪽에 위치 - 옮긴이), 나이저 강과 베누 강이 합쳐지는 지점 바로 아래에 있는 이갈라Igala 왕국의 도시들이 중계 무역 시장을 형성한 곳이다. 19세기에는 이들 시장에 한때 약 6,000명이나 모여들었고 한 해에 1만 1,000명에 이르는 노예들이 거래되었다고 한다. 이들 주요 시장 사이의 거리는 120킬로미터에서 160킬로

---

[19] Jan Vansina, *The Tio Kingdom of the Middle Congo 1880~1892*(London, 1973), 특히 257~310쪽 ; Phyllis M. Martin, *The External Trade of the Loango Coast, 1576 ~1870 : The Effects of Changing Commercial Relations on the Vili Kingdom of Loango*(Oxford, 1972).

[20] Harms, *River of Wealth*, 142~191쪽.

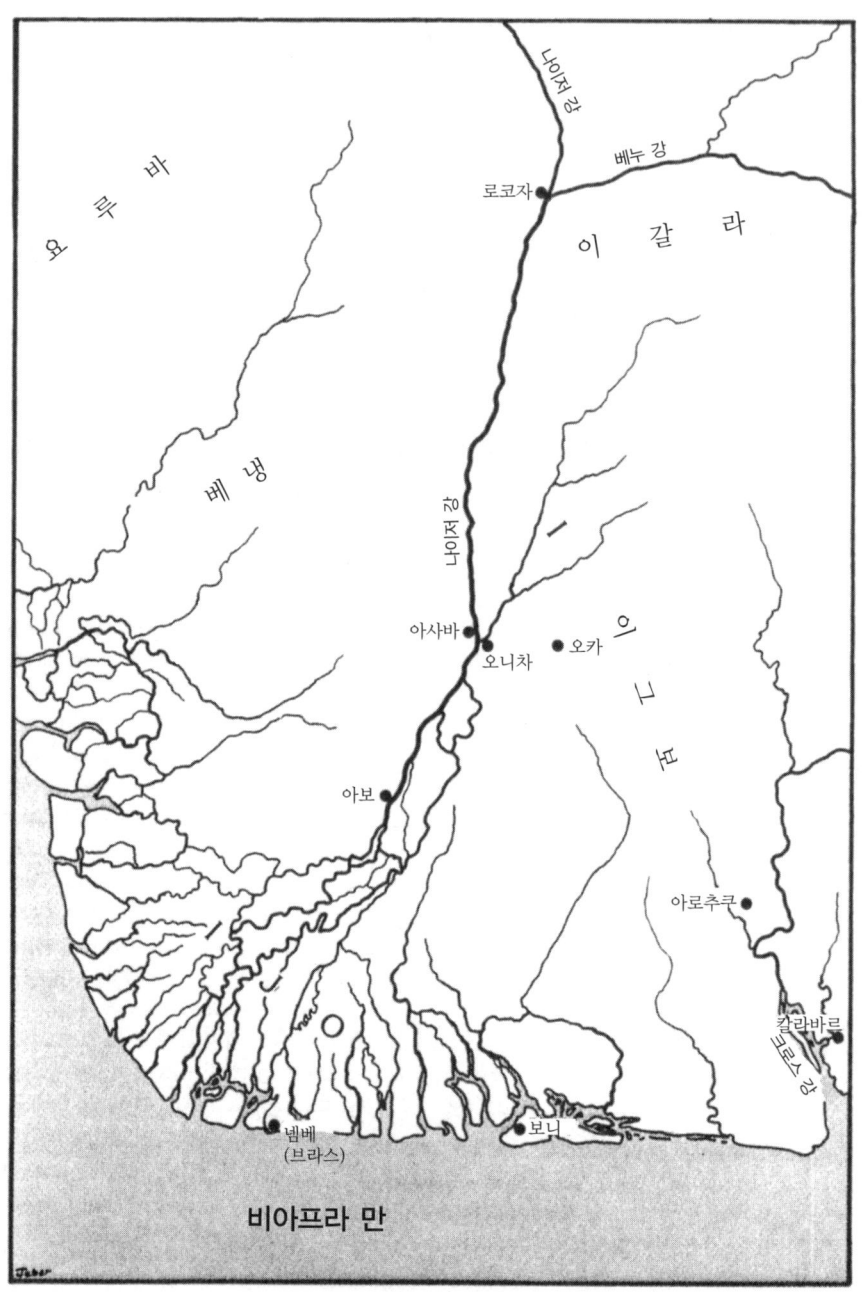

지도 2.3 _ 나이저 강 하류 분지

미터까지 다양했다. 그리고 개별 시장은 시장이 위치한 나라에서 관리 보호했고 시장들 사이에 있는 강 유역의 관할권은 특정 종족 집단이 지배하는 것이 보통이었다. 해안에서 아보까지 이르는 강 유역은 이조 Ijo 상인이 맡고 아사바까지 북쪽으로는 아보 상인이, 아사바 위로는 이갈라 상인이 지배했다. 그러나 이 경계선은 고정된 것이 아니었다. 이조 상인들이 가끔 그들의 보트를 이갈라까지 몰고 가기도 했고 때때로 북쪽 부족들이 삼각주 지역으로 내려오기도 했다. 아사바 부족은 시장을 운영하면서 자기들이 생산한 잉여 감자를 일반 상인들에게 팔기도 했지만 이들은 본디 원거리 무역 상인이 아니었다.[21]

중계 무역 시장을 형성하는 데 국가의 역할은 중립을 지키는 것에서부터 행정권을 가지고 시장의 위치를 바꾸는 것까지 나라마다 달랐다. 지리적으로 중계 무역을 하기에 좋은 곳이라 하더라도 때때로 나라에서는 다른 지역으로 옮기라고 명령할 수 있었다. 북쪽 국경 지역 근처에 있는 중계 무역 시장에 대한 아샨티 왕국(지금의 가나)의 정책이 바로 그런 경우다. 이곳의 자연 경계는 열대 삼림 지역의 짐꾼과 사바나 지역의 당나귀를 이용하는 대상들 사이에 있었을 것이다. 18세기에 아샨티 왕국이 성장하면서 정부는 무엇보다 먼저 나라 안의 무역을 통제하는 조치를 시행했다. 그런 다음 외국 상인들

---

[21] 나이저 강 하류의 무역에 대해서는 Alagoa, "The Niger Delta states and their neighbors, to 1800", in J. F. A de Ajayi and Michael Crowder(eds.), *History of West Africa*, 2nd ed., 2 vols.(London, 1976), 1권 331~372쪽 ; G. I. Jones, *The Trading States of the Oil Rivers*(London, 1963) ; K. Onwuka Dike, *Trade and Politics in the Niger Delta, 1830~1885*(Oxford, 1956) ; Elizabeth Isichei, "Historical Change in an Ibo Polity : Asaba to 1885," *Journal of African History*, 10권 421~438쪽(1969) ; David Northrup, *Trade Without Rulers: Pre-Colonial Economic Development in South-Eastern Nigeria*(Oxford, 1978)를 참조.

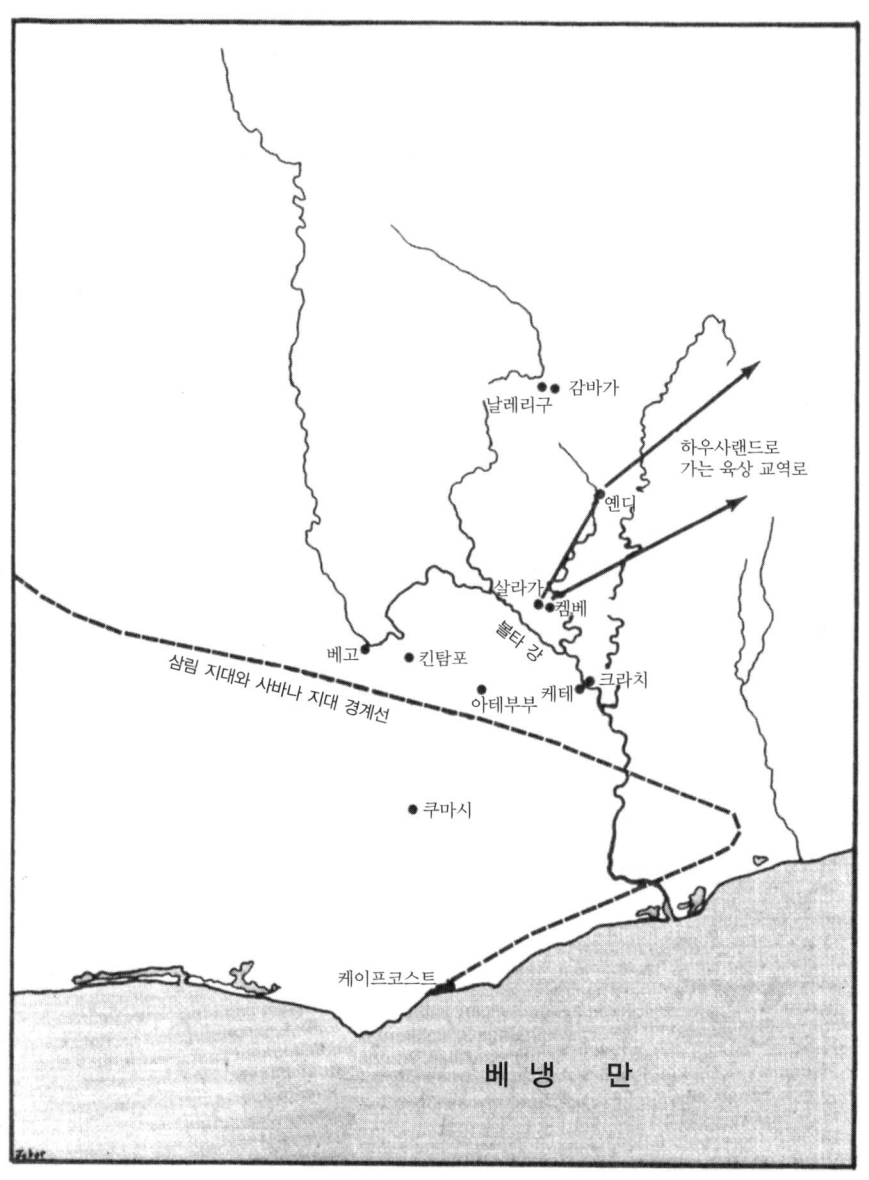

지도 2.4 _ 아샨티 왕국과 그 이웃 지역

을 규제하기 시작했다. 19세기 초반 특히 아샨티 왕은 이슬람 문화가 외국 상인을 통해 유입되는 것을 염려했다.—북쪽에서 온 상인들은 대개 이슬람교도였다. 1840년대 그는 아샨티 족이 아닌 이슬람교도들을 모두 수도에서 추방하고, 아샨티와 아샨티 북부 문화권에 속하고 당나귀 운송과 짐꾼을 이용한 운송이 갈라지는 자연 분기점보다도 더 북쪽에 있는 살라가Salaga라는 중계 무역 시장의 교역은 오직 아샨티 백성만 할 수 있다고 선포했다. 19세기 내내 아샨티 왕들은 이 결정을 시행했지만 19세기 후반 아샨티 왕국의 세력이 약해지면서 상인들은 남쪽으로 한참 내려와 있는 킨탐포Kintampo를 중계 무역 시장으로 이용하기 시작했다.22

협력 경쟁

상인 유민 집단은 대부분 경쟁적 경제 질서 속에서 움직였다.—아마도 강제력을 사용하지 않은 완전 '자유 경쟁'은 아니었을 테지만 경쟁은 경쟁이었다. 대개 개별 상인들이 서로 경쟁했다. 그리고 유민 집단의 상인 정착촌이나 거점끼리도 특정한 무역망 안에서 세력과 영향력 확대를 위해 경쟁했다. 상인 유민 집단은 중계 무역 시장에서 자신들의 영향력을 높이기 위해 구성원들의 힘을 모을 때도 있

---

22 Ivor Wilks, *Asante in the Nineteenth Century : The Structure and Evolution of a Political Order*(Cambridge, 1975), 178~179쪽 ; Wilks, "Asante Policy Toward the Hausa Trade in the Nineteenth Century," in Meillassoux, *Trade and Markets in West Africa* ; Kwame Arhin, *West African Traders in Ghana in the Nineteenth and Twentieth Centuries*(London, 1979), 특히 1~50쪽 ; Levtzion, *Muslims and Chiefs*, 27~29쪽 ; Paul E. Lovejoy, "Polanyi's 'Ports of Trade' : Salaga and Kano in the Nineteenth Century", *Canadian Journal of African Studies*, 16권 245~277쪽 (1982) ; Paul E. Lovejoy, *Caravans of Kola*.

었다. 그래서 다른 무역 상인들과 함께 쓰는 교역로를 좀 더 멀리까지 확장하고 관리할 수 있었다. 또 많은 상인 유민 집단은 비슷한 교역로를 따라 함께 이동하던 무역 상인들과도 경쟁하며 상품을 날랐다. 이 같은 여러 종류의 경쟁 가운데 어느 것이 더 치열했는가 하는 문제는 시간이 흐르면서 기술의 근본적인 변화와 정치적, 군사적 사건의 영향에 따라 바뀌었다.

때때로 같은 방향의 교역로를 따라가는 상인들 사이의 경쟁은 1,000년 정도의 긴 지역 역사 속에서 언제나 중요한 관심사였다. 아마도 아프리카 역사에서 가장 오랫동안 지속되었던 사례는 양쪽 지역의 이름을 합쳐서 부르는 세네감비아 지역에서 세네갈 강과 감비아 강을 사이에 두고 벌인 경쟁일 것이다. 두 강은 지금의 기니 코나크리Conakry가 있는 푸타잘론Fuuta Jallon 고지대에서 발원한다. 두 강은 모두 북쪽으로 흐르다가 서쪽으로 꺾여 세네갈 방향으로는 세인트루이스에서, 감비아 방향으로는 반줄Banjul에서 바다와 만난다. 세인트루이스에서 내륙 쪽으로 세네갈 강을 따라 계속 이동하려면 그 길이가 약 350킬로미터에 이르는 반면, 감비아 강은 실제로 반줄에서 직선으로 약 170킬로미터 되는 지점까지 바닷물이 들어온다. 두 교역로는 처음에 소금 무역으로 시작했으며 적어도 1,000년 전까지 존재했다. 상인들과 상인 집단은 몇 세기 동안 여러 번 바뀌었고 그들이 교환하는 물품들도 바뀌었다. 그러나 비슷한 두 교역로와 경쟁 관계는 그 지역의 정치와 문화 지형을 여러 차례 바꾸었으며 영국이 감비아를 식민지로 만들고 그 후 식민지를 승계한 독립 공화국을 형성하는 데 도움을 주었다.[23]

---

[23] 이 경쟁에 대한 자세한 설명은 Curtin, *Senegambia*, 59~152쪽 참조.

동아프리카 : 무역망의 진화

동아프리카에서도 이 시기에 오랫동안 이어 온 상인 유민 집단 사이의 경쟁 관계를 추적할 수 있다. 경쟁 단계를 시간의 흐름에 따라 요약해서 서술하는 방식은 경쟁 관계가 시간이 지나면서 어떻게 변화하고 충돌하는지 그 모습을 볼 수 있게 할 것이다.

이 경우에 딱 맞는 중요한 무역 물품은 짐바브웨 금광에서 나온 금이었다. 첫 번째 시기에 해상 운송업을 하는 중동의 상인 유민 집단이 아프리카의 동해안을 따라 내려오면서 곳곳에서 정착했다는 사실은 이미 알고 있다. 로마 상인들과 페르시아 상인, 그리고 다른 지역 사람들이 이런 무역 활동에 참여했지만 15세기 무렵에는 아라비아 상인들이 주로 차지했다. 원거리 무역을 하는 아라비아 상인들은 훈풍이 부는 계절이 오면 멀리 탄자니아의 킬와까지 왔다. 또 다른 아라비아 상인들은 킬와와 모잠비크의 소팔라 사이를 오가며 무역을 했다. 아마노 금광 지대 출신이었을 아프리카 상인들은 소팔라가 있는 내륙으로 금과 여러 가지 상품을 가지고 왔을 것이다. 아프리카 권력자들은 해안에 있는 아라비아 상인들이 자기들이 살고 있는 내륙으로 들어오는 것을 싫어했다.[24] 이 시기에 무역이 이루어지는 일반 형태는 아라비아 - 킬와, 킬와 - 소팔라, 소팔라 - 금광 지대, 이렇게 세 개의 단위로 나누어졌다. 그 가운데 두 개는 아라비아 문화를 따르는 상인이 운영했고 나머지 하나는 아프리카 문화를 따르는 상인이 운영했다. 또 무역 회사들 사이에도 경쟁이 있었는데

---

[24] Duarte Barbosa, *The Book of Duarte Barbosa*, 2 vols.(London, 1908), 6~14쪽. 이것은 Mansel Longworth Dames가 1518년 처음 쓴 것을 편집한 것이다.

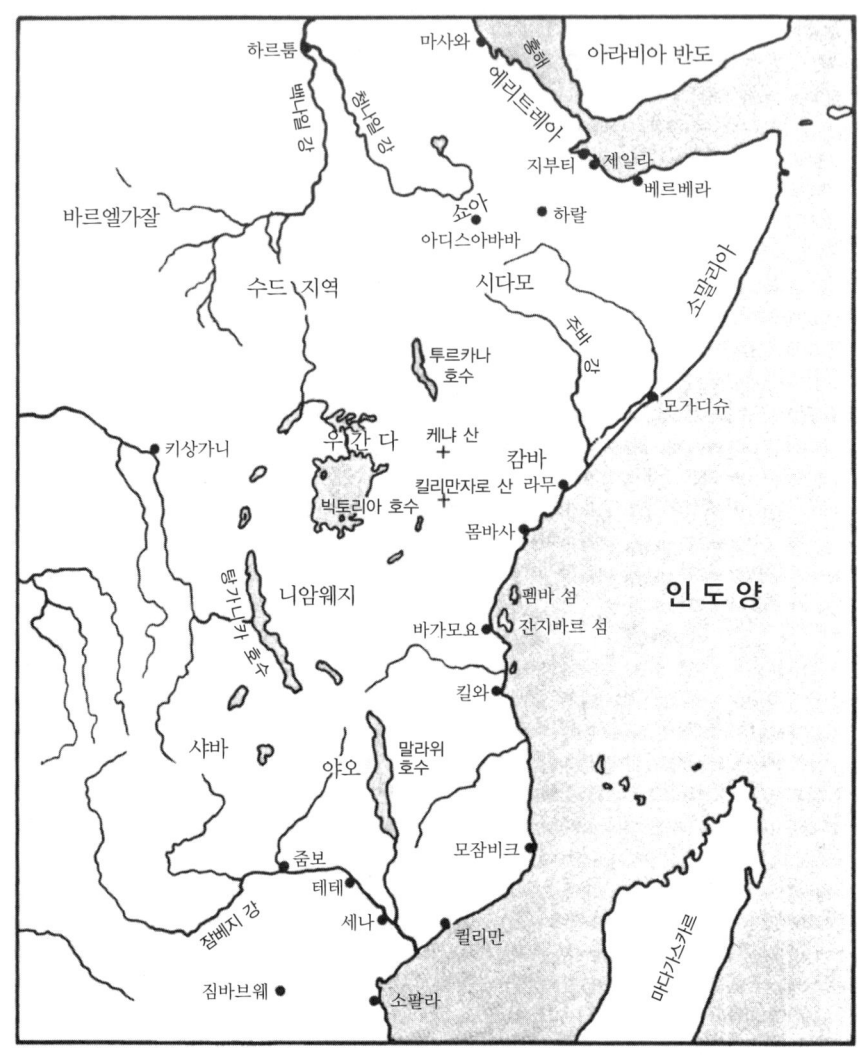

지도 2.5 _ 동아프리카

나중에 중계 무역 시장의 지배력을 차지하기 위해 서로 경쟁하게 되었다. 한편 무역과 관계되는 도시들은 분명한 계층 구조가 있었는데 아라비아의 대도시들이 맨 위에 있었고 그다음이 킬와, 세 번째가 소팔라, 네 번째는 킬와와 소말리아 사이에 있는 작은 항구들이었을 것이다. 실제 남아 있는 증거 기록은 별로 없지만 그들은 서로 경쟁적 긴장 관계를 유지했을 것이다.

이때 갑자기 급격한 변화가 일어났다. 1505년 포르투갈 사람들이 함대를 이끌고 인도양을 따라 항해해 온 것이다. 이들의 군사력은 당시에 인도양에서 대적할 상대가 없었다. 이들은 소팔라를 점령하고 킬와를 파괴했으며 모잠비크의 내륙 지역에 강력한 무역 식민지를 건설했다. 약 400년 동안 이들은 소팔라와 아라비아 사이로 난 해상 교역로의 남쪽 끝까지 지배했다. 그러나 북쪽 끝은 그렇게 하지 못했는데 1593년이 되어서야 지금의 케냐에 있는 몸바사Mombasa의 포트지저스에서 겨우 교역할 수 있었다. 다시 말하면 여러 세기 동안의 아라비아와 포르투갈의 대립은 해상 교역로를 누가 더 많이 확보하고 오래 버티는가에 달려 있었지만 결국은 양쪽 어느 곳도 완전히 이기지 못했다.

포르투갈 침략의 두 번째 목적은 해안에서 금광 지대에 이르는 무역에 대한 통제권을 잡는 것이었다.—또한 금광 지대를 자신들의 손아귀에 넣는 것이었다. 목적을 위해 이들은 잠베지Zambezi(앙골라 동부에서 인도양의 모잠비크 해협으로 흘러드는 강-옮긴이) 강 입구 가까이에 있는 퀼리만Quelimane(모잠비크에 있는 도시-옮긴이)에 강력한 요새를 세웠는데 이곳은 강 상류를 따라 먼 곳까지 요새화된 교역소를 계속해서 건설해 나가는 전초 기지의 구실을 했다. 그 가운데 세나에 세워진 교역소는 상류 쪽으로 약 160킬로미터 떨어진 곳에, 테테

Tete 교역소는 250킬로미터 떨어진 상류에 세웠고, 마침내 18세기에는 해안에서 800킬로미터 떨어진 상류에 있는 줌보Zumbo에도 교역소를 세웠다.

포르투갈 사람들은 군사적 힘을 과시하느라 아라비아 사람들만큼 많은 금을 사지 못했지만 중계 무역 도시들의 계층 구조를 완전히 바꾸어 버렸다.―먼저 남쪽 도시들을 아라비아 대도시와의 관계에서 떼어 내고 둘째로 리스본을 선두로 해서 단번에 정치적, 경제적 지배력으로 고아를 두 번째 계층에 두고 그다음에 모잠비크, 그리고 잠베지에 있는 정부 교역소들을 그 아래 계층에 두는 새로운 계층 구조를 만들었다. 전체 운영은 맨 위에 있는 계층이 중앙에서 통제하는 구조이지만 실제로는 개별 도시를 관할하는 포르투갈 지휘관이 이웃 나라들과 자기 관할 도시의 무역 활동을 관리했다. 그리고 포르투갈 상인들도 따로 민간 교역소를 세울 수 있도록 했다. 프라소스prazos라고 부르는 이 교역소들은 포르투갈 정부의 허가로 세워졌지만 정부가 그것들을 다 통제하기 힘들다는 것을 알았다. 그렇지만 그 군사적 상인 유민 집단 지역 또는 교역소 지역은 포르투갈의 행정적 영토가 아니라 대외 무역을 관리하기 위해 포르투갈 민간인들이 최초로 세운 무역 관리 형태이다.

17세기를 지나 19세기에 들어서면서 이 구조가 바뀌었다. 포르투갈 정부가 만든 교역소는 초기 교역소 지역의 필수 요소들을 그대로 지키고 있었지만 프라소스는 그렇지 못했다. 본디 프라소스에는 포르투갈에서 옮겨 온 포르투갈 사람들이 있었다. 그러나 그 후손은 인도 출신의 고아 인과 아프리카 원주민과 포르투갈 사람의 혼혈인 또는 포르투갈로 귀화한 아프리카 사람들이었다. 프라소스는 서로 다른 문화가 공존하는 공동체가 되었고 구성원도 점점 유럽 사람에서 아프리카 사람으로 바뀌었다. 그리고 프라소스는 거의 독립된 아프리카 사람의 지배 아래서 교역소의 운영과 함께 여러 가지 다른 일을 했다. 어떤 프라소스는 면섬유와 인도 상품을 팔고 금과 상아를 사서 이웃 나라에 되팔았다. 또 다른 프라소스는 노예를 사고 그곳에 면섬유 공장이나 설비를 세웠다. 또 많은 프라소스는 노예 감독관의 감시 아래 프라소스의 노예들을 실은 무역 대상을 외국으로 내보냈다. 하나의 프라소스에서 동시에 이런 일들을 하기도 했다.[25]

18세기 후반에 들어서 프라소스 경제는 쇠퇴하기 시작했다. 비록 민간 프라소스 상인들은 몇백 또는 몇천 개의 속국을 통제하는 거대 군주 역할을 계속했지만 교역은 전보다 덜 활발했다. 그리고 이곳의 면섬유는 인도 것과 경쟁이 쉽지 않았다. 프라소스의 노예 상인도 아프리카의 상인들과 경쟁이 되지 않았다. 시간이 흐르면서 중심지 계층 구조도 조정되었다. 리스본은 여전히 정치적으로 결정권을 가지고 있었지만 고아가 사실상의 경제적 수도였다. 상인들은 아프리카와 교역하기 위해 고아로 물품을 실어 날랐고 고아는 작은 교역소들을 점점 더 많이 관할하에 두었는데 심지어 모잠비크도 그 밑으로 들어왔다.[26]

16세기에서 18세기까지 같은 기간에 경쟁 상인들은 금광 지대에서 더 넓은 인도양 무역 세계로 이어져 있는 같은 교역로를 따라 경쟁하기 시작했다. 말라위 호수 서쪽 지방 출신인 야오 족 상인들은 16세기 후반 킬와 주변의 해안까지 진출하기 시작했다. 17세기에 이

---

[25] M. D. D. Newitt, *Portuguese Settlements on the Zambezi*(New York, 1973) ; Allen F. Isaacman, *Mozambique : The Africanization of a European Institution ; The Zambezi Prazos, 1750~1902*(Madison, Wis., 1972).

[26] Isaacman, *Mozambique*, 82~84쪽 ; Alpers, *Ivory and Slaves*, 85~94쪽.

들은 먼 내륙에서 상아를 싣고 오는 주요 상인이었다. 이들은 단지 유럽 상선들에만 판 것이 아니라 동아프리카 무역에 다시 뛰어든 아라비아 상인들에게도 팔았다. 18세기에는 오만에서 온 아라비아 상인들이 몸바사의 포트지저스를 다시 탈환했고 동아프리카 해안 무역의 중요한 해상 무역업자가 되었다. 그래서 마침내 야오 – 오만 축과 잠베지 – 고아 축이 평행을 그리며 경쟁하게 되었다. 두 축은 여러 가지 면에서 비슷했다. 포르투갈 상인들에게 군사적, 정치적 지배 중심지가 리스본이었던 것처럼 아라비아 상인들에게 그 중심지는 오만이었다. 포르투갈 상인들에게 금융의 중심지이며 수도가 고아였던 것처럼 아라비아 상인들에게는 주로 인도 북서쪽에 있는 구자라트Gujarat(인도 서부의 주로 서쪽은 쿠치 만, 동쪽은 캄베이 만을 끼고 있음 – 옮긴이)의 이슬람 무역 공동체가 금융 중심지였는데 특히 수라트Surat(인도 구자라트 주의 남부 도시로 캄베이 만 연안, 타프티 강 하구에 위치 – 옮긴이)가 그 기능을 했다.[27] 서로 경쟁하는 두 상인 유민 집단은 아프리카에만 나타나는 현상이 아니었다. 두 집단 모두 인도의 대도시에 소속되었고 마침내 18세기에 놀랍도록 복잡다단한 인도양 경제 세계로 편입되었다.

동아프리카는 이렇게 인도양의 교역 세계로 편입됨으로써 유럽과 북아메리카에서 일어난 혁명적인 산업 세계의 충격을 간접적으로나마 느낄 수 있었다. 1780년에서 1820년까지 세계 경제는 새로운 변화를 맞이하게 되었다. 아프리카의 다른 지역에서도 수입되는 물품이 늘어나고 특히 수출 물품도 무역량이 몇 배로 증가하였다. 예전에 인도하고만 거래하던 시장에 산업화가 진행 중인 유럽이 합세하

---

[27] Alpers, *Ivory and Slaves*, 70~208쪽.

면서 원거리 수요가 늘어나자 상아 가격이 급격하게 상승하게 되었는데 이것은 아프리카 무역 시장에 가장 중요한 영향을 끼친 최초의 사건이었다. 그 결과 내륙 지역에서 두 집단의 새로운 상인 유민이 생겨나 잔지바르Zanzibar(탄자니아에 있는 섬으로 중계 무역 항구였음 - 옮긴이) 반대편에 있는 해안으로 나가기 시작했다. 물론 이들이 이전부터 존재했을 수도 있지만 이제는 역사 기록에 나올 정도로 중요한 상인들이 되었다. 이 가운데 케냐의 남쪽 중앙에 사는 캄바 족이 개척한 상인 유민 집단은 몸바사 근처의 해안까지 이르렀다. 따라서 지금의 우간다 철로가 놓인 길을 따라 내륙 지역으로 좀 더 멀리 들어갈 수 있게 되었다. 두 번째 상인 유민 집단은 탄자니아 중앙 지역의 니암웨지 족이 개척했는데 이들이 사는 곳에서 바가모요Bagamoyo까지 교역로가 이어졌다. 그 후 이 길은 탕가니카 호수를 가로질러 지금의 자이르 동쪽의 내륙 지역까지 이어졌다.[28]

19세기 초 새로운 노예 수요가 생겨나기 시작했다. 유럽에서 설탕의 수요가 늘어나면서 마스카렌 제도Mascarene Islands(마다가스카르 동쪽에 위치 - 옮긴이)와 멀리 브라질에서 사탕수수를 재배하던 유럽 사람들에게 일꾼이 필요하게 되면서 생겨난 노예 수요였다. 또 잔지바르 섬과 펨바Pemba 섬에 있는 새로운 플랜테이션 농장과 아프리카 본토의 농업 기업에서 일할 노예도 많이 필요했다. 이런 새로운 흐름은 이때까지 동아프리카에서는 별로 중요하지 않았던 노예무역의 엄청난 증가를 가져왔다. 특히 야오 족은 말라위 호수 인근에서 많은 노예를 사서 킬와 가까이에 있는 해안에서 팔았다. 니암웨지 족

---

[28] Andrew Roberts, "Nyamwezi Trade", and John Lamphear, "The Kamba and the Northern Mrima Coast", both in Gray and Birmingham(eds.), *Pre-Colonial African Trade*, 39~102쪽.

과 캄바 족이 개척한 새로운 교역로 또한 이런 기능을 담당했다.

새로운 무역 흐름은 아프리카 동부의 모든 무역망 사이에 경쟁을 가져왔다. 동아프리카 해안 출신의 아프리카 - 아라비아 혼혈인과 스와힐리 어를 쓰는 부족들은 이제 해안 도시로 이주한 인도 금융가들에게 자금을 제공받아서 저마다 대상을 이끌고 내륙으로 들어갈 채비를 하기 시작했다. 그리고 해안 도시들은 예전보다 훨씬 더 오만의 정치적 통제권에 밀착하게 되었다. 그러나 해안 도시의 새로운 대상은 내륙 지역의 대상을 대체할 정도로 규모가 큰 것은 아니었고 그들과 같은 교역로를 쓰면서 모자라는 교역량을 보충해 주는 정도였다. 한편 새로운 기술이 발달함에 따라 해안 도시의 대상은 과거의 어떤 대상보다 무장이 잘되어 있었기 때문에 새로운 무역 회사들이 이 시장에 진입하는 것은 쉬운 일이었다. 새로운 대상이 늘어나면서 무력의 사용도 빈번해졌다. 해안 도시의 대상 우두머리들은 시장에 팔려 나온 노예들을 사는 것보다는 때때로 노예들을 공격해서 사로잡았다. 또한 해안 도시의 대상은 아프리카 정치 권력자들에게 무기를 제공하여 코끼리를 죽이고 노예를 잡는 데 이용하도록 했다. 요약하면 이 새로운 국면은 유럽의 산업화 초기 시대를 따라가는 변환기의 시작이었고 19세기 말 유럽이 아프리카의 대부분을 정복하는 것으로 끝나는 것을 암시했다.

3

아프리카 :
무역 상인과
무역 공동체

얼핏 보기에는 다른 나라에 살면서 장사하는 상인들이 그 사회와 거리를 두고 살아야 할 이유가 없을 것 같지만 이런 물리적 분리는 대개 세계 어디서나 보편적이다. 상인 공동체의 문화 순수성을 지키기 위해서도 이 같은 분리가 어느 정도 필요했다. 어떠한 장벽도 없다면 외국 상인들은 한 세대만 지나면 그 나라에 동화되어 사라지고 말 것이다. 따라서 서로 다른 문화를 이어 주는 중개자로서의 구실도 끝나게 된다. 유민 집단의 상인은 그들이 살고 있는 교역국과 긴밀하게 접촉하는 것이 필요했지만 또한 본국에서 장사하러 오는 상인들의 중개자 역할을 하기 위해서는 교역국과 일정한 거리를 두고 자신들의 전통 문화를 지켜 나가는 것도 필요했다. 마찬가지로 교역 국가로서도 외국 상인들과 일정한 거리를 두어야 할 이유가 있었다. 교역 국가 입장에서 볼 때 필요에 따라 외국 상인들이 아무리 많은 이익을 안겨 준다고 하더라도 결국은 상인이면서 또한 외국인이라는 두 가지 이질 요소를 지닌, 경계해야 할 대상이었다. 교역 국가와 외국 상인은 약간 거리를 두고 관계를 맺는 것이 두 공동체 모두에 가장 바람직했다.

북아프리카의 이런 물리적, 사회적 분리를 살펴보기 위해 다음 장에서는 고대 초기의 역사를 거슬러 올라간다. 8세기 초에 기독교인과 이슬람교도가 지중해 유역을 사이에 두고 북쪽과 남쪽으로 나누어지면서 상인들은 자신들의 안전 보장을 강화해야 할 필요성을 느꼈다. 그 결과 재외 상관 체계가 생겨났는데, 이는 지중해 연안 양쪽에 푼다코fundaco, 푼두크funduq, 페이토리아feitoria 등 다양한 이름으로 부르는 대형 창고를 갖춘 특별한 거주 지역으로, 외국 상인들이 따로 모여 살도록 분리해 놓은 지역을 말한다.

한편 8세기에 사하라 사막을 지나는 무역이 크게 성장하면서 이와는 약간 다른 형태의 상인 정착촌이 사하라 사막 남부의 사막 경계 지역을 따라 발달했다. 사하라 사막 이남 지역에서는 보통 이런 변형된 재외 상관 체계가 공통된 모습이었지만 외국 상인들에게 자기 나라 상인들이 모여 사는 도시에 함께 살도록 허가하거나 강요하는 것이 또한 일반적인 모습이었다. 이렇게 해서 이중 도시double town가 이 지역에 널리 퍼졌는데—하나는 자국 상인과 외국 상인이 모여 사는 도시였고 또 다른 하나는 정치 및 군사 지배자와 그 밑에서 일하는 사람들을 위한 도시였다. 두 도시는 때때로 가까이 있었지만 10킬로미터 정도 멀리 떨어진 경우도 있었다. 고대 가나의 수도는 이미 1,000년 전에 이런 형태로 지은 이중 도시였다. 나이저 강 유역의 주요 무역 도시였던 가오Gao(말리에 있는 도시 – 옮긴이)도 마찬가지로 이중 도시였다.

외국 상인들의 또 다른 정착촌은 주변에 정치적 수도나 그와 비슷한 도시가 없으며 민족적 색채가 강하고 기능이 전문화된 도시의 중심지 역할을 했다. 14세기에 이븐바투타가 나이저 강 유역에서 멀지 않은 자아Jah(또는 디아Dia)를 방문했을 때 이런 형태의 도시였다. 몇 세기가 지나면서 대부분 자치권이 있는 상인 도시로 되었는데 특히 몇몇의 소닌케-왕가라 상인 집단이 활발히 교역하고 있던 수단의 서쪽 끝 지역이 그랬다. 이들 정착촌의 일부는 큰 마을 또는 방벽을 친 작은 도시 이상은 아니었지만 지역에 대한 자치 권한을 쥐고 있었다. 자치권은 왕실에서 지역을 구석구석 관리하기 힘든 상황에서 우연히 발생한 권력의 불법 사용에서 비롯되었을 수 있다. 또는 지역 정치 권력자가 정식으로 이양했을 수도 있다. 예를 들면 18세기 초 세네감비아에는 때때로 모리쿤다morikunda라고 부르는 상인 도시(말린케Malinke에서는 줄라쿤다juulakunda라고 함) 또는 이슬람교도가 상인과 같은 뜻이었던 이슬람 도시인 작은 도시와 마을이 말 그대로 몇 백 개가 있었다.[1]

서아프리카 사회는 정치·군사 중심 도시와 별도로 종교·상업 중심 도시를 따로 나누는 고대의 전통 정치사상을 따르는 곳이 많았기 때문에 상인 정착촌의 분리가 훨씬 더 쉬웠다. 종교·상업 중심 도시에서는 물론 상인 성직자merchant-clerics가 일반 상인들보다 지위가 높았지만 정치·군사 중심 도시에서 구별하는 것과는 사뭇 달랐다. 세력 관계에서도 이들의 종교적 특권은 어느 정도 물리적 정치·군사력과 균형을 이루면서 초자연적인 사회 구속력으로 위협할 수 있었다. 특히 자한케 족 같은 소닌케 혈통의 상인 집단은 싸우기보다는 피하는 것을 택하는 솔직한 평화주의를 표방하며 정치적 중립성을 강조했다. 다른 상인 집단도 상인의 중립성과 도시에서 자치권을

---

[1] Philip D. Curtin, *Economic Change in Precolonial Africa : Senegambia in the Era of the Slave Trade*, 2 vols.(Madison, Wis., 1975), 1권 66~83쪽, 106쪽.

더 중요하게 생각했다. 감비아를 방문한 최초의 영국 사람 가운데 하나인 리처드 잡슨Richard Jobson은 감비아 강 하류의 상인 성직자에 대해 다음과 같이 썼다.

왕과 부족 국가들이 전쟁 중이고 싸울 태세여도 이들은 모든 곳에서 자유롭게 행동했다. 그리고 마리부케Marybucke(마라바웃marabout 또는 학식 있는 이슬람교도)는 특권층이고 많은 사람이 그의 교역 행렬을 따라나서지만 분쟁 중인 양쪽 어디서도 이들에게 명령하거나 간섭하지 않는다.²

어떤 지역의 이중 도시는 외국 상인들이 배정받아 사는 작은 구역이나 특수 지구가 있는 중심지들에 널리 흩어져 있었다. 이 같은 도시는 하우사Hausa 족 말로 종고zongo라고 부르는데 나이지리아 북부와 하우사 말을 쓰는 인근 지역뿐만 아니라 그곳에서 연결된 교역로를 따라 퍼져 있었다. 19세기에 지금의 가나 땅인 볼타 강의 분지까지 동남쪽으로 이어진 콜라열매 교역로를 따라서 많은 종고가 들어섰는데 지금은 옛날의 자치권과 상업 지배권이 사라졌지만 여전히 자기 부족의 고유성을 지키며 살고 있다. 예를 들어 아샨티의 수도였던 쿠마시Kumasi의 종고는 가나의 독립과 함께 인구가 6만 명이 넘었고 종교는 아직도 이슬람이며 하우사 어를 쓴다.—참고로 이 숫자는 19세기 보통의 종고보다 훨씬 더 큰 규모였다.³ 때때로 이중 도시의 절반인 상업 지역은 방문하는 민족에 따라 구역을 분할하기도

---

² Jobson, *The Golden Trade, or a Discovery of the River Gambia*(London, 1932), 106쪽. 초판은 1623년 발간.
³ Ivor Wilks, "Asante Policy toward Hausa Trade in the 19th Century," in Claude Meillassoux(ed.), *The Development of Indigenous Trade and Markets in West Africa* (London, 1971), 124~139쪽. 오늘날 종고를 다룬 인류학적 연구로는 Abner Cohen,

했다. 19세기 중반에 가장 번창했던 살라가Salaga는 북쪽에서 오는 상인 집단마다 서로 다르게 구역을 나누었다. 모시Mossi 왕국 출신의 야세Yarse 족과 북서 지역 출신인 줄라Juula 족, 북동 지역 출신인 리그비Ligby 족과 하우사 족이 지역을 나누었다.⁴

이런 이중 또는 다중 도시는 여러 가지 다른 방식으로 존재했다. 예를 들어 베냉 공화국 북부의 도시 파라쿠Parakou는 콜라열매 교역로를 지나던 이슬람 상인들이 발견했다(지도 2.4를 참조). 이 지역의 정치 권력자는 도시의 유용성을 발견하고는 수도를 그 근방에 두었다. 이와 반대로 정치 중심지가 먼저 들어서고 그다음에 상인 도시가 근처에 자리 잡기도 했다. 감비아에서 서쪽으로 약간 떨어진 첫 번째 도시가 있는 자리는 본디 맘프루시Mamprussi의 지배자 '나na'의 자리였다. 왕실이 있던 곳에 상인들이 모여들고 그 수가 점점 늘어나자 '나'는 그곳에서 동쪽으로 4~5킬로미터 떨어진 날레리구Nalerigu('나'의 도시라는 뜻)로 수도를 옮기기로 결정했다.⁵

정치 권력자와 상인 공동체의 관계는 매우 다양했다. 서아프리카의 상인들은 자치권을 얻는 것이 매우 쉬웠지만 에티오피아에서는 상인들을 강제로 고지대로 정착시켜 왕실의 지배력을 강화했다. 19세기 기독교 상인들이 고지대를 대부분 지배했지만 고지대로 교역하러 온 외국 상인들은 대개 소말리아 오아시스 지역과 에리트레아Eritrea의 해안 지역 출신이거나 고대 상업 도시 국가인 하라르Harrar

---

Customs and Politics in Urban Africa: A Study of Hausa Migrants in Yoruba Towns(Berkeley, 1969)와 Enid Schildkraut, *People of the Zongo : The Transformation of Ethnic Identities in Ghana*(Cambridge, 1978)를 참조.

⁴ Paul E. Lovejoy, *Caravans of Kola : The Hausa Kola Trade 1700~1900*(Zaria, 1980), 18~23쪽 ; Nehemia Levtzion, *Muslims and Chiefs in West Africa : A Study of Islam in the Middle Volta Basin in the Pre-Colonial Period*(London, 1968), 28~29쪽.

⁵ Levtzion, *Muslims and Chiefs*, 174~175쪽.

같은 고지대 이슬람 왕국에서 온 이슬람 상인이었다. 외국 상인들은 만다르mandar라는 분리된 상인 마을에 정착하도록 강요되었다. 나중에 에티오피아 제국의 핵심이 된 쇼아Shoa 왕국은 수도 아디스아바바Addis Ababa에서 이 도시들을 엄격하게 통제하려고 했다. 그리고 같은 인종 집단끼리 다른 만다르에서 살게 했다.―북쪽 고지대 출신의 티그리니언Tigrinyan 족 만다르와 해안 지역 출신의 디바우티Djibouti 족 만다르, 동쪽 고지대 출신의 하라리Harari 족 만다르가 따로 있었다. 또한 쇼아의 지배자들은 이슬람 상인들이 쇼아를 거쳐서 더 먼 남쪽 시장으로 내려가는 것을 막거나 자신들의 정치적 이익에 부합하도록 교역을 통제했다. 다른 지역의 지배자들도 마찬가지였는데 때로는 정치적 목적을 위해, 때로는 경제적 이익을 위해 외국 상인들보다는 자기 나라의 상인들을 우대했다.[6]

보호 비용, 강압, 국가

유민 집단 상인들과 그들이 정착한 나라는 경쟁 관계이면서 보완 관계였다. 국가는 대개 무역이 지역 경제에 도움이 된다고 생각했다. 국가는 수입이 필요했고 상인들은 외국인이든 내국인이든 구분 없이 지역의 유력한 지배자들과 강한 유대 관계만 없다면 언제라도 세금을 부과할 수 있는 확실한 계층이었다. 상인들은 자신들의 몸과 상품을 보호할 필요가 있었고 그것을 위해 기꺼이 돈을 지불할 준비

---

[6] Mordechai Abir, *Ethiopia : The Era of the Princes*(London, 1968), 60쪽 이하 ; Abir, "Caravan Trade and History in the Northern Parts of East Africa", *Paideuma*, 14권 103~120쪽(1968)과 "Southern Ethiopia", in Richard Gray and David Birmingham, *Pre-Colonial African Trade : Essays on Trade in Central and Eastern Africa before 1900*(London, 1970), 특히 124쪽.

가 되어 있었다. 고대 서아프리카의 정치·군사 도시와 종교·상업 도시의 분리는 인위적으로 만들어진 서아프리카의 지역 문화 이상의 의미가 있다. 이것은 또한 무력을 사용하는 무역 집단과 이익을 추구하되 좀 더 평화스런 형태를 찾는 상인들 사이의 더 광범한 차이를 보여 주는데, 좀 더 정확하게 말하자면 약탈과 무역의 차이점을 대변한다.

프레더릭 레인Frederick Lane은 여러 편의 중요한 논문에서 보호의 경제적 기능과 보호 비용의 관계를 강조했다. 이 관계는 중세 지중해 연안의 역사적 경험에서 비롯되었지만 그것의 타당성은 적용 범위가 훨씬 넓다.[7] 레인은 모든 생산 기업이 기본으로 지출하는 비용 가운데 하나가 폭력으로 빼앗기거나 피해를 입지 않으려고 지불하는 비용이라고 주장했다. 근대의 서구 역사에서도 국가는 '법과 질서'를 제공할 의무가 있다. 오늘날 우리는 이 비용을 인식하지 못하면서 일반 세금으로 지불하기 때문에 역사가들도 이 비용 항목을 지나치기 쉽다. 우리는 겨우 보험료와 야간 경비원의 임금 정도만 보호 비용으로 지출하는 것처럼 생각한다. 그러나 사회마다 보호 비용은 여러 가지 다른 형태로 나타난다. 멀리 떨어진 다른 나라로 장사를 나가는 무역 상인들은 자신들의 대상 조직을 무장할 수도 있고 교역로 중간 중간에 있는 다른 나라의 지배자들에게 다양한 통행료와 관세를 지불할 수도 있다. 도중에 자신들을 공격할지도 모르는 세력들에게 미리 지불하는 '보호' 비용도 경제적으로는 같은 기능을

---

[7] 논문들은 모두 잘 알려진 여러 잡지에 실린 것들인데 지금은 Frederick C. Lane, *Venice and History*(Baltimore, 1966)에서 볼 수 있다. 논문들의 제목은 "Economic Consequences of Organized Violence", "Force and Enterprise in the Creation of Oceanic Commerce", "The Economic Meaning of War and Protection"이다.

했다. 경제적 관점에서 보면 보호 비용이 상대방에게 수동적으로 대항하는 방패막이 구실을 하든 자신들의 상품을 강탈하는 자들과 맞서 싸우든 둘 사이에는 아무 차이도 없다. 그런데 한편 자체적으로 군사력을 보유한 상인들이 공공연하게 사용했던 교역 방식 가운데 하나가 무역보다는 약탈을 하거나 무역과 약탈을 상황에 따라 번갈아 가며 했다는 것은 주의를 요하는 대목이다.

보호 비용의 지불 형태는 어느 쪽이든—넌지시 암시하는 형태이든 공공연하게 강압하는 형태이든—장사를 하기 위해 지출해야 하는 정상 비용이었다. 이 문제에서 일부 무역 상사와 사회 집단은 다른 경쟁자보다 그 효과가 더 뛰어났다. 레인이 기여한 중요한 성과는 '보호 지대protection rent'라는 개념이다. 경제학의 지대地代 개념(다른 곳보다 더 좋은 자리에 있고 더 기름진 땅의 소유를 위해 지불하는 것)을 확장한 것으로 경쟁자보다 더 낮은 보호 비용을 지불하는 회사나 사회가 더 많은 이익을 올릴 수 있는 것이다. 경쟁자보다 더 많은 이익을 낼 수 있는 근본 차이는 보호 비용의 높고 낮음에 있었다.[8]

19세기 서아프리카에서 이런 중요한 원리가 실제로 어떻게 작동했는지 살펴볼 수 있다. 상인들은 언제나 경쟁했지만 강압 정치를 하는 지배자들도 무역 상인들의 교역로를 사이에 두고 자국의 경제 활성화와 보호 비용 수입을 위해 경쟁했다. 이웃 나라보다 더 많은 보호 비용을 받으려던 작은 국가의 지배자는 자국의 무역 활동을 쇠퇴시키는 위험에 빠지기도 했다. 그 길 말고도 다른 교역로가 있었기 때문이다. 서아프리카 내륙으로 들어가는 감비아와 세네갈 교역로처럼 비슷한 교역로를 두고 경쟁할 때 상인들과 마찬가지로 그 지

---

[8] Lane, "Economic Meaning of War and Protection", 388~389쪽.

역의 정치 지배자들도 상업이 성장할 만한 교역로를 개척하고 유지하는 일에 서로의 이해관계가 걸려 있었다. 이런 전략적 이해관계는 몇 세기는 아니지만 몇십 년에 걸쳐서 매우 복잡한 정책을 수행해야 얻을 수 있었다.[9]

상인들과 교역로가 지나가는 국가의 관계는 실제로 매우 다양할 수 있었다. 빅토르 아자랴Victor Azarya는 19세기 서아프리카에서 이웃하고 있던 세 나라를 비교 분석한 연구를 발표했다.—나이저 강 상류를 축으로 그곳에서 남쪽으로 갈라진 육로를 따라서 교역했던 나라들이었다. 세 나라는 마시나Maasina 지역에 있는 함달라이Hamdallahi 칼리프caliph(이슬람교 국가 지배자의 호칭 – 옮긴이)의 영토, 1860년대에서 1890년대까지 사모리 투레Samori Ture가 창건한 새로운 제국, 그리고 오래된 콩Kong이라는 나라였다.[10]

세 나라 모두 고대 소닌케–왕가라 무역망과 그 분기 지역 안에 있었다. 그리고 19세기 식민지 이전 시대에 서아프리카를 정치적으로 지배했던 광범한 이슬람 종교 개혁 운동과 관련이 있었다. 또 세 나라가 모두 같은 세기 또는 바로 전 세기에 건국되었고 완전한 이교도는 아니었지만 철저한 이슬람교도도 아닌 백성들을 이슬람 세력이 지배하고 있었다. 그러나 세 나라의 공통점은 이것이 다였다.

나이저 강 유역의 남서쪽 내륙 삼각주 중심에 있는 마시나 지역에서는 풀로Pulo(복수는 풀베Fulbe) 성직자가 1818년 종교 개혁 국가를 세웠다. 나라를 세운 집단은 매우 신실한 이슬람 개혁주의자들이었지만 그들을 더 널리 따랐던 사람들은 나이저 강 중간 계곡에서 유

---

[9] 이런 가능성에 대한 서술적 분석은 Curtin, *Senegambia*, 1권 83~91쪽을 참조.
[10] Victor Azarya, "Traders and the Center in Massina, Kong, and Samori's State", *International Journal of African Historical Studies*, 13권 420~56쪽(1980).

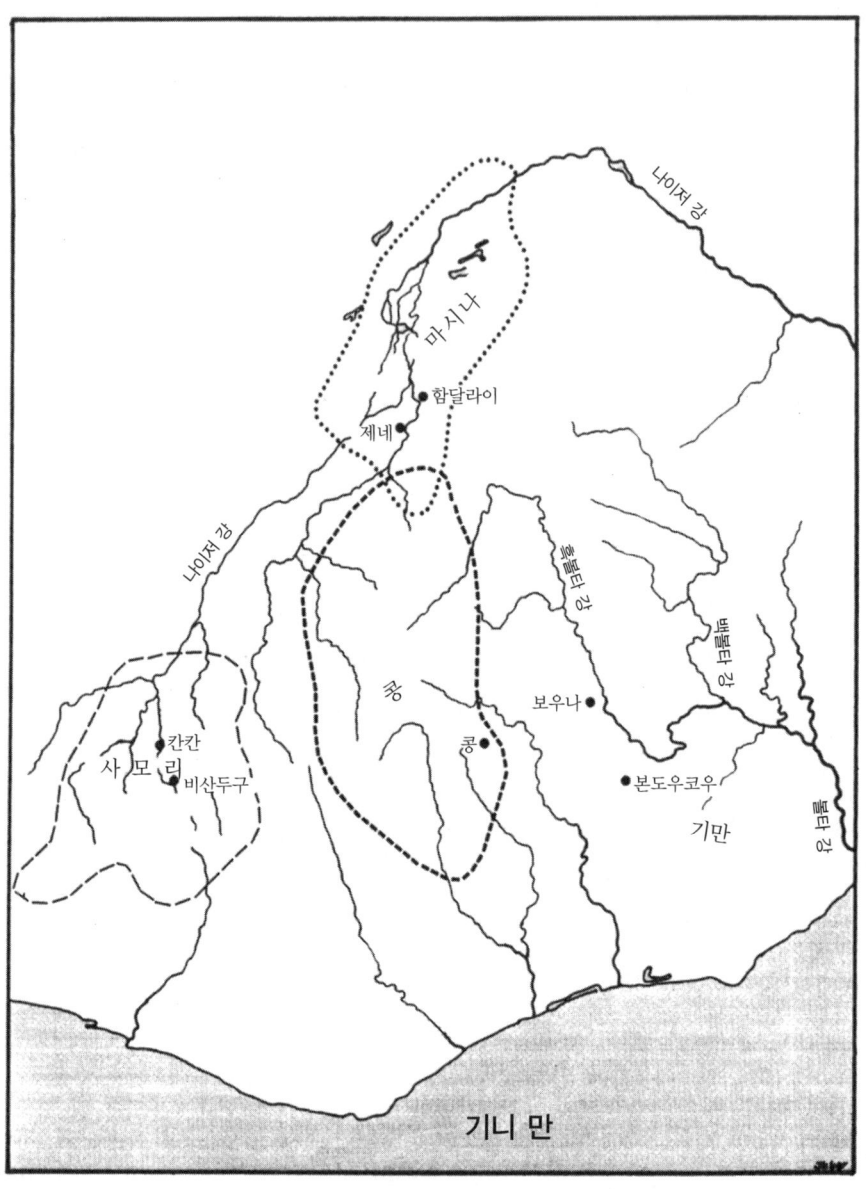

지도 3.1 _ 19세기 초 나이저 강과 볼타 강의 분지에 있던 세 왕국

목 생활을 하던 풀베 족이었다. 이들은 동족 관계이자 귀족 계층인 와술루Wasulu와 마찬가지로 상인들을 경멸했다. 아자랴의 연구에 따르면 상업적인 이슬람 지배층과는 다르게

> 풀베 족은 그들 자신의 부족 문화에 따른 행동 규범(풀라쿠pulaaku)을 철저하게 지켰는데 어떤 이익을 위해 장사하는 행위를 경멸하고 그것들을 위험하고 근본적으로 비윤리적이라고 생각했다.[11]

새로운 국가는 나이저 계곡에서 멀리 떨어진 곳에 수도를 세우고 그곳을 무역의 중추 도시로 삼았다. 비록 새로운 과두 정권도 윤리적 배경으로 상업을 반대했지만 상인들을 박해하거나 부당한 보호비용을 거두지는 않았다. 그래서 백성들이 대부분 이슬람교도가 아닌 나라이지만 적어도 상인들은 미미하게나마 이슬람교도여야 했다. 마시나의 지도자들에게는 종교적, 정치적 목표가 가장 중요했고 어떤 경제적인 문제도 이보다는 우선권이 낮았다.

남쪽에 이웃한 나라인 콩은 상인과 국가 사이에 다른 기원이 있었고 아주 독특한 관계를 맺고 있었다. 콩의 도시는 본디 이슬람계가 아닌 세누포Senufo 마을이었는데 이슬람 상인인 줄라 족이 옮겨 와 정착했다. 18세기 초 이들 가운데 세쿠 와타라Seku Wattara라는 사람이 반역을 일으키고 이슬람 상인들이 지배하는 독립 국가를 세웠다. 북쪽과 남쪽으로 점점 영토를 넓혀서 마침내 북쪽으로 나이저 강 유역의 제네Jenné까지 이르고 남쪽으로 오늘날 중앙 코트디부아르까지 점령했다. 그러나 나중에 국가가 발전하면서 나라를 세운 줄라 족은

---

[11] V. Azarya, "Traders and the Center", 431쪽.

대개 줄라 족 출신이 아니며 고대 상업 문화를 전통으로 갖지 않았던 전사 계급에게 권력을 빼앗겼다.

콩의 상인들에게 '보호'의 문제는 다소 도식적인 표현으로 나타날 수 있다. 초창기에 나라를 세운 사람들은 국가 주도로 무역을 직접 보호하려고 했다. 그러나 이들은 나라 안에서 보호 기능을 맡고 있던 여러 종류의 집단에게 국가의 통제권을 잃고 말았다. 그렇지만 상업과 군사 지배자들은 서로 협력 관계에 있었다. 두 계층 모두 이슬람교도였지만 마시나 지배층처럼 종교를 강하게 압박하는 이슬람 개혁주의자는 아니었다. 이들은 무역을 통제하여 얻을 수 있는 것에 관심이 많은 만큼 종교 개혁에는 별로 관심이 없었다. 그러므로 이들은 교역로를 보호하고 주요 지점에 수비대를 배치하는 데 군사력을 집중했다. 이들은 사실상 같은 시기에 프랑스계 캐나다 인 또는 허드슨 베이 컴퍼니Hudson's Bay Company가 북아메리카에 세운 육로 교역소와 매우 비슷한 종류의 교역 거점을 만들었다.

사모리 투레 왕국은 나중에 더 서쪽에 세워졌는데 나라의 기원은 콩과 공통점이 많았다. 사모리의 전기를 쓴 이브 페르손Yves Person은 새로운 국가의 개막을 '줄라 혁명Juula revolution'이라고 부른다. 실제로 혁명을 통해 나라를 세웠다.[12] 그러나 줄라 족은 자신들이 콩을 지배했던 정도로 이곳을 지배하지 않았다. 줄라는 말린케 어로 상인을 말하는데 콩을 지배한 부족 이름이기도 하다. 비록 사모리는 줄라의 배경이 있었고 줄라 족의 지지를 끌어들였지만 상업에 대한 줄라 족의 관심이 너무 협소해서 자기가 정복해서 다스리길 원했던 큰 국가 안에서 줄라 족과 연대해서 상업을 부흥시킬 수 없다고 생각했다.

---

[12] Y. Person, *Samori : une revolution dyula*, 3 vols.(Dakar, 1968~1975).

그래서 그는 다른 대안 세력을 찾았다. 곧바로 그는 마시나 같은 이슬람 개혁주의자 국가의 모형을 따랐다. 또 다른 한편으로는 거대한 말린케 종족 집단에게 같은 종족이라는 일체감을 불러일으키려고 애썼다.13 그는 콩에서 군사력을 우대하듯이 그것을 본받아 군인을 가장 우선하고 최고 대우를 해 주었다. 후에 그가 종교 지도자로 자리 잡았을 때는 마시나에서 시행한 성직자 과두 정권의 정책을 모범으로 삼았지만 그렇다고 상인을 박해하는 정책을 따르지는 않았다. 그는 주요 교역로에서 떨어진 곳에 수도 비산두구Bissandugu를 세웠고 칸칸Kankan 같은 중요한 상인 도시에서 자치권을 빼앗아 갔지만 상인을 지지했다. 상인 공동체를 지지했던 군사 지도자는 사모리만 있는 것이 아니었다. 보우나Bouna 왕국, 본도우코우Bondoukou, 콩과 아칸Akan 금광 지대 사이에 있는 기만Gyman은 모두 군사 지도자들이 세웠지만 이들은 다른 백성들보다 줄라 상인들 편을 들었다.14

혈맹의 관계에서 협약의 관계로

상인 유민 집단의 상인들은 같은 직업, 같은 종교, 같은 언어 등 갖가지 상호 연대의 틀로 연결되어 있었다. 이와 함께 그들은 과거에는 없었던 유민 집단의 상인과 그들이 정착한 나라의 상인들 사이에 새롭게 연대하여 결합할 필요성을 느꼈다. 어떤 경우에는 서로

---

13 Azarya, "Traders and the Center", 437~442쪽, 448~449쪽.
14 이 같은 계층 사이의 관계는 네오마르크스주의 경제 인류학에서 예외적으로 나타날 수 있다. Jean-Louis Boutillier, "La cité marchande de Bouna dans l'ensemble économique Ouest-Africain pré-colonial", in C. Meillassoux(ed.), *Trade and Markets in West Africa* ; Emmanuel Terray, "Long-Distance Exchange and the Formation of the State : The Case of the Abron Kingdom of Gyaman", *Economy and Society*, 3권 315~345쪽(1974)을 참조.

거래하기 위해 평화와 우정의 조건들을 먼저 만드는 것이 필요했다. 오늘날 외국인의 지위는 법 또는 상호 조약으로 보장하고 거래 조건을 문서로 작성한다. 그러나 초기 무역 시대에는 귀한 선물을 주고받는다든지 일부러 친족 관계를 만든다든지 인질을 교환하면서 교역 환경을 만들었다. 교역 거래 환경을 만드는 데 여러 가지 방식들이 있었겠지만 다음에 나오는 두 가지 사례는 국가가 아닌 아프리카 사회 집단에서 발생한 교역 환경의 조성 방식을 보여 준다.

국가가 없는 상인 집단 가운데 가봉의 해안 지역과 콩고 공화국에 뿔뿔이 흩어져 살다가 내륙으로 들어온 느자비Nzabi 족과 이웃들이 있었다.[15] 19세기 후반 이들은 5만 명 정도였다. 이 지역의 정치 형태는 국가 없는 사회 집단 또는 소국으로 여러 종족 집단이 무역에 참여했다. 이곳에서는 상인들과 상품을 해안으로 옮기기 위해 다양한 종족 집단과 어떻게 관계를 맺느냐가 문제였다. 19세기 말 이 문제를 해결하기 위해 두 가지 중요한 제도가 개발되었다. 하나는 가상의 친족 관계였다. 대개 이 지역의 종족 집단은 친족 체계가 서로 비슷했다. 이들은 종족 구성원을 여러 개의 열로 구성했는데, 작은 열의 집단이 씨족이라 부를 수 있는 더 큰 집단에 속했다. 씨족들은 자기 씨족을 상징하는 특정 동물을 하나씩 정했다. 상징 동물이 같은 씨족은 다른 종족 집단에 속하더라도 사실상 친척이라고 인정하는 기발한 가정을 한다면 그 지역에 아무리 많은 종족이 있다 해도 전체 지역을 하나의 친족 체계로 구성할 수 있을 것이다. 이런 생각이 널리 받아들여진다면 이 지역을 여행하는 사람은 모두 가상의 친

---

[15] 이 설명은 Georges Dupré, "Le commerce entre sociétés lignagères : les Nzabi dans la traite à la fin du XIXe siècle(Gabon-Congo)", *Cahiers d'etudes africaines*, 12권 616~658쪽(1972)의 조사를 기초로 한 것이다.

척이 될 수 있을 것이고 그는 이 지역 사람들에게 친척으로 대우해 달라고 요구할 수 있을 것이다.

두 번째 관련 제도는 물건을 사는 사람과 파는 사람의 제휴와 동료 관계 개념이었다. 보통 일반 사회에서는 상품을 사고파는 사람들이 자연히 적대하는 관계이지만 이 지역에서는 그렇지 않았다. 이곳에서는 무칸구mukangu 또는 무테테mutete라고 하는 특별한 종류의 우호 관계가 있었다. 사람들은 자기가 산 상품에 올바른 값을 지불하여 상대방과 공정하게 거래한다고 믿었고 또한 서로가 가까운 장래에 지금보다 훨씬 더 큰 가치를 줄 터이니 상대방에게 그 은혜를 보답할 것이라고 생각했다.[16] 이런 과도한 관용이 실제로는 무한정으로 이루어지지 않았을 것이다. 다만 구매자와 판매자의 자연스런 긴장 관계를 좀 더 편안하게 해 줄 이상적인 상거래 태도로 생각했을 것이 분명해 보인다.

상인들 사이에 형성된 직업에 대한 연대 의식은 다른 사회에서와 마찬가지로 식민지 이전 시대의 아프리카에서도 공통으로 나타나는 현상이다. 상거래에서 경쟁은 당연한 사실이지만 상인들은 자기들 직업을 다른 사람들이 경멸의 시선으로 보는 것을 공통으로 의식했고 이것이 그들을 하나로 묶어 주었다. 예를 들면 세네감비아에서 직업에 대한 연대감은 종족에 대한 연대감보다 훨씬 더 강했다.[17] 1620년 리처드 잡슨은 감비아를 방문했을 때 지역 상인들이 다른 상인들에게 갖고 있는 동료 의식을 느낄 수 있었다. 잡슨은 다음과 같이 썼다.

---

[16] Dupré, "Les Nzabi".
[17] P. D. Curtin, *Senegambia*, 1권 89~91쪽 참조.

우리가 함께 거래할 때 만일 상대방에게 자기가 거래하고 싶은 상품이 있으면 말하길, 이것은 내가 쓸려고 했던 물건이다, 당신은 이곳의 왕들이나 다른 어떤 사람보다도 나와 거래하는 것이 더 좋다, 당신이 여기저기 다니며 거래하는 줄리에토Julietto(줄라 족으로 상인을 뜻함)인 것처럼 나도 줄리에토이기 때문이다, 나는 우리나라의 왕들처럼 먹고 마시고 아직까지 여인네들과 집에 누워 있지 않는다, 당신처럼 나도 외국을 찾아다닌다.[18]

19세기, 지금의 나이지리아 동남쪽에 빽빽이 모여 살던 이그보Igbo 족은 국가 없는 사회 집단이 교역할 때 생기는 문제들을 처리하는 또 다른 방법을 개발했다. 가봉의 해안 지역과 콩고 공화국 북쪽에 여러 종족이 나뉘어 있는 것과 다르게 이그보 족은 알기 쉬운 표현 방식으로 말하고 그 수가 몇백만 명이나 되는 거대한 문화 집단이었다. 이들은 대부분 흔히 말하는 영속하는 정치 지도자나 국가가 없었다. 가장 큰 정치적 단위는 마을 집단이었고, 보통 권력이 나오는 단위는 그보다 훨씬 작아서 개별 마을에 있는 특정 열에 속하는 친족 구성원들이었다. 그러나 이그보 어를 쓰는 전체 지역 안에서는 여러 가지 언어와 문화를 가진 하부 집단이 독자적으로 존재했는데 이들에게는 이 제도를 대표하는 다양한 특징이 있었다.

이그보 족 하부 집단 가운데 하나가 아로Aro 족인데 이들의 고향은 이그보 땅의 남동쪽 경계 지역이었다. 아로 족에게는 이그보 어에서 변형된 언어와 다른 족속과 구별되는 특별한 친족 간의 유대, 그리고 이들에게 가장 중요한 성소인 이비누크파비Ibinukpabi의 중앙에 살

---

[18] Jobson, *Golden Trades*, 125쪽.

수 있는 종교적 특권이 있었다. 이비누크파비는 아로 족의 중심 도시 아로추쿠Arochukwu 가까이에 있었고 이그보 족은 모두 이곳을 방문해서 신을 모셨다(지도 2.3 참조). 또한 아로 족은 중요한 무역 상인이었는데 이비비오Ibibio 지방의 동쪽에서 카메룬 고지대까지 이그보 어를 쓰는 모든 지역에 걸쳐 자신들의 상인 정착촌이 있었다.[19]

아로 족은 외국에 정착한 사람들과 고향 땅에 남아 있는 사람들로 나누어졌다. 18세기 후반 외국에 흩어져 있는 아로 족 정착촌은 약 100곳으로 늘어나 아로 족의 다수가 되었다. 외국에 거주하는 아로 족과 고향에 사는 아로 족은 둘 다 외국 정착촌에서 고향 지역과 주요 시장으로 연결된 무역망을 따라 무역 상인으로 활동했으며 다른 무역망으로 이어 주는 구실도 했다.

국가가 없는 사회에서 여기저기 옮겨 다니려면 특별한 적응 구조가 필요했다. 외국에 산재한 아로 족 정착촌의 상인들은 다른 지역에서 온 아로 족을 위해 지주와 중개자 구실을 했으며 스스로 교역 국가의 구실도 맡아야 했다. 그리고 성소의 종교적 특권은 아로 족에게 '신의 사람들'이라는 특별한 지위를 주어 다른 이그보 족의 존경을 받았다. 또 아로 족 상인들은 아로 족이 아닌 사람과 의도적으로 친족 관계를 맺어 혈연 관계의 형제가 되었고 아로 족이 살지 않았던 마을에서도 주인처럼 행동할 수 있었다.

여기저기 옮겨 다녔던 아로 족은 많은 사람이 집단으로 여행하면

---

[19] 이 설명은 F. Ifeoma Ekejiuba, "The Aro Trade System in the Nineteenth Century", *Ikenga*, 1권 11~26쪽, 2권 10~21쪽(1972) ; G. I. Jones, *The Trading States of the Oil Rivers*(London, 1963) ; David Northrup, *Trade Without Rulers: Pre-Colonial Economic Development in South-Eastern Nigeria*(Oxford, 1978) ; Ukwu I. Ukwu, "The Development of Trade and Marketing in Iboland", *Journal of the Historical Society of Nigeria*, 3권 647~662쪽을 기초로 한 것이다.

서 스스로를 보호했다. 무역 집단은 대개 한 마을 출신이었고 순수한 친족 관계로 묶여 있었다. 집단의 핵심은 30대 또는 40대의 남자 친족 집단이었다. 집단의 전체 인원은 노예와 짐꾼, 딸린 식구 들을 포함해서 100명에서 200명까지 되었다. 또한 집단은 외부에도 개방되어 있어서 적절한 비용만 지불한다면 아로 족이 아닌 종족 사람들 또는 친족 관계가 아닌 사람들도 들어올 수 있었다. 그러나 아로 족의 무역망 안에 들어 있는 다양성과 유동성은 짧은 말로 다 설명할 수 없다. 예를 들어 어떤 마을은 특정한 교역로로만 거래했는데 거기서는 혈맹으로 맺어진 무역망을 유지하면서 같은 상인들하고 몇 년 동안 계속 거래했다. 그러나 다른 대상과는 해마다 다시 계약을 하는 반영구적 관계였다.

아로 족은 누구도 자신들의 교역을 보호하기 위해 충분한 물리력을 갖지 못한 것이 사실이지만 놀랍게도 이들은 이 체계에서 자신들의 이익을 위해 외부에 조금도 강압을 행사하지 않았다. 아로 족 상인들은 상호 이익을 추구하고 정착 농민 공동체도 상인들의 교역 활동으로 혜택을 받는다는 사실을 알고 있었기 때문에 충돌할 까닭이 없었다. 느자비 족과 그들의 무역 체계도 이와 마찬가지였지만 아로 족과 다른 점은 아로 족의 경우는 '신의 사람들'이라는 종교적 특권에서 비롯되었다는 것이다. 아로 족이 자기네 영토가 아닌 지역을 널리 여행했다고 하지만 이그보 땅 안의 숭배 지역인 성지의 영역을 넘어간 적은 별로 없었다.

종교의 배타적 기능과 포괄적 기능

종교는 때때로 믿는 자들이 자기들만 배타적으로 소유하려고 하는 것처럼 나타난다. 이들은 신의 말씀을 퍼뜨리는 데 관심이 없거나 실제로 자기들의 비밀을 지키려고 애쓴다. 그런데 어떤 종교는 모든 인류에게 자기들의 진리를 퍼뜨리려고 애쓴다. 진리를 자기들만 독점하려는 종교든 다른 사람들에게 전파하려는 종교든 간에 상인 유민 집단의 역사에서 모두 중요한 역할을 했다. 아로 족의 종교가 한 예다. 아로 족은 다른 사람들이 자신들의 성지와 종교적 특권을 존경하기를 바랐다. 그렇지만 다른 사람들이 신성의 품 안으로 들어오거나 자신들의 권리인 '신의 사람들'이 되는 것은 바라지 않았다.

반면에 이슬람교는 온 세상에 신의 말씀이 퍼져서 그 아래서 모든 신자가 행동하기를 바라는, 만인에게 보편적인 종교다. 그리고 이슬람 공동체는 구성원들에게 때때로 교역에서 발생한 이익을 가져다주었다. 열대 삼림 지역의 하우사 족의 종고 또는 세네감비아 지역의 상인·성직자 도시처럼 서아프리카에 있는 대부분의 이슬람 무역 중심지는 이슬람 상인들에게 개방되어 있었다. 사하라 사막을 지나 교역하던 초창기 시대에 사막 경계 지역의 소닌케 상인들은 사막을 건너온 상인들의 종교를 자신의 것으로 받아들일 때 정신적 이득뿐만 아니라 상업적 이익도 따져 보았다. 역사에서 이슬람교가 이렇게 처음에는 교역 지역의 상인 계층에 퍼졌다가 나중에 사회 전체로 퍼지는 전파 형태는 세네갈에서 필리핀까지 이슬람교의 변경 지역에서도 찾아볼 수 있다.

그러나 모든 이슬람교가 반드시 외부로 전파하는 것은 아니었다. 때때로 이슬람교는 내부의 결속 강화와 종족의 정체성을 순수하게 보존하기 위해 특정 종족 또는 상업 집단이 배타적으로 소유하기도 했다. 마그레브 남쪽에 있는 오아시스 도시들이 이런 종류의 이슬람교 지역이었다. 이들은 사하라 사막을 지나는 무역을 개척하던 때에 이슬람교의 카라지테Kharajite파를 받아들였는데, 이 파는 이슬람이 중동을 정복했던 초기에 수니sunni파와 시아shi'a파 같은 이슬람교 주요 갈래에서 분리되어 나왔다. 이 종파는 이슬람교가 새로 정복한 정착 국가들의 호사스런 생활에 이슬람의 금욕적이고 유목민적 특성이 반작용으로 나타난 요소들을 대변했다. 근세기에 들어 이바디Ibadi(수니파와 시아파 다음으로 제3의 종파. 오늘날 오만과 알제리, 시리아 일부에서 믿음. 카라지테파가 여기에 속함 - 옮긴이) 공동체는 실제로 알제리 남쪽 므자브 계곡에 줄지어 자리 잡고 있는, 대추야자를 생산하는 오아시스 지역에 한정되어 있었다. 오아시스 도시들은 한때 알제리 동남부와 튀니지 남부, 리비아 서부의 사막 경계 지역을 지배했던 강력한 이바디 국가의 잔재들이다. 시간이 흐르면서 북쪽의 수니파 국가가 계속해서 압박을 가하자 이들은 피난처를 찾아 떠났는데 처음에는 물이 좋은 오우아글라Ouargla 오아시스 지역으로 갔다가 1000년경에 환경이 별로 좋지 않은 므자브 계곡으로 옮겨 갔다. 이들은 이곳에 다섯 곳의 도시를 세운 후 자리 잡고 살았다.

사하라 사막을 건너는 무역은 이제 더는 중요하지 않게 되었다. 그래서 이들은 주요 도시에 대추야자를 팔고 여러 가지 소매업을 하기 위해 북쪽으로 방향을 틀었다. 이런 유형은 만들어진 지 오래된 상인 유민 집단이 그 뒤를 따랐던 전형적인 모습이었다. 다른 문화 사이의 거래를 중개하는 일이 더는 필요하지 않게 되자—이 같은 현상은 19세기에 뚜렷하게 나타났다—이 일과 관련된 무역 공동체 망은 새로운 목적으로 전환해야 했다. 배타적인 종교로 자기 종족 중심의 상인 공동체를 엄격하게 묶고 주요 도시에 전략적으로 배치함으로써 므자브 출신의 이바디파 상인들은 적어도 일부 소매 무역

을 독점할 수 있었다.[20]

19세기 말이 되기 전에 미자비Mīzābī 상인 유민 집단이 알제리 북부 도시에서 새로운 형태를 갖추기 시작했다. 이들이 낙타 떼를 관리할 수 있는 권한을 빼앗기자 므자브의 도시들은 이제 더는 남쪽으로 널리 교역할 수 없었다. 그래서 이곳은 사하라 사막을 지나서 북쪽으로 수출된 상품들과 대추야자의 중계 무역 시장으로 바뀌었다. 알제리의 지배자는 이들을 자체 지도자인 아민amin의 지휘 아래 자치권을 갖고 움직이는 외국 상인 무역 공동체로 인정했다. 이들은 아프리카 흑인, 유럽의 기독교인 들과 함께 동등한 권리를 가진 많은 공동체 가운데 하나일 뿐이었다. 알제리 정부의 관리들은 개별 외국 상인 집단과 따로따로 거래했고 그 계약 조건에는 대개 거래 수입에 대한 일정한 보상을 지불하는 것이 포함되어 있었다. 또 미자비 상인 집단은 제분과 제빵, 공중목욕탕의 공급을 독점할 수 있는 특권과 소매로 고기를 거래할 수 있는 권리를 받았다.[21] 1830년 프랑스가 알제리를 정복한 후에도 세부 사항은 약간 변화가 있었지만, 이들의 특권은 인정받았고 그대로 유지되었다. 그래서 고대 미자비 무역 거래의 오래된 잔재는 20세기 중반을 넘어서도 지속될 수 있었다.

---

20 므자브에 대한 일반 내용은 Donald C. Holsinger, "Migration, Commerce and Community : The Mīzabīs in Eighteenth- and Nineteenth-Century Algeria", *Journal of African History*, 21권 61~74쪽(1980)과 L. Vigourous, "L'émigration mozabite dans les villes du Tell algerien", *Travaux de l'institut de recherches sahariennes*, 3권 87~102쪽(1945)을 참조.
21 Venture de Paradis, "Alger au xviiie siècle", *Revue africaine*, 39권 266~314쪽 (1895), 267쪽 ; René Lespès, "Quelques documents sur la corporation des Mozabites d'Alger dans les premiers temps de la conquêt", *Revue africaine*, 66권 197~218쪽(1925), 198~202쪽.

그러나 시간이 흐르면서 미자비의 경제적, 사회적 현실이 변하기 시작했다. 한때 경제적으로 확실한 사업이었던 것이 노동력을 거래하는 형태로 바뀌었다. 20세기 초에 들어서면서 대추야자 생산만으로 므자브 오아시스의 5개 도시에 사는 사람들을 유지할 수 없었다. 젊은이들은 북쪽으로 일거리를 찾아 떠날 수밖에 없었다. 이렇게 해서 3분의 1 이상의 남자들이 이곳을 떠났다. 미자비 사회는 이제 외국으로 나간 사람들이 보내 주는 돈이 없이는 살 수 없었다.

한때 다른 종파의 이슬람 사회에서 미자비 공동체의 순수성을 지키는 구실을 했던 통제 체계는 더욱 엄격해졌다. 므자브에서 정치적 통제는 프랑스 지배의 제한을 받았지만 신정神政 형태로 이바디 성직자가 지배했다. 성직자 위원회는 므자브 자체와 북쪽으로 임시 이주한 사람들의 행동 규범을 규정했다. 외국으로 이민을 가더라도 가족이 한꺼번에 떠나면 안 되었고 젊은 남자들만 일부 떠날 수 있었다. 결혼은 다른 나라로 이주하기 전에 미리 하도록 권장했지만 결혼한 미자비 여성들은 같이 떠나지 못하고 남아야 했다. 그래서 결혼 계약에는 결혼한 다음에 일정 기간 남자들이 고향에 남아 있도록 했다. 남자들은 미자비 공동체 바깥의 여자와 결혼할 수 있었지만 여자들은 그럴 수 없었다. 또한 이민자들은 이슬람 사회 안에서 자신들의 베르베르 어의 순수성을 지키고 이바디 신앙의 정체성을 보존해야 한다는 규범의 지배를 받았다. 이들은 대개 상점에서 살았는데 웬만하면 그 지역의 다른 사람들과 섞이려고 하지 않았다. 이와 비슷한 폐쇄성이 므자브 도시를 방문한 사람들에게도 적용되었는데, 이바디파가 아닌 사람들은 낮 시간에만 도시 안으로 들어올 수 있었다. 어떤 도시는 외곽 지역에서 온 이방인들까지 배제했다. 미자비 사회는 고향이든 외국이든 술과 담배, 음악과 춤, 가벼운 처신, 남의 눈에 띄는 소비 생활을 금지하는 금욕 생활의 지배를 받았다. 금욕주의가 무역 활동을 위해 개발된 것은 아니었지만 금욕적 소비 생활은 미자비 상인 집단을 다른 소매 상인들보다 더 경쟁력이 있도록 도와준 것은 분명했다.[22]

다른 이슬람 제도들은 다른 지역에 살고 있는 유민 집단 상인들에게도 도움을 주었다. 아프리카 이슬람교의 어디서나 나타나는 특징 가운데 하나가 수피sufi라는 신비주의 종교 집단이다. 이 집단의 형태는 여러 가지가 있는데 특정 종교 집단의 구성원들은 대개 신과 더 가까운 일체감을 경험하는 방법을 터득한 집단 창시자의 성스러운 가르침을 따른다. 그 같은 집단을 총칭해서 아랍 어로 방법 또는 길을 뜻하는 타리카tariqa 또는 투루크turuq라고 불렀다. 이들은 종파가 아니었다. 이들은 자기들만이 옳다고 주장하지 않았다. 그러므로 므자브의 이바디파보다 훨씬 덜 폐쇄적이다. 이들은 다른 집단도 진정한 종교 체험을 하는 합당한 길을 제공할 수 있다고 인정했다. 그러므로 이론적으로는 적어도 이들 모든 집단이 수니파 주류 또는 정통 이슬람교 안에 있었다.

이들 집단은 교역에서 여러 가지 다른 구실을 광범하게 했다. 19세기 아프리카에서 가장 널리 알려진 집단 가운데 하나가 사누시야Sanusiyya였다. 사누시야는 리비아 동쪽의 무역 활동을 체계화하도록 도와준 새로운 신비주의 집단으로 실제로 사하라 사막을 횡단하는 새 교역로를 개척했다. 이들은 상인 유민 집단 가운데 젊은 축에 드는 신생 집단으로 므자브의 상인 집단 형태를 띠었지만 최초로 사하라 사막을 지나서 무역하던 상인들이 활동하던 고대의 오래된 무

---

[22] Vigourous, "L'émigration mozabite", 특히 95~97쪽.

역망이었고 이 무역망들의 마지막 형태 가운데 하나였다.

이 새로운 집단의 창시자는 무하메드 이븐 알리 알사누시Muhammed ibn 'Ali al-Sanusi로 18세기 말 알제리에서 태어났고 나중에 이집트와 아라비아의 성지에서 교육을 받았다. 1837년 그는 새로운 타리카를 세우고 그의 말씀을 설교하기 시작했다. 그리고 후에 리비아 동쪽의 오아시스 지역에 새로운 종교 중심지를 세웠다. 사누시야는 그 지역의 종교적 질서뿐만 아니라 정치적 질서도 개혁했다. 예전의 정치 질서는 친족을 기반으로 한 국가 없는 사회였다. 그곳에서는 씨족들 사이에 목초지와 우물 또는 중요한 오아시스의 통제권을 두고 오랜 기간 계속해서 전쟁을 치렀다. 이런 사막 경계 지역의 유목 사회에 사는 사람들은 겉으로는 이슬람교도였지만 사회 전반은 아라비아의 일반교양 수준에 못 미쳤고 더 넓은 이슬람 세계와 긴밀하게 접촉하지 못했다.

사누시야의 개혁은 교통이 편리한 오아시스 지역의 종교 중심지에서 시작했다. 그 중심부는 자위야zawiya라는 작은 사원이었는데 그 주위를 자위야의 경작지가 둘러싸고 있었으며 때로는 자위야의 부속 모스크mosque(이슬람 예배소)와 도서관, 주택 들이 방벽을 쌓고 있었다. 중앙의 자위야는 신자들이 친족 구조에서 모은 민간 기금으로 또 다른 자위야를 잇따라 세우도록 독려했다. 그러므로 중앙의 작은 사원은 이 종교 집단의 개별 소유였다. 이 밖에 다른 자위야도 대개 그것을 세운 씨족의 재산이었다. 그러나 이 종교 집단의 지도자는 개별 자위야의 관리를 책임질 종교적 스승인 셰이크sheikh를 임명했다. 간단히 말하면 이 종교 집단은 친척의 유대 관계를 깨뜨리는 새로운 권력의 근원이 되었다.[23]

정치 구조는 오아시스 경제를 중심으로 했는데 대추야자를 생산해서 근방의 유목민들이 생산한 고기나 우유와 교환하거나 키레나이카Cyrenaica(고대 그리스 식민지로 시리아 동부 지방 – 옮긴이) 북쪽 해안 경계 지역에서 가져온 곡식과 바꿨다. 이런 무역 형태는 이미 고대 시대부터 있었다. 그러나 이 집단 소속의 상인들이 중계 무역을 할 상품들을 저장하는 곳으로 사누시의 사원들을 이용하면서 이곳이 자연스럽게 상업의 중심지가 되었다. 따라서 사누시야는 무엇보다도 먼저 현재의 무역 거래를 활성화했다. 그런 다음 최근까지 별로 사용하지 않은 교역로를 다시 정비하는 일을 계속해 나갔다. 이 가운데 교역로 하나는 1850년대부터 지중해 남쪽 벵가지Benghazi에서 시작해서 쿠프라Kufra, 잘루Jalu, 아우질라Aujila의 오아시스 지역을 거쳐 사하라 사막의 남쪽 와다이Wadai까지 이어졌는데 오아시스 지역은 사누시가, 남쪽의 종착지인 와다이는 술탄sultan이 서로 협력하여 관리하였다(지도 2.1 참조).

20세기 초 이 교역로를 따라 오간 교역량의 규모는 약 20만 파운드로 추산되있다. 이것은 사누시 교단과 지금은 더 큰 지중해 시장으로 가는 문을 얻게 된 사막 남부의 와다이와 코르도판Kordofan의 상인들에게 엄청난 이익을 가져다주었다. 이 교역로는 비록 새로 개척한 것이지만 19세기 사누시야의 보호를 받고 운영하던 사하라 사막 교역로 가운데 하나일 뿐이다. 트리폴리Tripoli에서 페잔을 거쳐 진데르Zinder(지금의 니제르), 나이지리아 북부까지 이어지는 또 다른 교역로는 훨씬 더 큰 규모의 상품을 실어 날랐다.[24]

---

[23] E. E. Evans-Pritchard, *The Sanusi of Cyrenaica*(Oxford, 1949), 특히 63~89쪽 ; C. C. Adams, "The Sanusis", *Muslim World*, 36권 21~45쪽(1946), 특히 31~35쪽 참조.

[24] Dennis D. Cordell, "Eastern Libya, Wadai, and the Sanūsiya : A Tariqa and a Trade Route", *Journal of African History*, 18권 21~36쪽(1977) ; Stephen Baier, *An*

지주, 중개 상인, 대상의 우두머리

개인이나 무역 상사가 단독으로 원거리 무역을 수행하는 일은 거의 없다. 감당해야 할 전문 분야가 너무 많기 때문이다. 생산자에서 소비자까지 상품을 전달하려면 운송업자와 짐꾼, 도매상, 그 밖의 많은 사람의 손을 거쳐야 한다. 사실 개인이나 집단이 두 가지 이상의 기능을 해내지만 과거에 상인 유민 집단도 여러 가지 기능을 수행했다. 중개 상인은 상인들 사이에 거래가 이루어지도록 구실을 했지만 때로는 자기 장사를 위해 직접 거래하기도 했다. 선장은 배의 주인일 수도 있고, 다른 상인의 짐을 운송해 주는 중개상일 수도 있고, 배에 실린 물건 가운데 자신이 직접 팔 물건이 있을 수도 있었다. 경우의 수는 끝이 없지만 아프리카 상인 유민 집단은 사람에 따라 수행하는 기능이 각각 달랐다. 가장 확실하게 구별되는 것은 무역망의 특정 거점에 거주하는 사람들과 상품을 들고 지역을 왔다 갔다 이동해야 하는 사람들의 차이였다. 한곳에 머무는 사람들 가운데 비공식적으로 서로 다른 문화의 거래를 중개하는 사람들이 있었다. 종종 지주가 이런 구실을 했는데 이들은 특정한 거래 계약을 성사시킨다는 점에서 공식적인 중개 상인과 마찬가지였다. 지역을 옮겨 다니는 상인들은 바로 그러한 사실 때문에 이 문제에서 불리했다. 만일 이들이 사업을 확대하고 싶으면 자기가 팔려는 상품만 싣고 다니는 것이 아니라 다른 사람의 상품도 싣고 가서 파는 것이 보통이었다.

때때로 정착 상인과 이동 상인은 같은 문화를 공유한다고 해도 사

Economic History of Central Niger(Oxford, 1980), 57~78쪽.

회적 기원이 다를 수 있었다. 가나 중앙의 콜라열매 농장과 하우사 상인 집단에 대한 폴 러브조이Paul Lovejoy의 연구는 하우사 족 땅이 아닌 지역에 흩어져 있는 종고에 정착한 사람들의 사회 계급이 얼마나 다양한지를 잘 보여 준다.―거의 하우사 사회 전체 계급을 보여 준다. 하지만 교역로를 따라 이동하는 상인들은 훨씬 좁은 계급 안에서 뽑혔다. 이들은 보통 하우사 본토에서 특별히 아살리asali에 속한 사람들로 구분되었다. 하우사 족 안에서 아살리는 설명이 좀 필요하다. 아살리는 친족 집단도 아니고 하우사 문화의 하부 갈래(아로 족이 이그보 족의 하부 갈래라는 점에서)도 아니고 같은 지역 출신도 아니다.―세 가지 특성을 모두 가지고 있고 특성의 중요도는 위에 나온 순서대로다. 아살리로 인정받는 것은 동족끼리 결혼한 사람들을 뜻했다. 그러나 이 말은 본래 혈통은 같지만 멀리 떨어져 있는 사람이라는 뜻이었다.[25]

하우사 영토에 사는 아살리는 반드시 상업 일을 하지는 않지만 주로 세 부류의 아실리 상인들이 놀타 강 유역의 콜라열매 농장을 오가는 교역로를 따라 무역을 주도했다. 이들 세 무리의 아살리는 하우사 문화를 흡수하여 하우사 족이 되었지만 한때 아프리카 교역의 기원이었고 이제 다시 한번 그 중요성이 강조되는 북쪽 멀리 사막 경계 지역까지 조상들의 발자취를 찾아갔다. 이들의 이름은 매우 직설적이다. 첫 번째 무리는 이름이 캄바린 베리베리Kambarin Beriberi인데 하우사 말로 '보르노 상인들'이라는 뜻이다. 이들은 보르노Borno에서 태어났다. 두 번째 무리는 토카라와Tokarawa라고 불렸는데 투아레그Tuareg라는 사막 경계 지역에서 바로 북쪽으로 이주해 온 비천한 출

---

[25] Paul Lovejoy, *Caravans of Kola*(Zaria, 1980), 53~54쪽.

신의 사람들을 나타내는 집합어였다. 세 번째 무리는 아갈라와 Agalawa인데 이들도 비천한 투아레그 사람이었고 '남쪽 사람들'이라는 뜻이었다. 아마도 이들이 투아레그 무역망의 남쪽 끝에 살았기 때문일 것이다. 이들의 고향 마을은 처음에는 사막에서 남쪽을 향해 하우사 영토로 들어온 투아레그 상인 집단 가운데 일부였다. 여기서 중요한 점은 이들 세 무리가 모두 하우사 영토로 들어온 상인 유민 집단의 갈래이었다는 사실이다. 어느 상인 유민 집단의 지점에 오랫동안 정착해 있다가 시간이 흐르면서 이들은 모두 하우사 지역에서 분리해 나온 새로운 상인 유민 집단으로 흡수되었다. 다른 하우사 상인들은 동일한 조건과 사업 기회만 경험했지만 이들은 원거리 무역을 집단 전체가 함께 겪었다는 점에서 훨씬 유리한 위치에 있었다.

이렇게 상인 유민 집단을 새로운 기반으로 옮기고 다시 세우는 행태는 특별한 일이 아니었다. 우리는 이미 한자 동맹의 중심이 쾰른에서 뤼베크로 이동하고 페니키아 상업의 중심이 레반트에서 카르타고로 옮아간 사례를 보았다. 그리고 서아프리카 무역에서도 소닌케 족이나 왕가라가 사막 경계 지역에서 여러 해안 지역으로 이동했다. 이들이 이동한 것은 정치적, 군사적 압력 때문이기도 했지만 경제적 기회를 따라간 것이기도 했다. 그러나 상인들이 모두 이미 원거리 무역 방법을 익혔기 때문에 누구나 가능했다. 상인들은 무역 기술을 서로 주고받았다.

서아프리카 사바나 지역에서 상인 유민 집단의 이동이 가파르게 이루어진 것은—사막의 남쪽 지역이 아니라 열대 삼림의 북쪽 지역—상인들이 원거리 무역을 하면서 자주 접촉했다는 것을 뜻한다. 19세기 서쪽 대서양의 베르데 곶 Cape Verde에서 차드 호수 너머까지 공통된 무역 문화가 펼쳐져 있었다. 이동 상인과 정착 상인의 뚜렷

한 관계는 모든 지역에서 매우 비슷하게 나타났다.[26]

여기서 핵심 인물이 나타났는데 정착 상인의 주요 인물은 지주 중개 상인이었고 이동 상인의 주요 인물은 대상의 우두머리였다. 대상의 우두머리(하우사에서는 마두구madugu라고 하고 말린케에서는 실라티기 silatigi라고 함)는 보통 대상을 구성하는 상인들이 뽑았다. 그 선출 과정은 좀 복잡했다. 전임 우두머리의 아들에게 우선권을 주는 특권도 있었는데 그는 때때로 특별한 능력이 있다는 것을 증명해야 했다. 일단 마두구로 널리 인정받으면 은퇴할 때까지 그 자리를 지켰다. 한번 선출되면 그는 대상단과 다른 상인들에게 큰 권위를 가졌다. 그는 대상을 직접 보호하기 위해 군사력도 가질 수 있었다. 교역로 주위 지역의 권력자들에게 간접적인 보호를 받기 위해 그들과 보호 비용을 협상하기도 했다. 그리고 여행이 끝날 때가 되면 개별 상인 소유의 상품이 있어도 마두구는 자기의 책임 아래 있는 상인들을 대표해서 한꺼번에 거래를 하기도 했다.

지주 중개 상인(밀린케에서는 사니기jaatigi, 하우사에서는 마이기다maigi-da)은 보통 이동 상인들과 같은 종족 집단 출신이었지만 대개 몇 년 또는 몇 세대 동안 외국 땅에 정착해서 살고 있었다. 지역에 대해 잘 알게 되고 뿌리를 내리고 살면서 이동 상인들에게 비싼 값에 거래하게 해 줄 수 있는 위치에 오기까지는 아주 오랜 시간이 걸렸을 것이다. 그의 가장 중요한 임무는 이동 상인들의 숙박과 보호를 책임지는 일이었다. 대상이 가져온 상품과 노예 들을 안전하게 보관하고, 상인들에게 먹을 것을 제공하고, 지역 정치 권력자들의 부당한

---

[26] 사막의 서쪽 끝에 있는 세네감비아의 교역 문화와 나이지리아 북부 지방의 하우사 상인 유민 집단에 대한 대표적인 설명은 P. D. Curtin, *Senegambia*, 특히 1권 271~308쪽과 Lovejoy, *Caravans of Kola*, 특히 81~83쪽, 101~112쪽 참조.

간섭을 막아 주며(또는 지역 권력자에게 보호 비용을 지불하는 방법을 알려 주고), 지역의 대부업자에게 신용을 얻을 수 있도록 선을 놓아 주고, 거래 당사자들에게 선의와 성실한 거래를 보장하는 일 들을 했다. 여기에서 마지막 역할이 가장 중요한 일이었다. 지주 중개 상인은 대상이 떠나간 다음에도 남아 있었기 때문에 그 지역 사람들에게 신뢰를 줄 수 있었다. 반면 대상의 우두머리에게는 이동 상인들을 질서 있게 관리하는 대가로 보상이 주어졌는데, 대상의 개별 상인들은 그들이 한 번 갔던 교역로로 다시 갈 수 없었지만 대상의 우두머리는 해마다 다시 갈 수 있었다.

콜라열매 무역을 하는 하우사의 마이기다는 반드시 특정 거래를 맺어 준다는 좁은 의미에서 중개 상인의 구실을 한 것은 아니었다. 만일 그럴 일이 있으면 독립된 전문 중개 상인(아라비아 혈통의 딜랄리dillali를 말하며, 이는 사막 경계 지역의 상관습을 다시 도입했다는 또 하나의 표시임)에게 그 일을 맡겼을 것이다. 그가 딜랄리를 고용했든 안 했든 마이기다는 자기 상점에서 팔린 모든 상품의 수수료를 받았다. 그리고 그 지역의 생산물과 대상이 가져온 상품을 가리지 않고 자기가 직접 거래하기 위해 그것들을 사기도 하고 팔기도 했다.

사람들이 삶을 살아가는 방식을 일반화해서 평가하는 것은 평범한 것이 모든 사람의 경험인 것처럼 보이게 하는 어리석음을 범할 위험이 있다. 실제로 모든 거래 행태는 일반적 유형을 벗어난 예외가 있기 마련이다. 세계 다른 지역에서처럼 서아프리카 무역도 전쟁과 도적 떼, 온갖 종류의 속임수가 횡행했다. 그런데도 사바나 지역의 두드러진 무역 기풍은 상인들의 이익과 그 지역 정치 권력자의 이익이 균형을 잘 유지하는 것이었다.— 평범한 보통 상점에서 발생하는 이익까지 모두 나누었다.

아프리카의 어떤 지역에서는 중개 상인의 구실이 이와 매우 달랐다. 19세기 서아프리카 사바나 지역은 원거리 무역에서 경쟁 시장의 조건을 갖추었지만 아프리카의 다른 모든 지역에 보편적인 것은 아니었다. 베르베라Berbera(소말리아 아덴 만에 위치 - 옮긴이), 제일라Zeila(소말리아 항구 도시 - 옮긴이), 마사와Massawa(에리트레아 홍해 연안에 위치 - 옮긴이) 같은 동아프리카의 항구 도시(지도 2.5 참조)에도 지주 중개 상인이 있었지만 이 지역의 권력자들은 이들이 보호 비용을 중개 비용으로 가장하여 많은 수수료를 요구하는 것을 눈감아 주었다.—모든 거래액의 20퍼센트를 요구했는데 이는 서아프리카 볼타 강 유역의 마이기다가 1퍼센트를 받은 것과 비교하면 터무니없이 많은 수준이었다. 또한 지주 중개 상인과 지역의 족장은 서로 공모하여 이 항구 도시들을 중계 무역 시장으로 바꾸고 외국 상인들이 그 지역의 상인들에게 물건을 팔 수밖에 없도록 했다. 지역 상인들은 여기서 산 물건으로 대상을 꾸려서 내륙 지역으로 들어갈 채비를 했다.[27]

또 자기 지역 출신의 행상인이나 이동 상인은 없고 중개 상인만 있는 종족도 있었다. 이들은 19세기 말 콩고의 스탠리 호수 지역에 살았다. 호수 지역은 상류 지역의 하상 무역과 해안까지 급류 지역을 따라 사람이 직접 짐을 나르는 대상의 육상 무역 사이에 있는 자연 분기점이었다. 호수 지역의 지배 종족인 티오Tio 족은 자연 분기점을 이용해서 상류 지역에서 오는 보방기 족과 해안 지역에서 오는

---

[27] Mordechai Abir, "Brokerage and Brokers in Ethiopia in the First Half of the Nineteenth Century", *Journal of Ethiopian Studies*, 3권 1~5쪽(1965); Richard Pankhurst, "The Trade of the Gulf of Aden Ports of Africa in the Nineteenth and Early Twentieth Centuries", *Journal of Ethiopian Studies*, 3권 36~81쪽(1965).

빌리Vili 족, 기타 다른 상인들에게 지주 중개 상인의 역할을 했다.

전 세계의 관점에서 보면 이런 상황은 정상이 아니다. 대부분의 상인 유민 집단에서는 외국 상인들이 자기 지역 출신 이동 상인들의 거래를 중개하기 위해 어느 지역에 정착하는 것이었다. 그러나 호수 지역의 자연환경 탓에 티오 족은 외국 상인들에게 자연스럽게 이 같은 구실을 하였다. 하상 무역에 알맞은 때와 해상 무역에 알맞은 때가 서로 달랐다. 그리고 그렇게 널리 흩어져 살고 있는 지역에서 무역을 하려면 상류 지역 상인이든 해안 지역 상인이든 많은 인력이 필요했다. 1880년대 호수 지역에 살고 있는 티오 족이 만 명 정도였을 때 한창 무역이 활발한 철이 오면 상류 지역의 보방기 족 짐꾼 4천 명에서 5천 명이 일시적으로 그곳에 머물렀다. 반면에 해안 지역에서는 건조기에 더 많은 짐꾼이 그곳에 왔다. 이런 조건에서 이동 상인들은 고향으로 돌아가야 하기 때문에 짐을 쌓아 두고 한 해를 그곳에서 기다릴 수 없었으므로 결국은 그 지역의 중개 상인에게 여섯 달 동안 짐을 맡겨야 했다.[28]

해안 시장과 유럽 무역 상인

식민지 시대 이전의 아프리카 무역에 대해 우리가 현재 알고 있는 지식은 대부분 약 1960년 이후에 발견되었다. 이보다 앞선 시기에 대한 지식은 배를 타고 해외로 나가거나 군사력을 갖춘 교역소 또는

---

[28] Jan Vansina, *The Tio Kingdom of the Middle Congo 1880~1892*(London, 1973), 247~281쪽, 283~312쪽, 그리고 특히 259~265쪽 ; Robert W. Harms, *River of Wealth, River of Sorrow : The Central Zaire Basin in the Era of the Slave and Ivory Trade, 1500~1891*(New Haven, Conn., 1981), 특히 2~3쪽과 24~33쪽.

세네갈의 세인트루이스나 앙골라의 루안다 같은 임시 무역 도시에 진출한 유럽의 무역 상인들에 한정되어 있었다. 우리는 최근의 연구에서 이런 무역 거점들이 유럽의 수많은 군사 조직을 갖춘 상인 유민 집단의 일부였다는 사실을 알게 되었다.—그리고 유럽 사람들이 아프리카에 세운 상인 유민 집단의 변종이 16세기 중반에서 18세기 후반까지 아시아, 아프리카와 교역하는 데 유럽의 주요 수단이었던 해상 무역과 군사 조직을 갖춘 상인 유민 집단의 큰 테두리 안의 일부였다는 것도 알게 되었다. 아프리카 안에서의 무역에 대한 최근의 연구는 이런 종류의 유럽의 상인 유민 집단이 보통은 해안의 중계 무역 시장에 한정되었던 것이 아니라 사실은 아프리카 전체 유민 집단에 퍼져 있었다는 사실을 분명하게 보여 준다. 이들 유민 집단은 유럽과 아시아에서 생산한 물건들을 사는 대신에 금과 노예, 상아, 그리고 여러 가지 수출 생산품을 유럽 상인들에게 공급했다.[29]

해안 도시에서 다른 나라와 교역하는 것은 내륙의 주요 중계 무역 시장에서 다른 나라와 교역하는 것과 같은 방시으로 구성되있다. 유럽 상인들은 아프리카 해안을 처음 방문했을 때부터 아프리카 원주민과 연결해 줄 중개 상인이 필요하다는 것을 깨달았다. 비록 이들은 처음에 소수의 아프리카 인을 유럽에서 통역자로 훈련시키기 위해 납치하는 등 원시적인 방법을 사용했지만 곧 방향을 바꿨다. 15세기 말이 되기 전에 포르투갈 해상 무역 상인들은 선원들을 아프리카 해변에 머무르게 하기 시작했다. 이들은 그곳에서 '원주민'들과 거래를 하고 다음에 배가 들어오면 싣고 갈 짐들을 모았다. 이들이

---

[29] 단일 해안 지역에서 오랫동안 이 같은 외국 상인 유민 집단을 다룬 것은 Philip. D. Curtin, *Senegambia*, 1권 92~152쪽을 참조.

아프리카에 세운 포르투갈 상인 유민 집단의 최초의 정착인이었다.

오래지 않아 해변에 정착한 유럽 선원들이 아프리카 지주 중개 상인 기능을 수행하는 더 정교한 형태의 상인 집단이 만들어졌다. 그런 다음 곧바로 내륙에서 같은 항구 도시로 진출한 아프리카 상인들과 유럽 상인들을 중개해 줄 아프리카 중개 상인이 등장했다. 16세기와 17세기에 해안을 기반으로 교역했던 유럽 상인들은 그 지역 말을 배우고 원주민과 결혼도 했다. 그러나 새로 아프리카에 온 유럽 상인들에게 질병에 노출된 이곳 환경이 매우 위험했기 때문에 아프리카의 생활 방식에 정통할 정도로 그 지역에 오래 살았던 유럽 상인은 없었다. 그러다 보니 실제로 다른 나라와 거래를 알선하는 일은 아프리카계 유럽 인들과 그 후손들이 수행했다. 이 가운데 많은 사람이 나중에 아프리카 사회와 협력하는 유명한 상인이 되었다.[30] 초창기의 무역 언어는 포르투갈 크리올 말이었지만 나중에는 영어 기반의 크리올 말 또는 영어나 프랑스 어를 썼다. 때때로 아프리카계 유럽 인들뿐만 아니라 일반 원주민도 중개 상인의 역할을 하려고 유럽 문화를 열심히 배웠다. 실제로 스탠리 호수 지역의 티오 족처럼 그 지역에 들어오는 이동 상인들을 상대로 중개 상인 역할을 하려고 했던 것이다.[31]

---

[30] 사례들은 P. D. Curtin, *Senegambia*, 1권 112~121쪽, 1권 136~139쪽 ; Christopher Fyfe, *A History of Sierra Leone*(London, 1962)를 참조하고 색인의 "Caulker"를 참조 ; Margaret Priestley, *West African Trade and Coast Society : A Family Study*(London, 1969).

[31] 아프리카 인 중개 상인들에 대해서는 Phyllis M. Martin, *The External Trade of the Loango Coast, 1576~1870 : The Effects of Changing Commercial Relations on the Vili Kingdom of Loango*(Oxford, 1972), 93~115쪽 ; Werner Peukert, *Der Atlantische Sklavenhandel von Dahomey 1740~1797 : Wirtschaftsanthropologie und Sozialgeschichte*(Wiesbaden, 1978), 108~119쪽을 참조.

서아프리카 해안의 거래 형태는 유럽 문화보다는 아프리카 문화 관습을 더 많이 따랐기 때문에 서구의 역사가들은 때때로 실제 발생했던 것을 잘못 이해했다. 세네감비아 지역에서, 그리고 다시 다호메이Dahomey(베냉의 옛 이름 - 옮긴이) 지역과 골드 코스트Gold Coast(지금의 가나 공화국의 일부로 노예무역의 중심지였음 - 옮긴이) 지역에서 유럽 상품을 지역 통화로 매긴 가격은 19세기 초에 안정되어 있었고 몇십 년 동안 안정을 유지했다. 이것은 상품 가격이 통제를 받았다는 것을 말해 주는 증거였다. 또한 가격이 수요와 공급에 따라 결정되는 것이 아니라 그 밖의 다른 요인, 즉 독점이나 불완전 경쟁에 의해서 조정되었던 '시장 없는' 무역을 시사했다.[32] 실제로 가격이 안정되어 있었다는 사실만은 분명했다. 그러나 유럽 수입품에 매겨진 '가격'은 변하지 않았지만 상인들은 유럽과 아프리카의 지역 시장에서는 가격이 등락한다는 사실을 잘 알았다. 그래서 상인들은 유럽이나 아프리카 시장에서 실제 가격으로 사거나 팔 상품을 잘 분류해서 이익을 많이 낼 수 있게 조정하려고 했다. 아프리카 상인들은

---

[32] 특히 칼 폴라니는 이 사실을 바탕으로 다호메이에 있는 와이다Whydah(또는 퀴다Quidah) 항구를 내륙에 있는 강력한 중앙집권 정부가 지배하는 '무역항'이었다고 주장하는 정교한 논문을 발표했다. 폴라니의 주장에 따르면 이 항구에 있었던 왕실 관리들은 교역 상품의 가격을 조정하고 항구를 중립지대로 관리하고 유지해서 유럽 상인들이 자기들 멋대로 할 수 없게 했다. 요약해서 말하면 폴라니는 이것을 노예무역을 기반으로 벌어들인 수입을 정부의 중심 재원으로 재분배하는 복합적이고 중앙집권의 원시적 경제 체계의 가장 중요한 특징으로 보았다. 칼 폴라니가 아브라함 로스타인Abraham Rotstein과 함께 쓴 *Dahomey and the Slave Trade: An Analysis of an Archaic Economy*(Seattle, 1966)를 참조. 그러나 폴라니가 그 사실을 오해했다는 것이 나중의 연구에서 밝혀졌다. 다호메이 정부는 노예무역의 독점권을 가지고 있지 않았으며 경제 전반을 볼 때 정부가 경제를 통제했다기보다는 오히려 어설프기는 하지만 초기 유럽의 시장 경제에서 발견할 수 있는 사회적, 경제적 복합성을 띤 시장에 따라 경제가 반응했다. Peukert, *Atlantische Sklavenhandel* ; Patrick Manning, *Slavery, Colonialism and Economic Growth in Dahomey, 1640~1960*(Cambridge, 1982) 참조.

아프리카에서는 비싸지만 유럽에서는 싸게 거래되는 상품을 사려고 애썼다.

그 결과 여러 상품을 하나로 묶어서 사고파는 정교한 형태의 통합 거래가 이루어졌다. 대개 거래 당사자들 또는 양쪽의 중개 상인들은 만나면 무엇보다도 먼저 팔려는 물품(금, 노예 등)의 가격을 정한다. 값을 계산할 지역 통화가 어떤 식으로 표현되든 상관없다. 골드 코스트와 다호메이에서는 금의 가격 단위를 '트레이드 온스trade ounce'라고 하고, 세네감비아에서는 철의 가격 단위를 '바bars'라고 가상해서 썼다. 이 최초의 가격 결정은 모든 상품의 수요와 공급, 계약 조건의 기초가 되었다. 첫 번째 거래의 결과는 온스나 바, 또는 다른 지역 통화로 표현된 수출 상품의 전체 가격이었다. 이들 상품의 가격이 관습으로 정해졌으므로 다음 단계는 자신들이 정산해야 할 유럽산 상품의 구성에 동의하는 것이 남았다. 여기서 수요와 공급에 따른 가격 결정은 상품 하나하나에 적용되는 것이 아니라 거래하는 물품 전체를 두고 이루어졌다.[33]

해안 지역에서 형성된 이 같은 아프리카 통합 거래 체계는 서아프리카 여러 곳에서 널리 발견할 수 있는 상품 총량 거래 방식과 형태가 비슷했다. 이 거래 체계가 18세기에 아프리카 상인과 유럽 상인이 거래하는 모든 지역에 널리 퍼졌다는 사실은 아프리카 서해안을 따라 대부분 지역에서 아프리카 인들이 중개 상인의 역할을 차지했다는 것을 보여 준다. 이것은 달리 말하면 19세기 하반기에 이르기까지 유럽 상인들이 아프리카의 질병 환경에 적응하기 어려웠다는

---

[33] Marion Johnson, "The Ounce in Eighteenth-Century West African Trade", *Journal of African History*, 7권 197~214쪽(1966) ; P. D. Curtin, *Senegambia*, 1권 233~270쪽.

것을 반증하는 것이다.

 그러나 19세기 말에 들어서면서 상거래 관습이 변하기 시작했다. 새로운 형태의 통화와 거래 방식이 아프리카의 상거래에 도입되기 시작했다. 산업 시대 초기 유럽의 상업 문화가 전 세계의 상거래를 지배해 나가기 시작한 것이다. 새로운 형태의 상인 유민 집단이 나중에 나타나기도 했지만 상인 유민 집단의 세상은 이제 그 끝을 향해 가고 있었다. 이런 의미에서 19세기 아프리카의 상인 유민 집단은 그 긴 역사의 흐름 속에서 마지막 모습을 보여 준 것이다. 이제 역사 속에서 상인 유민 집단의 탄생을 다시 보기 위해 시간을 거슬러 올라가 보자.

4
고대 무역

　인간 사회에서 무역과 교환 행위가 이루어진 것은 인류가 처음 생겨났을 때만큼 오래되었다. 그러나 인간이 언제부터 체계적인 무역 활동을 했는지에 대한 연구는 아마도 농업 혁명의 시작 이전까지 거슬러 올라갈 필요가 없을 것이다. 기원전 1만 년경에 최초의 농업 공동체가 중동 지역에 나타나기 시작했고 기원전 3500년경 메소포타미아의 강 계곡에서 최초의 도시 문명이 나타났다. 티그리스 강과 유프라테스 강 하류 계곡의 비옥한 충적토는 비록 농사짓기에 너무 건조하긴 했지만 강물을 끌어올려 관개용수를 쓴다면 농사에 아주 적합한 지형이었다. 기원전 4000년경 쟁기와 함께, 관개 수로 체계가 더욱 발전하면서 넓은 지역에서 농작물을 재배할 수 있게 되었고 예전에 농사에 필요했던 인력의 10퍼센트 정도를 줄일 수 있게 되었다. 그래서 남는 인력은 제조업이나 무역, 성직자, 정치 관료 또는 직업 군인 일을 할 수 있었다.

　메소포타미아에서 최초의 도시 사회가 성립되자 곧이어서 비슷한 사회가 여기저기서 만들어지기 시작했다. 초기 이집트 왕조는 기원전 3000년경 형성되었다. 세 번째 문명은 기원전 2500년에서 기원전 1500년까지 지금의 파키스탄이 있는 인더스 강 계곡에서 번성했다. 아시아 서쪽과 아프리카 동북쪽에 있는 세 곳의 문명권은 이들이 지닌 기술과 문화에 공통점이 많아서 역사가들은 이들이 아주 오래전부터 왕래했을 것으로 추측한다.

중국과 신세계New World(아메리카 대륙을 일컬음 - 옮긴이)에서는 농업과 도시 사회가 비교적 늦게 시작됐다. 이들 지역이 아마 다른 문명권과 따로 떨어져 발전했기 때문일 것이다. 신세계에서도 중앙아메리카의 중심 지역과 남아메리카의 안데스 산맥 지역은 콜럼버스가 신대륙을 발견하기 전까지 거의 왕래가 없었다. 중국에서 최초의 도시 사회는 중국 북쪽에 있는 황허Huang Ho, 黃河 강 계곡에서 기원전 2500년에서 기원전 1500년 사이에 시작됐다. 이 지역에서 발견된 최초의 유물은 기원전 1400년쯤에 쓰여진 것으로 추정된다. 중앙아메리카의 농업 혁명은 중국보다 약간 늦은 기원전 약 2000년까지 거슬러 올라간다. 그러나 고고학 유물 자료에 따르면 두 지역 모두 좀 더 일찍 시작했을 수도 있다.

비록 중국과 중앙아메리카 문명이 중동의 문명과 따로 떨어져 발전했지만 로버트 애덤스Robert Adams는 농업 혁명 이후 초기 도시 사회는 모두 비슷한 성장과 발전 단계를 공통으로 경험했다고 주장했다. 그 증거로 그는 메소포타미아 남쪽 지역과 중앙멕시코 지역이 서로에게 직접적으로 중요한 영향을 끼쳤다고 생각할 수는 없지만 매우 비슷한 발전 과정을 보여 준 사례를 들었다. 그렇지만 멕시코에서는 기원전 100년에서 서기 1500년 사이에 발생한 것이 메소포타미아에서는 이미 기원전 3900년에서 기원전 2300년 사이에 일어난 과정이었으니, 두 지역이 발전한 시기는 전혀 달랐다.[1]

메소포타미아 무역

메소포타미아의 초기 도시 사회에 대한 중요한 윤곽은 고고학 연구 성과로만 알 수 있다. 최초의 도시 문명은 페르시아 만과 경계를 이루고 있는 메소포타미아 남동쪽 지역의 수메르Sumer에서 발생했다. 수메르 사람들은 기원전 3000년 이전부터 기원전 2000년까지 메소포타미아 남쪽 지역에서 뛰어난 문화적 영향력을 과시했다. 실제로 그렇게 오랫동안 계속해서 안정된 정치를 할 수는 없었겠지만 통치 형태는 꽤 오랫동안 일관되게 유지했던 것 같다. 기본 통치 단위는 페르시아 만의 우르Ur라고 하는 도시 국가였는데 그 시대에 가장 중요한 기능을 수행했던 수메르 도시들이었다. 셈 족이 주기적으로 침략하여 메소포타미아를 휩쓸고 갔지만 침략자들은 수메르 문화를 흡수하거나 완전히 동화되었다.

때때로 하나의 도시가 두 개의 강 계곡 지역을 지배하기도 했다. 비록 이 시기의 정치적, 군사적 사건들은 전설과 함께 섞여서 모두 역사적 사실로 인정하기는 어렵지만, 기원전 2300년대에 바빌론 근처 메소포타미아 중앙에 있던 아카드Akkad의 사르곤Sargon 왕은 이 지역의 지배자가 되었다. 그의 후손들은 기원전 2100년 중반에 새로운 '야만족'의 침입을 받아 멸망할 때까지 지배자로 남아 있었다. 그러다 몇십 년이 지나서 기원전 2125년에서 기원전 2000년 사이에 수메르는 다시 한번 강 유역을 지배하게 되었는데 이때를 제3대 우르 왕조Third Dynasty of Ur라고 불렀다.

제3대 우르 왕조는 역사 속에 나타난 수메르의 마지막 왕조였다.

---

[1] Robert McC. Adams, *The Evolution of Urban Society*(Chicago, 1965).

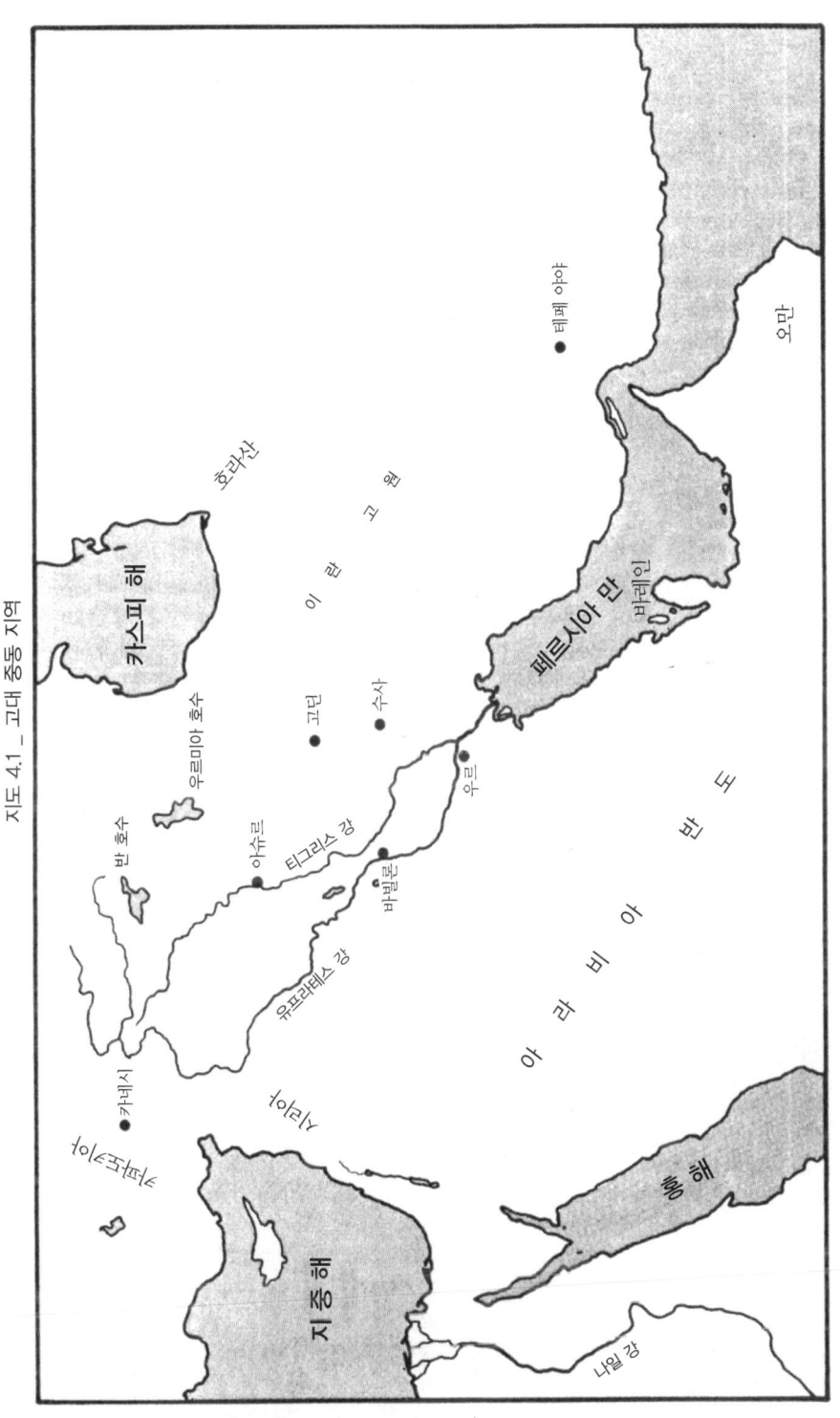

지도 4.1 _ 고대 중동 지역

또한 이 시기는 천 년 동안 수메르 인들의 역사 속에서 그들이 창조하고 유지해 온 문명이 가장 번성한 때이기도 했다. 그리고 광범한 역사 기록이 씌어진 최초의 시기였다. 몇만 개의 기록이 쐐기 문자 형태의 수메르 어로, 여러 종류의 크기와 모양으로 점토판에 새겨졌다.

물론 이 기록은 소수 학자의 도움을 받아 지금은 다 읽을 수 있다. 불충분한 연구 결과는 때때로 해석이 자유로운 가설을 이끌어 내어 새로운 연구 성과가 나오기 전까지 몇십 년 동안 그 분야의 유력한 논거가 되기도 한다. 초기 경제사에서 특히 중요한 위치를 차지했던 이런 종류의 이론으로 수메르의 사원 경제Sumerian temple economy 가설이 있다. 이 이론은 1920년대 안톤 다이말Anton Deimal이 처음 개발했고 이후 반세기 넘게 다른 학자들이 수정을 거듭했으나 1970년대 들어 고고학과 역사학의 공동 연구로 사실이 밝혀지면서 폐기되었다.[2] 수메르의 사원 경제는 관료적이고 전제적인 성향의 사원 성직자들이 운영하는 사회를 말한다. 사원들은 경작할 수 있는 땅을 모두 통제했다. 이들은 노동력을 징집해서 복잡한 관개 체계가 계속해서 돌아가도록 인력을 차례로 할당했다. 이 체계는 전체 성인을 대상으로 노동력을 추려 냈고 거기서 생산된 물품은 스스로 살아 나갈 수 없는 노인이나 어린이를 포함해서 다른 사람들에게 다시 나누어 주었다. 주곡은 보리였지만 사원 경제는 기름, 양털, 유제품, 물고기, 채소, 대추야자, 과일, 맥주, 포도주 등도 생산하여 재분배했다. 또한 농사를 짓지 않는 노동자들은 직물, 가죽 제품, 도자기, 금·

---

[2] 다이말은 주로 1920년대 *Analecta Orientalia*에 연구 논문을 발표했다. 이 이론의 내용은 그의 전공 논문인 "Sumerische Tempelwirtschaft zur Zeit Urukaginas und seiner Vorganger", *Analecta Orientalia*, 2(n.s.) : 71~113쪽(1931)에서 요약한 것이다.

은·동으로 된 금속품도 만들었다.³

 이 같은 복합 경제 체제에서도 많은 교환 행위가 이루어졌는데, 이 이론에 따르면 교환 행위는 사원의 교역 기능을 수행하기 위해 탐카루tamkaru(또는 탐카룸tamkarum)라고 부르는 사원 일꾼을 고용한 성직자들이 관리했다.—성직자 개인을 위해서가 아니라 사원의 이익을 위해서였다. 이 이론은 대부분의 교환 행위가 생산물을 단순히 똑같이 나누거나 중앙 권력이 재분배한다고 가정했다. 수요와 공급의 변화에 따라 가격이 오르내리는 시장 구실을 하는 장소는 없었다.

 최근의 연구에서 이 이론의 가장 중요한 요소들이 폐기되었다. 특히 로버트 애덤스의 고고학 연구는 이렇게 이른 시기에 거대 규모의 관개 시설은 존재하지 않았다는 사실을 밝혀냈다. 따라서 '수경水耕' 사회를 운영할 관료 조직의 필요성도 없었다.⁴ 모든 땅이 사원 소유라고 한 가설은 기원전 2400년 초에 있었던, 바우Bau 여신을 모신 사원과 관련해서 다이말이 조사한 하나의 고문서에서 비롯했다. 이후의 연구에서 밝혀졌지만 우선 대부분의 땅은 실제로 여성들을 포함해서 개인 것이었다. 메소포타미아 역사 시작부터 제3대 우르 왕조까지 개인이 땅을 직접 관리했다. 나라에서 경제를 관리하는 것은 오랜 시간이 지난 후에야 중요하게 되었다.⁵ 끝으로 새로운 연구 결

---

³ 이런 견해는 Tom B. Jones, *Ancient Civilization*(Chicago, 1960)과 Jacquetta Hawks and Sir Leonard Wooley, *Prehistory and the Beginnings of Civilization*(New York, 1963), vol. 1 of the UNESCO *History of Mankind* 같은 유력한 글에도 나타났다.

⁴ Adams, *Urban Society*, 여기저기 참조; Robert McC. Adams, *Heartland of Cities : Surveys of Ancient Settlement and Land Use on the Central Floodplain of the Euphrates* (Chicago, 1981), 특히 243~248쪽.

⁵ I. J. Gelb, "On the Alleged Temple and State Economies in Ancient Mesopotamia", in *Studi in Onore di Edouardo Volterra*, 6 vols.(Rome, 1969), 6권 137~154쪽; Benjamin Foster, "A New Look at the Sumerian Temple State", *Journal of the Economic and Social History of the Orient*, 24권 225~241쪽(1981).

과는 비록 재분배와 평등하게 나눠 가지는 제도도 함께 있었지만 시장과 가격의 변동은 메소포타미아에서 적어도 기원전 4000년 말까지 거슬러 올라가서 찾아볼 수 있다는 사실을 알려 주었다.[6]

오래전에 벌써 지역 안에서의 교환 행위와 함께 원거리 무역을 했다는 증거들도 다른 연구에서 찾아볼 수 있는데, 제3대 우르 왕조 이전의 기록들은 모호한 것이 많았다. 최근의 역사 자료들은 고고학의 새로운 통계 방법으로 성과를 얻었지만,[7] 예전의 오래된 조사 방법으로도 메소포타미아 유적지에서 이 지역 출처가 아니었을 유물들을 발굴해 냈다. 적어도 이 지역에서 1,500킬로미터 떨어진 인도양에서 나오는 바닷조개 껍데기들이 대략 5,000년이 지났다고 추정되는 시리아 북부 지역에서 발견되었다. 또 같은 기간에 많은 양의 흑요석이 티그리스 강 상류에서 발견되었는데, 이 광석이 나올 수 있는 가장 가까운 곳이 이곳에서 약 600킬로미터 떨어진 아나톨리아 동부 지역이었다. 메소포타미아의 도시는 초기 청동기 시대의 가장 뛰어난 야금 기술자들을 길러 냈다. 그러나 메소포타미아 남쪽 지역은 구리가 나는 곳이 없었으므로 코카서스 산맥 남쪽으로 이어진 이란 고원 지대에서 가져와야 했다. 설화 석고, 홍옥수, 녹니석, 자개, 대리석, 흑요석, 터키옥 등 이란에서 나는 다른 상품들도 기원전 3000년에 이미 메소포타미아 지역으로 운반되었다.[8]

---

[6] C. C. Lamberg-Karlovsky, "Third Millennium Modes of Exchange and Production", in Jeremy A. Sabloff and C. C. Lamberg-Karlovsky(eds.), *Ancient Civilization and Trade*(Albuquerque, N. Mex., 1975) ; M. A. Powell, "Sumerian Merchants and the Problem of Profit", *Iraq*, 39권 23~29쪽(1977) ; Benjamin R. Foster, "Commercial Activity in Sargonic Mesopotamia", *Iraq*, 39권 31~44쪽(1977).
[7] Timothy K. Earle and Jonathan E. Ericson(eds.), *Exchange Systems in Prehistory* (New York, 1977)에 나온 논문들을 참조.
[8] M. G. L. Mallowan, "The Mechanics of Ancient Trade in Western Asia", *Iran*, 3

역사 기록이 없다면 이런 거래가 어떻게 이루어졌는지 확인할 수 없을 것이다. 두 가지 가능성만을 두고 말한다면 일반 무역으로 이루어졌는지 중계 무역으로 이루어졌는지 확인하기 어렵다. 그러나 하비 웨이스Harvey Weiss와 퀼러 영T. Cuyler Young, Jr.은 지금까지 발견된 것으로는 가장 오래된, 기원전 3200년경의 초기 상인 유민 집단의 흔적을 찾았다. 고딘Godin 5층위의 장소에서 발굴된 유물들을 보면 메소포타미아 저지대에 살았던 수사Susa(선사 시대에서 페르시아 제국에 이르기까지 이란 문명의 중심지였던 도시 유적지 – 옮긴이) 지역과 매우 닮은 문화를 가진 사람들이 유적지의 맨 위쪽에 살았고, 반면에 고지대를 둘러싼 저지대 사람들은 이란 문화권의 공예품을 사용했다는 것을 알 수 있다. 웨이스와 영은 고딘 5층위 지역은 사실 주변의 농촌에서 뒷받침해 주는 수사의 교역소였고, 수사 지역에서 나온 것으로 여겨지는 물건들은 수사 인들이 이곳에서 만든 것이라고 주장한다. 교역소는 아마 호라산Khorasan(이란 북동쪽의 실크 로드 경유지 – 옮긴이)으로 가는 길을 따라 생긴 정거장 구실을 했을 것이다. 여기서 수사 상인들은 청금석을 비롯하여 여러 가지 광물이 나오는 북쪽 광산으로 갔을 것이다.[9]

또 다른 유물 발굴은 선사 시대 메소포타미아의 원거리 무역 형태를 밝히는 데 도움을 준다. 기원전 2800년경 녹니석과 동석凍石으로 만든 돌그릇이 이란 남서쪽, 그 당시 메소포타미아 중앙에서 800킬로미터 떨어진, 지금의 테페 야야Tepe Yaya 근처에서 많이 생산되었

권 1~9쪽(1965) ; T. W. Beale, "Early Trade in Highland Iran : A View from the Source", *World Archaeology*, 5권 133~148쪽(1973).
[9] Harvey Weiss and T. Cuyler Young, Jr., "The Merchants of Susa : Godin V and Plateau-Lowland Relations in the Late Fourth Millennium", *Iran*, 13권 1~16쪽 (1975).

다. 그런데 유적지를 발굴해 보니 이 돌그릇이 원래의 생산 중심지 근처보다 메소포타미아에서 더 많이 나왔다. 이것은 메소포타미아 경제 수요에 맞춰 수출하려고 꾸준한 생산 활동이 있었음을 말해 주는 것이다. 또한 아프리카에서 대추야자나 철을 생산하는 지역의 직업 상인들이 생산물을 당시의 경제 중심지로 팔러 갔던 방식과 마찬가지로 여기서는 돌그릇을 생산하는 사람들과 같은 문화권의 상인들이 당시 세계 경제의 중심지였던 메소포타미아로 돌그릇을 팔러 다녔다는 것을 증명하는 것이다(2장을 참조).[10]

시간이 좀 더 흘러 기원전 2600년에서 기원전 2500년 사이에 비슷한 돌그릇이 메소포타미아 북동쪽 지금의 우즈베키스탄에서 남동쪽의 인더스 강 계곡과 서쪽으로 지금의 시리아 지역까지 모든 지역에 걸쳐 훨씬 폭넓게 발견되고 있다. 이 가운데 일부는 테페 야야에서 생산한 것이 분명한데 나머지는 그곳에서 생산한 것이 아니었다. 더군다나 이것들은 모양이 아주 비슷하고 넓은 지역에 두루 퍼져 있어 문화권을 뛰어넘는 돌그릇이라고 불렀다. 또 다른 유물들을 분석해서 얻은 이 돌그릇의 생산량과 보급 지역의 범위는 직업 상인들이 시장에서 거래하는 정교한 무역망을 운영했다는 사실을 알려 준다. 이 과정에서 어떤 상인들은 무역으로 이익을 얻고자 하는 사원이나 정치 권력자들을 대신해서 중개 상인 역할을 했을 수도 있다.[11] 무역이 일정 정도 간접적으로 이루어졌다는 사실을 알려 주는 유용한 고고학 자료들도 있다.—테페 야야 같은 중간 지점 출신의 사람들은

---

[10] C. C. Lamberg-Karlovsky, "Third Millennium Modes of Exchange and Production", in Jeremy A. Sabloff and C. C. Lamberg-Karlovsky(eds.), *Ancient Civilization and Trade*.

[11] Philip L. Kohl, "The Balance of Trade in Southwestern Asia in the Mid-Third Millennium B.C.", *Current Anthropology*, 19권 463~492쪽(1978).

인더스 계곡 지역과 메소포타미아 지역을 모두 다니며 두 문명을 이어 주는 역할을 했을 수도 있다. 상황에 따라 메소포타미아 사람이 인더스 지역을 더 많이 방문했을 수도 있고 그 반대일 수도 있다. 또 하나 중개 상인 역할이 가능한 부류가 페르시아 만의 뱃사람들이었다. 이 가운데는 우르 왕조 멸망 후 해상 무역의 중요한 화물 집산지로 바레인의 섬들을 이용했던 해상 무역 상인들도 끼어 있었다. 몇몇 고고학자는 실제로 해상과 육상에서 연결된 중개 무역은 인더스 계곡의 도시 문명을 일으킨 원인이지 결과가 아니라고 주장하기도 했다.[12]

기원전 2300년대 후반 아카드의 사르곤 왕에 대한 많은 전설 같은 이야기 가운데 하나가 아나톨리아의 어느 지역 지배자에게 학대받고 있던 아카드 출신 상인들을 구출하기 위해 식민지로 떠난 원정길에 대한 것이다. 이 이야기는 오랫동안 신화로 여겨졌는데 최근에 시리아 북부 지방과 메소포타미아 북쪽 아슈르Ashur(아시리아 발상지이며 지금은 칼라트 샤르카트라고 부름 - 옮긴이) 시역을 다시 발굴하면서 사르곤 왕조가 아나톨리아 중심부 쪽에 요새를 세운 것이 분명하다는 사실을 알게 되었다. 물론 이 지역을 아카드 사람들이 지배했다는 증거는 아무것도 없다. 하지만 이로써 군사력을 가진 상인 유민 집단 또는 교역소들이 북서쪽으로 육로를 따라 뻗어 나갔다는 것을 알 수 있다.[13]

상인들은 배를 타고 아카드에 들어왔다. 사르곤 왕은 오만에서 온 배들이 구리와, 인도처럼 멀리 떨어진 나라에서 가져온 유리구슬, 준

---

[12] C. C. Lamberg-Karlovsky, "Trade Mechanisms in Indus-Mesopotamian Interrelations", *Journal of the American Oriental Society*, 2권 222~229쪽(1972).
[13] M. G. L. Mallowan, "The Mechanics of Ancient Trade", 1~2쪽.

보석 돌, 상아 같은 희귀한 외국 물건을 싣고 수도의 강둑으로 바로 들어오는 것을 자랑스럽게 생각했다. 물건들은 대부분 바레인의 중간 화물 집산지인 섬을 거쳐서 들어왔다.[14] 원거리 무역 상인들은 다시 한번 기능이 덜 분화된 사회에서 그들이 생산한 물건들을 싣고 당시의 경제 중심지로 이동했던 것으로 보인다.

기원전 2000년경 제3대 우르 왕조가 멸망하자 메소포타미아 지역은 정치적으로 분열하기 시작했고, 기원전 1900년이 되어서야 유목 민족인 셈 족 계통의 아모리Amorite(본디 시리아 연안의 가나안 주변에서 유목 생활을 하였으며 아무루 족이라고도 함-옮긴이) 왕조가 새로 형성되면서 다시 통일되었다. 아모리 왕조는 바빌론에 도읍을 정했으며 기원전 1600년 이후까지 메소포타미아 중앙과 동부 지역 대부분을 지배했다. 이 시기에 가장 중요한 기록이라면 기원전 1792년에서 기원전 1750년까지 통치했던 제6대 아모리 왕 함무라비가 만든 법전을 들 수 있다. 이 무렵 메소포타미아 상인들은 시리아 북쪽에 있는 알레포Aleppo(지금의 할레브Haleb) 인근의 지중해 연안까지 가 닿았다. 또한 우르의 해상 무역은 여전히 메소포타미아의 곡식과 직물을 구리로 교환하는 중심지인 바레인뿐만 아니라 페르시아 만까지 확대되었다. 강 계곡 지역에서는 언제나 광석 공급이 부족했다. 부족한 광석은 오만 지역과 코카서스, 아나톨리아, 이란 고원에서 해상을 통해 들어왔다.[15]

아모리 왕조가 들어선 다음 메소포타미아의 경제 조직에 큰 변화

---

[14] M. G. L. Mallowan, "The Mechanics of Ancient Trade", 1~7쪽; A. L. Oppenheim, "The Seafaring Merchants of Ur", *Journal of the American Oriental Society*, 74권 6~17쪽(1954).

[15] Oppenheim, "Merchants of Ur", 8~12쪽; W. F. Leemans, *Foreign Trade in the Old Babylonian Period*(Leiden, 1960).

가 왔다. 과거 국가와 사원의 경제 기능은 크게 줄어들었다. 사원은 이제 더는 자본의 주요한 원천이 아니었으며 독점 혜택은 모두 끝이 났다. 탐카루는 독립 상인이 되어 무역과 중개업, 대부업의 중심에 서게 되었다. 그 와중에 탐카루가 우르와 계약을 지속했다는 것은 우르의 자본가들과 실제로 그들의 상품을 해외로 싣고 가는 상인들의 관계에서 중요한 변화가 있었다는 것을 보여 준다. 배를 타고 외국으로 무역하러 나가면서 자금을 빌리는 것은 이제 일반 관습이 되었다. 그런데 종종 대부업자가 무릅써야 할 위험을 투자자들이 나누어 가지는 방법으로 해결할 수도 있었다. 대부업자의 위험을 줄이는 또 다른 방법은 무역 상인에게 여행의 성과와는 상관없이 대부금의 상환을 책임지게 하는 것이었다.

함무라비 법전을 보면 탐카루가 때로는 상품을 싣고 직접 이동하기도 하고 때로는 한곳에 머물러 중개 상인에게 상품을 팔기도 하고 때로는 다른 상인들의 무역 자금을 대 주기도 하면서 우르에서처럼 활동했다. 여전히 국가가 식료품을 직접 관리했지만 중개 역할은 민간 탐카루들이 했다. 그리고 국가는 무역에 세금도 매기고 상업 활동에 일정한 통제권을 행사했지만 대부분의 무역은 민영 상점이 주도했다.[16]

---

[16] Oppenheim, "Merchants of Ur", 8~12쪽 ; W. F. Leemans, *The Old Babylonian Merchant : His Business and His Social Position*(Leiden, 1950). 지금은 폐기된 '사원 경제론'의 영향을 많이 받은 칼 폴라니는 여러 명이 같이 쓴 *Trade and Markets in Early Empires*(New York, 1957)에 "Marketless Trade in Hammurabi's Time"이라는 논문을 썼다. 제목과 달리 그는 실제로 함무라비 법전을 인용하지 않았고 따라서 그 반대되는 증거를 보지 못했다. 그는 또한 아카드 어에 '시장'을 나타내는 단어가 없다는 결론에 도달했다. 하지만 그것은 잘못된 결론이었다. 바빌로니아의 무역은 강을 따라 이동했기 때문에 '부두(카룸 karum)'가 '시장'을 나타내는 말이었다. 카룸은 상인을 나타내는 말의 어근이었다. Leemans, *Foreign Trade*, 1n쪽 참조.

아나톨리아의 아시리아 무역 상인

옛 바빌로니아 시대의 유물이 많긴 하지만 외국으로 나간 상인과 다른 나라와 무역하면서 어려움을 겪었을 상인들에 대한 자세한 기록은 별로 없다. 그러나 기원전 2000년경과 같은 기간으로 추정되는 아나톨리아 카파도키아 지역의 고고학 발굴은 아시리아가 카파도키아로 들어와 운영했던 상인 유민 집단과 관련한 매우 자세한 자료들을 제공했다.―이것은 상인 유민 집단의 활동을 보여 주는 가장 오래된 기록이다.

아시리아 인들은 아카드 족과 아모리 족, 여러 셈 족과 관계도 있었지만 메소포타미아 북쪽 경계 지역의 구릉 지대에 사는 산사람들이었다. 이들은 강 계곡을 지배했던 여러 제국과 그때그때 협력하며 지냈다. 기원전 8세기 아시리아는 제국을 세우는데―성경에 나오는 나라―그것은 앞으로도 천 년 후의 일이다. 기원전 20세기 아슈르는 그저 무역을 열심히 하는 사람들이 사는 도시 국가였다. 역사 기록에 따르면 이곳의 왕은 최고 재판관이기도 했고 세 개의 뚜렷한 시민 조직을 함께 지배했다. 하나는 연장자 집단, 또 하나는 '시민', 세 번째는 아카드 어로 부두, 달리 말하면 시장을 뜻하는 카룸karum이었다. 여기서 시장은 시장 사람들이라는 뜻으로 도시의 상업 중심지를 관리하는 상인 조직을 말한다. 카룸은 구리 무역에 대한 세금을 상인들에게 징수했다. 또한 조직의 이익을 위해 구리를 사고팔기도 했고 상인들에게 돈을 빌려 주기도 했다. 카룸의 자산을 보관하는 창고가 있었는데 필요하면 상인들의 물건을 저장할 수도 있었다. 말하자면 카룸은 저축 은행, 수출입 지원 기관, 물자 집배소, 상공 회의소를 하나로 합쳐 놓은 것이었다.[17]

그러나 아시리아 상인 유민 집단의 운영에 대해 알 수 있게 도움을 준 기록들은 아슈르에서 발굴된 것이 아니라 1920년대부터 터키 정부에서 발굴하고 있는 터키의 퀼테페Kultepe 고분에서 나온 점토판이었다. 1970년대 초에 약 3,000개의 점토판이 책으로 나왔고 또 다른 1만 5,000개가 출판을 기다리고 있었다. 이 기록들은 퀼테페가 아시리아 상인들이 살았던 고대 무역 도시 카네시Kanesh 자리라는 것을 보여 준다. 카네시는 실제로 아나톨리아 중앙과 서쪽에 있던, 적어도 20개의 주요 상인 정착촌 가운데 가장 중심이 되는 곳이었다.[18]

아슈르가 이 방향으로 교역을 팽창한 이유는 아나톨리아가 금과 은, 동은 생산했지만 청동을 만드는 데 꼭 필요한 주석이 없었기 때문이다. 아슈르는 특히 아나톨리아 고지대에서 나오는 금과 은 같은 금속을 원했다. 아슈르는 이란 고원에서는 주석을, 바빌로니아에서는 자신들이 만든 섬유와 같은 직물을 얻을 수 있었다. 카네시의 아시리아 상인들은 금, 은과 함께 구리도 사들였다. 이들은 아나톨리아 지역의 구리를 많이 거래했는데 이는 무역 거래를 위해 필요한 상업 업무를 제공하면서 오늘날 무역 외 수지라고 부르는 수입을 얻을 수 있었기 때문이다.[19]

같은 시기 소아시아는 도시 국가들이 난립하여 경쟁을 벌였다. 이들은 때때로 힘을 겨루며 나라를 세우고 이웃을 지배하기도 했는데,

---

[17] Paul Garelli, *Les Assyriens en Cappadoce*(Paris, 1963), 172~177쪽, 198쪽.
[18] K. R. Veenhoff, *Aspects of Old Assyrian Trade and its Terminology*(Leiden, 1972), xxi쪽 이하. 발굴된 기록들의 시대는 기원전 1940~기원전 1740년이다〔Nimet Ozguc, "Assyrian Trade Colonies in Anatolia", *Archaeology*, 22권 250~255쪽 (1969)〕.
[19] M. T. Larsen, *Old Assyrian Caravan Procedures*(Istanbul, 1967), 3쪽 이하 ; Garelli, *Les Assyriens*, 26~27쪽, 233~240쪽, 265쪽 이하.

결국 이런 도시 국가들이 모여 만들어진 '제국'은 확고한 중앙 관료 조직의 지배가 아니라 개별 도시 국가의 통치자들이 통제하는, 부속된 단위의 연합 국가 같은 모습이었다. 그러므로 외국 상인들의 지위는 아나톨리아의 도시 국가들이 연합 국가든 완전히 독립된 국가든 구별 없이 모두 같았다. 아시리아 상업 문서에는 지역 권력자가 '왕실의 유력자들'이라고 되어 있다. 지역 통치자들은 지역 안에서 주인이었고 아시리아 상인들은 그저 손님일 뿐이었다.—물론 지역 통치자들에게 환영을 받는 손님이었지만 왕실의 통제하에 거래하고 여행할 수 있었다.

이것은 왕실의 유력자들이 여러 가지 보호 비용을 받는 자리에 있다는 것을 뜻하며 무역량에 비례해서 보호 비용을 징수하려고 했을 것이다. 아시리아 상인들은 거래할 때 자신들이 지닌 유리한 점을 이용했는데, 이들은 왕실의 압력이 너무 세다 싶으면 다른 지역으로 거래처를 바꿀 수 있었다. 왜냐하면 어떤 도시 국가도 아나톨리아의 금속에 완전한 통제권을 가지지 못했기 때문이다. 또한 이동 상인들은 집단으로 움직이는 통합 조직을 운영했다. 통합 조직은 계층 구조를 가진 카루karu들이 엮여 있었다. 맨 위 계층이 아슈르의 카룸이었고 그 밑이 카네시의 카룸, 그 아래로 다른 아나톨리아 도시들의 카룸이 차례로 줄 서 있었다.

예를 들어 카네시의 카룸은 모든 아시리아 상인들을 대표해서 지역 통치자와 협상했는데 왕실의 유력자들은 직물과 주석의 큰 고객이었다. 대상이 도착하면 맨 처음 왕실로 가야 했다. 거기서 왕실의 관리들은 카룸의 대표자들과 '보호 비용'과 기타 다른 비용의 가격 협상을 벌였다. 예를 들어 왕실은 상인들이 가져온 상품을 자신들의 창고에 저장했다. 그리하여 왕실은 아시리아 상인들과 신용 관계가 유지되었다.—대개 상인들에게 빌리는 입장이었지만 때때로 교역 목적을 위해 상품을 빌려 주기도 했다. 그것은 도로의 치안을 유지하거나 채권자들이 빚을 받아 낼 수 있도록 도와주는 등 다른 방식의 거래를 촉진하기도 했다.

왕실과 협상한 공식 가격은 전체 화물의 일부에만 적용했는데 대개 10분의 1 수준이었다. 아시리아 상인들은 나머지 화물을 자기들 구역으로 옮겨 와서 공개 시장을 열고 상품을 팔았다. 만일 왕실이 물건을 더 사려고 한다면 여기서는 시장 가격을 내야 했다. 이 단계에서는 모든 거래가 개별 상인들의 손안에 있었다. 카룸은 상인들의 집단 이익을 대표했지만 카룸 자체를 위한 거래는 하지 못했다. 카룸은 무역 회사가 아니고 자기 지역 정치 지배자들의 권한을 넘어서는 거래를 하는 상인들의 이익을 보호하기 위해 조직한 동업 조합이었다. 또한 제3대 우르 왕조 때 국가와 사원을 위해 일했던 탐카루 같은 중개상 조직도 아니었다.[20]

좀 더 넓게 말하면 아시리아 상인들은 다른 지역의 상인 유민 집단처럼 이동 상인과 정착 상인으로 나뉘어 있었다. 일부 상인들은 아나톨리아 상인 식민지에 눌러앉아 아슈르로 돌아오지 않았다. 또 다른 상인들은 대상과 함께 지역을 오갔다. 그러나 둘 다 자신들의 상품을 거래했고 때때로 제3자의 상품을 거래하기도 했다. 아슈르의 대부업자들은 장사는 직접 하지 않고 상인들에게 자본을 투자했다. 때로는 대부업자들이 함께 투자하여 손실에 따른 위험을 분산했다. 이들은 젊은 이동 상인들에게 제법 큰돈을 투자했는데 손해가 나면 상인들이 물어내야 하며 이익이 나면 3분의 1을 상인들이 가져갔다.

---

[20] Garelli, *Les Assyriens*, 233~240쪽.

같은 방식으로 아나톨리아에 정착한 상인들은 아슈르에서 사업하는 데 이동 상인들을 이용할 수 있었다. 보통 이자를 정해서 이동 상인에게 자본을 빌려 주고 손실이 발생하면 이동 상인이 모두 물어내야 하지만 이자 수익을 넘어가는 이익에 대해서는 모두 가져갈 수 있게 했다. 때로는 사원들도 무역에 자금을 댔지만 자기들을 위한 것은 아니었다. 이제 무역 상인은 기업가였다. 사원은 단지 자기가 투자한 자본과 그에 따른 이자만 돌려받았다.[21]

칼 폴라니는 카네시의 교역소를 시장 없는 무역, 가격이 변동하지 않고 협정 가격으로 다른 나라와 거래하는 '무역항'의 주요 사례로 보았다. 유감스럽게도 그는 퀼테페에서 출토된 점토판의 연구가 다 이루어지지 않은 상태에서 작업했고 결국 지금은 잘못된 가설로 밝혀진 메소포타미아 사원 경제론의 영향을 받아 길을 잃고 말았다. 퀼테페 점토판을 연구한 다른 연구자들은 모두 메소포타미아의 상인들이 아주 미미한 가격 변화에도 매우 민감했으며 시장의 가격이 가파르게 오르내렸고 지역의 정치 권력자들은 특수한 이익을 위해 자주 무역 거래에 간섭했다고 묘사했다.—그러나 정치 권력자들의 개입은 다른 지역과 마찬가지로 보호 비용이라는 수입을 올리는 정도에 그쳤지 절대로 시장의 수요와 공급의 역할을 뛰어넘을 만큼 크지는 않았다.[22]

---

[21] Larsen, *Caravan Procedures*, 4~5쪽 ; Garelli, *Les Assyriens*, 248~256쪽.
[22] Garelli, *Les Assyriens*, 265쪽 이하 ; Larsen, *Caravan Procedures*, 153쪽 ; Veenhoff, *Old Assyrian Trade*, 348~357쪽 ; Robert McC. Adams, "Anthropological Reflection on Ancient Trade", *Current Anthropology*, 15권 239~257쪽(1974).

이집트의 고대 무역과 동지중해

사람들은 도시 문명이 생겨나기 오래전인 기원전 7000년경부터 지중해를 항해하며 이동하기 시작했다. 문자로 씌어진 기록은 없지만 이 지역의 유물은 보존이 잘되어 있어 당시 사람들이 거래했던 물품에 대해 많은 것을 알 수 있다. 그러나 당시 무역 상인들의 활동 기록이나 그들이 처리한 일의 내용은 알 수 없다. 칼날 대신 쉽게 쓸 수 있는 검은색 화산 유리인 흑요석은 초기 무역의 훌륭한 척도다. 금속 도구가 없을 때 이것은 매우 귀중한 것이었다. 흑요석은 또한 자연에서 구하기가 힘들고 산지를 찾기가 무척 어렵다. 아테네와 크레타Crete 섬 중간에 있는 밀로스Melos 섬은 에게 해의 유일한 흑요석 산지이다. 크레타 섬에서는 기원전 6500년에, 그리스 본토에서는 기원전 6000년부터 흑요석을 채굴하기 시작했다. 이 시기에 밀로스 섬에는 사람이 살지 않았던 것으로 보인다. 아마도 이후에 외지인들이 흑요석을 발굴하기 위해 일부러 찾아왔을 것이나.

한편 메소포타미아에서 처음 나타난 농사 기술과 도시 생활은 이집트에도 나타났다. 그리고 기원전 3600년에서 기원전 3000년까지 나일 강 유역에 특이한 문명이 모습을 드러내기 시작했다. 왕조 시대 이전(기원전 3100년 이전부터)의 물품들이 지금의 레바논 해안 비블로스Byblos(베이루트 북쪽 40킬로미터 지점, 지중해 연안에 있는 지금의 주바일에 해당 – 옮긴이)에서 발견되는 것으로 보아 이미 이때부터 무역을 시작한 것이 분명하다. 나일 강 계곡의 마을 단위를 넘어서는 무역은 최초의 왕조 시대부터 국가에서 관리했던 것 같지만 확실하지는 않다. 이집트의 기록에는 기원전 2000년 이전의 상인들에 대해서는 알려진 것이 전혀 없다. 다만 역사가들은 당시에 큰 규모의 무역이 왕실의 곡창 지대와 이것을 관리하던 이집트 관리들과 연관을 가지고 이루어졌을 것으로 추측할 뿐이다. 이집트와 지중해 동쪽 다른 나라 사이의 무역은 대개 국가의 엄격한 통제를 받았지만 외국 상인들도 이 일을 수행했다. 고대 지중해 역사 전문가들은 근대 아프리카나 고대 메소포타미아 지역에서처럼 여기서도 초기 무역 상인 가운데 가장 활발했던 상인들은 사회 기능이 분화된 도시 문명 중심지 출신 상인들이 아니라 자기들이 만든 물품을 팔아서 '문명'의 상품을 갖고 싶어 했던 분업 사회 출신 상인들이었을 것이라고 본다. 그래서 바다를 통해 나일 강 삼각주 지역과 무역하던 초기에는 레바논 상인들이 자기 나라 목재를 가져와서 이집트의 공예품들을 사 갔으며, 이집트 상인들이 목재를 구하러 다른 나라로 나가는 경우는 없었다.[23]

그러나 기록에 따르면 이집트의 남쪽 지역과 이루어진 무역은 국가에서 나일 강 상류 지역과 홍해 상류 지역에서 전설의 땅 푼트Punt 지역까지, 그러니까 지금의 예멘과 그 반대편 아프리카 해안 지역까지 원정을 나갔다. 이집트의 공식 원정은 기원전 2500년경에 시작했으나 주로 유향과 흑단, 몰약, 황금 등 제례에 쓰이는 물품을 구하기 위해서였다. 비록 원정에서 가끔 이 물품들을 대량으로 가져오기도 했지만 무역 활동은 계속되지 않았다. 원정은 수세기 동안 사라졌다가 왕실의 이해관계가 변할 때면 다시 나타났다.

기원전 3000년이 지나자 지중해 동쪽에서 해상 무역이 다시 활발해지기 시작했다. 원산지에서 더 먼 곳까지 흑요석을 구하러 간 사

---

[23] William Culican, *The First Merchant Ventures : The Ancient Levant in History and Commerce*(London, 1966) ; Chester G. Starr, *The Economic and Social Growth of Early Greece*, 800~500 B.C.(New York, 1977).

실이 고고학 발굴에서 밝혀졌다. 이후 천 년 동안 에게 문화는 모양을 갖추고 기원전 2000년에 이르러 적어도 원시적인 도시 사회 형태를 띠기 시작했다. 이 유적지는 이집트나 메소포타미아 형태의 도시가 아니라 크레타 섬의 크노소스Knossos 왕궁이나 그리스 본토의 미케네Mycenae 또는 소아시아의 트로이에 있는 요새 같은 성채들이다. 이런 변화와 함께 에게 해를 둘러싼 지역에서 전체 인구가 증가했는데 이것은 '지중해 지역'의 식료품 구성이 새롭게 변화한 것—밀과 올리브, 포도—과 관련이 있었다. 이것들은 이집트 또는 메소포타미아에서 가장 많이 생산되는 작물과 종류가 달랐다. 또한 이 지역은 그리스의 초기 형태를 잘 알 수 있는 미노스Minos 문명을 포함해서 그리스 후기 문화를 계승하면서 청동 기술도 함께 나타났다.[24]

대략 기원전 2000년에서 기원전 1200년까지 에게 해 주변은 미노스-미케네 문명 시대였다. 기원전 2000년 초기 청동기 시대 무역은 직업 상인들이 영리를 얻으려 거래했음 직한 포도주와 올리브기름 같은 물품이 주류를 이루었을 것으로 추측한다. 키테라Kythera 섬의 미노스 식민지 유물들은 직업 무역 상인들과 교역했을 초기 교역소가 있었다는 것을 보여 준다. 기원전 1500년 미케네 문명은 지중해 동쪽의 무역을 지배했다. 그곳에는 레반트 지역의 항구 도시들에 있는, 상인 정착촌이었던 것으로 보이는 유적지가 남아 있다.[25]

기원전 1200년 트로이의 약탈은 에게 문명의 번영과 미노스-미

---

[24] Colin Renfrew, *The Emergence of Civilization : The Cyclades and the Aegean in the Third Millennium B.C.*(London, 1972) ; C. Renfrew, *Before Civilization : The Radiocarbon Revolution and Prehistoric Europe*(London, 1973), 211~234쪽.

[25] C. Renfrew, *Emergence of Civilization*, 441~460쪽 ; Donald Harden, *The Phoenicians*(London, 1962).

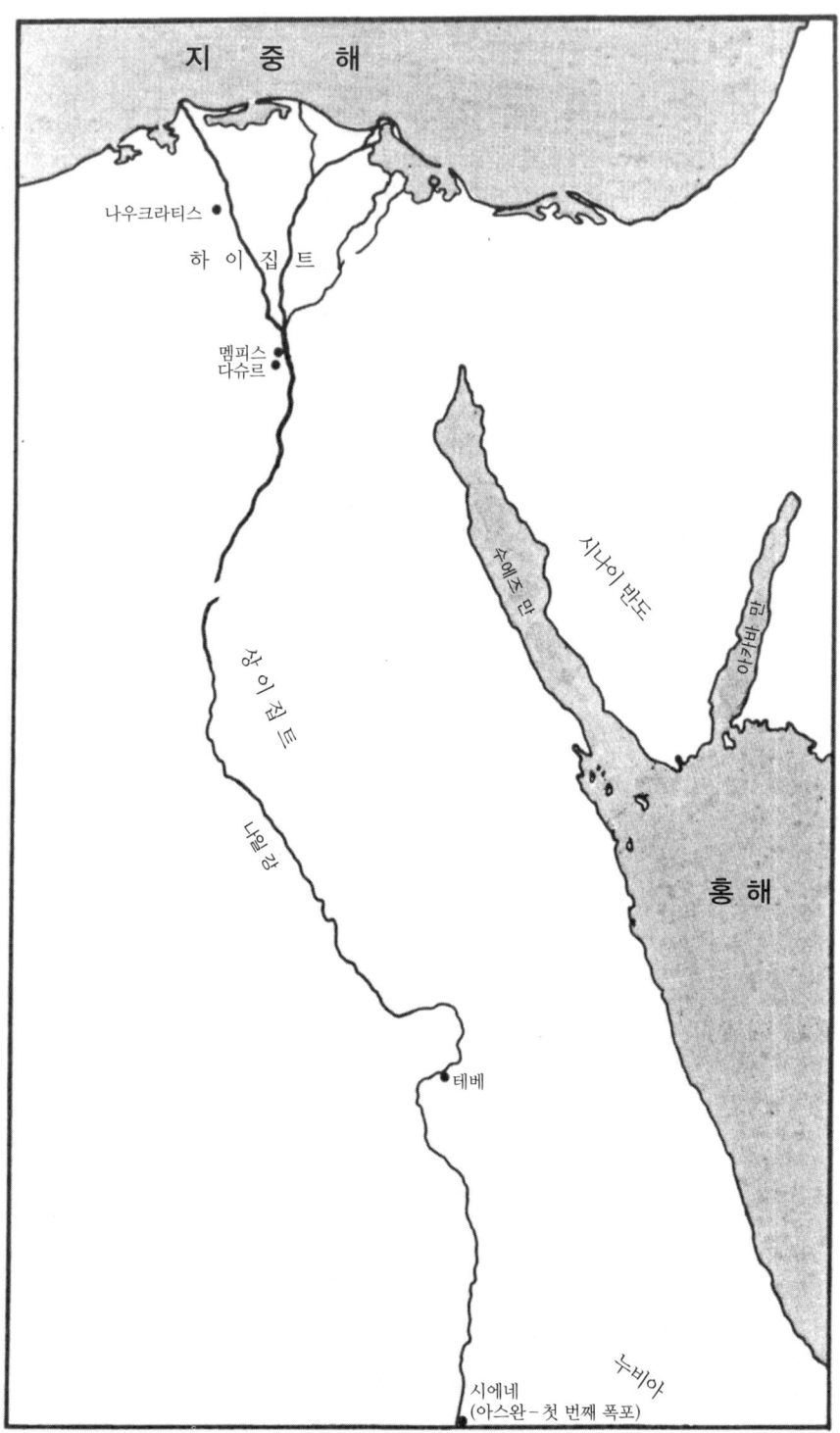

지도 4.2 _ 고대 이집트

케네 시대의 끝을 상징하는 사건이다. 또한 이것은 지중해 동쪽을 강타하는 더 큰 재난의 시작일 뿐이었다. 몇몇 역사가는 이때부터 기원전 750년까지 암흑시대Dark Age(여기서는 중세 시대를 뜻하는 것이 아님-옮긴이)의 연속이라고 말한다. 아나톨리아에서는 히타이트 왕국이 무너졌고 에게 해에서는 해적들과 무정부 상태가 늘어났다. 이집트 기록에 따르면 이집트와 시리아, 팔레스타인은 바닷사람이라 부르는 '야만인들'의 공격을 받았다. 이때는 그리스 세계로 이민족이 침략해 온 것과 함께 유럽 북서쪽의 더 넓은 대륙 지역으로 인구가 대거 이동한 시기였다. 이 같은 빈번한 침략과 인구의 분산이 직접적으로 연결되지 않았을 수 있다. 그러나 그 시기에 크레타 섬 같은 곳에 전에 없던 건조한 날씨가 계속되고 그리스 반도의 여러 지역에 갑자기 강우가 심해지는 따위의 기후 변화가 큰 영향을 끼쳤을 것은 분명하다. 아티카Attica(고대 그리스 남동부 지방-옮긴이)는 기후 변화의 영향을 받지 않은 반면에 주위에서 기후 변화를 피해 온 사람들의 유입으로 영향을 받은 것은 분명했다. 이 특징한 가설들이 앞으로의 연구에서도 지지를 받을 수 있을지는 모르지만 당시 넓은 지역에 걸쳐 많은 사람이 죽고 도시가 파괴되고 국가 기관들이 붕괴되었다는 사실은 분명하다.[26]

---

[26] N. K. Sandars, *The Sea Peoples : Warriors of the Ancient Mediterranean, 1250~1150 B.C.*(New York, 1978) ; Rhys Carpenter, *Discontinuity in Creek Civilization* (Cambridge, 1966) ; Reid A. Bryson 외 공저, "Drought and the Decline of Mycenae", *Antiquity*, 48권 46~50쪽(1974).

그리스 인과 페니키아 인

에게 무역의 문학적 기원은 8세기에 씌어졌지만 미케네 시대와 관련이 있는 호머의 구비 문학에서 시작된다. 그러나 호머의 작품은 순수하게 미케네 세계를 반영했을 수도 있고, 또는 암흑시대와 연관이 있을 수도 있고, 8세기 그리스 도시 국가가 성립되기 시작할 때와 관련이 있을 수도 있고—아니면 이 세 시대를 모두 섞어 놓았을 수도 있다는 문제점을 안고 있다. 어떤 경우든 『일리아드』와 『오디세이』는 상업을 직업으로서 매우 천하게 여긴다. 당시의 고귀한 이상은 교환으로 얻는 것이 아니라 전쟁 또는 약탈로 얻는 것이었다. 무역은 외국인에게 맡기는 것이 더 좋았다. 호머의 작품에서 그리스와 외부 세계의 무역은 완전히 '페니키아 인'에게 맡겨져 있었는데 대개 지금의 레반트 지역 사람들을 말한다. 아고라agora는 후에 그리스의 시장이 되었는데 그 당시 시장은 단순히 사람들이 만나는 장소였다. 나중에 해상 무역 상인을 뜻하게 된 엠포로스emporos라는 말은 그 당시 배에 탄 승객을 뜻했다.[27]

이렇게 상인들을 천시하는 생각은 암흑시대 이후에도 계속되었다. 이런 생각들은 아리스토텔레스의 작품과 또 다른 지역에서도 나타나는데 이것은 직업을 대하는 그리스 사람들의 일반 태도를 반영한 것이다. 땅을 소유한 농부의 직업이 가장 높은 곳에 있었고 무역과 비농업 노동자가 가장 바닥에 있었다. 무엇보다 무역은 물품을 얻는

---

[27] Fritz M. Heichelheim, *An Ancient Economic History : From the Palaeolithic Age to the Migrations of the Germanic, Slavic, and Arabic Nations*, 2 vols.(Leiden, 1958~1964), 1권 246~247쪽 ; M. I. Finley, *The World of Odysseus*(New York, 1954), 62~69쪽 ; M. M. Austin and P. Vidal-Naquet, *Economic and Social History of Ancient Greece*(Berkeley, 1977), 43~44쪽.

아주 명예스럽지 못한 방식이었고 더구나 자기가 쓰려는 것이 아니라 이익을 얻기 위해 거래하는 것은 더욱 불명예스런 일이었다. 도둑의 신이었던 헤르메스가 상인의 신이기도 한 것은 당연한 일이었다.[28] 그러므로 그리스 인이 아니라 페니키아 인이 지중해의 중심 무역 상인으로 떠오른 것도 역시 당연한 일이었다.

페니키아 인은 본디 오래전에 동남쪽에서 레반트 지역으로 이주해 온 셈 족이었는데 기름진 초승달Fertile Crescent(나일 강과 티그리스 강, 페르시아 만을 연결하는 고대 농업 지대 - 옮긴이) 지역에도 셈 족이 많이 정착해 있었다. 이들은 실제로 가나안 사람들이라고 알려진 더 큰 민족 집단 가운데 해상 무역을 하는 하부 집단이었다. 그리고 기원전 1500년까지는 다른 가나안 사람들과 구분되지 않았다.

유감스럽게도 페니키아 인에 대한 기록은 지금까지 연구된 고고학에 한정되어 있거나 이들에게 별로 우호적이지 않은 사람들의 입으로 전해진 내용뿐이다. 페니키아 인이 가장 번성했을 때는 기원전 1200년에서 기원전 700년까지로 지금의 레바논 해인에 있던 이들의 영토는 폭이 50킬로미터이고 북쪽에서 남쪽까지 160킬로미터였다. 700년 후 동쪽에서 온 침략자들은—바빌로니아, 아시리아, 이웃 히브리 족 등 못살게 굴었던 나라들이—페니키아 영토를 여러 개로 분할하고 따로 지배하기 시작했다. 그러나 페니키아 인들은 나라를 잃은 후에도 기원전 330년 알렉산더 대왕이 이 지역을 점령하여 더 큰 헬레니즘 세계로 통일할 때까지 도시들을 주요 해상 무역 중심지로 계속 이용했다.[29]

---

[28] Austin and Vidal-Naquet, Ancient Greece, 11~12쪽 ; Norman O. Brown, *Hermes the Thief*, 2nd ed.(New York, 1969).
[29] Harden, *Phoenicians*, 44~56쪽 ; Sabatino Moscati, *The World of the Phoenicians*

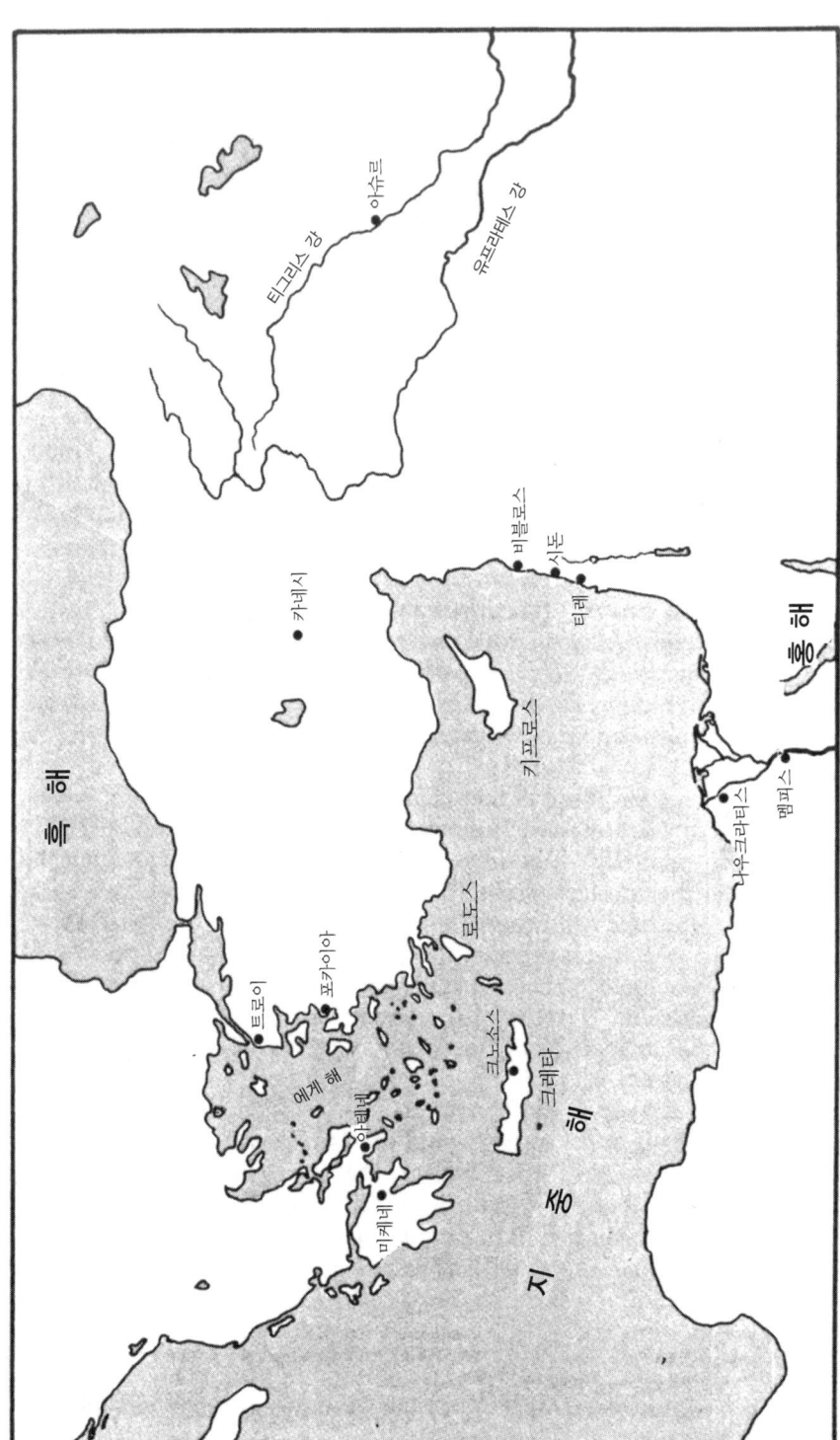

지도 4.3 _ 지중해 동쪽 지역

최초의 페니키아 교역로는 레반트 지역의 본토와 이 지역에서 경제 활동이 가장 활발한 이집트를 연결했다. 이 시기의 기본 무역 물품은 목재, 염료, 직물 등 레반트 지역 물건들이었다. 페니키아 교역소에 대한 고고학 유물은 팔레스타인 남쪽과 나일 강 삼각주 지역, 그리고 멤피스처럼 나일 강 상류 멀리에서도 발견된다.

기원전 800년경 지중해 서쪽까지 이어져 있던 페니키아 상인 유민 집단의 주요 무역 방향은 레반트 지역이 은이 가장 중요한 산물이었던 이베리아 반도의 금속 수요를 늘리면서 체계를 갖추기 시작했다. 그러나 이후 페니키아 상인들의 무역 범위는 이보다 훨씬 더 넓어져서 노예, 도자기, 그리고 포도주와 올리브기름 같은 식료품이 거래 품목에 추가되었다. 서쪽 지역의 무역망은 카르타고와 지금의 튀니지 지역인 우티카Utica, 몰타Malta 섬, 시칠리아 섬의 모티야Motya, 스페인 서쪽 카디스Cadiz가 중심이었다. 그리고 사르디니아Sardinia(이탈리아의 섬-옮긴이)와 발레아레스 제도Balearic Islands(지중해 서부의 스페인 군도-옮긴이)의 작은 정착촌도 간간이 이용했다.

페니키아 인들은 레반트 지역에 있을 때와 마찬가지로 한 번도 통일된 국가를 가져 본 적이 없는 것 같다. 페니키아 도시들은 이따금 협력하여 행동했지만 독립된 도시들이었다. 기원전 800년에 세워진 서쪽 지역의 카르타고는 곧 독립해서 페니키아 무역망의 중요한 거점이 되었고 이와 함께 아프리카 내륙의 자체 무역 거점과 사르디니아와 스페인 해안의 몇몇 작은 상인 정착촌도 관리했다.

페니키아 교역 체계의 운영과 쇠퇴에 대해 자세히 알려진 것은 거의 없다. 기원전 400년 이후 지중해 서쪽 분지에서 그리스와 경쟁이

(London, 1969), 27~52쪽.

심각해졌다. 기원전 330년 페니키아 도시들이 멸망한 후 기원전 270년 시칠리아 섬의 관할권을 두고 카르타고와 로마의 전쟁이 시작되었고, 정치와 상업에서 카르타고의 영향력이 감소하면서 마침내 기원전 150년에서 기원전 146년 사이에 카르타고는 침략을 받고 멸망했다.[30]

한편 에게 해 지역은 지중해 전체의 상업 세계에 다시 편입되면서 그 영향력을 오래 이어 갔다. 미케네 문명이 멸망한 후 암흑시대에 에게 해 연안에서는 외국의 물품 같은 유물이 별로 발견되지 않아 이 시기에는 원거리 무역이 없었던 것으로 추정한다. 그런데 기원전 800년 이후에는 상아(이것은 분명히 에게 지역의 산물이 아니다)가 다시 나타나기 시작하고 그리스 도자기가 지중해 분지의 여러 곳에서 발견되고 그리스 상품도 레반트 지역의 주요 시장에 다시 나타난다.[31]

그리스에서는 여전히 상업을 직업으로 삼고 있는 사람들을 경멸했지만 상업 제도는 그리스에 거주하는 외국 상인들과 거래할 수 있을 만큼 발달하였다. 아테네에서는(비슷한 정치 제도를 가진 그리스 도시들도 마찬가지로) 전체 인구가 자유인, 메틱스metics(제한된 법적 권리를 갖고 자신의 본국이 아닌 도시 국가에 거주할 수 있도록 허락받은 거류 외국인 – 옮긴이) 또는 외국인, 노예 등 세 집단으로 나뉘었다. 기원전 5세기경 메틱스는 그리스 인이든 아니든 아테네에서 중요한 집단이었다. 기원전 4세기 1만 명으로 추산되었던 이들은 이제 2만 천 명이 되었고 시간이 흐르면서 더 많은 사람이 메틱스가 되었을 것이

---

[30] Harden, *Phoenicians*, 특히 66~75쪽.
[31] Starr, *Early Greece*, 56~58쪽, 60~61쪽.

다. 그런데 메틱스라고 해서 모두 다 상인은 아니었다. 이 집단에는 온갖 종류의 기능공도 포함되었다. 도시 국가의 정책은 이들의 이주를 권장하는 것이었다. 하지만 메틱스는 정치적 권리가 전혀 없었고 특별 세금을 내야 했다. 시간이 더 흘러서 메틱스는 법정에서 자신들을 대변할 수 있었는데, 대신에 그 역할을 담당할 시민 보호자가 있어야 했다.

특히 중요한 제한이 한 가지 더 있었는데 메틱스는 자기 땅을 소유할 수 없었다. 그러므로 이들은 농사를 지을 수 없었고 땅을 기반으로 하는 신용 관계를 맺을 수 없었다. 이들은 나중에 땅이 아니라 돈을 취급하는 방식을 개발했고 이에 따라 신용과 금융 관련 분야가 새롭게 발전하게 되었다.—물론 전통 귀족 정치 시대의 기능공이나 상인을 천시하는 태도는 바뀌지 않았다. 이 같은 메틱스 상인들의 성분 사회는 아테네 같은 도시 국가들이 마침내 상업 전통을 발전시켜서 더 넓은 지중해 상업 세계로 들어갈 수 있게 해 준 중요한 요소였다.[32]

페니키아 인들처럼 그리스 도시들도 해외에 식민지를 세웠지만 이들의 주목적은 상업이 아니라 농업이었다. 그리스 폴리스polis 또는 도시 국가는 자국민들이 식민지에 살면서 식량을 자급하고 때로는 대도시에 공급하기도 했다. 무역은 그다음이었다. 주요 식민 지역은 북아프리카의 키레나이카Cyrenaica(리비아 동부 지방 - 옮긴이) 지역과 그리스 본토의 북쪽으로 트라키아Thrace(발칸 반도의 에게 해 북동 해안 지방 - 옮긴이) 해안, 흑해, 그리고 서쪽으로 시칠리아 섬과 이탈리아 반도의 남쪽 지방이었다.

---

[32] Austin and Vidal-Naquet, *Ancient Greece*, 99~101쪽, 148~151쪽.

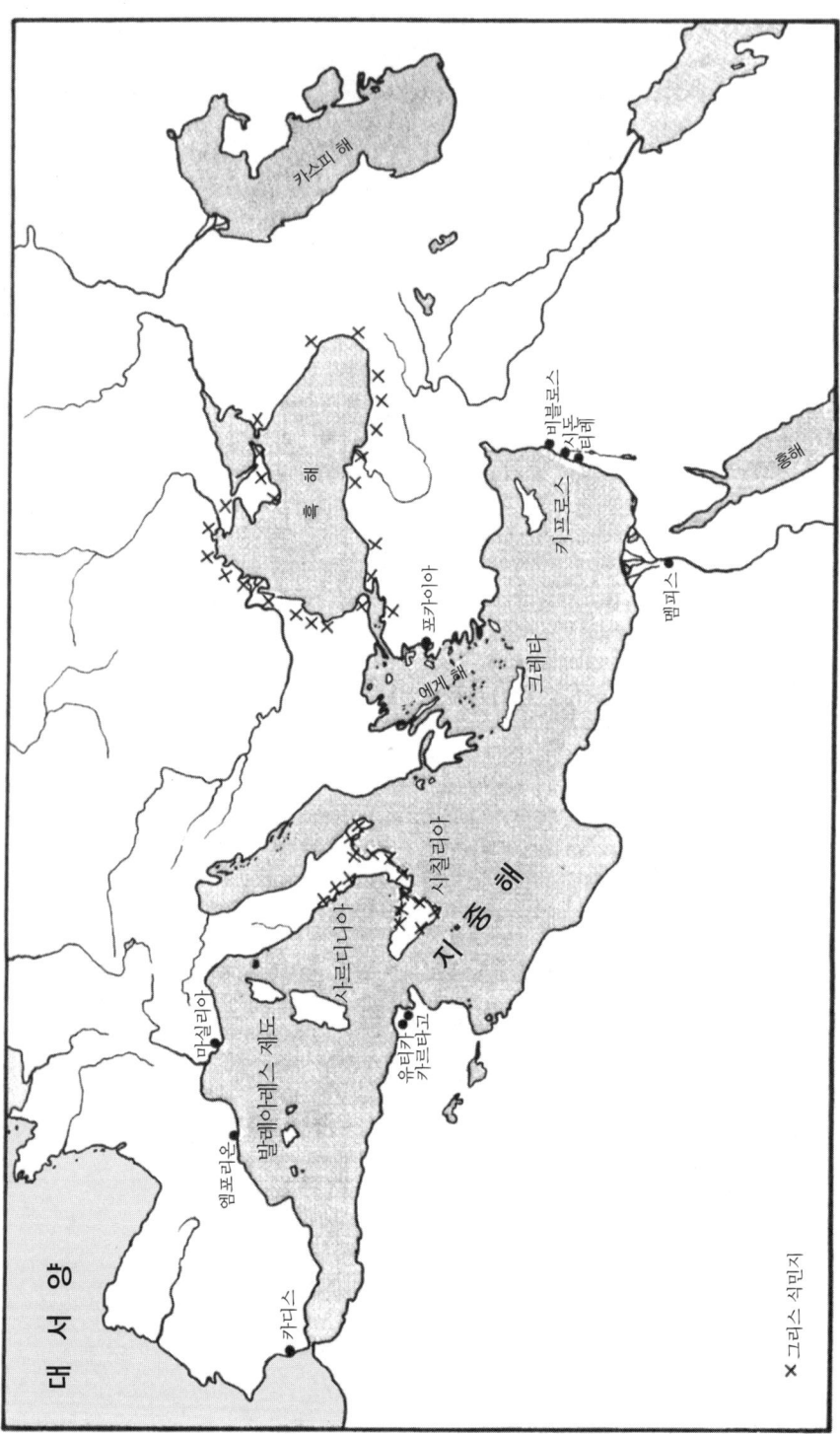

지도 4.4 _ 지중해에 있던 그리스와 페니키아 상인 유민 집단

그러나 일부 식민지 정착촌은 주로 상업 관련 일을 했다. 그런 곳은 보통 말하는 식민지가 아니라 엠포리온emporion이라고 불렀다. 엠포리온은 다른 곳과 달리 대부분 포카이아Phocaea라는 도시 국가가 단독으로 세웠는데 주로 프랑스 남쪽 지방과 스페인 북쪽 지방에 걸쳐 있었다. 페니키아가 카르타고를 서쪽의 거점으로 이용했던 것과 같은 방식으로 이제는 마실리아Massilia(지금의 마르세유Marseilles)가 서쪽의 주요 거점이었다. 바로 이 마실리아 사람들이 서쪽으로 훨씬 멀리 떨어진 카탈로니아Catalonia(스페인 동북부 지방 - 옮긴이)의 상인 정착촌을 세웠다.33

일찍이 그리스 상인들은 레반트 지역과 이집트에서 무역을 시작했다. 시리아 북쪽의 상인 정착촌은 기원전 800년 이전까지 거슬러 올라간다. 이들은 알 미나Al Mina(지금의 아랍에미리트 연방 두바이에 있는 도시 - 옮긴이)에 상인 정착촌을 세웠는데 이것은 특정 도시 국가의 식민지가 아니라 일반 그리스 상인 모두에게 공개된 곳이었다. 기원전 700년이 좀 지나서 또 다른 비슷한 종류의 상인 정착촌이 나일 강 삼각주 지역에 형성되었다. 이 경우는 파라오가 직접 나우크라티스Naucratis에 그리스 상인들이 거주할 수 있는 지역을 내주었다. 이곳에서 그리스 상인들은 자신들의 신을 섬기는 사원을 지을 수 있었고 상인 공동체 스스로 완전하지는 않지만 자치권을 행사하며 살 수 있었다. 이집트 정부는 그리스 상선들은 모두 삼각주 서쪽 지역에 있는 이곳에서 무역을 하게 하고 페니키아 상선들은 모두 삼각주 동쪽 지역에 있는 한곳에서 무역을 하게 했다. 이것이 바로 지중해

---

33 Carl Roebuck, "The Organization of Naukratis", *Classical Philology*, 46권 212~220쪽(1951) ; M. M. Austin, *Greece and Egypt in the Archaic Age*(Cambridge, 1970).

연안의 푼다코fundaco 또는 푼두크funduq의 최초 사례였다. 이 도시는 그리스 인 구역과 이집트 인 구역으로 나뉘어 있었다. 그러나 그리스 인 구역은 이집트 성채에서 감시할 수 있었다. 이 지역을 이집트가 통제했던 것은 분명하다. 이 지역은 초기에 폴리스가 아니라 엠포리온 같은 정치적 지위를 누렸다. 그러나 그리스에서 무역 상인들이 대대적으로 들어오면서 이곳에 영구히 눌러 사는 그리스 상인 공동체가 생겼다. 시간이 흐르자 이곳은 이집트의 지배 아래 있지만 폴리스가 누리는 몇 가지 지위를 얻을 수 있었다. 이곳에 정착한 그리스 상인들은 이 지역에서만 시민 자격을 얻었다. 이동 상인들은 메틱스이든 시민이든 출신 폴리스의 지위를 그대로 유지했다.

기원전 5세기경 이와 비슷하고 중요한 그리스 상인 거주지가 멤피스를 비롯해서 이집트의 다른 지역에도 나타났다. 기원전 4세기경에 알렉산더 대왕이 이집트를 정복한 후 나우크라티스는 정치적 지위가 엠포리온에서 폴리스로 완전히 바뀌었다. 그러나 그 수준에 맞는 상인 정착촌의 역할은 필요하지 않았다. 나우크라티스는 한갓 지역의 그리스 상인 공동체가 되었고 무역의 중심은 다른 지역으로 이동했다. 이제 나우크라티스는 파산한 상인 공동체의 잔재만 남았다.[34]

기원전 5세기경 어느 곳에서나 통용되는 무역 일반에 대한 관례가 그리스 세계에 등장했다. 그리스 문화는 지중해 동쪽 해안 전체에 영향력을 미쳤다. 그 지역에서 이루어지는 무역은 단순화되었다. 배를 소유한 선주들은 운송 업무를 제공하기 시작했고 정기적으로 배를 타고 이동하는 직업 상인(엠포로스)이 생겨났다. 기원전 6세기 초

---

[34] Starr, *Early Greece*, 62~65쪽; Austin and Vidal-Naquet, *Ancient Greece*, 61~68쪽.

프록세모이proxemoi라고 부르는 또 다른 집단이 주요 항구에서 단기 방문하는 외국 상인들의 직업 보증과 안전을 책임지는 역할을 하기 시작했다.—서아프리카에서 지주 중개 상인이 했던 것과 비슷한 일을 했다. 정치적 관할권이 아직 완성되지 않았지만 기원전 5세기부터 그리스 세계와 이탈리아 중앙의 비그리스 국가 모두에서 국가 간 상호 협정이 체결되기 시작했다.[35]

  기원전 4세기와 기원전 3세기에 그리스 문화는 아시아 남서쪽으로 메소포타미아와 지금의 이란 지역, 이집트 지역으로 확장되기 시작했다. 이 일은 대개 평화스럽게 진행되었다. 당시의 이집트 군대는 그 지역에서 최고였고 다른 많은 아시아 국가의 지배자들은 그들을 좇아가려고 애썼다. 아시아 남서쪽과 아프리카 북동쪽으로 확산된 헬레니즘 문화는 이탈리아까지 퍼졌는데 국력이 점점 상승해 가던 로마에서도 헬레니즘의 영향력은 한층 커져 갔다.

  기원전 4세기의 마지막 몇십 년 동안 알렉산더 대왕이 마케도니아와 이 지역의 대부분을 정복한 것은 이에 앞서 헬레니즘 문화가 널리 퍼진 덕분이었다. 하지만 알렉산더의 정복은 또한 지중해 동쪽 분지 지역과 페르시아 만 유역 사람들을 아주 확실하게 헬레니즘 문화에 흡수시켰다. 알렉산더의 정복과 함께 정치적 관할권의 문제는 점점 약해지고 무역 활동은 지중해 세계로 더 활발하게 개방되었다. 지중해 동쪽 분지 지역에서는 그리스 어가 국제 무역어가 되었는데 남쪽 지역은 라틴 어를 썼다.

  이 과정에서 지금까지 우리가 알고 있던 상인 유민 집단은 지중해

---

[35] Starr, *Early Greece*, 71~76쪽 ; M. I. Finley, *The Ancient Economy*(Berkeley, 1973), 157쪽 이하 ; Heichelheim, *Ancient Economic History*, 1권 224~226쪽, 2권 35~98쪽.

무역에서 이들이 차지했던 중요한 역할이 끝나게 되었다. 이들은 그 동안 지중해 문화를 하나로 통일하는 데 크게 공헌했지만 문화가 하나로 완성되자 이들이 감당했던 역할도 끝이 난 것이다. 기원전 4세기부터 기원후 3세기까지 지중해의 해상 무역은 끊임없이 기술이 발전하고 선박의 형태와 규모가 바뀌고, 항만 시설 같은 하부 구조가 향상되었으며, 창고와 인공 항구가 끝없이 건설되었다.36 이와 함께 지중해 지역의 상업 문화는 완전히 통일되어 세계 무역으로 가는 길을 활짝 열 수 있었다.

콜럼버스 이전의 아메리카 무역

아메리칸 인디언들은 아프로-유라시아 대륙과 오랜 세기 동안 떨어져 있었지만 일찍부터 농사를 짓고 도시 사회와 무역망을 개발했다. 멕시코 남쪽 치아파스Chiapas(동쪽으로 과테말라가 있고 남쪽으로 태평양과 만나는 지역-옮긴이) 주에서 발굴된 다른 나라의 상품 유물은 기원전 1600년까지, 멕시코 만 해안에서 발견된 유물은 기원전 1500년까지 거슬러 올라가고 또한 멕시코 중앙의 고지대에서 발견된 것은 그로부터 1세기 이후로 올라가는데 생산지가 모두 그 지역에서 멀리 떨어졌다는 것을 알 수 있다.

이 시기 이후로 고고학자들은 예술과 건축 양식의 변화 과정을 따라서 도시 문명의 성장을 추적한다. 고고학자들은 기원전 1500년 초에서 예수가 탄생하기 전 얼마 동안을 중앙아메리카(멕시코와 중앙아

---

36 이런 발전에 대한 설명은 Jean Rougé, *Recherches sur l'organisation du commerce maritime en Méditerranée sous l'empire romain*(Paris, 1966)을 참조.

메리카를 동일 문화권으로 본다)의 형성기로 본다. 이 시기에 떨어져 살고 있던 지역들이 자신들의 독특한 생활양식과 문화를 가지고 왕래하기 시작했다. 과테말라의 고지대와 북쪽으로 열대 삼림에 걸쳐서 초기 마야 문명이 형성되었다. 남쪽으로 멕시코시티 근교의 고지대에서 지금의 오악사카Oaxaca 주까지 매우 특이한 문명이 일어나기 시작했다. 아마도 이즈음에 가장 두드러진 문화는 기원전 800년부터 기원전 400년까지 멕시코 만의 타바스코Tabasco 해안과 베라크루스Vera Cruz 남쪽 지방에서 꽃피운 올메카Olmec 문화라 할 것이다. 라벤타La Venta에서 발견된 것과 같은 옥으로 만든 조각상과 머리 모양의 큰 돌은 그 규모가 엄청난 것으로 유명하다. 그렇지만 우리는 사실 이들의 정치 체계나 문화 형태에 대해 아무것도 알지 못한다.

그러나 최초의 중앙아메리카 무역망은 이 시기에 시작되었고 거래처들도 있었다. 이것을 입증하는 기본 자료는 올메카 문화의 유물들이 중앙아메리카 여러 지역에 널리 흩어져 있다는 것이다. 특히 이 유물들은 멕시코 만 해안에서 중앙이 고지대로 이어지는 길목을 따라 교통이 밀집한 지역에서 발견된다. 초기 무역은 이곳에서 이루어졌을 것으로 짐작된다. 이것은 아프리카에서 고도의 차이를 이용하여 가까운 지역 안에서도 서로 다른 작물을 재배한 것과 마찬가지다. 옥과 흑요석은 구하기 어려운 광물이었는데 특히 흑요석은 청동기 시대 이전에 칼날 대신 쓸 수 있는 중요한 물품이었다. 열대 저지대에서 나는 카카오는 술과 음료의 중요한 재료였다. 나중에 이것들을 소액 통화로 쓰기도 했다. 올멕의 무역은 고지대의 여러 곳까지 가 닿았는데 고고학 연구에 따르면 멕시코시티에서 남서쪽으로 120킬로미터 떨어진 찰카칭고Chalcatzingo는 해안에서 고지대로 가는 무역의 중심지였을 것으로 생각한다. 이 지역의 고대 도시는 기원전

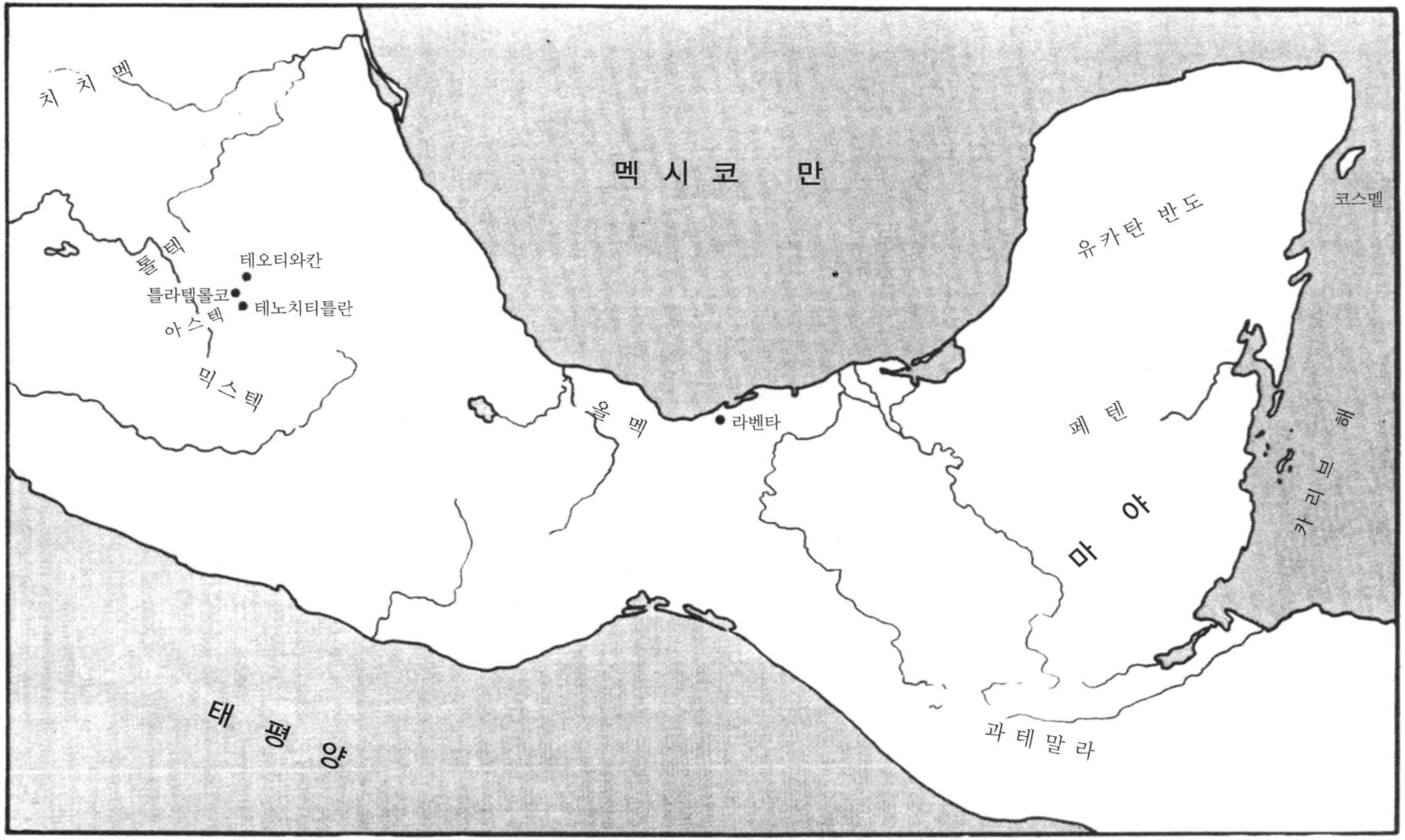

지도 4.5 _ 고대 멕시코

1600년에서 기원전 1000년까지 발전했고 기원전 500년경까지 많은 인구와 부를 누리면서 번성했다.37

몇몇 고고학자는 중앙아메리카 형성기 다음 시기를 '고전' 문명기라고 했는데 예수 탄생 바로 전부터 서기 800년까지 기간이었다. 과테말라와 유카탄 반도에 형성된 마야 문명은 위대한 성과를 이루어냈다. 거대한 중심 도시들이 멕시코 계곡에 들어섰고 그 가운데 테오티와칸Teotihuacán(신들의 도시라는 뜻 – 옮긴이)은 인구가 5만 명에서 10만 명까지 이르렀다. 이들의 유물을 보면 그 어느 때보다도 많은 사람이 이곳에 모여 살았고 풍요로운 생활을 하면서 중앙아메리카의 황금시대를 구가했다는 것을 알 수 있다. 이렇게 사회가 번영하면서 무역도 더욱 왕성하게 이루어졌다. 비슷한 환경에서 살다 보니 근처의 공동체와 무역할 필요가 별로 없었던 저지대의 마야 인들도 사치품이나 이방의 신기한 상품을 얻기 위해 고지대의 마야 인들과 활발하게 교역했다.38

가장 중요한 무역 품목 가운데 하나가 흑요석이었는데 흑요석으로 만든 칼날이 발굴되는 지역의 분포를 보면 이 시기에 시장의 경

---

37 R. G. Hirth, "Interregional Trade and the Formation of Gateway Communities", *American Antiquity*, 43권 35~45쪽(1978) ; Lee A. Parsons and Barbara J. Price, "Mesoamerican Trade and its Role in the Emergence of Civilization", in Robert F. Heizer and John A. Graham(eds.), *Observations on the Emergence of civilization in Mesoamerica*(Berkeley, 1971). 올멕의 영향력에 대한 또 다른 가설은 Kent V. Flannery, "The Olmec and the Valley of Oaxaca", in *Dunbarton Oaks Conference on the Olmec*(Washington, D.C., 1968). 중앙아메리카 역사에 대해서는 Eric R. Wolf, *Sons of the Shaking Earth*(Chicago, 1959) ; Frederick A. Peterson, *Ancient Mexico : An Introduction to the Pre-Hispanic Cultures*, 2nd ed.(New York, 1962) ; 또는 R. C. Padden, *The Hummingbird and the Hawk : Conquest and Sovereignty in the Valley of Mexico, 1503~1541*(Columbus, Ohio, 1967)을 참조.

38 Gair Tourtellot and Jeremy A. Sabloff, "Exchange Systems among the Ancient Maya", *American Antiquity*, 37권 126~135쪽(1972).

제 구조가 얼마나 정교했는지 그 중요한 자료를 얻을 수 있다. 레이먼드 시드리스Raymond Sidrys는 정교한 연구 과제를 이끌었는데, 그의 연구팀은 고전 마야 문명기에 여러 곳의 저지대에서 발견된 흑요석 칼날의 크기를 쟀다. 흑요석에 압력을 가하면 칼날의 중앙부터 얇게 떨어져 나가기 때문에 칼날의 크기가 중요하다. 만일 칼날을 만드는 장인이 원자재를 싼값으로 구입하여 되는대로 작업했다면 노동 시간을 줄일 수 있었겠지만 완성된 칼날은 제대로 깎지 않은 탓에 칼날 길이에 비해서 너무 무거울 것이다. 만일 장인이 정성을 들여 칼날을 깎았다면 어느 정도까지 칼날을 얇게 만들 수 있고 더 잘 자를 수 있을 테니 결국 원자재를 절약하게 된다. 시드리스는 칼날마다 무게를 재어 칼날을 깎는 데 들인 정성을 측량 지수로 삼았다. 그는 이 지수가 흑요석의 원산지에서 멀어질수록 체계적으로 감소하는 것을 발견했다(원산지가 멀수록 원가가 늘어나므로 장인들이 정성 들여 칼날을 깎았다는 뜻임 - 옮긴이). 이것은 칼날을 만드는 장인이 원가 증가에 대응하기 때문이라는 것이다. 그는 이것으로 그 당시 사람들이 시장 정보의 흐름을 효과적으로 알 수 있었고 400킬로미터나 길게 이어진 교역로를 따라 정교한 교역망이 이미 존재했다고 결론을 내렸다.[39]

서기 800년경 고전 마야 문명기는 중앙아메리카에서 종말을 맞았다. 멸망의 자세한 원인은 밝혀지지 않았고 마야 인도 모두 사라져 버렸다. 멕시코 중앙 지역에서 테오티와칸 내부의 힘이 약해진 데다 북쪽에서 외부의 위협이 거세지면서 문제가 일어난 것 같다. 수메르

---

[39] Raymond Sidrys, "Supply and Demand among the Classic Maya", *Current Anthropology*, 20권 594~597쪽(1979).

시대가 끝나고 메소포타미아 문명 지역에 유목 민족인 셈 족이 이동해 온 것처럼 멕시코 북쪽의 건조한 지역에 사는 반유목민들이 국경을 넘어 도시 문명 지역으로 들어오기 시작했다. 맨 처음 들어온 사람들은 툴라Tula에 새로운 고지대 중심지를 세운 톨텍 족Toltecs이었다. 서기 900년에서 1100년까지 이들은 외부의 침략을 막아 냈지만 이들의 힘이 약해지자 치치멕Chichimec('야만인들'이라는 말과 같은 뜻으로 쓰임) 족이라는 새로운 침략자들이 국경을 넘어오기 시작했다. 혼란스런 전쟁과 파괴, 피난 행렬, 폭력의 시대가 해안 지역으로 내려오고 동쪽으로 유카탄 반도까지 휩쓸었다.

  1200년경 고지대의 톨텍 문화와 치치멕 문화가 섞여서 새로운 문화가 형성되었다. 아스텍Aztec 족은 멕시코 계곡에 자리를 잡았고 믹스텍Mixtec 족은 남쪽과 남동 지역을, 톨텍 족의 일부와 나머지 족속은 북쪽과 서쪽 지역에 자리했다. 약 14세기 중반 멕시코 계곡에 있는 아스텍의 도시 국가 테노치티틀란Tenochtitlán이 멕시코 중앙을 정복하기 시작했다. 처음에는 계곡 지역을 점령하고 그다음에는 더 넓은 지역을 정복해 나갔다. 그리하여 마침내, 완전히 통제하는 제국은 아니지만 부족들을 복종시킬 수 있는 군사력을 가진 지배 구조를 세웠다. 이것이 바로 1519년 스페인이 이곳에 도착하여 '아스테카 제국'이라고 불렀던 민족 집단이었다.

  1519년은 이 지역의 무역에 대한 역사 기록이 실제로 시작된 해이기도 하다. 초기에 스페인은 멕시코 고지대를 시장 체계가 매우 잘 발달한 사회라고 보았다. 테노치티틀란 근처의 틀라텔롤코Tlatelolco(지금의 멕시코시티)는 가장 큰 단일 시장으로 날마다 6만여 명이 모여들었다. 몇백 개의 공동체가 지역의 천연 산물과 원거리 무역으로 들여온 물품을 판매했다. 시장의 거래망은 멕시코 중앙의, 인구가 밀집된 지역으로 뻗어 나갔다. 이렇게 발달하기까지는 몇백 년이 걸렸을 것이다. 그리고 스페인의 지배가 본격화하기 전인 16세기까지 이 상태가 계속되었다.[40]

비록 시장 체계의 완전한 모습을 다 추적할 수는 없지만 약간의 과거 자료를 통해 아주 먼 옛날 해안 지역의 상인 유민 집단과 올멕 출신 상인들이 큰 역할을 했다는 것을 알 수 있다. 16세기 고지대 사람들과는 문화가 다르지만 여전히 고지대 도시—아스텍, 믹스텍과 다른 도시들—안의 구분된 지역에서 살아가는 상인 공동체들이 존재했다는 사실이 이를 증명한다. 상인 공동체는 이 시기에 대부분 고지대의 문화에 동화되었지만 자신들의 정체성을 지켜 나갔고 해안 지역과 교류하면서 영향받은 문화 요소들도 함께 유지했다.[41]

이들 상업 공동체 가운데 가장 잘 알려진 집단은 주로 아스텍의 틀라텔롤코와 테노치티틀란에서 살았던 포치테카Pochteca였다. 1470년 테노치티틀란은 틀라텔롤코를 정복했다. 아스텍은 그 당시 가장 큰 시장을 접수했고 몇십 년 동안 자신들이 지배한 교역로와 함께 그 길을 따라 원거리 무역을 해 왔던 상인들도 떠맡았다. 새로운 지배자는 포치테카를 일반 사람보다는 높고 아스텍 관료보다는 지위가 낮은 특별한 직업인으로 인정했다.

일반 시장에는 단순히 자기가 생산한 천연 산물을 팔기 위해 온

---

[40] Charles Gibson, *The Aztecs Under Spanish Rule*(Stanford, 1964), 352~360쪽 ; Michael E. Smith, "The Aztec Marketing System and Settlement Pattern in the Valley of Mexico : A Central-Place Analysis", *American Antiquity*, 44권 110~125쪽(1979) ; Elizabeth M. Brumfiel, "Specialization, Market Exchange, and the Aztec State : A View from Mexotla", *Current Anthropology*, 21권 459~478쪽 (1980).

[41] Miguel Acosta Saignes, "Los Pochteca", *Acta Antropologica*, 1권 1~62쪽(1945), 34~50쪽.

지역 사람들이 많았다. 테노치티틀란은 16세기 초 15만 명에서 20만 명이 살았는데 이들이 먹을 식량을 조달하기 위해서는 이 시장 체계를 이용해야 했다. 그러나 포치테카는 원거리에서 사고파는 물품에 더 관심이 많았다. 이들은 다른 지역의 상인 유민 집단과 비슷하게 정착촌 가운데 한 곳에 남아 있으면서 상인들에게 자금을 대 주는 좀 부유한 상인 계층과, 실제로 교역로를 따라서 짐꾼들과 함께 여행하는 이류 상인 계층으로 나뉘었다. 비록 이들은 아스텍 국가 또는 귀족들을 위해 중개 상인 역할을 할 수도 있었지만 대개는 상인들 자신의 이익을 위해 교역했다. 그리고 이동 상인들은 테노치티틀란에 공물을 바치는 속국의 영토를 벗어난 다음에는 군사 원정의 성격을 띤 거대한 집단으로 무리 지어 이동했다. 그러므로 다른 상인들은 대상을 보호하기 위해 군사비를 보호 비용 명목으로 바로 이들에게 지불했다.

  옛날 학자들 중에는 포치테카를 첩자나 임시 대사, 아스텍 국가의 군인으로 묘사하는 사람이 많았다. 이것은 16세기 고전학자인 베르나르디노 드 사아군Bernardino de Sahagun이 멕시코에서 구할 수 있었던 『플로렌타인 코덱스Florentine Codex』라는 아주 귀중한 아스텍 기록을 바탕으로 한 평가에서 나온 것이다. 이 기록은 전체가 다 상인과 장인에 대한 내용이었다. 그러나 기록을 정확히 해석하기는 어렵다. 이 기록은 포치테카와 아스텍 국가의 관계를 자세하게 밝히지 않고 포치테카를 새로운 아스텍 영토를 개척하는 애국자로 보여 주기 때문이다. 수메르 초기 무역의 배경 지식으로 수메르 사원 경제 가설을 읽은 역사가나 인류학자가 탐카루를 사원의 중개 상인으로 잘못 생각한 것처럼 이 기록도 포치테카를 그런 식으로 잘못 생각하게 할 수 있다. 그러나 이 기록은 다른 상인 유민 집단의 배경과 세계사에서 이들이 수행한 구실과 반대되게 포치테카를 목숨을 걸고 위험한 지역을 개척하며 교역로를 헤쳐 나간 사람들로 칭송하고 있다.—더욱이 이 기록은 포치테카가 귀족 또는 때로 국가를 위해서뿐 아니라 자기 자신들을 위해서 행동했다는 것을 분명하게 보여 준다.[42] 만일 포치테카가 국가를 위해서 군사적으로 행동했다면 이들이 몇 세기 동안 해 왔던 상황과는 다른 예외적인 일이 있었을 것이다.—상인들 자력으로 해결하든 보호 비용을 지불하든 이들이 다른 사람보다 자기 자신을 보호해야 할 상황이 여전히 더 많이 일어난다. 한편 국가와 이들의 관계를 보면 국가는 포치테카에게 꽤 많은 자치권을 부여했다. 이들은 도시의 일정 구역 안에서 살았으며 포치테카 출신의 행정관이 관리했다. 아슈르의 카룸처럼 일부 포치테카는 주요 시장을 감독하는 것을 도왔고 때로는 임명직 관리처럼 행동하기도 했다.[43]

비록 포치테카는 자신들이 정착한 사회의 문화에 동화되었지만

---

[42] Fr. Bernardino de Sahagun, *Florentine Codex. Book 9–The Merchants*(Salt Lake City, 1959). C. E. Dibble과 A. J. O. Anderson이 번역함.
[43] 메소포타미아의 사원 경제론을 중앙아메리카 역사의 해석에 적용한다는 것은 좀 이해하기 어렵지만 실제로 그런 사례가 있다. 앤 샤프먼Anne Chapman은 포치테카를 메소포타미아의 사원에서 중개 상인을 고용한 것과 같은 것으로 생각해서 공무원으로 취급했다. 포치테카가 국제 교역을 위해 해외로 나가면 샤프먼은 이것을 정부가 관리하는 무역으로 해석해서 적절한 중립의 '무역항'에서 가격 변동도 없고 시장도 없이 거래가 이루어진다고 생각했다(Chapman, "Port of Trade Enclaves in Aztec and Maya Civilization", in Polanyi 외 공저, *Trade and Markets*). 이 개념은 나중에 샤프먼 자신이 포치테카를 설명한 것은 인류학자이며 역사가인 베르나르디노 드 사아군의 논의를 기반으로 한 '기술적 모형'이었다고 스스로 지적했지만 중앙아메리카 고고학에서 널리 쓰였다. 그러나 중앙아메리카 무역항에 대한 논의는 폴라니의 고대 중동에 대한 주장과 비슷한 발전 단계에 있는 사람들은 비슷한 제도를 가진다는 가정에 근거한 '논리적 모형'이었다. 따라서 이것은 사원 경제론과 운명을 같이할 수밖에 없다[A. Chapman, "Commentary on Mesoamerican Trade and its Role in the Emergence of Civilization", in Robert F. Heizer and John A. Graham(eds.)].

아스텍의 신이며 사람 제물을 받는 신으로 다른 종족에게는 악명을 떨치는 우이칠로포치틀리Huitzilopochtli('왼쪽에 있는 푸른 벌새'라는 뜻으로 아스텍의 전쟁신이며 태양신 - 옮긴이)를 섬기지 않고 자기 종족의 신을 지켰다. 포치테카의 신인 이아카테쿠틀리Yiacatecutli도 사람 제물을 요구했지만 그 규모가 작았다. 포치테카의 또 다른 상징은 톨텍 신의 변형으로 날개 달린 뱀 모양을 한 케트살코아틀Quetzalcoatl이다. 멕시코 고지대의 또 다른 상인 공동체들도 톨텍 문화와 닮았으나 포치테카 문화는 멕시코 만 해안 지역의 문화와도 유사성이 있었다. 현재의 자료로는 정확하게 입증할 수 없지만 포치테카는 올멕의 상인 유민 집단이 고지대로 이동해서 역사의 어느 시점에서 톨텍 문화에 동화되었다가 스페인의 정복 시기에 점점 아스테카 문화로 또다시 동화되었다고 추측해 볼 수 있다.[44]

또한 포치테카와 비슷한 전문 상인 집단이 믹스텍 지역에 흩어져 살았다. 일부 지역에서는 자체적으로 도시를 꾸리기도 했지만 대개는 믹스텍 도시 안에 자기들 구역이 따로 있었다. 포치테카와 마찬가지로 이들의 사회적 지위도 일반인보다는 높고 관료보다는 낮았다. 이들은 원거리 무역과 다른 나라에 대한 지식 덕분에 자신들의 가치를 인정받았던 것이다. 이들도 톨텍의 문화 요소를 향유했고 포치테카와 비슷한 점이 많았다.[45]

---

[44] Acosta, *Los Pochtecas*, 34~50쪽.
[45] Barbro Dahlgren de Jordan, *La Mixteca : Su Cultura e História Prehispanicas* (Mexico, D. F., 1954), 241~249쪽.

초기 교환 형태의 진화 순서

상호 교환과 재분배, 시장 교환은 초기 무역을 연구할 때 널리 쓰이는 개념들이다.[46] 세 가지 교환 형태는 대부분의 경제에 어느 정도는 다 있었다. 문제는 특정한 역사 환경에서 어떤 교환 형태가 어느 정도 이루어졌는지 측정하는 것이다. 그리고 상호 교환과 재분배, 시장 교환이 역사 속에서 순서를 가지고 진화했다는 가설을 확인해야 하는 또 다른 문제점을 안고 있다. 상호 교환이 자연스럽게 맨 처음 나타나고 재분배 체계가 나온 다음 마지막으로 시장 교환으로 발전했다는 것이다.[47] 그러나 여기서 조사한 바로는 이런 순서를 따르지 않는다. 단순한 상호 교환은 모든 시기에 걸쳐 나타나는 것으로 보이고 시장 교환은 인간 역사에서 매우 일찍 시작되었다. 반면에 재분배 체계는 국가의 관료 체계가 효과적으로 움직여야 작동할 수 있다. 사원 경제 가설의 폐기와 함께 재분배는 꽤 시간이 지나서야 발생했는데, 일찍이 정교한 관료 체계가 발전하지 못했기 때문이다.

콜럼버스 이전의 안데스 지역에서 발생한 교환 형태의 발전 순서

---

[46] 칼 폴라니는 상호 교환과 재분배 개념을 널리 보급시켰다. 네일 스멜서Neil J. Smelser는 여기에 동원動員, mobilization이라는 개념을 더했다. 왜냐하면 이것은 순수한 재분배 체계처럼 생산자에게 나중에 어떤 형태로든 되돌아가는 것이 아니라 지배자의 정치적, 물질적 이익을 위해 공동체에서 부를 빼앗아 오기 때문이다. 네 번째 개념인 시장 교환은 서구 경제사상의 기초로 거슬러 올라가는 것이다. K. Polanyi 외 공저, *Trade and Markets*, 243~270쪽 ; Neil J. Smelser, "A Comparative View of Exchange Systems", *Economic Development and Cultural Change*, 7권 173~182쪽(1959) 참조.

[47] Paul Wheatley, "Satyanrta in Suvarnadvipa. From Reciprocity to Redistribution in Ancient Southeast Asia", in Sabloff and Lamberg-Karlovsky(eds.), *Ancient Civilization and Trade* ; George Dalton, "Introduction", in Dalton(ed.), *Primitive, Archaic and Modern Economies : Essays of Karl Polanyi*(New York, 1968).

를 보면 또 다른 모습을 확인할 수 있다. 1530년대 스페인이 이 지역을 정복하기 이전에 안데스 전체 문화권을 지배한 잉카 문명은 강력한 관료주의 국가였다. 이곳에서는 이미 재분배 체계를 운영하여 마을의 잉여 생산물을 국가의 창고로 모았다. 이 가운데 일부는 왕실과 귀족, 군대, 행정 업무 같은 국가 유지를 위해 쓰였고 또 일부는 일반 사람들에게 다시 나누어 주었다. 그리고 또 나머지는 흉작에 대비해서 국가 보안을 위해 보관했다. 이 같은 체계는 우리가 예상한 대로 작동했을 수도 있고 아닐 수도 있다. 어떤 경우든 중요한 것은 시장 교환이 재분배 체계와 함께 있었다는 사실이다. 예를 들면 어떤 종류의 시장이 수도인 쿠스코Cuzco에 있었는데 이는 국가의 양식을 몰래 거래하는 암거래 시장이었다. 잉카의 재분배 체계는 실제로 태평양 해안 지역에 이미 존재했던 잘 발달된 매매 체계를 뒤늦게 보완한 것이었다. 태평양 해안 지역은 잉카 인들이 이곳을 정복하기 오래전부터 고지대에서 흘러내린 물이 모여서 만들어진 오아시스 지역으로, 많은 사람이 무여 살았다. 잉가 문명 시기에도 이들은 과거 자신들의 교역 관습을 보존했던 것으로 보이는데 국가의 재분배 체계와 경쟁하며 개인 상점을 운영했다. 수메르처럼 이곳에서도 재분배는 관료 체계의 발달과 함께 성장하고 국가가 쇠락하면 같이 사라지는 모습을 보인다.[48]

만일 어느 지역에 일반적인 초기 무역 형태가 나타나면, 상인 유민 집단과 다른 문화 요소들이 여러 경로를 통해 만나고 이와 함께 서로 관계되는 영역이 점점 넓어진다는 사실을 금방 알 수 있다. 이

---

[48] John V. Murra, *The Economic Organization of the Inka State*(Greenwich, Conn., 1980) ; Raymond J. Bromley and Richard Symanski, "Marketplace Trade in Latin America", *Latin American Research Review*, 9권 3~38쪽(1974), 4~5쪽.

것은 종종 알렉산더 대왕의 정복과 같은 군사적 사건과 로마 제국의 탄생과 같은 정치 지형의 변화로 강화된다. 그러나 이 지역들이 언제나 이런 일반 무역 형태를 지속하는 것은 아니었다. 이 지역들은 로마가 지중해 지역의 무역 형태를 강화했던 것처럼 몇 세기 동안 강화되었을 것이다. 그러나 로마의 멸망과 함께 그 무역 형태도 무너졌다. 이제 새로운 보편적 상업 문화가 서쪽의 지중해 지역에서 중국 남쪽의 항구까지 확대되면서 더 거대한 규모로 다시 성장하기 시작했다.

5

새로운 무역의 축 :
지중해에서 중국으로, 기원전 200년~서기 1000년경

    기원전 마지막 500년 동안 헬레니즘 세계와 같은 서로 다른 문화와 민족의 교류 공간은 아프로-유라시아 대륙에서 그 밖의 지역으로 발전하기 시작했다. 인도에서는 고대 인더스 문명의 요소 위에 인도의 지역 전통이 어우러지고 거기에 오랫동안 북서쪽 국경 지대를 침범하다 기원전 1500년 집중적으로 쳐들어온 아리아 족의 문화가 뒤섞인 새로운 통합 문화가 몇 세기에 걸쳐 만들어졌다. 이전의 전통 브라만 종교 위에 그려진 새로운 종교, 불교는 새로운 통합 문화의 주요 요소임에 분명했다. 불교는 기원전 5세기 부처의 시대 때부터 인도 전역에 널리 퍼지기 시작했다. 기원전 3세기, 아소카 Ashoka 왕조가 최고조에 달했던 마우리아 제국 Maurya Empire은 남아시아 대부분을 통일했고 잠깐 동안이었지만 불교를 넓은 지역에 전파하도록 후원했다. 더욱이 마우리아 제국은 인도 지역의 다양성에도 인도 문화라는 공통 문화를 형성할 수 있도록 정치적 구조를 만드는 데 매우 중요한 구실을 했다.

    여기서 동쪽으로 훨씬 멀리 떨어진 중국 한나라(기원전 206년~서기 220년)에서는 기원전 5세기 공자의 가르침이 가장 중요한 정치 이념이었다. 한나라는 중국을 처음으로 통일하고 마우리아와 헬레니즘 문화가 서쪽 지역에서 그런 것처럼 지역의 여러 문화를 하나로 통합하도록 도왔다.

기원전 2세기까지 이 문명의 중심지들은 산맥과 초원 지대, 사막, 깊은 삼림으로 뿔뿔이 흩어져서 교류가 없었다. 육로를 통해서 만날 수는 있었지만 그런 일은 아주 드물었다. 해상으로 교류하는 것도 아시아와 유럽의 남쪽 해안을 따라서만 가능했다.―그나마 수에즈에서 바다와 육지를 연결하고 나서야 갈 수 있었다.―그러나 이것도 외국의 바다로 나가지 않고 아주 가까운 거리의 한두 군데 항구만 왔다 갔다 항해하는 정도였다. 기원전 200년에서 서기 1세기 초 사이에 갑자기 중국에서 중앙아시아를 지나 지중해 동쪽까지 정기 육로 무역이 시작되었다. 해상 무역에서도 모로코에서 일본까지 가는 교역로를 구성하는 데 중요한 구실을 하기 시작했다. 무역은 이제 홍해와 페르시아 만에서 인도로, 인도에서 서남아시아로, 다시 서남아시아에서 중국과 일본을 향해 북쪽으로 정기적으로 이루어지는 일이 되었다. 육로와 해상 교역로는 한나라와 로마의 멸망 후에도 그대로 유지되었고 다른 문화권과의 교역량도 꾸준히 증가하면서 서기 7세기와 8세기까지 계속 발전했다. 이 시기에 중국의 당나라와 바그다드의 아바스 왕조Abbassid caliphate가 중국과 지중해를 잇는 대부분의 교역로를 다시 지배했다.

초기 중국 무역과 중앙아시아를 통한 개방

비록 '중국' 도시 문명이라고 인정할 만한 것이 상Shang 왕조(고대 은나라를 말함 – 옮긴이) 시대(기원전 1765년~기원전 1122년)에 있었지만 지금까지 중국의 초기 무역을 알 만한 쓸모 있는 자료를 구하지 못했다. 중국 최초의 문자 기록이 이 시기에 나왔지만 남아 있는 기록에는 은나라 사회에 대한 골자는 거의 없고 더욱이 무역에 대해서는 아무것도 알 수가 없다. 그렇지만 무역이 이루어지긴 했다. 은나라 시대의 무덤에는 남중국 해안이나 말레이 반도같이 먼 지역에서 왔을 것이 분명한 바닷조개 껍데기와 거북 등딱지들 같은 유물이 들어 있다. 소금, 터키옥, 비취, 주석 따위도 무덤에서 발견할 수 있는데 어느 지역에서 생산된 것인지 알 수 없다. 문자로 씌어진 기록이나 고고학의 증거도 자료가 너무 없어서 추측도 불가능하다.[1]

　기원전 3세기 진Chin나라는 지금의 중국이라고 할 수 있는 중심 지역을 하나의 제국으로 통일했다. 이 왕조의 이름이 차이나China의 기원이다. 그러나 그 뒤를 이어서 한나라가 기원전 206년에서 서기 220년까지 중국을 지배했는데 중국 제국을 세우는 데 훨씬 더 중요한 역할을 했다. 한나라 때 중국은 이미 이론으로는 세계 대국이었다. 황제는 온 세상을 지배하기 위해 '하늘의 통치권'을 위임받은 사람이었다. 사실 황제들은 온 세상을 제대로 통치하지 못하는 때가 많았지만 절대 지배 권력의 원칙은 그대로 유지되었다. 중국 문화가 다스리는 지역을 벗어나면 그곳은 야만인들이 사는 땅이었다. 이론으로 보면 야만인들도 중국의 지배 아래 있었지만 이들을 중국 사회의 구성원으로 받아들일 만한 가치가 없었고 이들을 복종시키려고 중국이 치러야 하는 어려움을 굳이 감당할 이유가 없었다.

---

[1] C. K. Chang, "Ancient Trade as Economics or as Ecology", in Jeremy A. Sabloff and C. C. Lamberg-Karlovsky(eds.), *Ancient Civilization and Trade*(Albuquerque, N. Mex., 1975), 211~214쪽.

한나라와 그 이전의 진나라에 가장 중요했던 야만족은 진나라가 이미 1,600킬로미터가 넘게 쌓아 놓은 만리장성Great Wall의 북쪽과 서쪽에 살면서 말을 타고 목축을 하는 유목 민족이었다. 이들은 중국의 중심 지역에 사는 정착 농민들과는 문화와 생태 여건이 전혀 달랐다. 더 오래된 역사의 발전 과정에서 이 유목민들은 북아프리카의 유목민들처럼 농업 공동체에서 갈라져 나온 사람들이었을 것이다. 이들은 본디 정착 농민의 일부였는데 일 년 내내 한곳에서 목축을 하기가 어렵다 보니 계속 이동하면서 가축을 키울 수 있는 지역에서 소와 양, 말 떼를 기르는 일을 전담했던 사람들이었다. 기원전 5세기와 기원전 3세기 사이에 이 지역에서 처음으로 전통 유목 문화가 시작되었다고 본다. 진나라는 이 시기에 유목 민족과 생태 경계 지역의 땅을 차지하기 위해 서로 경쟁하면서 만리장성을 쌓았던 것이다. 때로는 유목 민족이 만리장성을 넘어 중국을 지배하고 새로운 왕조를 세우기도 했지만 더 길게 보면 대개는 정착 농경 사회가 이웃 유목 민족을 끊임없이 핍박했다.[2]

중국의 이런 자연 경계선은 이와 비슷한 북아프리카의 사막 경계 지역처럼 큰 이익을 올릴 수 있는 무역의 가능성을 열어 놓았다. 다양한 상업의 기회와 마찬가지로 국경 무역은 반드시 보호 비용이 들었다. 만리장성을 따라 언제나 군대가 주둔하고 있었기 때문에 상인들은 국경에서 바로 군사력을 고용할 수 있었고 때로는 특정 집단에 보호 비용을 지불하기도 했는데 실제로는 이 두 가지가 결합된 경우가 많았다.

---

[2] Owen Lattimore, *Inner Asian Frontiers of China*, 2nd ed.(New York, 1951), 163쪽 이하와 여기저기서 참조.

기원전 2세기 초 한나라 황제들은 처음에 야만족에게 보호 비용을 지불하는 정책을 썼다. 그러나 야만족은 이것과 상관없이 제국을 공격하곤 했고 보호 비용은 부담으로 작용했다. 중국은 왕조의 힘이 점점 커지자 중앙아시아의 야만족이 일으키는 대부분의 분란에 반격하기 시작했다. 중국은 전쟁에서 승리한 후 패배자들에게 제국의 지배를 받는 것을 인식시키기 위해 조공을 바칠 것을 요구했다. 겉으로는 상황이 바뀌어서 유목민들이 중국에 '보호' 비용을 지불하는 것처럼 보였지만 실제로는 꼭 그렇지만도 않았다. 제국의 보편성과 도덕성을 생각하면 황제는 절대자로서 인정받는 것이 필요했다. 그러나 실제 상황을 신중히 생각해 볼 때 야만족에게 보호 비용을 지불하는 것도 인정할 필요가 있었다.

예를 들어 기원전 60년이 지나서 한나라가 북서쪽의 야만족이 연합해서 위협하는 것을 정벌했을 때 황제는 조공을 바치라고 명령하면서 왕실에 인질을 잡아 두고 앞날의 안전 보장을 요구했다. 그리고 아이러니컬하게도 이들과 선물을 주고받았다. 대개 중국이 야만족에게 준 선물은 야만족이 중국에 준 것보다 훨씬 더 귀한 것이었다. 이 두 가지 방식의 지불은 인간에 대한 황제의 최고 권위를 선포하는 상징으로서 그 역할을 했으며 또한 유목 민족에게는 제국을 침략해야 할 실질적, 물질적 근거가 없다는 것을 알리는 것이었다.[3] 혹자는 이를 두고 자연환경으로 만들어진 국경선을 가로질러 사회적, 정치적 관계가 그 안에 깊이 스며든, 시장이 없는 무역 형태의 분명한 사례라고 주장한다. 또 다른 사람은 중국이 자기 나라가 최

---

[3] Ying-shih Yu, *Trade and Expansion in Han China*(Berkeley, 1967), 6~19쪽, 45~46쪽.

고라는 이념을 지키면서 국경 무역을 통제하고 보호 비용을 지급하기 위해 교묘하게 조작한 정책이라고 주장한다. 이 같은 정책은 형태도 바뀌고 중요성도 바뀌면서 19세기까지 계속되었다.

때때로 순수하게 조공 무역으로 오갔던 상품의 전체 규모는 꽤 컸을 수 있다. 잉시유Ying-shih Yu는 서기 50년에서 100년 사이에 쓰촨성Sichuan, 四川省에서 만주Manchuria, 滿洲까지 고리 모양으로 중국에서 야만족으로 흘러간 상품의 규모는 제국 전체 수입의 7퍼센트에 이르고 국가 전체 지출의 약 30퍼센트에 해당된다고 계산했다. 여기에는 국경선을 지키는 데 필요한 행정 비용과 군사 비용은 포함되지 않았다. 물론 이 규모는 야만족이 조공으로 바친 상품의 가치와 어느 정도 일치했다. 중국이 야만족에게 지출한 비용은 야만족이 바친 조공으로 균형을 유지한 것이 아니라 다른 쪽에서 충당했다.[4]

대체로 한나라 후기로 오면 조공 무역은 야만족과 이루어지는 네 가지 무역 형태 가운데 하나일 뿐이었다. 국경 시장은 대개 군사 기지와 교류했다. 해상 무역도 할 수 있었다. 이 시기에 중국 배의 역할은 불분명했다. 일찍이 중국 배는 기원전 350년 말레이 반도까지 진출했다.[5] 그러나 야만족의 배는 중국의 지정된 항구에서만 무역을 할 수 있었다. 이들은 지역이 한정되어 있었고 될 수 있는 대로 중국 사회에서 멀리 떨어져 있게 했다. 끝으로 한나라 중기에는 중국 상인들도 중앙아시아를 지나서 서쪽으로 여행하기 시작했는데 그

---

[4] Yu, *Trade and Expansion*, 60~64쪽.
[5] Joseph Needham, "Abstract of Material Presented to the International Maritime History Commission at Beirut", in M. Mollat(ed.), *Sociétés et compagnies de commerce en orient et dans l'océan indien*(Paris, 1971), 140~141쪽 ; Needham, *Science and Civilization in China*, vol. 4, part 3, *Civil Engineering and Nautics*(Cambridge, 1971).

과정에서 유럽과 동아시아 사이에 '실크 로드'라는 정기 육상 교역로를 개척했다. 그러나 중국 상인들이 이 길을 따라 반드시 끝까지 왕래할 필요는 없었다.

중국이 이렇게 서쪽으로 문호를 개방한 중요한 요소는 중국의 신장Xinjiang, 新疆이라는 특수한 지형과 관련이 있었다. 중국의 통제에서 벗어난 유목 국가를 지나서 대상이 이동하는 것은 매우 위험한 일이었다. 그러나 신장의 중심은 남쪽으로는 쿤룬 산맥Kunlun Shan, 崑崙山이, 북쪽으로는 톈산 산맥Tian Shan, 天山이 평행하게 둘러싸고, 동서로 통하는 타클라마칸Takla Makan 사막이었다. 두 산맥은 물이 풍부해서 강물이 북쪽과 남쪽에서 타클라마칸 사막으로 흘러내렸고 두 산맥의 바닥을 따라서 줄지어 오아시스를 만들었다. 사막과 오아시스의 조합 덕분에 대상은 편안하게 이동할 수 있었다. 오아시스 도시는 음식과 물을 제공했고, 사막은 너무 건조해서 대상을 습격할 침략자들이 별로 없었다. 본디 실크 로드는 남쪽의 오아시스를 따라 이어졌지만 북쪽 길도 필요한 경우에는 내안으로 이용할 수 있었다.[6]

신장의 서쪽은 사막의 또 다른 오아시스 지역이 길게 이어지는데 그곳은 두 개의 큰 강이 산맥에서 서쪽으로 흘러내려 아랄 해로 빠져나갔다. 두 강은 지금의 카자흐스탄이 있는 중앙아시아 지역에 위치하는데 헬레니즘 시대에는 옥수스Oxus 강과 작사르테스Jaxartes 강이라고 불렀고 지금은 아무다리야Amu Darya 강과 시르다리야Syr Darya 강이라고 부른다. 기원전 4세기에 알렉산더가 이곳을 정복하여 트란스옥시아나Transoxiana 주가 되었는데 헬레니즘이 지배한 지역 가운데 가장 먼 곳이었다. 한나라 때 이곳은 여러 개의 작은 왕국으로 나뉘

---

[6] Lattimore, *Inner Asian Frontiers*, 151~158쪽.

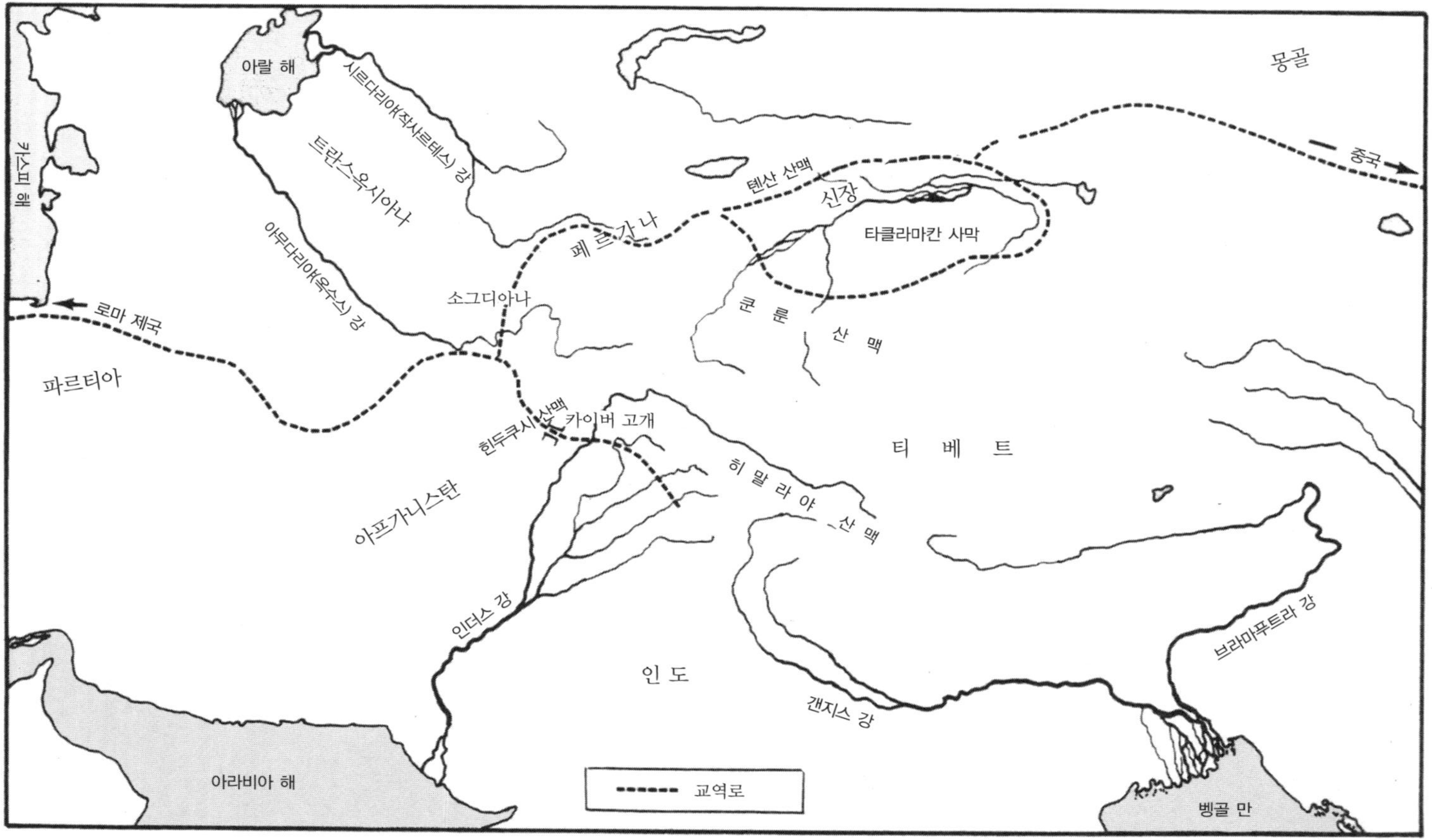
몽골
중국
아랄 해
시르다리아(작사르테스) 강
트란스옥시아나
카스피 해
아무다리아(옥수스) 강
텐산 산맥
신장
타클라마칸 사막
페르가나
소그디아나
로마 제국
쿤 룬 산 맥
파르티아
힌두쿠시 산맥
카이버 고개
티 베 트
히 말 라 야 산 맥
아프가니스탄
인더스 강
브라마푸트라 강
인 도
갠지스 강
아라비아 해
교역로
벵골 만

지도 5.1 _ 중앙아시아

었는데 그 가운데 페르가나Ferghana와 소그디아나Sogdiana가 가장 중요하다. 트란스옥시아나에서는 서쪽으로 정기적인 원거리 무역을 떠나 로마 제국까지 갔다. 상인들은 힌두쿠시Hindu Kush 산맥을 지나서 인더스 강 평원으로 쉽게 이동할 수 있었다.—그리고 인도의 어느 곳에서도 이 길을 따라 서쪽으로 이동할 수 있었다.

인도와 중국 간의 무역은 어떤 경우 아주 오랜 세월 동안 계속되었다. 중국 비단이 인도에 알려진 때는 적어도 기원전 4세기부터다. 이때는 중앙아시아를 거쳐서 육로로 전해지지 않았을 것이다. 물론 윈난 성Yunnan, 雲南省이나 버마Burma를 거쳐 힘들게 육로로 갔을 수도 있지만 대개는 바닷길이 훨씬 쉬웠을 것이다. 그러나 기원전 2세기 중국의 서방 진출 의지가 커지면서 한나라 왕실은 소그디아나, 페르가나와 외교 관계를 맺고 조공 무역을 시작하였다. 서기 1세기 인도와 중국 간의 무역이 확대되었고 중국 상인들이 아직은 직접 가지 않았지만 중국 상품은 로마 제국에 널리 퍼져 나갔다.[7]

당시 이 지역이 무역을 담당했던 상인들에 대한 역사 기록은 거의 알려지지 않았다. 중국 상인들이 정기적으로 중앙아시아까지 멀리 갔던 것은 분명하다. 중앙아시아와 인도 출신 상인들도 상품을 싣고 중국으로 갔다. 서기 1세기경 서방에서 온 외국 상인들은 상인 유민 집단처럼 타클라마칸 사막 외곽의 오아시스 도시에 자신들의 구역을 형성했다. 그리고 이들은 불교를 전파하는 구실을 했던 것이 분명하다. 불교가 널리 알려진 중앙아시아를 시작으로 해서 초기에는 그렇게 우세하지 않았지만 신장과 트란스옥시아나를 거쳐 후에는

---

[7] Yu, *Trade and Expansion*, 137~138쪽, 150~64쪽 ; Tsung-fei Kuo, "A Brief History of the Trade Routes Between Burma, Indochina, and Yunnan", *T'ien Hsia Monthly*, 12권 9~32쪽(1941).

동아시아로 전파되었는데, 오히려 인도 본토에서는 불교가 위세를 잃은 다음에도 동아시아에서는 주요 종교로 살아남았다.

트란스옥시아나의 서쪽 실크 로드는 비단과 칠기를 로마 제국으로 실어 날랐고 상인들은 그것을 양모나 아마포 같은 직물과 산호, 진주, 호박, 유리, 보석 들과 교환했다. 그러나 지역의 정치적 환경이 변화하면서 무역 환경도 바뀌었다. 알렉산더 대왕이 죽자 마케도니아 장군 셀레우코스Seleucos가 시리아와 이라크 중심 지역의 지배자가 되었다.―기원전 312년 셀레우시드 제국Seleucid Empire을 세웠다. 이 제국은 처음에 그리스 식민지 지배자들이 다스렸고 헬레니즘 문화의 영향 아래 있었지만 점점 여러 지역으로 분열하여 지역의 왕들이 따로따로 지배하게 되었다. 기원전 250년 이 같은 지역 국가 가운데 하나가 파르티아 제국Parthian Empire으로 성장했는데 페르시아어를 쓰는 유목 민족 출신이 세운 나라였다. 파르티아 제국의 중심은 본디 카스피 해 근처였는데 점점 과거 셀레우시드 제국의 영토 대부분으로 나라가 커졌고 기원전 50년경에는 가장 넓은 영토를 차지하게 되었다.

파르티아 지배자들은 셀레우시드 제국 때보다 헬레니즘 문화의 영향을 조금밖에 받지 않았다. 이들은 상업에 특히 관심이 많았고 대부분의 중요한 교역로 중간 중간에 대상이 쉴 수 있는 숙소와 휴게소를 설치했다. 그러나 중국과 로마 상인들은 파르티아 지역의 실크 로드를 파르티아의 상인들과 대상만 이용하게 하고 자기들은 멀리 떨어진 파르티아 국경에서만 거래하게 한다고 불만이 많았다.[8]

---

[8] Malcolm A. R. Colledge, *The Parthians*(London, 1967), 77~97쪽 ; Yu, *Trade and Expansion*, 198~199쪽.

서남아시아에서 가장 중요한 동서 교역로는 로마 대상隊商의 중심지인 시리아의 팔미라Palmyra(서아시아 시리아 사막 한가운데 있던 도시 - 옮긴이)에서 동쪽으로 바빌로니아를 지나 이란 북쪽으로 메르브Merv(지금의 투르크메니스탄 마리 근처 지역 - 옮긴이)까지 이르는 길이었다. 그곳에서 길이 갈라져서 한 방향은 더 남쪽으로 아프가니스탄을 지나 인도로 내려가고 다른 한 방향은 옥수스 강을 지나 실크 로드와 만나서 신장을 거쳐 중국으로 이어졌다. 그러나 가끔 파르티아의 통제력이 약해지면 남쪽으로 파르티아를 에돌아가는 우회로를 이용할 수도 있었다. 이 길은 로마 대상의 사막 경계 지역 도시인 페트라Petra(요르단 남부에 있는 해발 950미터의 산악 도시 - 옮긴이)를 출발하여 동쪽으로 메소포타미아 아래쪽을 지나고 이란 남부 지방과 발루치스탄Baluchistan(파키스탄 서부의 고원 지대 - 옮긴이)을 거쳐 인도까지 이어졌다.[9]

서인도양의 해상 무역

로마 시대와 한나라 시대의 운송 기술 수준에서 인도와 지중해 사이를 오가는 교역로는 세 갈래가 있었다. 하나는 파르티아를 거쳐 육로로 이동하는 길, 다른 하나는 페르시아 만과 육로를 이용해서 지중해로 가는 길, 마지막으로 홍해와 육로를 이용해 이집트 또는 비옥한 초승달 지역으로 들어가는 길이다. 페르시아 만과 홍해 길은 이미 로마와 인도를 잇는 교역로로서 경쟁하고 있었는데 19세기까

---

[9] G. C. Adhya, *Early Indian Economics : Studies in the Economic Life of Northern India and Western India c. 200 B.C. - A.D. 300*(Bombay, 1966), 103~113쪽.

지 그 상태가 유지되었고 어떤 면에서는 지금까지도 계속되고 있다.

얼핏 보아서는 해상 운송이 육로를 이용하는 대상보다 비용이 덜 든다는 보통의 경험으로 생각하면 홍해가 더 경쟁력이 있을 것 같다. 좁은 수에즈 지협과 비교할 때 페르시아 만 교역로는 지중해까지 가려면 도중에 티그리스 강이나 유프라테스 강의 선박을 일부 이용하더라도 대상이 오랫동안 내륙을 횡단해야 했다. 그러나 실제로 홍해는 그렇게 좋은 길이 아니다. 홍해의 북쪽 너머로는 일 년 내내 북풍이 몰아친다. 초기에 돛단배들은 바람이 불어오는 방향으로 쉽게 항해할 수 없었다. 홍해 북쪽으로 가는 항해는 느리고 힘들었다. 수에즈 운하가 건설된 후에도 돛단배로는 홍해 교역로를 거의 이용하지 못했다. 아시아 항구에서 유럽으로 가는 배들은 케이프혼Cape Horn이나 희망봉Cape of Good Hope을 돌아서 멀리 우회로를 따라 항해하는 것이 더 빠르고 쉬운 길이라는 것을 발견했다. 그래서 증기선이 발명되기 전에는 홍해를 거쳐서 북쪽으로 향했던 배들은 대개 중간에서 멈추어 지다Jiddah(사우디아라비아 서부 홍해 연안에 있는 항구-옮긴이) 같은 아라비아 반도의 항구에 내리거나 나일 강의 첫 폭포인 아스완 가까이에 있는 이집트 항구에 내렸다. 두 곳에 내린 짐을 모두 낙타에 싣고 더 먼 곳으로 이동했다. 한편 이집트 지역에서 내린 상인들은 나일 강의 보트를 이용해서 짐을 나를 수도 있었는데 바람이 불더라도 그곳에서 삼각주까지는 강이 아래로 흘러내렸으므로 아무 문제가 없었다.—그리고 북풍이 심하게 불어 돌아올 때는 상류를 거슬러 올라 항해하기가 수월했다. 아라비아 반도에 내린 상인들은 북쪽으로 이동하여 레반트 지역까지 가거나 수에즈 지협을 지나 이집트로 이동했다.

남쪽으로 홍해 입구의 바브엘만데브Bab el Mandeb 해협을 넘어서면

바람의 방향은 아무 문제가 되지 않았다. 이곳은 따뜻한 계절에는 남서풍이 불고 추운 계절에는 북동풍이 부는, 인도양의 계절풍 지대였다. 항해하기 좋은 바람이 부는 기간은 지역마다 달랐지만 적어도 넉 달 동안은 아라비아 반도와 말레이 반도 사이로 난 항로를 어디로 잡든 항해하기 좋은 바람이 분다는 것을 상인들은 알고 있었다. 바다와 북쪽 내륙 지역의 기온 차이는 동쪽에서 부는 계절풍과 서쪽에서 부는 계절풍에 기인한다. 또한 비슷한 이유로 발생한 온도 차이 때문에 북계절풍과 남계절풍도 번갈아 불었는데, 이 계절풍은 상인들이 서인도양의 동쪽 끝이나 서쪽 끝에서 북쪽과 남쪽을 오르내리며 항해하는 것을 도와주었다. 북쪽이 겨울일 때 서쪽 바다는 아라비아 반도에서 남쪽으로 모잠비크 해협이나 그 너머까지 항해하기 좋은 바람이 불었다. 북쪽이 여름일 때는 남동 계절풍이 불어 겨울과는 반대 방향으로 항해하기 좋았다. 이와 비슷하게 서인도양의 동쪽 끝에서는 따뜻한 계절에는 말레이 반도나 인도네시아에서 북쪽으로 계절풍이 불고 추운 계절에는 다시 남쪽으로 계절풍이 불어서 동남아시아의 항구와 중국, 일본까지 쉽게 항해할 수 있다.

한때 히팔로스Hippalos라는 사람이 계절풍을 발견해서 서기 1세기 중반 인도양 무역이 갑자기 빠르게 발전했다고 알려진 적이 있었다. 이것은 로마 민족 중심으로 꾸며 낸, 말도 안 되는 이야기다. 로마인들이 겨울과 여름을 알고 있듯이 북인도양 해안에 사는 사람들도 계절풍을 알고 있었다. 이 지역의 계절풍은 동계절풍과 서계절풍이 번갈아 부는 단순한 형태보다 더 복잡했다. 아라비아 반도와 잔지바르 섬 사이에 부는 남서 계절풍은 북쪽이 여름인 동안은 아라비아 반도와 아프리카의 뿔Horn of Africa(에티오피아, 소말리아에서 탄자니아까지 아프리카 북동부의 열 나라를 일컬음 – 옮긴이) 지역에서 나오는 뜨거

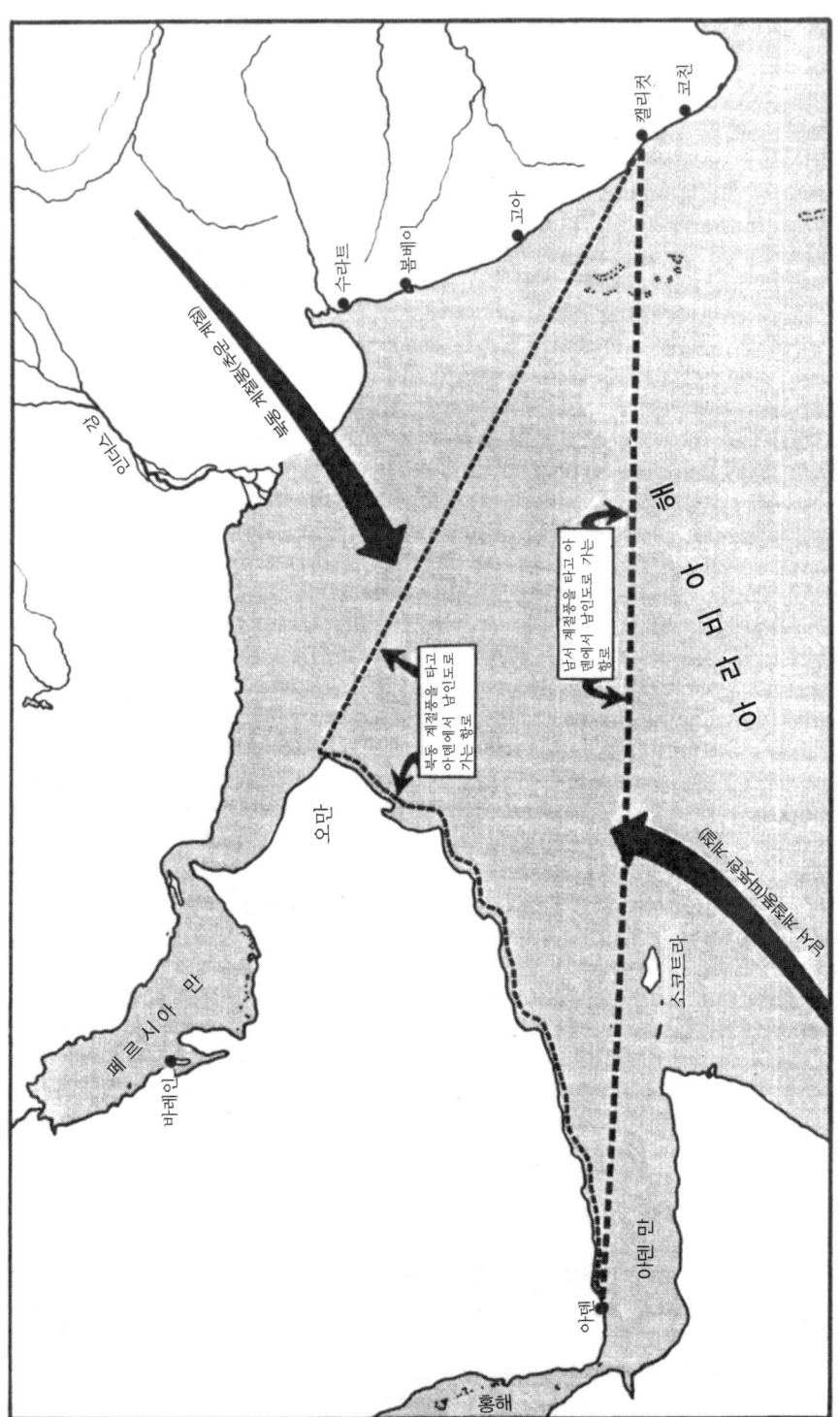

지도 5.2 _ 아라비아 해

운 열 때문에 실제로는 남동풍이나 남풍이 더 많이 분다. 이 계절에 부는 바람은 겨울 동안 부는 북동 계절풍보다 훨씬 더 강하다. 또한 북쪽이 여름일 때는 열대 전선이 북쪽으로 이동하는 계절이기 때문에 매우 불안정한 대기층이 만들어지고 세찬 바람과 위험한 천둥 번개가 함께 온다. 6월과 7월에 부는 계절풍은 매우 강하므로 작은 배로 항해하는 것은 위험할 수 있다. 선원들은 종종 바람이 그칠 때까지 몇 주 동안 항구에 머물러야 했다. 기원전에는 인도양을 항해하는 가장 큰 선박도 안전을 보장할 수 없었다.

그러므로 이 시기에는 계절풍이 끝날 때까지 기다렸다가 8월 하순에서 10월 사이에 아라비아 반도에서 인도로 가는 것이 한 방법이었다. 또 다른 방법은 겨울에 부는 북동 계절풍은 동쪽으로 똑바로 부는 것이 아니라 북동쪽으로 분다는 사실을 이용하는 것이었다. 겨울에 아덴Aden 근처의 항구를 떠난 아라비아 배는 바람 방향에 따라 아라비아 반도 남쪽 해안의 굴곡을 이용해서 남쪽 해안에서 북동쪽 위의 오만까지 항해할 수 있었다. 아라비아 반도의 동쪽 정점에서 인도의 남쪽 정점으로 가는 방향은 동남쪽이다. 이렇게 해서 오랫동안 북동 계절풍 때문에 힘들었던, 인도 남쪽으로 가는 항로는 이제 순풍을 맞으며 안전하게 항해할 수 있게 되었다. 아덴으로 돌아올 때도 계절풍이 바뀌기를 기다리지 않고 같은 길을 따라 바로 돌아왔다.[10]

기원전 100년이나 그보다 약간 앞선 시기에 아라비아 해에서 항해의 형태가 크게 바뀌었다. 이전에는 지중해 출신 상인들이 육상과

---

[10] G. F. Hourani, *Arab Seafaring in the Indian Ocean in Ancient and Early Medieval Times*(Princeton, N. J., 1951), 22~28쪽.

해상을 함께 이용해서 홍해 아래 남쪽 지역으로 무역을 떠났다. 이들은 대개 바브엘만데브 해협 근처에서 이동을 멈추고 아랍 상인들 또는 인도양의 다른 지역 상인들에게 물품을 맡겼다. 인도까지 항해하기 좋은 계절이 오면 이들이 인도로 가서 대신 거래하는 것이다.[11] 그러나 기원전 100년 지중해 상인들은 남서 계절풍을 이용해서 홍해의 중간 지역에 있는 항구에서 인도까지 직접 항해하기 시작했다. 열대 전선이 북쪽으로 이동할 때까지 충분히 기다렸다가 9월 하순에 인도로 항해할 수 있었다. 가장 심한 계절풍이 잦아드는 시기가 바로 이때였다. 이것은 로마 상인들의 거주 공동체가 인도 서쪽의 주요 항구 도시에 있었다는 것을 뜻한다. 비슷한 로마 상인 공동체가 지중해와 인도 사이의 육상 교역로 가운데 파르티아 지역이 아닌 곳에도 있었다. 그러나 여기서 '로마 상인'을 이탈리아 사람으로 생각하면 안 된다. 이들은 로마 제국이 건설되기 전에 이미 동방East에서 무역하고 있던 사람들의 후손이었다. 이들은 이집트와 기름진 초승달 지역의 유대 인, 그리스 어를 하는 이집트 인, 지중해 상업권의 헬레니즘 세계에서 온 레반트 지역 사람들이었다. 중국의 기록에 따르면 중국에 맨 처음 온 로마 상인들은 실크 로드를 따라 육지로 온 것이 아니라 배를 타고 왔다. 그러나 중심이 되는 로마 상인 유민 집단은 인도 서쪽에서 멈췄고 아프리카 해안으로 내려가 잔지바르의 이웃 나라까지만 갔다. 하지만 로마 상인들이 개척한 무역 식민지들은 인도 남쪽의 고고학 유적지에서 발견된 로마 상인의 수많은 동전이 증명한 것처럼 중요한 의미를 지니고 있었다. 로마 제국이 사라진 후 로마의 상인 유민 집단의 흔적은 인도양 무역이 다른 상

---

[11] Adhya, *Early Indian Economics*, 123~136쪽 ; Hourani, *Arab Seafaring*.

인들의 손으로 넘어간 후에도 이전에 인도에 살고 있던 유대 인과 기독교인 종교 공동체의 형태로 남아 있었다.[12]

지중해 무역 상인들이 자신들보다 더 광범한 문화를 가진 인도에 끼친 문화적 영향력은 이들이 아프리카의 뿔 지역에 끼친 영향력에 비하면 별로 중요하지 않다. 아프리카의 뿔 지역에서 비잔틴 문화와 기독교 문화는 특히 홍해 근처의 에티오피아 고지대에 있던 악숨 Aksum 왕국에 중요한 영향을 끼쳤다. 서기 100년 세력이 커진 악숨 왕국은 서기 6세기까지 중요한 나라로 남아 있었다. 악숨의 지배자들은 얼마 동안 에티오피아 고지대의 좋은 땅을 정복하고 아라비아 해협을 건너가 예멘의 일부도 차지했지만 이들에게 주요한 부의 원천은 무역이었다.—일부는 인도양의 무역망을 이용해서 지역 상품을 나누어 팔았고 일부는 악숨의 아둘리스Adulis 항구에서 무역 거래를 하였다. 악숨은 이렇게 무역을 하면서 로마 문화, 특히 로마 제국 안에 들어 있던 그리스 문화를 받아들이게 되었다. 비잔티움 Byzantium(지금의 이스탄불-옮긴이) 같은 도시가 하나만 있는 것이 아니었다. 예를 들어 악숨의 건축은 인도와 나일 강 상류에 있는 메로에Merowe(수단 사막에 있던 쿠시 왕국의 수도였음-옮긴이)의 영향을 받았다는 것을 보여 주는데 이와 함께 시리아가 끼친 영향도 컸다. 벽에 씌어진 글자는 그리스 문자인데 악숨도 자기들의 문자를 개발했으며 아르메니아Armenia처럼 먼 곳까지 그 영향을 끼쳤다.

---

[12] Adhya, *Early Indian Economics*, 123~136쪽 ; Yu, *Trade and Expansion*, 145쪽 ; E. H. Warmington, *The Commerce between the Roman Empire and India* (Cambridge, 1938) ; Romila Thapar, *A History of India*, vol. 1(London, 1966), 109쪽, 115쪽 ; K. A. Nilakanta Sastri, *A History of South India*(Madras, 1948), 134~136쪽. 고대 인도 무역에 대해 좀 더 자세히 알려면 B. Srivastava, *Trade and Commerce of Ancient India*(Varanasi, 1968)와 Moti Chandra, *Trade and Trade Routes in Ancient India*(New Delhi, 1977)를 참조.

서기 4세기 로마가 개종한 지 얼마 지나지 않아 악숨의 지배자가 기독교인으로 바뀌었다. 서기 600년을 즈음하여 악숨은 경제가 쇠퇴하면서 점점 자신들이 그동안 누려왔던 커다란 무역 세계에서 밀려나기 시작했지만 기독교는 에티오피아 고지대에 그대로 살아남았다. 그리고 이 지역의 기본 문자 언어는 그리스 어에서 게즈 어 Ge'ez(고대 에티오피아 언어 - 옮긴이)로 바뀌었다. 그러나 에티오피아 기독교인들은 이슬람이 세력을 얻어 가까운 기독교인 이웃과도 만나지 못하게 한 이후에도 이집트에 있는 콥트 교회Coptic Christianity와 관계를 유지했다. 1,200년이 지나서야 에티오피아 기독교인들은 인도양의 무역 세계로 다시 들어올 수 있었다.[13]

동남아시아의 초기 무역

남중국해와 벵골 만의 해상 무역은 적어도 아라비아 해에서 무역이 이루어진 시기와 비슷한 때부터 일찍이 번성하기 시작했다. 그리고 이후 이 지역의 해상 무역이 오랜 세월에 걸쳐 끼친 문화적 영향력은 아라비아 해에서보다 훨씬 더 컸다. 광주Canton, 廣州(더 정확히 말하면 광저우Guangzhou)는 이미 한나라 초기에 남쪽으로 무역을 떠나는 중요한 항구였다. 중국 상인들은 적어도 서기 360년에 메소포타미아에 도달했고 중국 물품을 실은 중국 상인들이 서기 1세기에 벌써 인도를 오갔다. 남중국해를 지나는 대부분의 배는 중국 상선이었

---

[13] Y. M. Kobishanov, "Aksum : Political System, Economics and Culture, First to Fourth Century", in UNESCO, *General History of Africa*, 8 vols. projected(Paris, 1981), 2권 381~399쪽 ; Karl W. Butzer, "Rise and Fall of Axum, Ethiopia : A Geo-Archaeological Interpretation", *American Antiquity*, 46권 471~495쪽(1981).

던 것으로 나타난다. 그러나 그 가운데 많은 배가 동남아시아에서 왔을 수도 있다.[14]

한편 벵골 만을 지나는 항해는 인도의 상인과 선원 들이 지배했다.—이들 가운데 일부는 인도 동남쪽 해안의 작은 드라비다 왕국들Dravidian kingdoms에 있는 인도 상인 유민 집단의 사람들이었는데 이중에서도 촐라 왕국Chola kingdom이 가장 중요했다. 인도 상인들이 동남아시아에서 처음 만난 곳은 말레이시아와 타이 사이에 있는 좁다란 크라Kra 지협의 상인 정착촌이었다. 옛날에는 남쪽으로 더 내려갈 때 멜라카(말라카Malacca) 해협보다 이곳을 더 많이 이용했다. 일단 이 지협을 지나면 물품을 동남아시아 내륙이나 인도네시아 군도, 북쪽의 광저우로 보내기 위해 다시 배에 싣기도 했다. 이 시기에 또 다른 상인 유민 집단이 인도 북쪽에서 마니푸르Manipur와 아삼Assam을 지나 벵골 동쪽의 산맥을 가로질러 육로로 이동했고 버마 중부의 기름진 평원에 정착하여 무역을 발전시켰다. 이 가운데 꽤 많은 인도 상인 유민 집단이 더 북쪽으로 무역 활동을 확대해서 승국의 윈난 성까지 들어갔다.[15]

동남아시아에서 인도 문화의 영향력은 매우 커서 역사가들은 이 지역을 인도인들의 이주와 식민지 건설로 만들어진 '더 큰 인도'라

---

[14] Needham, "Abstract", 140쪽 ; Yu, *Trade and Expansion*, 172~183쪽 ; K. A. Nilakanta Sastri, *Foreign Notices of South India from Magasthenes to Ma Huan* (Madras, 1939), 4쪽 ; Paul Wheatley, "Satyanrta in Suvarnadvipa. From Reciprocity to Redistribution in Ancient Southeast Asia", in Sabloff and Lamberg-Karlovsky (eds.), *Ancient Civilization and Trade* ; Tatsuro Yamamoto, "Chinese Activities in the Indian Ocean Before the coming of Portuguese", *Diogenes*, 111권 19~34쪽 (1981).

[15] R. C. Majumdar, *Ancient Indian Colonization in South-East Asia*, 2nd ed.(Baroda, 1963).

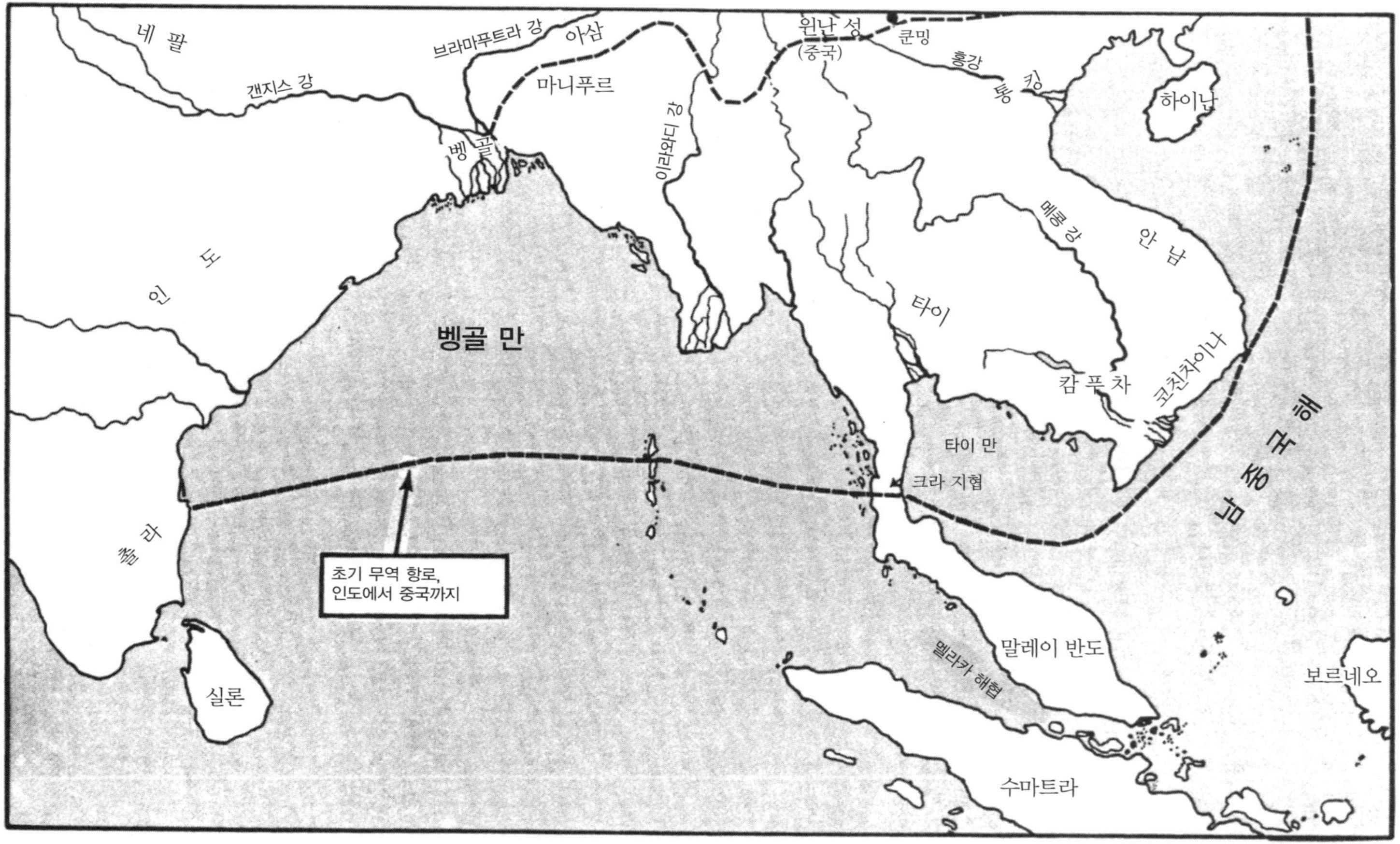
네 팔
브라마푸트라 강
아삼
윈난 성
(중국)
쿤밍
홍강
통 킹
하이난
갠지스 강
마니푸르
이라와디 강
벵 골
인 도
벵골 만
타이
메콩 강
안 남
캄 푸 차
코친차이나
타이 만
크라 지협
남 중 국 해
촐 라
초기 무역 항로,
인도에서 중국까지
실론
말레이 반도
믈라카 해협
보르네오
수마트라

지도 5.3 _ 벵골 만

고 말하기도 하는데 4세기와 5세기에 가장 번성했다. 이 시기에 인도 문화가 끼친 영향은 예술과 건축에서 분명하게 볼 수 있다. 또한 정치 발전에는 훨씬 더 중요한 영향을 끼쳤다. 인도의 인더스 강 계곡에서 번성한 정치 제도를 본뜬 관료주의 국가가 수마트라, 자바, 그 밖의 여러 섬에서 나타났다. 그러나 최근의 역사 연구는 당시 이 지역으로 이주한 인도인들의 수를 예전에 생각했던 것보다 줄이려고 한다. 이것은 인도인들이 일부러 대거 이주한 것이 아니라 상업 목적으로 건너온 인도 상인들이 유민 집단을 만들어 정착하게 되었다는 것을 뜻한다. 예를 들어 산스크리트 어로 씌어진 비문을 보면 지역 지배자들의 이름과 지위가 급격하게 변하지 않고 시간이 흐르면서 천천히 인도식으로 바뀌어 가는 것을 알 수 있다.

지배 계층의 정치적 변화와 함께 힌두교로 개종하는 사람들이 점점 많아졌다. 몇 세기가 지난 후 브라만 계급의 인도인들은 종교적인 이유 때문에 '검은 물black water'을 건너는 것에 반대했지만 이 금기는 아직까지는 중요하지 않았다. 상인 기업 가운데 대다수가 브라만 계급 소유였다. 동남아시아 사람들이 힌두교로 개종하면서 이들은 상인의 구실과 함께 성직자의 기능도 하게 되었다. 브라만 계급의 이주자들은 대개가 젊은 남자들이어서 이 지역으로 건너와서 이곳의 여자들과 결혼하여 브라만 가문을 세운 것으로 보인다. 그러나 오랜 세월이 흐른 뒤 힌두교는 발리 섬과 몇몇 작은 중심 지역에서만 살아남았다.

동남아시아에서 계속되는 종교 변화는 상인들의 포교 역할이 컸다. 대승 불교가 중앙아시아의 교역로를 따라서 인도에서 중국과 일본으로 전파된 것처럼 소승 불교는 주로 실론 섬에서 퍼지기 시작해서 버마, 타이, 베트남의 중심 종교가 되었다. 말레이 반도와 인도네시아, 남필리핀 섬들이 이슬람교로 개종한 것도 이슬람 상인 유민 집단의 작품이었다.

로마 제국 멸망 후의 지중해 : 새로운 제국의 등장

로마 제국이 번성할 때는 지중해 유럽 지역에서 상인 유민 집단이 필요하지 않았다. 그러나 5세기 이후 로마가 쇠퇴하자 이들이 다시 나타났다. 이들은 그동안 하나로 통합된 세계에서 거의 주목받지 못하는 단순한 전문 상인의 공동체로 존재해 왔다. 그러나 5세기에서 8세기까지 이들은 시리아 인 또는 레바논 혈통을 암시하는 시리Syri 라는 이름으로 프랑스와 스페인 같은 옛 로마 제국의 영토에 다시 나타난다. 실제로 이들은 로마 제국의 동쪽 지방 출신이었고 이들이 쓰는 언어는 그리스 어였다. 그리고 이들 가운데 일부는 유대 인이었는데, 그러나 유대 인이든 아니든 이들은 모두 로맨스 어를 쓰는, 서구 세계 바깥에 있는 사람들이었다. 이들은 또한 무역이 점점 서유럽 경제의 언저리로 밀려나는 환경에 처한 제3자들이었다. 그 결과 상인 유민 집단은 한곳에 고립되고 사회 본체와 종교적으로 나뉘었다. 또한 이들은 과거처럼 공통의 문화를 공유하는 상인들끼리 공동체를 운영하면서 로마 지배의 승인이 필요하지 않은 지역에서 무역을 하는 환경으로 돌아갔다.[16]

한편 두 가지 중요한 군사 정복이 아프로 - 유라시아 대륙의 정치 지도를 다시 그리면서 생각지 못했던 무역 형태를 만들어 냈다. 하

---

[16] Guy Fourquin, *Histoire économique de l'occidente mediévale*, 2nd ed.(Paris, 1969) ; Georges Duby, *The Early Growth of the European Economy : Warriors and Peasants from the Seventh to the Twelfth Century*(Ithaca, N. Y., 1974).

나는 이슬람의 발흥이었다. 622년 무함마드가 메카에서 메디나로 옮겨 갔는데 이슬람교는 이때를 헤지라hejra라고 하면서 이슬람력의 기원 원년으로 삼고 발전해 나갔다. 좀 더 정확하게 말하면 636년에 시리아를 차지하고 660년대까지 몇십 년 동안 중동 지역을 정복했는데 이때 첫 번째 통일된 이슬람 제국이 건설되었고 수도를 다마스쿠스로 정했다.―일반적으로 이때 수립된 왕조를 우마르Umar 왕의 이름을 따서 우마이야Umayya 왕조라고 한다. 이때 세워진 정부가 아라비아였다. 이들은 아라비아 어를 널리 쓰게 했는데 로마 제국이 라틴 어를 구석구석 퍼뜨려서 로마 제국이 멸망한 다음에도 몇 세기 동안 유럽에서 널리 쓰이는 문자로 남겼던 것과 같은 방식이었다. 그러나 이들이 남긴 가장 중요한 문화유산은 새로운 제국 아래서 결합된 두 문명, 즉 서양에는 비잔틴 문명, 동양에는 이라크와 페르시아에 사산 문명을 부흥시킨 것이었다. 제국의 영토는 그리스와 콘스탄티노플이 떨어져 나가긴 했지만 과거 알렉산더 때의 통일된 헬레니즘 세계와 가까웠다. 비록 이슬람 통일 국가는 750년에 무너졌지만 바그나드를 새 수도로 정한 아바스 왕조가 세운 정통 이슬람 시대는 약 1000년까지 계속되었다.

  이슬람의 발흥은 지금까지 진행된 무역의 흐름과는 다른 두 가지 중요한 차이점을 만들었다. 하나는 과거 지중해 유역의 경제 통합체를 파괴하지는 않았지만 이들의 힘이 많이 약해졌다. 또 하나는 이슬람 문화의 보호를 받아 수월하게 무역할 수 있는 새로운 경제 통합체를 만들었다.―서쪽의 모로코와 스페인에서 동쪽의 페르시아 너머까지 아우르는 통합체였다.

  두 번째로 중요한 대륙의 재구성은 중국에서 당나라가 성립된 것이었다. 222년 한나라가 멸망하자 중국은 오랫동안 여러 나라로 분열했고 야만족들의 침입이 잦았으며 짧은 기간에 여러 왕조가 흥망을 거듭하며 중국 땅의 극히 일부만 지배했다. 그러다가 589년 수나라가 다시 한번 중국을 통일했고 그 뒤를 이어 당나라가 618년에서 907년까지 중국을 지배하며 중국 역사에서 가장 성공한 독창적인 나라를 만들었다. 이 시기는 중국 세력이 가장 멀리까지 뻗어 나간 기간이었고 더욱이 7세기에는 중국 군대가 처음으로 티베트와 트란스옥시아나의 작은 국가들을 점령했으며 곧바로 아프가니스탄 북쪽 지역도 지배했다. 당나라 수도 장안Ch'ang-an, 長安(지금의 시안Xi'an, 西安 - 옮긴이)은 이제 세계에서 가장 큰 도시 중심지가 되었는데 도시 주변에 약 200만 명이 살았고 성안에만 100만 명이 살았다. 멀리 서쪽 지역까지 당나라의 통제가 미치자 이슬람 상인, 유대 상인, 인도 또는 메소포타미아 지역에서 온 네스토리우스교인 등 외국 상인들이 중국을 방문하는 일이 많아졌다. 중국이 외국인 거주자들을 관대하게 대우하는 정책은 841년에서 845년까지 종교 박해 때 잠시 사라지기도 했지만 아시아 무역에 새로운 가능성을 열어 준 것은 사실이었다.[17]

아바스 왕조와 당나라의 무역 정책으로 원거리 무역 상인들이 대서양과 태평양을 통해서 아시아와 북아프리카 전 지역을 오가며 교역하기가 쉬워졌다. 아시아로 향하는 교역이 활발했던 시기가 전에도 한 번 있었는데 서기 1세기 초 한나라 – 파르티아 제국 – 로마 제국이 함께 존재했던 기간이었다. 7세기와 8세기 당나라와 아바스 왕조 때 다시 이런 기회가 온 것이다. 세 번째 이와 같은 시기는 몽골

---

[17] 동아시아 역사는 Edwin O. Reischauer and John K. Fairbank, *East Asia : The Great Tradition*(Boston, 1960)을 참조.

제국이 1250년 이후 북아시아를 모두 정복했을 때 발생했다.—이때 마르코 폴로 같은 유럽 사람들이 약 한 세기 동안 중국을 자유롭게 방문할 수 있었다. 그리고 15세기와 16세기 유럽에서 항해술이 급속도로 발달하여 유럽 사람들이 세계의 모든 바다를 항해할 수 있게 된 시기에 다시 한번 이런 기회가 왔다.

아바스 왕조와 당나라 시대가 만들어 준 이 기회를 이용한 사람들 가운데 유대 인이 있었다. 이들은 지중해 지역의 이슬람교와 기독교의 싸움에서 중립을 유지했다. 이슬람은 지중해 남해안을 정복했지만 바다로 통하는 교통을 차단하지 않았다. 그러나 북쪽과 남쪽을 오가는 무역은 1000년 후까지 별로 활발하지 못했다. 한편 육상 무역은 이슬람의 해상 무역과 함께 모로코에서 이집트까지 대상이 오갔다. 기독교 쪽에서는 아드리아 해와 서쪽으로 프랑스와 스페인 해안 사이에서 해안 무역을 계속했고 서유럽과 비잔틴 제국 사이의 육상 무역도 어렵긴 하지만 불가능하지는 않았다.[18] 프랑크Franks 족(당시 서유럽 사람들을 부르던 일반 명칭)이 특별히 어떤 종교를 선호한 것이 아니라 유대 인 상인 공동체가 남유럽에서 동서 무역을 활발히 한 것뿐이었으며, 특히 프랑스 남부 지방에서 두드러지게 활동했다. 이런 까닭에 프랑스의 카롤링거 왕조는 유대 인을 보호해 주었다. 유대 상인들의 무역은 아바스 왕조가 다스리는 나라에서는 훨씬 더 활발했는데 콥트 교도와 마찬가지로 이 나라에 특별 세금을 내야 했다. 이 시기 세계에서 가장 유력한 유대 공동체는 바빌론에 있었으며 카이로에도 아주 큰 유대 인 정착촌이 있었다. 그 밖의 다른 유

---

[18] L. Rabinowitz, *Jewish Merchant Adventurers : The Study of the Radanites*(London, 1948), 24~34쪽 ; Eliahu Ashtor, *A Social and Economic History of the Near East in the Middle Ages*(Berkeley, 1976).

대 인들은 교역로를 따라서 여기저기 흩어져 살았고 기회가 오면 더 멀리까지 이동할 수 있었다.

8세기 말과 9세기 초의 짧은 기간에 유대 상인 유민 집단은 유럽과 중국을 잇는 전체 교역로에 걸쳐 가장 중요한 무역 상인 집단이 되었다. 이 무역을 주도했던 유대 상인들을 아라비아 어로 라다니아Radaniyya 또는 (영어로) 라다나이트Radanites(중세 유대 상인을 뜻함 – 옮긴이)라고 부른다. 몇몇 학자는 이들이 전통 유대교에서 갈라진 분파라고 주장했지만 이 명칭에 대한 더 그럴듯한 기원은 페르시아 어로 '길을 아는 사람들'이라는 뜻의 라단rha dan이었다. 그리고 페르시아 어는 라다나이트가 교역로에서 주로 쓰는 무역어였다.[19]

페르시아 지리학자 이븐후르다드베Ibn Khurdadhbeh가 845년경에 쓴 글에는 프랑크 족과 중국 사이 교역로들의 연결망을 알 수 있는 내용이 있다. 지중해에서 유대 상인들은 모로코에서 이집트로 가는 북아프리카 대상 교역로를 따라잡기 위해 기독교 국가들의 해안을 따라 배를 타고 가거나 이슬람 국가인 스페인을 지나서 레반트 지역으로 갔다. 이들은 인도양을 지나는 경우에도 마찬가지로 두 갈래 교역로를 이용했는데, 하나는 지다Jiddah까지 육로로 가서 홍해에서 배를 타고 아래로 내려가거나, 페르시아 만까지 육로로 가서 인도양을 건너 인도로 가거나 트란스옥시아나 지역에서 실크 로드를 따라갔다. 또 다른 방법은 이슬람 제국 영토를 피해서 가는 길인데, 유럽에서 출발하여 기독교 국가가 아닌 슬라브 족 땅을 거쳐 흑해 북쪽까지 육로를 따라가는 것이었다. 유대 상인들은 크림 반도와 그 인근 지역의 카자리아Khazaria에서 간단히 통제를 받았다(지도 5.1 참조).

---

[19] Rabinowitz, *Radanites*, 108~111쪽.

그곳에서 동쪽으로 가는 길은 카스피 해 북쪽 끝을 돌아서 옥수스 계곡을 지나 실크 로드를 따라 타클라마칸 사막을 건너면 중국까지 이어졌다.[20]

라다나이트가 다녔던 길도, 상인 유민 집단의 존재도 새로운 것은 아니었다. 유대 상인들이 다른 상인 집단과 차이가 나는 점은 이들이 그렇게 먼 거리를 오가며 무역하면서도 같은 문화를 공유하는 사람들끼리 상인 유민 집단을 형성했다는 것이다. 그런데 이들의 무역이 거의 한 세기도 지속하지 못했다는 사실은 그리 놀라운 일이 아니다. 이는 당나라가 외국인들을 싫어했을 뿐만 아니라 아바스 왕조의 힘이 약해지면서 아시아를 가로질러 서쪽으로 이동한 타타르 족이 한동안 육상 교역로를 봉쇄했기 때문이었다. 이후 아시아와 다시 교역하는 데 몽골 제국이 들어설 때까지 400년을 기다려야 했다.

인도양 무역과 이슬람의 성장

바그다드에 아바스 왕조가 성립되면서 세력이 커진 이슬람교는 중국과의 육상 무역보다는 인도양 무역의 앞날에 더욱 중요한 역할을 하게 된다. 당나라가 많은 상인 공동체를 보호했던 것처럼 아바스 왕조도 이슬람 상인들을 정치적으로 보호했다. 무엇보다 아바스 왕조는 인도양 지역에 이슬람의 문화와 종교를 전파하면서 엄청난 변화를 가져왔다.―이는 나중에 아바스 왕조가 사라진 후에도 변함

---

[20] Rabinowitz, *Radanites*, 9~10쪽에서 인용한 "교역로와 왕국들에 대한 책"에 나온 구절임. 또 Nilakanta Sastri, *Foreign Notices*, 21쪽 ; Ashtor, *Economic History*, 105~106쪽 ; Subhi Y. Labib, "Egyptian Commercial Policy in the Middle Ages", in M. A. Cook(ed.), *Studies in the Economic History*(London, 1970), 64쪽을 참조.

없이 영향을 끼쳤다.

　아프로-유라시아 역사를 좀 더 넓게 보면 750년에서 적어도 1500년까지 이슬람은 구세계Old World의 중심 문명이었다. 이슬람은 로마와 페르시아의 계승자 가운데 가장 역동적이고 독창적인 문명이었을 뿐 아니라 이 시기에 함께 존재했던 다른 문화들을 만나게 해 준 중요한 중개자이며 한 사회에서 다른 사회로 새로운 기술과 제도를 이전해 주는 전달자이기도 했다. 유럽 사람들이 숫자를 아랍인들에게 배웠기 때문에 아라비아 숫자라고 한다. 자릿수 표기법은 인도인이 발명했다. 나침반 같은 중국 발명품이 이들을 거쳐서 유럽에 전해졌고 대포 같은 유럽의 발명품이 똑같은 경로를 거쳐 중국에 전달되었다. 이 같은 이전은 기술에만 한정된 것이 아니었다. 이슬람 종교도 거대한 문화 변화의 과정 속에서 그 일부로 전파되었는데 이는 정복자들이 아니라 상인들이 한 일이었다. 20세기의 마지막 사반세기 동안 이슬람 인구가 가장 많은 나라가 아라비아 군대가 한 번도 침범한 적이 없는 인도네시아와 중국이라는 사실은 기억할 만한 가치가 있다.

　이슬람교는 다른 어떤 종교보다 무역 활동과 상인들에게 호감을 갖고 대했다. 무함마드 자신이 무역 도시 출신이었고 젊었을 때 무역 상인이었다. 이슬람 제국 형성기에 몇십 년 동안 남아 있던 유목민 전통도 이슬람 세력이 아라비아 반도보다는 고대 이집트 농경문화 지역과 기름진 초승달 지역, 이라크와 이란 같은 곳으로 이동하면서 사라져 갔다. 750년 아바스 왕조가 수도를 다마스쿠스에서 바그다드로 옮긴 것은 지중해를 주목하던 지역에서 유프라테스 강 아래 지역과 페르시아 만을 중요하게 생각하는 지역으로 중심지가 이동했다는 것을 뜻했다.

이슬람이 강성해지기 전에도 서인도양의 무역은 크게 메소포타미아 지역의 페르시아 인과 유대 인의 손안에 있었다. 상인들의 무역어는 아바스 왕조 초기인 750년에서 1000년 사이 그리스 어에서 페르시아 어로 바뀌었지만 바그다드의 새로운 황제들은 상인들을 괴롭힐 이유가 전혀 없었다. 중앙아시아에서 실크 로드를 따라 서쪽으로 가는 가장 중요한 상인 유민 집단은 옛 소그디아나에 자리 잡고 있었는데 이 지역 육상 무역의 공용어도 페르시아 어였다.—그러므로 넓은 의미에서 보면 이 지역의 상인 유민 집단은 이란 인이었고 이들은 일상어로 페르시아 어를 쓰기 시작했다. 이들은 또한 바그다드에서 흑해 해안으로 가는 북쪽 교역로도 운영했는데 이들은 그곳에서 자신들보다 서쪽 지역에서 유럽으로 무역을 떠나는 유대 상인들과 만날 수 있었다.[21]

페르시아 만의 해상 무역 상인들도 아바스 왕조의 부흥과 함께 더욱 활발하게 움직였다. 실론 섬의 이슬람 무역 식민지는 약 700년부터 이루어지기 시작했고 페르시아 만 무역 상인들은 중국으로 가는 무역 여행을 할 수 있게 되었다.—8세기와 9세기에 성행했는데 이 시기에 당나라는 동쪽 끝에서 위세를 떨치고 있었고 아바스 왕조는 반대쪽 끝의 지배자였다. 인도로 가는 항해는 편법을 써서 계절풍을 이용했다. 페르시아나 메소포타미아를 떠난 배는 9월에 페르시아 만 아래로 뱃길을 잡고 이제는 어느 정도 친숙해진 북동 계절풍을 비스듬히 맞으면서 아라비아 해를 건너 인도의 남쪽 끝에 닿았다. 그곳에서 12월쯤 벵골 만에 불어오는 새로운 남서 계절풍을 맞으며

---

[21] Berthold Spuler, "Trade in the Eastern Islamic Countries in the Early Centuries", in D. S. Richards(ed.), *Islam and the Trade of Asia : A Colloquium*(Philadelphia, 1970).

벵골 만을 건너고 다시 남중국해의 남쪽에서 불어오는 계절풍을 이용해서 4월 또는 5월에 중국의 광저우에 도착했다. 장사를 마치고 가을에 북계절풍이 불면 중국을 떠나 인도양에서 북동 계절풍이 불기 시작할 때 항해를 계속해서 다음 해 4월이나 5월에 다시 페르시아 만으로 돌아왔다. 이렇게 일정을 잡으면 상인들은 초여름에 불어오는 태풍을 피해서 항해할 수 있었지만 한 번 왕복하는 데 일 년 반 정도 걸렸다. 여행이 끝난 다음 배를 수리하는 기간까지 합치면 2년에 한 번꼴로 왕복 항해를 할 수 있었다.[22]

878년 당나라 왕실에 반기를 든 반란군들이 광저우를 약탈하고 그곳에 살고 있던 외국 상인들을 대부분 죽였다. 당나라는 어쨌든 세력이 약해지고 있었고 당나라와 이슬람의 직접 교역은 한동안 중단되었다. 실제로 이 교역 관계는 다시 정상으로 돌아오지 않았고 나중에 고가품이나 사치품 들이 조금씩 거래되는 무역으로 바뀌었다. 이후로 인도양의 무역 상인들은 중국으로 직접 들어가지 않고 동남아시아의 한곳에서 물품을 팔았으며 그것을 산 상인들이 중국에 가서 되팔았다.[23] 한편 새 천년을 시작하면서 초기 몇 세기 동안 해상 무역의 조직이 새롭게 발전하였다.

---

[22] Ashtor, *Economic History*, 107~112쪽 ; Hourani, *Arab Seafaring*, 73~75쪽.
[23] Hourani, *Arab Seafaring*, 77쪽 이하 ; Rita Rose Di Meglio, "Arab Trade with Indonesia and the Malay Peninsula from the 8th to the 16th Century", in Richards (ed.), *Islam and the Trade of Asia*.

6
인도양 동쪽의 아시아 무역 :
1000~1500년

1000년 이후 당나라의 멸망과 아바스 왕조의 쇠퇴는 세계사의 중요한 사건이었지만 이것으로 중국 문명과 이슬람 문명의 번영이나 독창성이 퇴보하지는 않았다. 이 사건은 유럽에서 로마 제국이 몰락할 때와는 경우가 달랐다. 실제로 중국 역사에서 11세기는 과거 당나라 시절 모든 지배 단계에서 강력했던 황실의 군사 통제력이 점점 약해지는 때였지만 경제는 매우 두드러진 성장을 이룩한 시기였다.

송나라 초기의 '경제 기적'

중국은 960년 송나라의 건국과 1127년 여진족Jurchen, 女眞族의 북중국 정복 사이에 중국 역사에서 일찍이 보지 못했던, 아마도 이때까지 세계사에서 경험한 적이 없는 눈부신 경제 성장을 이룩했다. 일부 학자들은 이 시기의 중국 역사를 6세기 이후 근대 유럽의 발전과 비교하면서 상업화, 도시화, 산업화가 함께 이루어졌다고 주장했다.[1] 적어도 중국은 이 짧은 기간에 1인당 생산성에서 세계 최고의 국가가 되었는데, 이 같은 성과 뒤에는 기술력의 발달과 탄탄한 정치 환경의 뒷받침이 있었다.

경제 발전을 뒷받침했던 가장 중요한 배경 요소는 정치적으로 평화의 시기였고 농산물과 공산품을 원거리에서 공급받을 수 있는 도시들과 연결된 거대한 내수 시장이 존재했다는 사실이었다. 여기서 중요한 요소가 운송 체계였는데, 이것의 핵심은 대운하Grand Canal로 연결된 북쪽의 황허 강과 중앙 지역의 창장 강Chang Jiang, 長江(양쯔 강Yangtze, 揚子江)이었다. 지금은 새로운 수상 운수 기술과 급수로와 운하의 건설로 훨씬 더 효율성이 높아졌다. 예를 들면 북송의 수도 카이펑Kaifeng, 開封(중국 허난 성 북동부에 있음 - 옮긴이)은 당시 세계에서 가장 큰 도시였는데 인구가 75만~100만 명이나 되었다. 식량 공급의 80퍼센트가 쌀이었으며 남쪽 지방의 곡창 지대에서 대운하를 거쳐 이곳까지 운송되었다.[2]

중국의 철강 산업이 엄청나게 생산 규모를 늘릴 수 있었던 것은 바로 이렇게 큰 내수 시장이 있었기에 가능했다. 10세기경 중국 철강 생산자들은 약간 무르긴 하지만 값싼 무쇠를 생산하는 데 용광로를 사용할 줄 알았다. 그리고 철을 만들 때 숯보다는 코크스를 쓸 줄도 알았다. 11세기 들어 중국의 철강 산업은 필요한 중요 기술을

---

[1] 경제 성장 과정은 William H. McNeill, *The Pursuit of Power : Technology, Armed Force, and Society since A.D. 1000*(Chicago, 1982)와 Mark Elvin, *The Pattern of the Chinese Past*(Stanford, Calif., 1973)에 잘 요약되어 있다. 좀 더 자세히 알려면 John W. Haeger(ed.), *Crisis and Prosperity in Sung China*(Tucson, 1975) ; Robert Hartwell, "A Cycle of Economic Change in Imperial China : Coal and Iron in Northeast China, 750~1350", *Journal of Economic and Social History of the Orient*, 10권 103~159쪽(1967) ; Laurence J. C. Ma, *Commercial Development and Urban Change in Sung China(960~1279)*(Ann Arbor, Mich., 1971)를 참조.

[2] Hartwell, "Coal and Iron", 129쪽.

모두 갖추게 되었고 19세기까지 계속해서 국가 산업으로 발전했다. 운송 체계의 뒷받침으로 시장 규모가 커지면서 자본과 경제력을 대대적으로 철강 산업에 퍼부었다. 제련소 하나에서 한 해에 무쇠 1만 4천 톤을 생산했다(17세기 중반 영국의 전체 무쇠 생산량은 2만~4만 톤으로 추산되었다).[3]

철강 산업만 그런 것이 아니었다. 11세기에는 철강 산업의 발전과 함께 공예품 생산도 늘어났으며 이에 따라 외국과의 무역도 증가했다. 중국은 서방으로 가는 육상 교역로가 상대적으로 중요하지 않았지만 남아시아와 비교할 때 동남아시아로 가는 해상 교역로는 중요했다. 중국은 비단과 여러 가지 직물, 칠기, 철강 제품을 수출하여 향신료와 열대 제품과 바꾸었다. 12세기 초에는 외국 무역으로 거둬들인 세금이 정부 수입의 20퍼센트에 이르렀다.[4]

그러나 이와 같은 번영의 시기는 금방 끝났다. 북중국의 철강 산업을 이끌었던 높은 생산성은 12세기 초가 지나면서 사그라졌다. 운송 체계의 기술력은 그대로였지만 정치가 불안해지기 시작했다. 그러나 중국의 해양 항해 기술은 여전히 유용했으며 송나라 후기부터 13세기 중반 이후 원Yuan, 元나라 때까지 중요한 구실을 했다.

지중해 이슬람 국가들의 국제 무역, 970~1250년

중동의 역사는 성공 스토리와는 거리가 멀다. 아바스 왕조는 900년 이후로 정치가 혼란한 상태였다. 11세기가 시작되면서 이슬람 세

---

[3] Hartwell, "Coal and Iron", 121쪽.
[4] Ma, *Commercial Development*, 38쪽.

계는 여러 전선에서 외세의 침입을 맞아 뒤로 물러서야 했다. 레반트 지역의 서유럽 십자군도 침입자 가운데 하나였다. 사하라 사막과 중앙아시아에서는 유목 민족들이 끊임없이 침입해 왔다. 그렇지만 지중해 연안의 이슬람 국가들은 이런 가운데서도 약 970년에서 1250년까지 번영을 누렸다. 이 지역의 정치 기반은 당시에 레반트 지역을 함께 다스리고 있던 파티마Fatimid 왕조의 이집트였다. 파티마 왕조의 전신은 튀니지를 지배하고 시아파Shi'ite sect와 관계를 맺고 있던 베르베르Berber 왕조였다. 969년 이들은 이집트를 정복하고 수도를 카이로로 옮겼다. 이는 나라의 중심지를 아바스 왕조의 바그다드에서 다른 지역으로 옮겼다는 것과 함께 대륙과 대륙을 이어 주는 무역의 새로운 통로로 이집트를 택했다는 것을 뜻한다. 한때 메소포타미아와 페르시아 만을 지나서 이루어졌던 교역이 이제는 이집트와 홍해를 지나게 되었다.

이후 1250년까지 이집트가 이슬람 세계를 지배했다. 그러나 이 시기는 단순히 평화와 안정의 시대는 아니었다. 1171년 파티마 왕조는 아이유브Ayyubid 왕조에 무너졌고, 1250년 아이유브 왕조는 자기 나라 군대의 중심이었던 노예 군인들에게 무릎을 꿇었다. 이들이 맘루크Mamluk 왕조인데 1517년 오스만 튀르크Osman Turks 족이 이집트를 정복하고 그곳에 오스만 제국을 건설할 때까지 쇠약해 가는 이집트를 다스렸다. 11세기는 유목 민족들이 이 지역을 혼란에 빠뜨린 시기였는데, 힐라리언Hilalian(아라비아 반도에 흩어져 살던 베두인 족-옮긴이) 아라비아 유목 민족은 이집트를 밀어제치고 북아프리카로 건너가 그 지역을 약탈했고, 동쪽에서 온 셀주크 튀르크Seljuk Turks 족은 1055년 바그다드를, 1071년 예루살렘을 점령했으나 1099년 서유럽 십자군에게 다시 무너졌다. 1125년경 레반트 지역 전체가 기독교 세력권에 떨어졌으나 1187년 아이유브 왕조의 새로운 지도자 살리알 딘Sālih al-Dīn (또는 살라딘Saladin)이 예루살렘을 탈환했다. 이집트가 상당히 안정을 되찾은 다음에도 서유럽의 십자군이 새로운 공격을 시도했지만 이들은 이때부터 이미 힘을 잃어 가고 있었다.

8세기 초와 9세기에 걸친 정치·군사적 혼란 속에서도 지중해 남쪽 지역 이슬람 세력권에 국제 무역을 주도하는 새로운 지역이 나타났다. 이 지역의 상업 체계는 로마 제국의 그것과는 달랐다. 이슬람을 위협하는 서유럽 십자군과 적들이 사방에서 침입을 시도하고 있었기 때문에 이곳에서 무역 활동을 하려면 허가가 필요했다.

역사 자료가 부족하기는 하지만, 카이로를 중심으로 한 파티마 왕조의 중요한 무역망은 10세기가 끝나기 전에 이미 태동하였으며 파티마 왕조가 지배하는 영역을 넘어서 확장되었다는 것은 분명한 사실이다. 파티마 왕조의 무역망은 지중해의 이슬람 지역 곳곳에 퍼져 있었고 서유럽 기독교 국가와 비잔틴 문명의 상인들과도 교류했다. 다행히 카이로의 무역 공동체를 알 수 있는 역사 기록은 근대 이전 이슬람 세계의 어느 지역보다도 풍부하다. 기록들은 카이로의 유대 상인 공동체가 보존한 것인데, 신의 이름이 들어 있는 어떤 기록도 함부로 없애면 안 된다는 유대 인들의 신앙 덕분이었다. 문서들은 게니자geniza라고 하는, 유대 교회 부속 문서창고에 보관되어 있었다. 문서들도 사람의 몸처럼 자연스럽게 부식되었다. 시간이 흐르면서 게니자 문서들은 대부분 부식되었지만 옛 카이로의 주요 유대 교회에 보관되어 있던 게니자 문서들은 이집트의 건조한 날씨 덕분에 지금까지도 잘 보존되어 있다. 현재 여러 박물관과 도서관에 분산되어 있는 문서들은 주로 학자들에게 연구용으로 공개되는데, 문서에 기록된 내용은 우리가 상상하는 것보다 훨씬 방대하다. 유대 인 공동체는 이슬람 공동체와 완전히 분리되어 있지는 않았다. 대부분의 문서는 히브리 문자로 씌어졌지만 아라비아 어로 되어 있다. 기록들은 유대 상인 공동체뿐만 아니라 당시 이슬람 이집트 사회를 잘 알 수 있는 훌륭한 자료들이다.[5]

상대적으로 무역이 개방되어 있던 파티마 왕조와 아이유브 왕조 때에는 유대 상인과 이슬람 상인이 하나의 무역 공동체에 속해 있었다. 유대 상인들이 무역에 뛰어났지만 그렇다고 무역 상인이 이들만 있었던 것은 아니다. 다만 이들은 이슬람 상인이나 콥트 상인보다는 활동하기가 자유로웠다. 이들은 아라비아 어로 말하고 쓰며 때때로 메카까지 성지 순례도 하는 이슬람 세계의 일원이었지만 이슬람교도나 콥트 교도처럼 이들도 자신들의 고유한 공동체와 율법을 지켰다. 이들이 공동으로 지켜야 할 법이 적용되는 지역도 있었다.[6]

11세기 말에 들어서면서 약 8천 명의 상인이 배를 타고 튀니스와 시칠리아 섬을 오갔고 서쪽으로 더 멀리 항해도 하고 대상을 이끌고 육로로 이동하기도 했다. 오아시스 지역과 사막 경계 지역을 따라 이어진 육상 교역로도 남쪽으로 훨씬 더 멀리까지 나 있었는데 카이로에서 모로코 남부 지역의 사막 항구인 시질마사Sijilmasa까지 모든 곳에 뻗쳐 있었다. 상인들은 여러 종류의 중개 상인 형태로 함께 일했는데 각자 자기 종교 공동체의 경계선을 넘기도 했다. 이동 상인들은 자기 나라에 머물고 있는 정착 상인들의 물품을 대신 거래할 수도 있었다. 상인들끼리 공동 사업을 하기도 했으며 여기서 발생하

---

[5] 솔로몬 돕 고이틴Solomon Dob Goitein 교수는 최근에 이 기록들을 가지고 몇십 년 더 거슬러 올라가서 연구한 결과를 *A Mediterranean Society*, 3 vols.(Berkeley, 1967~1978)와 *Studies in Islamic History and Institutions*(Leiden, 1976)에 발표했다.
[6] Goitein, *Mediterranean Society*, 1권 59~74쪽.

는 위험과 이익을 함께 나누었다. 간혹 문서로 계약서를 쓰기도 했으나 대개는 '악수로' 간단하게 계약을 맺거나 오랫동안 맺어 온 계약 관계를 구두로 재계약하는 식으로 처리하는 것이 당시 상인 공동체의 일반적인 문화였다.[7] 이런 관행을 인정했다는 것은 이들의 관계가 이미 오래되었다는 것을 뜻한다. 실제로 어떤 경우는 로마 제국 시대 때부터 이런 계약 관계를 유지해 온 것도 있었다.

지중해의 이슬람 사회에는 상인 유민 집단의 필요성을 축소할 만한 몇 가지 중요한 제도가 있었다. 그 가운데 하나가 외국 상인들의 법적 대표자 역할을 한 와킬알투자르wakil al-tujjar 사무소였다. 이들은 16세기 이후 영국의 위탁 판매인이 담당했던 일을 했다. 카이로에서 외국 상인이 채무자에게 빚을 받아 내려면 와킬에 도움을 청해야 했다. 또한 이동 상인들은 자기들이 묵고 있던 숙소에 상품을 보관하곤 했는데 상인들이 떠나고 나면 와킬이 자기 중개소에 상품을 보관해 주기도 했다. 만일 상품 주인이 먼 곳에서 주문을 하면 와킬은 그것들을 경매하여 팔았다. 그리고 금융 수단이 발달해서 돈을 실세로 이리저리 이동시키지 않고도 와킬이 중간에서 직업 금융가의 역할을 함으로써 물건 값을 쉽게 주고받을 수 있었다. 또 외국 상인들을 위한 푼두크나 숙소를 직접 소유하고 운영하기도 했는데 그런 점에서 서아프리카의 지주 중개 상인과 역할이 비슷했다.[8]

와킬을 직업으로 삼는 방법은 하우사에서 마이기다(지주 중개 상

---

[7] Goitein, *Mediterranean Society*, 1권 215~217쪽; 1권 183쪽 이하.
[8] Goitein, *Mediterranean Society*, 1권 186~192쪽; M. D. Bratchel, "Italian Merchant Organization and Business Relationships in Early Tudor London", *Journal of European Economic History*, 7권 5~32쪽(1978); Eliahu Ashtor, "Banking Instruments between the Muslim East and the Christian West", *Journal of European Economic History*, 1권 553~573쪽(1972).

인)가 되는 방법과 비슷했다. 와킬에 알맞은 사람은 처음에 외국 상인으로 시작했다가 카이로에서 성공하면 거래할 때 자신의 영향력과 명성을 내세울 수 있는 상인 출신이었다.[9] 초기에는 주로 자기 나라 상인들을 위해 일했지만 카이로의 와킬은 외국 상인들을 대상으로 일했다. 그러나 게니자 문서에 나타난 와킬은 장사를 그만두고 상인 유민 집단에 남아 있던 사람들을 일컬었다.

한편 파티마 왕조의 카이로를 중심으로 한 국제 무역 지대를 벗어난 곳에서는 여전히 상인 유민 집단이 활동하고 있었다. 예를 들어 서유럽과 거래하는 대부분의 무역은 기독교 상인들이 배를 타고 이슬람 항구에 왔지만 이들은 그 지역에 정착할 수 없었다. 북쪽 비잔틴에서 온 정통 기독교 상인들도 마찬가지였다. 비잔틴 상인들은 콘스탄티노플이 모든 상인 공동체가 모여 있는 중심지였고 알렉산드리아에 무역 식민지가 있었지만 카이로에는 아무것도 없었다. 스페인계 유대 인 '투델라의 베냐민Benjamin of Tudela'은 그의 여행기에서 1060년경 콘스탄티노플의 상인 공동체에는 바빌론, 세나르Sennar(지금의 수단 - 옮긴이), 메디아Media(지금의 이란 북서부 지역 - 옮긴이), 페르시아, 이집트, 가나안, 러시아, 헝가리, 스페인 출신의 상인들—그리고 약 2천 명의 유대 인이 있었다고 기록했다. 또한 알렉산드리아에는 예멘, 이라크, 시리아, 콘스탄티노플, 그 밖에 튀르크 족과 프랑크 족 출신들이 저마다 푼두크를 소유하고 있었다. 그러나 이들 푼두크는 고대 이집트의 나우크라티스에 있던 그리스 상인들의 푼두크처럼 자치권이 없었으며, 파티마 왕조 때 와킬이 운영했던 종류의, 외국 상인이 묵는 숙박 시설도 아니었다. 오히려 이것들은 이집

---

[9] Goitein, *Mediterranean Society*, 1권 191~192쪽.

트 정부가 외국 상인들을 감시하려고 세운 상인 숙소였다.[10]

국제 무역 지대가 국경을 넘어온 외국 상인들을 받아들인 것처럼 자체의 상인 유민 집단을 외국으로 내보냈다. 파티마 왕조 이후로 유대 상인들과 이슬람계 이집트 상인들은 특히 인도와 무역을 활발하게 했다. 11세기 이전 이란과 이라크, 중앙아시아 출신 상인들은 지중해를 자주 오갔다. 그러나 이제는 홍해가 중요한 교역로로 새롭게 떠오르면서 지중해 상인들이 동쪽으로 여행을 시작했다.

게니자 문서에 바로 이 무역에 대한 정보가 많이 들어 있다. 카이로 상인들은 상품을 싣고 동쪽으로 가서 대개 2~3년 동안 머물렀다. 동쪽으로 흘러온 상품들은 직물과 의복, 유리, 종이와 책, 황동으로 만든 장신구와 그릇 등이었지만 가장 중요한 수출품은 인도의 산업에 쓰는 금과 은, 구리였다. 서쪽에서 주로 수입한 물품은 향신료와 염료, 약이었고 로마 시대 이래로 그랬던 것처럼 중품 수준의 중국 자기와 비단도 있었다. 주로 카이로에서 출발하는 교역로는 나일 강 상류에서 아스완 근처까지 가서 육로를 따라 동쪽으로 이동하여 홍해에 닿았다. 아덴은 인도로 가는 길목에 있는 화물 통과 항구였다. 아덴에서 출발한 배는 인도 남쪽 해안의 항구들 가운데 한 곳만 방문했는데 그것은 항구 사용료를 중복해서 내는 것을 피하기 위해서였다. 해상 무역은 육상 무역에 비해 강도를 당할 위험이 적었지만 대개 안전을 위해 호위선과 함께 항해하거나 선주가 같은 두 대 이상의 배가 함께 항해했다.—지중해를 항해할 때도 마찬가지였

---

[10] Subhi Y. Labib, "Egyptian Commercial Policy in the Middle Ages", in M. A. Cook(ed.), *Studies in the Economic History of the Middle East*(London, 1970), 65쪽, 71쪽 ; Benjamin of Tudela, "The Perigrination of Benjamin the sonne of Jonas...", in Samuel Purchas, *Hakluytus Posthumous or Purchase His Pilgrims*, 20 vols.(Glasgow, 1905), 8권 523~593쪽.

다. 그러다 14세기쯤에는 서인도로 가는 상선들을 보호하기 위해 군인들이 함께 타기 시작했다. 이븐바투타는 활 쏘는 사람 50명, 이집트 군인 50명과 함께 배를 타고 여행했다(당시 이집트 군인은 해상 전투의 전문가들이었다).[11]

국적이 같은 상인들이 다른 나라 항구에서 꼭 집단으로 모여 살아야 하는 것은 아니었지만 대개는 가까이에 살았다. 종교가 다른 상인 공동체들은 진심 어린 친교 관계를 유지하였고 힌두교, 이슬람교, 유대교, 기독교의 경계를 넘어선 협력 관계를 갖기도 했다. 해외의 이집트 상인 공동체는 해외로 진출한 와킬알투자르 사무소의 지도 아래 있었다. 이곳의 와킬은 카이로의 와킬처럼 지주 중개 상인 역할을 했을 뿐만 아니라 지역의 정부에서 외국 상인 공동체의 우두머리로 인정받았다.—또한 항구 감독관이나 관세국의 우두머리 같은 정부의 기능도 맡아서 했다. 아덴의 유대 인 와킬은 이 모든 지위를 다 누렸으며 바그다드에 본부가 있는 유대 상인 유민 집단의 선임을 받아 유대법의 재판장 역할까지 하는, 유대 인들의 세속 지도자이기도 했다. 이슬람 인 와킬도 종종 카디cadi라고 하는 재판장의 역할을 맡았다.

12세기 후반까지 동쪽과 거래하는 무역은 지금까지의 자유롭고 개방된 지중해 무역이 지역적으로 확장된 모습이었다. 한편 카리미Karimi라고 부르는 특수한 이슬람 출신의 이집트 상인 집단이 정부의 지원을 받아 동방 무역의 주도권을 잡았다. 이들은 함께 동방 무역을 했던 콥트 상인들과 유대 상인들을 쫓아냈다. 그러나 이 부분에

---

[11] Goitein, *Studies*, 339~345쪽 ; Tapan Raychaudhuri and Irfan Habib, *The Cambridge Economic History of India*, 2 vols.(Cambridge, 1982), 1권 152쪽 이하.

대한 기록은 별로 없다. 카림Karim 상인들이 어떻게 운영되었는지, 그들의 관계는 어땠는지, 다른 나라와 관계는 어땠는지 정확하게 알 수 없다. 이들은 이집트와 예멘, 두 나라와는 관계가 좋았던 것이 분명하다. 두 나라에서 많은 돈을 빌리기도 했다. 카림의 어원은 불확실하지만 서인도 타밀 지역의 언어로 사업 또는 일을 뜻하는 카리암Karyam이라는 단어와 관련이 있는 것 같다. 그렇다면 이것은 12세기와 13세기에 우세했던 서인도 상인들의 동업 조합과 연관되어 있을 수도 있다. 어쨌든 카리미는 1429년까지 이집트 정부와 서로 절반쯤 인정하는 관계를 유지했는데, 이후로는 이집트의 술탄이 향신료 무역에 대한 왕실 독점권을 가졌고 실제로 카리미의 영향력은 여기서 끝을 맺게 되었다.[12]

무역 방식 : 지중해 기독교 국가들, 1000~1500년

지중해 북쪽 연안에 있던 기독교 국가들의 무역 관행은 종교의 차이와 상관없이 남쪽의 이슬람 국가들과 크게 다르지 않았다. 종교가 다른 두 지역은 과거 헬레니즘과 로마의 전통을 공통으로 물려받았다. 예를 들면 금융업자에게 제3자의 계좌에 돈을 지불하도록 명령하는 증서인 수표는 지중해의 두 지역에서 모두 통용되었다. 수표check라는 말은 아라비아 어 사크sakk에서 왔지만 그런 관행은 앞서 비잔틴 문명 때부터 이슬람 세계에 스며들었으며 로마의 팔레스타

---

[12] Subhi Y. Labib, "Karimi", *Encyclopedia of Islam*, 4권 640~643쪽(1979) ; Goitein, *Studies*, 351~360쪽 ; Eliahu Ashtor, "The Karimi Merchants", *Journal of the Royal Asiatic Society*, 1956년, 45~56쪽(1956) ; Subhi Y. Labib, *Handelsgeschichte Agyptens im Spätmittelalter(1171~1517)*(Wiesbaden, 1965), 339~345쪽.

인 지역까지 거슬러 올라갈 수 있다.

　이런저런 문제들로 두 지역이 주변의 다른 지역들과 갈라지게 되었는데 그 가운데는 지역적 특성의 차이도 있었다. 예컨대 샴페인 박람회처럼 해마다 열리는 국제 박람회는 북유럽의 원거리 무역에서 중요한 행사였다. 그러나 지중해 연안의 기독교 국가들에는 그렇지 않았다.—이슬람 세계는 더욱더 관심이 없었다. 지중해의 두 지역은 다른 나라에서도 지불할 수 있는, 오늘날의 환어음과 비슷한 금융 수단을 사용했다. 지불 형태와 조건도 두 곳이 비슷했다. 그러나 페르시아 만의 이슬람 지역은 이와 달랐는데 그곳은 이슬람 전 시대인 페르시아 형태를 따랐다.[13]

　그러나 지중해의 북쪽과 남쪽 지역은 원거리 무역에서 중요한 차이점이 있었다. 그중 하나가 기독교 상인들이 상업 분야와 정치·군사 권력 기관과 관계를 맺는 방식이었다.—하나는 무력으로 이익을 얻는 방법이고, 다른 하나는 평화로운 교환으로 이익을 얻는 방법이다. 달리 말하면 약탈이냐 무역이냐의 차이였다. 베니스와 제노바 Genoa(제노아는 영어 이름-옮긴이), 이탈리아 항구 도시들이 조직한 상인 유민 집단은 너무하다 싶을 정도로 무력에 의존했다. 상거래와 약탈은 분리된 것이 아니라 긴밀하게 연결되었다. 보호 비용에 대한 프레더릭 레인의 중요한 논문은 바로 이 시기 베니스의 무역 조직을 연구하여 나온 것이었다.[14]

　이와 달리 파티마 왕조와 아이유브 왕조 시대의 지중해 이슬람 지역은 상인들과 지배권자들이 이론과 실제에서 서로 다른 이해관계

---

[13] Ashtor, "Banking Instruments", 555쪽과 여기저기 참조.
[14] Frederick C. Lane, *Venice and History*(Baltimore, 1966), 383~418쪽.

를 가진, 구별된 집단의 사람들이었다. 상업은 명예로운 직업이었다. 비록 꾸란에서 고리대금을 금지하고 있고 또 도덕주의자들은 상인들이 너무 교활해서 사람들을 속인다고 비난했지만 이 지역의 상인들은 상대적으로 지위가 높았다. 국가는 외국 상인을 포함해서 상인들을 보호했다. 경제생활에 대한 통제는 겉으로는 꾸란에서 정한 세금의 종류와 수준을 따라야 하는 등 법적 제한이 있었다. 중세 이집트 정부와 같은 일부 이슬람 국가들은 때때로 국가의 이익을 위해 상업 활동에 참여하기도 했다. 그리고 이들은 대개 필요한 보석을 확보하기 위해 상업을 통제하는 것이 국가의 권리라고 생각했지만 정치와 경제 분야는 북유럽처럼 자율성을 인정했다.[15]

그러나 베니스는 달랐다. 베니스는 국가의 힘을 체계적으로 사용하는 상업 공화국이었다. 정부의 수입을 증대시키기 위해 국가 권력을 사용할 뿐 아니라, 사회·경제 계급으로서 베니스 상인의 수입을 증대시키기 위해서도 국가의 힘을 사용했다. 베니스는 비잔틴 문명의 소속 국가로 해상 무역 경험을 시작했다.—자신들의 해상 교역로를 지키고 다른 나라 배를 습격했다. 이들의 첫 번째 임무는 상품을 실어 나르는 일과 함께 '보호' 비용을 징수하는 일이었다. 10세기 중반에 이들은 이미 아드리아 해 북쪽을 지배했다.—1000년 이후로는 지금의 유고슬라비아의 달마티아 해안을 따라 아드리아 해 중앙까지 진출했다. 1082년부터 1204년까지 비잔틴 제국은 베니스 해군의 가치를 인정하고(한편으로는 그 위협을 느끼며) 베니스가 비잔틴 제국에 일상으로 지불해야 하는 세금을 면제해 주었다. 이처럼 베니

---

[15] Ann K. S. Lambton, "The Merchant in Medieval Islam", in *A Locust's Leg : Studies in Honour of S. H. Taqizadeh*(London, 1962) ; Labib, "Egyptian Commercial Policy", 74~76쪽.

스의 군사력을 인정함으로써 베니스 상선들이 다른 주요 경쟁자들보다 20퍼센트 더 높은 수입을 올릴 수 있게 해 주었다.[16]

약 1100년, 베니스의 해상 무역은 상대적으로 조용한 아드리아 해와 이오니아 해에서 경쟁이 심한 지중해 동쪽으로 진출했다. 베니스는 이 지역에서 유럽의 십자군과 정치적 역학 관계에 빠르게 얽히게 되었다. 한편으로는 십자군과 전쟁 물자를 실어 나르고 다른 한편으로는 레반트 지역의 새로운 기독교 세력들에게서 상업적 이권을 빼앗기 위해 강력한 해군력으로 위협했다.

1201년, 유럽 역사에서 제4차 십자군으로 알려진 서유럽 기독교 국가들의 원정에 대비하여 베니스는 새로운 정책을 채택했다. 베니스는 서유럽 십자군 운동의 주도 세력과 계약을 맺어 초기에 베니스가 십자군의 수송을 책임져 주면 십자군은 베니스가 아드리아 해의 기독교 도시 국가인 자라Zara를 공격할 때 도와주기로 했다. 결국은 시작부터 이미 계획되었던 것처럼 십자군 원정은 레반트 지역의 이슬람 세력을 공격하는 것에서 전 비잔틴 제국을 공격하는 것으로 바뀌었다. 1204년, 콘스탄티노플이 마침내 십자군의 수중에 떨어졌다. 그때부터 1261년까지 그리스의 비잔틴 제국이 사라지고 동방의 라틴 제국이 탄생했다. 실제로 콘스탄티노플의 중앙 권력은 사라졌고 실질 권력은 십자군 지도자들의 손으로 넘어가 비잔틴 제국의 영토는 이들의 봉토로 나누어졌다.[17]

여기서 베니스 인들은 중요한 선택을 했다. 이들은 콘스탄티노플을 정복한 자신의 동맹국들과 함께 유럽의 봉건 귀족으로서 권력을

---

[16] 베니스 경제에 대한 일반서로는 Lane, *Venice and History*, 386~388쪽, 392쪽 ; Frederick C. Lane, *Venice : A Maritime Republic*(Baltimore, 1973)을 참조.
[17] Lane, *Maritime Republic*, 312~343쪽.

갖는 대신에 자신들이 이룩한 상업적 과두 권력의 표준과 행동 양식을 포기할 수도 있었다. 예를 들면 이들은 서유럽 국가들이 과거에 예루살렘 왕국을 세웠을 때처럼 비잔틴 제국의 중요한 지역을 지배할 수도 있었을 것이다. 그러나 이들은 이 승리를 활용해서 자신들이 중심지라고 선택한 지역에 있던 초기 상태의 해상 무역 상인 집단을 군사적 통제를 갖춘 완전한 교역소로 전환했다. 평화로운 정착 단계 때부터 베니스는 과거 자신들이 누렸던 상업적 이권을 다시 확인하고 거기에 덧붙여 콘스탄티노플의 부두와 조선소 지역을 차지했으며(콘스탄티노플 도시는 다른 나라에 넘겨줌), 또한 베니스의 무역을 보호하고 더 활성화하기 위해 중요한 전략 거점 여러 곳을 확보했다. 그 중심지가 레반트 지역과 이집트로 가는 교역로와 함께 에게 해와 흑해로 가는 길목에 있는 크레타 섬이었다. 에게 해의 북쪽 교역로는 네그로폰테Negroponte와 모돈Modon, 펠로폰네소스 반도의 남쪽 끝에 있는 코론Coron이 강력하게 뒷받침해 주었다. 그리고 팔레스타인 지역의 아크리Acre(아코Akko라고도 함 – 옮긴이)에 있는 베니스 상인 집단 거주지가 나중에 더해졌는데 흑해 연안을 따라 다른 나라 상인 유민 집단도 함께 있었다. 그곳에서 베니스 상인 유민 집단은 카스피 해를 따라 북동쪽으로 가서 중앙아시아를 거쳐 실크 로드를 따라나섰던 육상 무역 상인들을 만났다.[18]

베니스는 교역소 형태의 해상 무역에서 선두 주자였지만 다른 도시들은 베니스를 따르지 않고 피사나 제노바의 무역 형태를 따랐다. 이곳 상인들은 레반트 지역의 십자군들에게 물자를 공급하는 사업으로 꽤 수익을 올리고 있었다. 피사는 13세기 중반에 1위 자리에서

---

[18] Lane, *Maritime Republic*, 87~117쪽.

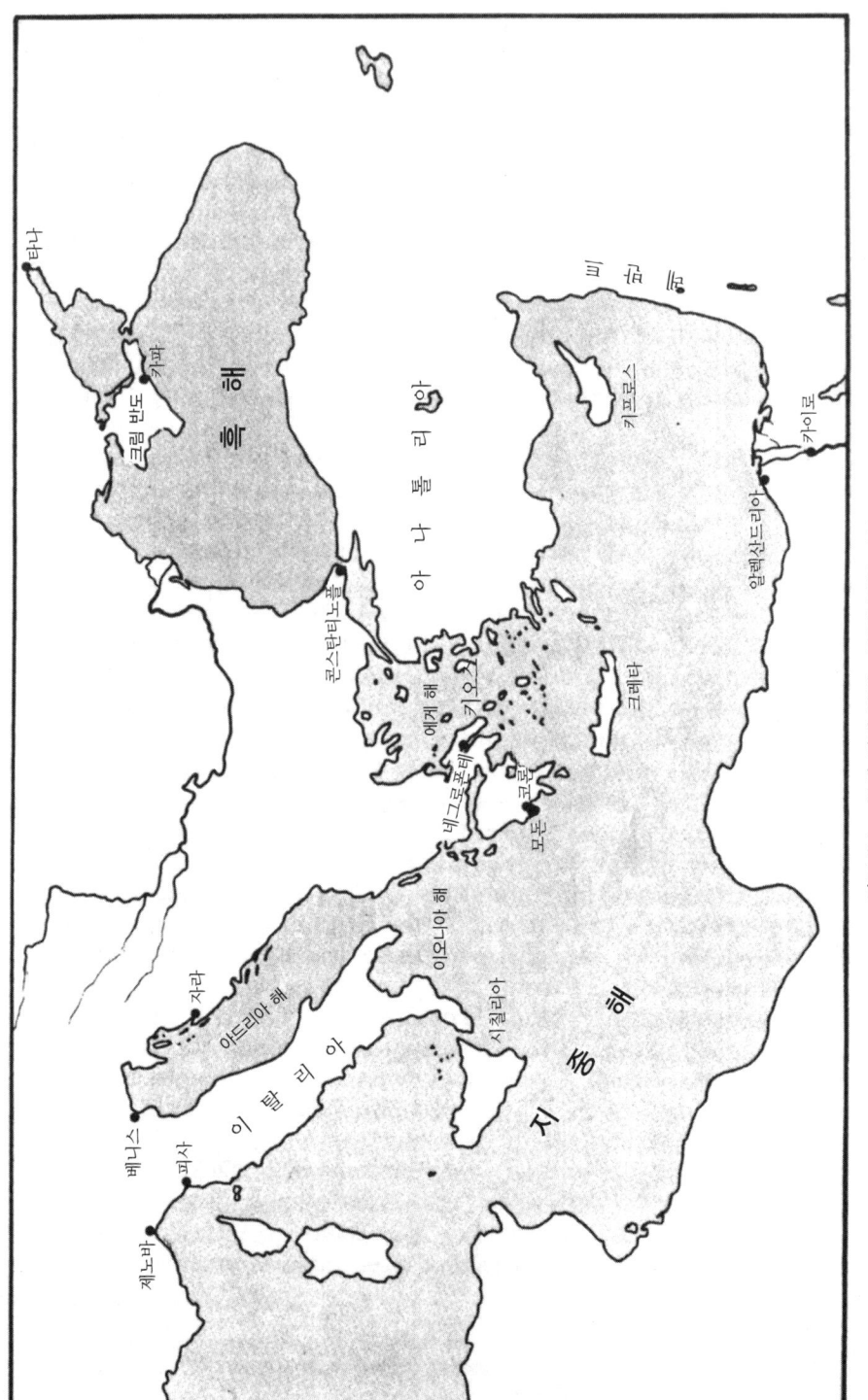

지도 6.1 _ 중세 시대 말의 지중해 동쪽 지역

밀려났지만 1250년대 들어 제노바가 군사적으로나 상업적으로 베니스를 위협하며 성장했다. 베니스는 제노바와 첫 번째 전쟁에서 이겼지만, 제노바는 1261년 미카엘 팔레올로그Michael Paleologue가 다시 비잔틴 제국의 왕위에 올라 미카엘 8세가 되는 것을 도왔다. 그 대가로 제노바는 베니스가 반세기 전부터 차지하고 있던 에게 해의 키오스Chios 섬과 크림 반도의 카파Kaffa, 콘스탄티노플에서 골든 혼Golden Horn(터키 이스탄불의 내항 – 옮긴이)을 거쳐 페라Pera에 이르는 지배권을 포함해서 과거 베니스가 누렸던 교역소의 이권을 모두 가져갔다. 베니스가 비록 이집트와 지중해 동쪽에서는 여전히 무역을 지배하고 있었지만 흑해 지역의 무역에서는 제노바가 최고의 자리를 차지했다.

세월이 많이 흐른 후에 베니스 상인과 제노바 상인과 그 후손들은 교역소 형태의 해상 무역을 대서양 지역으로 널리 퍼뜨렸다. 그러나 당분간 지중해와 중국 사이의 긴 해상 교역로를 중심으로 하는 해상 무역의 형태가 대세가 되었고 교역소 형태의 무역은 드물었다.

아시아 무역의 재편, 1250~1500년

이 시기 아시아 해상 무역에서 일어난 가장 중요한 변화는 선박 기술의 두드러진 발달이었다. 초창기에는 작은 짐을 싣고 많은 인건비를 들여 겨우 짧은 거리만 오갈 수 있는 무역이었다. 800년경 아바스 왕조와 당나라의 번영기에도 원거리 화물은 적은 양의 고가품으로 한정했다. 그러나 11세기와 12세기에는 화물의 종류가 향료와 약에서 대량 소비 품목인 모직과 후추 같은 양념으로 바뀌었다. 13세기에 들어서는 대량의 일용품을 해상 무역으로 거래하기 시작했다. 유럽으로 들어온 후추와 향신료는 인도양을 오가는 무역 물품의 극히 일부분이었다. 이제는 더 많은 제조품과 목재 같은 원자재, 쌀, 설탕, 밀, 보리, 소금 같은 식료품이 대량으로 배에 실려 인도양을 오갔다.

해상 무역의 화물 종류가 사치품에서 대량 화물로 바뀐 것은 교역되는 화물의 순량이 엄청나게 증가했다는 것을 말해 주며 이는 세계의 주요 바다에서 선박 기술이 발달했다는 것을 뜻한다. 지중해에서는 100톤에서 250톤까지 싣고 왕복 항해할 수 있는, 베니스의 갤리선galley(2단으로 노가 달린 돛배-옮긴이) 같은 선박을 제조할 수 있을 정도로 조선술이 발달했다. 예전부터 이미 인도양을 항해하던 다우선dhow(인도양과 아라비아 해 연안 무역 범선-옮긴이)도 배의 크기가 커져서 100톤에서 400톤까지 짐을 나를 수 있었다. 그중 큰 배는 승무원과 승객 외에도 70마리의 군마와 100명의 군인을 함께 실을 수 있을 정도였다. 아라비아 해를 지나는 배들은 대부분 서인도의 티크 목재로 만들어졌다. 그러나 그 당시에 만들어진 배 가운데 가장 눈에 띄는 것은 12세기 중국 송나라 초기에 만들어진 정크선junk(중국에서 만든, 돛대가 세 개이고 밑바닥이 평평한 배-옮긴이)이었다. 이 배는 이전에 만든 어떤 배보다 크고 항해하기 좋았다. 그리고 이때 벌써 자기 나침반 같은 새로운 항해 기기를 사용하기 시작했다. 정크선은 후에 동남아시아의 열대 삼림에서 만들어지기도 했지만 주로 남중국해의 무역에서 활약했다.[19]

---

[19] Richard W. Unger, *The Ship in the Medieval Economy, 600~1600*(London, 1980), 특히 161~195쪽; G. F. Hourani, *Arab Seafaring in the Indian Ocean in Ancient and Early Medieval Times*(Princeton, N.J., 1951) ; Archibald Lewis, "Maritime Skills in the Indian Ocean, 1368~1500", *Journal of the Economic and Social History of the Orient*, 16권 238~264쪽(1973) ; Joseph Needham, *Science and*

아시아 해상 무역의 이 같은 배경과 달리 북쪽 스텝 지역에서 급격하게 성장한 몽골 세력은 처음에는 별로 관심을 받지 못했지만 나중에는 점점 세력이 커져 영향력이 미치지 않는 곳이 없었다. 몽골족의 정복은 13세기 초 사반세기 동안 칭기즈 칸이 스텝 지역의 유목 민족을 통일하면서 시작되었다. 그다음 1217년에서 1280년까지 중국을 시작으로 아시아 북쪽 지역과 중앙아시아 전 지역, 그리고 동유럽까지 정복했다. 전쟁으로 사방이 엄청나게 파괴되었지만 새로운 지배자들이 아시아를 대부분 통일했으므로 상인들은 흑해 연안에서 중국까지 단일 권력 아래서 안전하게 이동할 수 있었다. 과거에 비해 아시아의 육상 교역로는 상인들에게 개방되었고 이 상태는 1250년에서 1350년까지 약 100년 동안 지속되었다.[20] 그 이후 몽골 제국은 여러 개의 칸의 영토로 갈라져 분쟁을 일삼았다. 이제 몽골 제국을 직통으로 연결하는 교역로는 주로 자기 영토 안의 무역에만 이용되었고, 가끔 원거리 무역이 이루어질 때도 있었다. 그러나 무정부 상태와 전쟁이 반복되자 상인들은 유로보디는 해상 교역로를 선호하게 되었다. 1400년 이전에는 대부분 원거리 무역을 해상으로 해야 했다. 아시아 북쪽 지역의 이런 변화는 아시아 역내 해상 무역의 발전과 상호 작용하여 15세기에 접어들자 아프로-유라시아 해안 지역에서 해상 무역이 최고의 전성기를 맞이할 수 있는 계기를

Civilization in China, vol. IV, Part III, *Civil Engineering and Nautics*(Cambridge, 1971), 359~656쪽. 이 기간의 아시아 무역에 대한 내용은 John F. Richards, "Precious Metals and the Pattern of Commerce in the Late Medieval World Economy"(출판되지 않은 등사본 자료임) ; Lewis, "Maritime Skills", 258~260쪽 ; Raychaudhuri and Habib, *Economic History*, 1권 125~159쪽의 도움을 많이 받았다.

[20] 몽골 제국에 대한 이야기는 Luc Kwanten, *Imperial Nomads : A History of Central Asia, 500~1500 A.D.*(Philadelphia, 1978)를 참조.

마련해 주었다.

이 시기 여러 무역 집단은 나름의 방식대로 이런 변화에 대응했다. 그러나 이것을 좀 더 포괄적으로 일반화해서 말할 수도 있다. 1250년 이전의 세기는 중국과 서유럽 둘 다 보기 드물게 기술이 발전한 시기였다. 그리고 그다음 세기에는 둘 다 큰 위기를 겪었는데, 유럽은 흑사병과 백 년 전쟁을 경험했고 중국은 몽골의 침입과 전국에 걸친 역병에 시달려야 했다. 그러나 두 곳은 모두 과거 아바스 왕조의 이슬람 중심 지역과 달리 위기에서 벗어날 수 있었다. 1258년 몽골이 바그다드를 정복한 다음 이라크와 이란에 있던 옛 이슬람 중심지는 매우 느리게 회복되었다. 이집트와 시리아(이집트의 통제 아래 있던)는 몽골의 공격에 끝까지 저항했지만 직물 생산과 같은 중요한 기술을 가진 서유럽에는 계속해서 뒤처졌다. 구세계의 지도자였던 중동의 이슬람 세계는 이제 더는 그 자리를 유지할 수 없게 되었다. 세계의 새로운 중심지로 유럽과 인도, 중국이 떠오르기 시작했고 이후 250년 동안 세계에서 가장 역동적이고 생산적인 경제 대국으로 성장하게 된다.[21]

중동이 이렇게 쇠퇴하게 된 까닭은 교역로가 바뀐 데 있었다. 이제 이란과 중앙아시아를 지나는 육상 교역로도, 지중해에서 인도양으로 가는 페르시아 만 해상 교역로도 중요해지지 않았다. 또 기독교 국가들은 이슬람 국가들이 지중해에서 잡고 있던 해상 교역의 주도권을 침해하기 시작했다. 이집트에서 유럽으로 가는 지중해 길목

---

[21] Ashtor, *A Social and Economic History of the Near East in the Middle Ages* (Berkeley, 1976), 여기저기 참조 ; Charles Issawi, "The Decline of Middle Eastern Trade, 1100 ~1850", in D. S. Richards(ed.), *Islam and the Trade of Asia : A Colloquium* (Philadelphia, 1970).

은 베니스가 지배하고, 홍해를 지나가는 해상 교역로는 카리미 상인들과 이집트 정부가 지배했는데, 이 길은 이 지역에서 동쪽으로 가는 해상 무역의 80퍼센트 정도를 차지했다.22

또한 새로운 무역의 흐름도 나타났다. 1250년 이후 동아프리카 해안을 따라 남쪽 아래로 이어진 교역로가 새롭게 중요성을 띠게 되었다. 15세기가 끝나 갈 즈음 아라비아 인과 페르시아 인들이 세운 30~40군데의 독립 도시가 소말리아에서 소팔라까지 해안을 따라 흩어져 있었다. 모두 독립된 도시 국가 형태였고 아프리카 출신의 상인 공동체가 도시를 관리했다. 가까운 내륙에 이들을 지배하는 더 큰 정치 조직은 없었다. 도시들은 주변을 돌로 쌓아 요새처럼 만들었는데, 흔히 베니스가 만든 교역소와 비교하기도 하지만 도시들은 교역소 형태처럼 아라비아 해안이나 아프리카 해안에 본부를 두고 정치적으로 연결되지는 않았다. 때때로 특정 도시에서 이웃한 도시에 지배력을 행사하는 경우도 있었지만 오래 지속되지는 않았다. 한편 1500년 이전에 해마다 인도양의 무역 체계를 통해 북쪽으로 흘러 들어가는 금의 양은 평균 1톤이었다. 금과 은을 기본으로 하는 세계 경제 체제는 금을 얻기 위해 짐바브웨와 관계를 맺었다. 이미 수단 서쪽 지역은 사하라 사막 무역으로 세계 경제에 편입된 상태였다.23

중동에서 인도로 경제의 중심이 옮겨 감에 따라 아라비아 해의 무

---

22 Lewis, "Maritime Skills".
23 Neville Chittick, "East Africa and the Orient : Ports and Trade Before the Arrival of the Portuguese", in UNESCO, *Historical Relations Across the Indian Ocean*(Paris, 1980) ; Philip D. Curtin, "Africa in the Wider Monetary World, 1250~1850 A.D.", in John F. Richards(ed.), *Silver and Gold in the Medieval and Early Modern Worlds*(Chapel Hill, N.C., 1983).

역 형태도 변하기 시작했다. 13세기 말에 이르러 아라비아와 페르시아 해상 무역 상인들은 인도 상인들에게 주도권을 빼앗겼다. 북인도의 경제가 이슬람 침입 이후 점점 회복되기 시작했고 새로운 수준의 생산성으로 발전했다. 인더스 강과 갠지스 강 유역의 심장부는 구자라트의 서쪽 해안 항구들, 특히 캄베이Cambay에서 바로 들어갈 수 있었다. 인도의 경제 성장은 구자라트 해운업자들이 인도양에서 성장할 수 있는 길을 열어 주었다. 16세기 초 인도를 방문한 포르투갈 사람 토메 피르스Tome Pires는 "캄베이는 두 지역으로 뻗어 있는데 오른쪽은 아덴 쪽이고 왼쪽은 말라카 쪽이다. 두 곳 모두 가장 중요한 항해 지역이다."라고 썼다.[24]

15세기에 북인도의 번성으로 혜택을 입은 구자라트는 인도양에서 가장 중요한 상인 유민 집단의 심장부가 되었고 17세기 후반까지도 유럽과 경쟁에서 그 자리를 지켰다. 이 기간에 구자라트 상인들은 주로 힌두교인이었는데 그들 가운데 일부는 자이나교도도 있었고 이슬람교도도 점점 늘어나는 추세였다. 이들은 여러 지역의 항구에 무역 공동체를 세웠다. 인도의 푸들리카트Pudlicat, 말레이 반도의 멜라카가 유명하다. 1500년 당시 약 천 명의 구자라트 상인이 해마다 그곳에 살았다.[25]

인도에서 원거리 무역은 대부분 직업 상인 계급이 지배했는데 그 중에서도 코로만델 해안 북쪽 지역에 사는, 텔라구Telagu 말을 하는 상인 집단 클링Kling과 같은 해안의 남쪽 지역에 사는, 타밀 말을 하는 상인 집단 체티스Chettis가 중심이었다. 과거에 아라비아 상인과

---

[24] Tome Pires, *The Suma Oriental of Tome Pires*, 2 vols.(London, 1944), 1권 42쪽.
[25] Lewis, "Maritime Skills", 243쪽 이하 ; Raychaudhuri and Habib, *Economic History*, 1권 127~128쪽.

페르시아 상인들이 장악했던 벵골 만의 해상 무역을 인도 상인들이 대체하면서 클링과 체티스는 남인도 무역에서 자신들의 영역을 활발하게 확장해 나갔다. 그러나 말라바르Malabar 해안과 코로만델 해안의 남부 지역 항구 도시들에는 이전부터 살아온 상인 유민 집단이 남아 있었다. 이들은 네스토리우스교도와 유대교도, 그리고 과거 이곳에 와서 이 지역 여성과 결혼한, 아라비아와 페르시아 상인들 때부터 내려온 거대한 이슬람 공동체였다.

이 시기에 남인도 무역은 이전보다 활동하는 데 제한이 적었다. 유적지 벽에 새겨진 비문을 보면, 지난 8세기 이후로 강력한 상인 동업 조합이 이 지역 안팎에서 이루어지는 무역을 대부분 통제했다. 가장 강력한 동업 조합은 아이야볼레Ayyavole였는데 오늘날 비자푸르Bijapur(인도 카르나타카 주 북부에 있는 도시 – 옮긴이)에 본부가 있었다. 이들은 남인도 지역 전체와 서쪽으로는 멀리 페르시아까지, 동쪽으로는 인도네시아까지 집단 거주지가 있었다. 이들은 경제적 통제 체계라기보다는 정교한 군사 사회 조직이었는데 아마도 군사력을 갖춘 교역소나 이집트의 카리미 상인들처럼 활동했을 것으로 보인다. 그러나 자료가 별로 없어 확인할 길은 없다. 카리미 상인들처럼 강력한 상인 동업 조합 조직은 15세기까지 유지되었다.[26]

동남아시아 지역에서도 무역 활동은 전보다 훨씬 자유로웠다. 7세기부터 12세기까지 스리비자야Srivijaya는 수마트라 동쪽에 있는 수도

---

[26] Lewis, "Maritime Skills", 245쪽 이하 ; K. R. Venkatarama Ayyar, "Medieval Trade, Craft, and Merchant Guilds in South India", *Journal of Indian History*, 25권 269~280쪽(1947) ; A. Appadorai, *Economic Conditions in South India, 1000~1500 A.D.*, 2 vols.(Madras, 1936~1951), 1권 379쪽, 391쪽 이하 ; Burton Stein, "Coromandel Trade in Medieval India", in John Parker(ed.), *Merchants and Scholars*(Minneapolis, 1965).

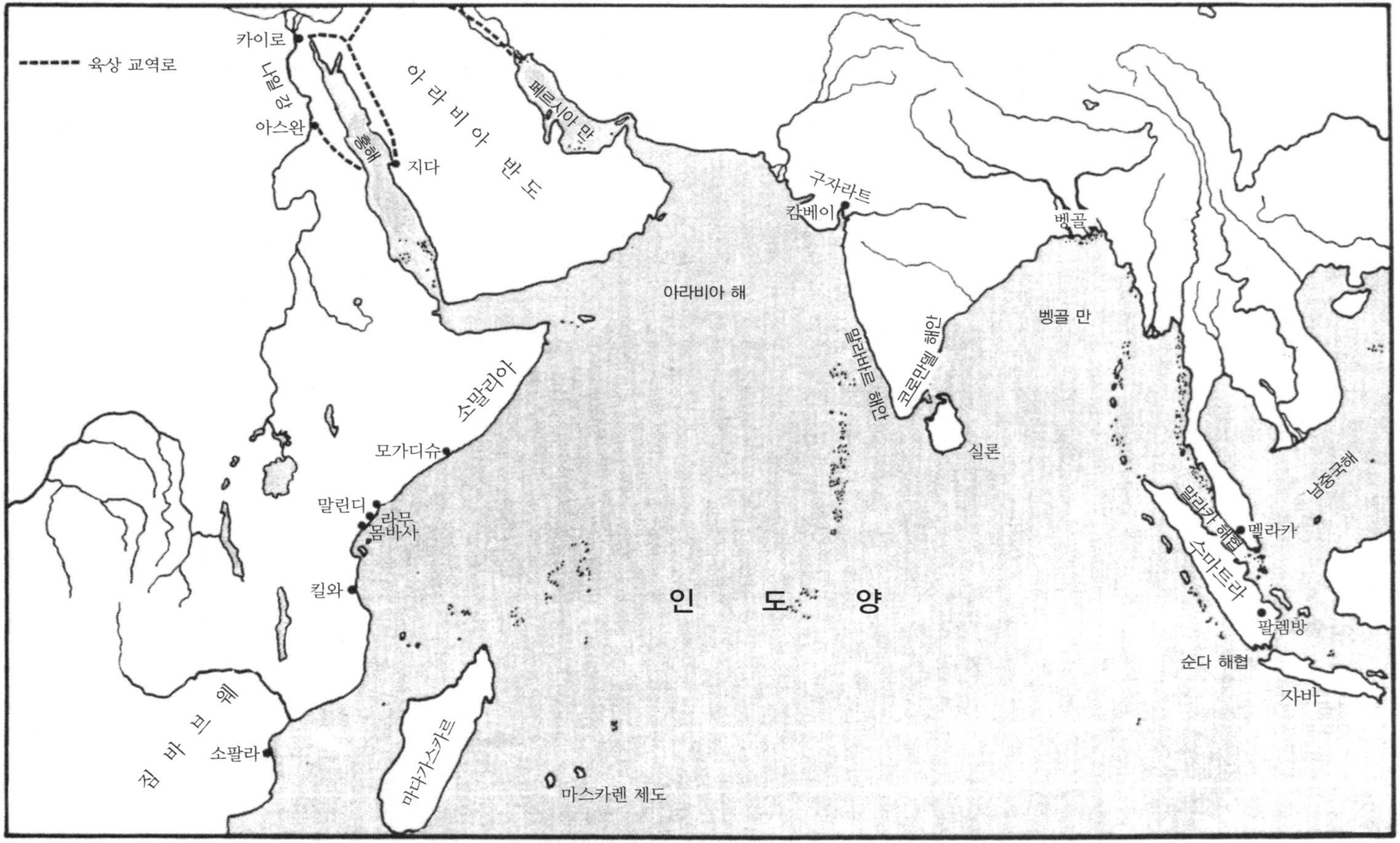
육상 교역로
카이로
나일 강
아스완
홍해
지다
아 라 비 아 반 도
페르시아 만
구자라트
캄베이
벵골
아라비아 해
벵골 만
말라바르 해안
코로만델 해안
실론
소말리아
모가디슈
말린디
라무
몸바사
킬와
인 도 양
말라카 해협
멜라카
남중국해
수마트라
팔렘방
순다 해협
자바
짐 바 브 웨
소팔라
마다가스카르
마스카렌 제도

지도 6.2 _ 인도양

팔렘방Palembang을 중심으로 이 지역의 무역을 다양하게 통제하기 위해 애썼다. 절정기에는 순다 해협Sunda Straits(자바 섬과 수마트라 섬 사이-옮긴이)과 말라카 해협(말레이 반도와 수마트라 섬 사이-옮긴이)을 지배했다.27 그러나 지금은 동남아시아 섬 가운데 가장 강력한 힌두 국가인 마자파히트Majapahit가 그 뒤를 이었고, 본디 해양 세력이 아니었던 이들은 1400년 이후 쇠퇴하고 말았다. 자바 섬에서는 작은 이슬람 무역 국가들이 권력을 나눠 가졌는데, 덕분에 무역 상인들은 훨씬 자유롭게 이동할 수 있었고 자신들에게 이익을 얻고 싶어 하는 지배자들의 지원을 받기도 했다. 이런 무역 환경 때문에 서쪽에서는 코로만델 해안과 구자라트 지역의 인도 상인들이, 북쪽에서는 중국 상인과 류큐Ryukyu, 琉球 열도의 상인들이, 그리고 버마, 시암Siam(지금의 타이-옮긴이), 자바 등 동남아시아 상인들이 이곳으로 몰려왔다.

반면에 중국은 예전부터 외국 상인들을 대하는 무역 정책과 태도가 남달랐다. 중국 경제 정책에는 공자의 유교 사상과 관련해서 상업을 천시하는 태도가 오랜 전통으로 남아 있었다. 실제로 중국은 대부분의 다른 사회들과 마찬가지로 상인들을 좋게 생각하지 않았다. 그러나 본디 공자의 가르침에는 양면성이 있어서 국가가 적절하게 상업을 통제하는 것이 좋다는 사상이 밑바닥에 깔려 있었다. 송나라와 원나라, 명나라 초기(960년에서 1430년까지)에 걸쳐 중국은 예전에 볼 수 없었던 해상 무역의 전성기를 누렸다. 과거 조공 무역의 행태가 남아 있기는 했지만 그것은 그리 중요한 문제가 아니었다. 대부분의 외국 무역은 비록 정부가 관리한다고 해도 민간 무역이었

---

27 O. W. Wolters, *Early Indonesian Commerce : A Study of the Origins of Srivijaya* (Ithaca, N.Y., 1967).

다. 오히려 국가가 이것을 장려하는 분위기였다. 외국 무역은 몇몇 항구로 제한했는데, 예전에 광저우 한 곳으로 제한했던 것처럼 한 곳의 항구로 제한하는 경우가 많았다. 이후 더 많은 항구가 개방되었지만(송나라 때는 일곱 군데에서 아홉 군데까지 개방했다) 중국에서 가장 중요한 항구는 이제 광저우에서 아라비아와 서유럽에서 자이툰Zaitun이라고 불렸던 취안저우Quanzhou, 泉州(타이완 반대편 중국 본토에 있고 Ch'uanchou라고도 씀)로 바뀌었다. 다음은 13세기 말 마르코 폴로가 이곳을 방문하고 나서 쓴 글이다.

이곳은 모든 인도 배가 정박하는 항구인데 매우 값비싼 상품과 귀중한 보석이 많고 커다랗고 멋진 진주도 많다. 또 이곳은 '만지Manji[푸키엔Fukien(지금의 푸젠 성Fujian, 福建省을 말함 — 옮긴이)]'로 떠나는 곳이기도 하다. 그곳에서 여러 곳으로 갈라진다. 한마디로 말하면 이 항구에서 많은 상품과 보석과 진주가 수송되는데 정말 멋진 광경이다. 부두에서 이 모든 것이 만지의 전 지역으로 분배된다. 그리고 알렉산드리아나 그 밖의 서유럽 국가로 보내는 배 한 척 분량의 후추가 이 자이툰 항구에 백 더미는 있다고 분명하게 말할 수 있다.[29]

---

[28] Thomas A. Metzger, "The State and Commerce in Imperial China", *Asian and African Studies*, 6권 23~46쪽(1970).

[29] 마르코 폴로와 관련한 내용은 D. Howard Smith, "Zaitun's Five Centuries of Sino-Foreign Trade", *Journal of the Royal Asiatic Society*, 1958년호, 165~177쪽(1958), 168쪽에 나오는 베네디토Benedetto 번역본(London, 1931)을 인용했다. 또 Jung-pang Lo, "Maritime Commerce and its Relation to the Sung Navy", *Journal of the Economic and Social History of the Orient*, 12권 57~101쪽(1969) ; Edwin O. Reischauer and John K. Fairbank, *East Asia : The Great Tradition*(Boston, 1960), 211~224쪽을 참조.

또한 중국은 해상 무역이 성장하면서 자바의 북쪽 해안에 있는 항구 도시들을 비롯해서 동남아시아 지역에 처음으로 중국 상인 정착촌을 만들었다. 곧이어 중국 상인들은 서쪽으로 말레이 반도와 수마트라 섬, 남동쪽으로 티모르 섬, 그 위 북쪽으로 필리핀까지 또 다른 상인 정착촌을 세웠다.30 그리고 중국 배들은 12세기 스리비자야의 쇠퇴와 함께 인도양으로 항해하기 시작했다. 그러나 교역을 위한 항해는 인도를 넘어간 적이 별로 없었다.

한편 1405년부터 1433년까지 중국 황실은 일곱 번에 걸쳐 인도양으로 해군 원정을 보냈다. 중국 해군은 아라비아 반도의 아덴까지 여러 번 갔으며 때때로 동아프리카 해안까지 나아간 적도 있었다. 비록 이들이 돌아올 때 황실에서 좋아할 만한 선물이나 조공품, 희귀한 물건들을 가져오긴 했지만 항해는 교역을 위한 작은 규모의 원정이 아니었다. 원정을 떠날 때마다 60척의 배와 2만 5천 명의 남자가 동원되었다. 때때로 무력 충돌이 일어나는 지역도 있었지만 이들의 주요 목적은 군사적인 것이 아니었으므로 인도양에 중국의 해군력을 배치하려는 노력은 하지 않았다. 만약 이들이 원정을 지원하고 이끌었던 황실 환관들의 개인적 호기심을 넘어서는 이해관계를 드러냈다면 이 원정은 중국 조공 체계의 전망을 확대하는 계기가 되었을 것이다(그러나 중국이 인도양에 진출함으로써 그 지역의 상업 세계가 이미 중국에 영향을 끼쳤고 황실이 바뀌어도 그 영향이 계속되었다는 사실

---

30 M. A. P. Meilink-Roelofsz, *Asian Trade and European Influence in the Indonesian Archipelago between 1500 and about 1630*(The Hague, 1962), 25~26쪽 ; Milagros C. Guerrero, "The Chinese in the Philippines, 1570~1770", in Alonso Felix, Jr.(ed.), *The Chinese in the Philippines*, 2 vols.(Manila, 1966) ; F. Hirth and W. W. Rockhill, "Introduction", in *Jukua Chau : His Work on the Chinese and Arab Trade in the 12th and 13th Centuries, Entitled Chuy-fan-chi*. 1911년 초판 발간(Taipei, 1970).

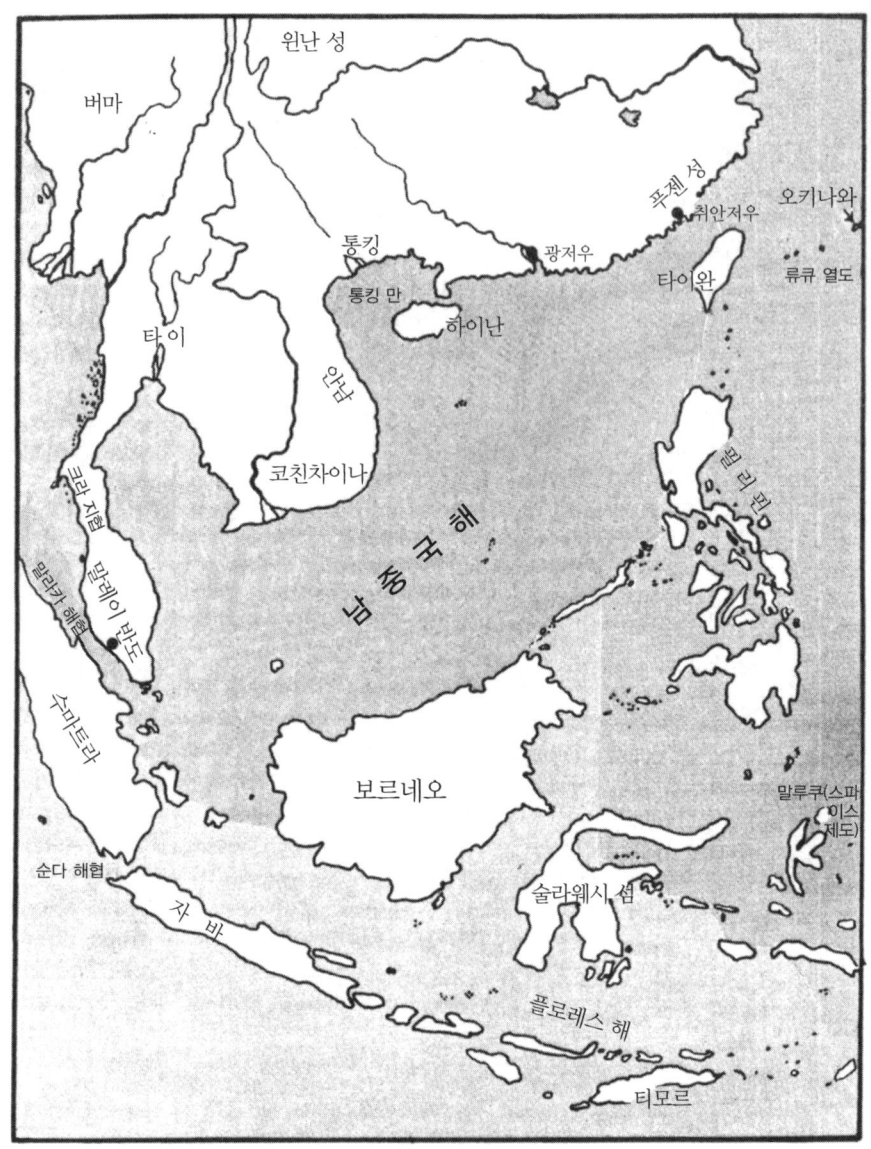

지도 6.3 _ 남중국해

은 주목할 가치가 있다. 원정대를 지휘한 장군은 황실의 환관이었지만 그는 윈난 성 출신의 이슬람교도였다. 그리고 그의 아버지는 메카까지 성지 순례를 떠나기도 했다).

1433년 해군 원정은 처음 시작했을 때처럼 갑자기 중단되었다. 더 나아가 명나라 관리들은 해외로 나가는 모든 중국 무역을 금지하려고 시도했다. 반反상업주의는 송나라와 원나라 때 좀 누그러졌던 신유학 사상에 그 뿌리를 두고 있다. 명나라 후기에 외국인들에 반발하면서 그 한 부분으로 일어난 현상이었다. 그리고 이렇게 상인과 외국인을 반대하는 태도는 19세기까지 중국 정책의 주요 요소로 남아 있었다.[31] 그러나 중국 황실의 금지 명령과 실제 중국 항구에서 일어나는 현실은 거의 일치하지 않았다. 중국 정부는 자국 상인들을 집에 머무르게 하려고 힘썼지만 남중국해의 해상 무역은 이미 교역이 개방된 새로운 지역의 일부가 되었다.

비록 일부 중국 상인들이 법을 어기고 인도까지 멀리 항해를 계속했지만 이제 이 지역에는 과거 중국이 주도권을 잡았던 해상 무역 역할을 대체할 다른 지역 사람들이 나타나기 시작했다. 이미 동남아시아에 정착했던 해외의 중국 상인들이 동남아시아의 다른 나라 상인들과 함께 중국 무역에 뛰어들었다. 15세기 말에는 중국 해안에서 벗어난 류큐 열도의 오키나와 섬에 있는 작은 왕국들이 이 시장에 발을 내딛고 중국과 일본, 말라카 해협 사이의 무역에서 한몫을 담당하기 시작했는데 이것이 오키나와의 황금시대를 열어 주는 경제적 발판이 되었다.[32]

---

[31] Needham, "Abstract", 147쪽 ; Reischauer and Fairbank, *East Asia*, 321~325쪽 ; Tatsuro Yamamoto, "Chinese Activities in the Indian Ocean Before the Coming of the Portuguese", *Diogenes*, 3권 19~34쪽(1981).

인도양 동쪽의 무역 방식

과거 헬레니즘 시대와 파티마 왕조 때 지중해 남쪽 바다가 국제 무역의 중심이었던 것처럼 15세기에는 인도양과 남중국해가 새로운 국제 무역 지대로 떠올랐다. 그러나 이번에는 상황이 조금 달라졌다. 한나라 때 이후 중국의 국내 무역이나 헬레니즘과 로마 시대 무역은 단일한 지대에서 상호 교류가 이루어졌다. 또한 정부의 강력한 보호 아래 있었다. 물론 파티마 왕조 때는 로마 때보다 그 힘이 좀 약했다. 그러나 인도양에 형성된 새로운 무역 지대는 군사와 정치 세력이 여럿으로 분산되어 있었다. 또한 그 안에는 다양하고 중요한 문화가 공존했다.―헬레니즘이나 파티마 왕조 때의 문화적 동질성과는 거리가 멀었다. 그 대신 새로운 국제 무역 지대는 내륙의 상인 중심지와 해안의 항구 도시들이 이어진 하나의 망이었는데, 5~6개의 주요 항구는 다시 40~50개의 작은 항구들과 연결되어 있었다. 어쨌든 이 망은 공통의 문화를 가진 지대는 아니었다.―하지만 교역 문화는 같았다. 이 체계는 규율이 문자로 씌어져 있지는 않았지만 이들이 공유하고 있던 규율에 따라 교역을 하려는 사람은 누구나 자유롭게 들어올 수 있는 정교하고 다면적인 상인 유민 집단이었다.

항구에서 무역 상인들은 물품을 안전하게 보관하고 금융 서비스를 받을 수 있기를 바랐고 다양한 시장 정보를 얻는 것과 함께 적당한 수준의 보호 비용을 지불하고자 했다. 체계 안으로 들어오는 것은 자유였지만 그렇다고 제한이 전혀 없었던 것은 아니고 대개는 같

---

32 Richards, "Precious Metals"; Shunzō Sakamaki, "Ryukyu and Southeast Asia", *Journal of Asian Studies*, 23권 383~390쪽(1964).

은 문화권의 사람들끼리 관계를 맺었다. 항구에서 대부분의 상인들이 자신들에게 숙박을 제공하고 중간에서 거래를 이어 주는 역할을 하는 사람으로 자기 고향 출신을 찾았다는 사실은 과거 상인 유민 집단이 남긴 전통 가운데 하나였다. 이 같은 화물 집산 항구로 중요한 곳이 알렉산드리아, 아덴, 캄베이, 멜라카, 취안저우 같은 항구 도시였다. 이 밖의 항구는 북동쪽으로는 일본, 남서쪽으로는 소팔라까지 널리 흩어져 있었다.

12세기에 스리비자야가 쇠퇴한 이래로 어떤 나라도 이 체계를 지배하려고 힘쓰지 않았다. 15세기 중반 이후 중국만이 자국 상인들의 무역 활동을 규제하고 막으려고 했다. 어떤 지역에는 해적이 자주 나타나서 군인들을 태우고 항해해야 했다. 그러나 이슬람이 세력을 잡은 후 지중해를 갈라 놓은 종교 갈등 같은 영향에서 무역은 상대적으로 자유로웠다. 그때까지 남아 있던 상인 유민 집단은 자기 역할을 계속했지만 베니스와 제노바 형태의 군사력을 갖춘 교역소는 사라지거나 규모가 작아져서 별로 중요하지 않게 되었다.

무역 체계에서 가장 중심이 되는 요소는 도시였다.—때로 광저우나 취안저우처럼 주요 제국에 속한 도시일 수도 있고 캄베이처럼 지역의 유력한 정부 가운데 하나일 수도 있고 멜라카나 아덴처럼 단순한 도시 국가일 수도 있다. 항구 도시들은 여러 지역의 물품 공급과 소비를 통합하는 일을 했다. 무역 체계가 보존되고 있던 16세기 초 이 지역을 방문했던 유명한 여행가 토메 피르스는 35군데 이상의 소구역이 상호 작용하면서 국제 무역 경제가 움직이고 있다고 묘사했다.33 소구역은 지리학자들이 말하는 중심부 이론의 다기능 계층 구조 같은 것에 끼워 넣을 수 있지만 계층과 계층을 분리하기 위해 다른 요소들을 사용한다. 유럽과 중국, 인도 같은 아대륙亞大陸은 강력하고 매우 안정된 국가 체계를 갖춘 중심 지역으로 생각할 수 있다. 이들 지역은 서로 또는 독자적으로 직물, 무기, 자기, 유리, 금속 기구 같은 산업 제품을 제조하고 수출했다. 어떤 면에서 보면 중동의 이슬람 세계도 좀 약하긴 하지만 네 번째로 이 계층에 집어넣을 수 있다.

경제적 다기능성의 두 번째 계층은 산업 제품을 제조하거나 수출하지 못했던 지역이다. 피르스가 말한 소구역 가운데 15군데 정도가 이 계층에 속할 정도로 매우 다양하고 당시 영향을 끼친 경제의 중요성으로 따지면 인도와 거의 같은 수준이었는데, 동남아시아 지역이 이 범주에 속한다고 볼 수 있다.

세 번째 계층은 동남아시아의 몇몇 소구역인데, 경제적으로는 분화가 덜 되었고 정치적으로는 너무 분할되어 있었다. 보르네오가 대표적인데 산업 제품을 사들이고 대신에 밀랍, 꿀, 사고sago, 쌀, 장뇌, 금을 내다 팔았다.

끝으로 네 번째 가장 낮은 계층은 목축 유목민이 사는 매우 전문화된 지역들로, 동물 제품밖에는 팔 것이 없고 분쟁을 피하려고 하는 사람들에게 '보호' 비용을 받고 살았다. 아라비아 반도 내륙의 발루치스탄Baluchistan 지역(인더스 강 계곡과 이란 고원 사이)과 동남아시아의 해적 집단이 이 범주에 속할 것이다. 이들 지역과 소구역은 그들이 교환하는 상품의 종류가 무엇이든 간에 금과 은을 기반으로 하는 국제 금융 체계에 속해 있었다. 때로는 구리와 자패紫貝 껍데기를 보조 수단으로 사용하기도 했다.

---

33 여기 나온 설명은 존 리처즈가 피르스의 *Suma Oriental*에서 기술한 것들을 추정하고 보완해서 "Precious Metals"에 쓴 것을 인용한 것이다.

멜라카는 15세기 후반 서로 다른 문화권의 상인 공동체가 동남아시아에서 어떻게 관계를 맺고 있었는지를 잘 보여 주는 상업 항구 도시다.34 멜라카는 지난 세기 말레이 반도 서쪽 해안에서 고기잡이와 해적질로 먹고살던 작은 도시에서 벗어나 이 지역의 가장 중요한 무역 도시로 탈바꿈했다. 초기 성장은 무력으로 이루었다. 멜라카의 지배자들은 말레이 반도와 수마트라 해협을 가로질러 있는 작은 영토들을 점령했다. 멜라카는 이들을 약탈하여 이익을 얻으려고 하지 않고 스리비자야가 그랬던 것처럼 무역에서 중립을 지키고 상인들에게 적은 세금만 부담하도록 해서 호응을 얻으려고 했다. 중국과 타이가 서로 위협할 때도 멜라카는 중립으로 균형을 유지할 수 있었다. 멜라카 지배자들은 원래 힌두교도였으나 14세기 초에 이슬람으로 개종했다. 이것이 서쪽에서 온 이슬람 상인들을 끌어들이는 데 큰 영향을 끼쳤으며 북쪽의 중국 상인들과 이슬람 상인들 사이의 균형을 맞추는 요인이 되었다. 또한 다도해 지역에 퍼져 있는 비슷한 이슬람 무역 국가들과 연합하는 데도 도움이 되었다. 멜라카는 동서의 주요 교차로에 있는 이슬람의 중심지로서 이 지역에 이슬람을 널리 전파하는 데 중요한 역할을 했다.

16세기 초 멜라카를 방문하거나 머물렀던 외국인을 기록한 토메 피르스의 목록은 다음과 같다.

카이로에서 온 무어 인, 메카, 아덴, 아비시니아Abyssinia(에티오피아의 옛 이름 – 옮긴이), 킬와(탄자니아 지역 – 옮긴이) 사람, 말린디Malindi(케냐 남동부

---

34 여기서도 가장 중요한 출전은 토메 피르스의 *Suma Oriental*이다. 나중에 Meilink-Roelofsz가 *Asian Trade*에서 이 자료를 적절하게 사용했으며 여기서 설명한 것도 이것을 기초로 한 것이다.

도시 - 옮긴이), 오르무스Ormuz(이란에 있는 도시 - 옮긴이), 파르시Parsees(인도 봄베이 지역 사람 - 옮긴이), 루메스Rumes, 튀르크, 투르코만스Turkomans, 아르메니아 기독교도, 구자라트, 차울Chaul, 다볼Dabhol(인도 지역 - 옮긴이), 고아, 데칸Deccan 왕국, 말라바르와 클링, 오리사Orissa(인도 동부 지역 - 옮긴이)에서 온 상인, 실론, 벵골, 아라칸Arakan(버마 남서부 해안 - 옮긴이), 페구Pegu(지금의 버마 지역 - 옮긴이), 타이, 케다Kedah 사람, 말레이 반도, 파항Pahang(말레이시아 중부 지역 - 옮긴이) 사람, 파타니Patani(타이 지역 - 옮긴이), 캄보디아, 짬빠Champa(베트남 중남부 지역 - 옮긴이), 코친차이나Cochin China(베트남 남부 지역 - 옮긴이), 중국, 레구에오스Legueos, 브루나이 사람, 루코에스Lucoes(필리핀 루손 지역 - 옮긴이), 탐좀푸라Tamjompura(보르네오 섬 지역 - 옮긴이), 라우에Laue, 방카Banka, 링가Linga(이들은 천 개의 섬을 가지고 있다), 몰루카 제도Moluccas, 반다Banda 해, 비마Bima(인도네시아 섬 지역 - 옮긴이), 티모르, 마두라Madura(인도 남부 도시 - 옮긴이), 자바, 순다, 파멤방Pamembang, 잠비Jambi(인도네시아 지역 - 옮긴이), 통칼Tongkal, 인드라기리Indragiri(수마트라 섬 항구 - 옮긴이), 자파타Jappatta, 메낭카바우Menangkabau(수마트라 섬 중앙부에 사는 말레이 인 - 옮긴이), 시아크Siak(수마트라 섬 동해안 지역 - 옮긴이), 아르구아Argua, 아루Aru 제도(인도네시아 동쪽 아라푸라 해에 있는 섬들 - 옮긴이), 바타Bata, 톰자노Tomjano 지역, 파세Pase, 페디르Pedir, 몰디브.[35]

이 모든 공동체가 따로따로 또는 관련된 집단끼리 모여서 멜라카 안에 자기 고유의 주거 지역을 할당받았다. 멜라카의 술탄은 상인 공동체에서 샤반다르Shabandar라고 부르는 관리를 네 명 뽑아 정부 또

---

[35] Pires, *Suma Oriental*, 1권 268쪽.

는 다른 상인들과 교섭할 때 이들을 대표하는 권한을 주었다.[36] 이 가운데 한 명은 구자라트 상인들만 책임졌는데 이들의 숫자가 가장 많았기 때문이다. 다른 한 명은 주로 인도와 버마를 중심으로 한 서쪽 지역 상인들을 맡았고 세 번째 샤반다르는 동남아시아 지역과 필리핀까지 맡았다. 마지막은 중국, 일본, 오키나와 섬 사람들을 관리했다.

술탄의 정부는 샤반다르를 통해서 상인들에게 여러 가지 도움을 줬는데, 이를테면 창고를 제공하고 배로 짐을 옮길 때 코끼리를 쓸 수 있게 해 주었다. 멜라카는 또한 다른 곳보다 세금을 적게 받았다. 보통 광저우에서 전체 화물 가치의 20~30퍼센트를 세금으로 받을 때 이곳에서는 '선물'을 조금 받고 3~6퍼센트만 정식 세금으로 받았다. 공정한 가치 측정을 위해 모든 화물은 다섯 명의 클링과 다른 공동체에서 뽑은 다섯 명의 상인이 위원회를 구성해서 값을 매겼다.

말레이 반도의 귀족들은 상업을 천시하는 군인 출신이었지만 멜라카의 술탄들과 소수의 고위 관리들은 대규모의 무역을 했다. 술탄은 자기 배를 몇 척 가지고 있었고 다른 상인의 배를 빌리기도 했으며 중요 화물은 그의 중개인과 함께 실어 날랐다. 몇몇 귀족은 엄청난 부자로 이름을 떨쳤는데 그중 한 사람은 포르투갈 측량법으로 약 140퀸틀quintal(1퀸틀은 약 50.8킬로그램 - 옮긴이)의 금에 해당하는 재산을 가졌다.—미터법으로 환산하면 8.2톤 또는 21만 7,617트로이온스와 맞먹는다. 또 큰 자본을 가지고 있는 민간 상인들도 많았으며

---

[36] 샤반다르는 본디 페르시아 어로 '항구의 지배자'라는 뜻이다. 나중에 여러 가지 뜻으로 인도양에 퍼졌다. 처음에는 외국 항구에 있는 이슬람 상인의 대표자를 가리켰다. 또 다른 뜻으로는 정부의 장관을 의미하거나 정부 대표를 나타내기도 했다. W. H. Moreland, "The Shabandar in the Eastern Seas", *Journal of the Royal Asiatic Society*, 28권 517 - 533쪽(1920).

이들은 중개상들이 자신들을 대신해서 여행하고 거래하는 동안 이곳에 머물렀다. 이 가운데 클링과 자바 상인들이 가장 부유한 상인 집단이었다. 항구를 이용하는 배의 3분의 1 정도를 멜라카가 소유했다.[37]

우리는 토메 피르스 덕분에 포르투갈이 멜라카를 정복하기 전 해마다 이곳을 지나간 물품의 종류와 양에 대해 중요한 사실을 알 수 있다. 쉽게 예상할 수 있듯이 이 시기에는 대부분 물품의 무게 대비 가치의 비율이 낮았다. 멜라카는 내부에서 쓰는 많은 식료품과 대부분의 직물을 수입했다. 대개 화물은 멜라카와 가까운 곳에서 왔다. 말라카 해협을 지나는 작은 선박의 통행량은 제외하더라도 전체 통행량의 절반은 동남아시아 대륙과 붙어 있는 버마나 타이에서 온 선박이었다. 또한 중국과 일본, 동인도의 코르만델 해안과 벵골에서 온 배가 10퍼센트를 차지했고 서인도와 그 너머에서 온 배는 4퍼센트밖에 안 되었다. 수마트라를 제외한 동남아시아 섬들에서 온 배가 약 12퍼센트를 차지한 것으로 보인다. 나머지는 말레이 반도와 수마트라 사이에 오간 통행량이었다.[38]

원거리와 역내 통행량의 이 같은 분포는 중국에서 지중해까지 이어진 긴 해상 교역로의 어떤 지역에서도 거의 비슷했을 것으로 보인다. 왜냐하면 왕복으로 원거리 무역을 하기 위해서는 무게 대비 가치의 비율이 높은 상품을 상대적으로 적은 양만 싣고 항해하는 것이 유리하기 때문이다. 따라서 인도네시아 동쪽의 스파이스Spice 제도(보통 몰루카Moluccas 제도라고 함 - 옮긴이)에서 시작해서 베니스를 지나 반대편 끝인 유럽으로 항해하는 무역선은 비록 싣고 가는 화물의 가

---

[37] Meilink-Roelofsz, *Asian Trade*, 27~59쪽.

치는 매우 크지만 말라카 해협을 지나는 전체 상품량의 아주 적은 부분만 차지했다. 또한 전체 향신료 생산량 가운데 지중해 지역의 몫은 그리 크지 않았다. 아시아 지역의 소비도 많았기 때문이다. 중국 상인과 인도 상인, 중동 시장은 향신료의 원료로 쓰이는 정향丁香 (정향나무의 꽃봉오리를 말린 것 – 옮긴이)과 육두구肉豆蔲 씨를 몰루카 제도에서 모두 사들였고 후추는 수마트라와 인도에서 들여왔다. 피르스는 두 향신료의 주산지인 반다Banda 제도에서 생산되는 향미료가 해마다 100톤에 이르고 육두구 씨도 1,200톤이나 된다고 추산했다. 또한 몰루카 제도에서 생산되는 정향도 1,200톤가량 되었다. 15세기에 생산된 전체 향신료의 양은 근래에 생산된 양보다 훨씬 많았다.—그리고 유럽 상인들이 이곳으로 와서 직접 거래했던 그다음 세기에 생산한 양보다도 많았다. 만일 피르스의 추산이 맞는다면 이 시기에 수마트라는 18세기 유럽의 지배 아래 최고 절정기를 맞았을 때 생산했던 만큼의 후추를 이미 수출하고 있었던 것이다.[39]

멜라카에서 생겨난 많은 상거래 관습은 다른 항구에서도 마찬가지로 나타났다. 이 가운데 가장 보편적으로 나타나는 관습은 외국 상인에 대한 그 지역의 인식에 따라 외국인 거주자들을 지역 당국이 직접 통제하느냐 아니면 공동체에 자치권을 주느냐가 정해진다는 것이었다. 이것은 광저우와 필리핀에서 아덴과 알렉산드리아까지 마찬가지였다. 지역마다 관례도 달랐고 상인을 정당화하는 형태도 달랐다. 예를 들면 광저우에서는 옛날부터 있었던 야만족에 대한 불신이 명나라 때 상인들에 대한 불신과 합쳐지면서 외국 상인들에게

---

[38] Meilink-Roelofsz, *Asian Trade*, 60~88쪽.
[39] Meilink-Roelofsz, *Asian Trade*, 70~93쪽.

냉담한 태도를 갖게 되었다. 대개 외국 상인들이 직접 광저우 안으로 들어오는 것을 막았지만 도시에서 떨어진 주장 강Pearl River, 珠江江 (ZhuJiang) 하류에 나라별로 정박할 수 있게는 해 주었다.[40] 그러나 서인도의 캘리컷Calicut 같은 곳에서는 외국 상인들에게 땅도 내어 주고 여러 가지 특권도 제공했다. 그곳에서 외국 상인들은 자신들의 관리를 따로 두고 있었고 집단의 범법자를 재판할 수 있었다. 이러한 관행은 인도의 카스트와 상인 동업 조합의 자치권 같은 제도와 관련해서 이 지역에서는 평범한 일이었다. 또한 외국 상인들의 지역을 구별하는 방법도 나라마다 달랐다. 멜라카에서는 외국인의 지역을 네 가지로 구분했다. 인도 서쪽 지역에서는 페르시아계 외국인과 페르시아에서 시작되어 인도에서 하나의 종파로 갈라진 조로아스터교도를 구별한 것처럼 아라비아계 외국인들과 인도의 이슬람교도를 구분했다. 인도양 지역에서는 아라비아 어와 구자라트 어가 국제 무역 공용어였고 벵골 만에서 쓰는 타밀 어와 벵골 어를 보조로 썼다.

반대쪽 끝 이집트의 알렉산드리아에서 무역 공용어는 프랑크 어였는데 이탈리아 어를 기본으로 해서 아라비아 어와 그리스 어를 차용한 혼합된 말이었다. 이집트 정부는 외국인들을 경계했지만 중국 상인들은 좋아했다. 향신료를 비롯하여 아시아 상품들을 대량으로 실어 날랐던 베니스 상인들은 이곳에 거대한 창고를 두 개나 가지고 있었다. 이들과 경쟁하는 유럽 상인들(제노바, 프랑스, 카탈루냐)도 베니스 상인의 창고보다는 규모가 작았지만 자신들의 시설을 따로 가지고 있었다. 또한 이집트는 유럽 상인들에게 공동체의 자치를 허용

---

[40] Pires, *Suma Oriental*, 1권 123~124쪽; V. D. Divekar, "Maritime Trading Settlements in the Arabian Sea Region up to 1500 A.D."(출판되지 않은 등사본 회의 자료임, Perth, 1979).

했다. 그러나 이들은 밤이 되면 공동체 거주지에만 있어야 했고 이슬람교의 성일에도 갇혀 있어야 했다. 이집트 정부는 서유럽의 기독교 상인들을(이 지역의 콥트 교회와 비교해서) 이집트 문화와 종교에 나쁜 영향을 끼칠 수 있는 위험한 인자로 간주했다.[41]

또 하나 아시아 상업 세계에 널리 퍼져 있던 관습은 공동 가격 협상 제도였다. 이것은 관세를 매기기 위해 지역 상인 위원회가 수입되는 화물에 공동으로 가격을 매기는 것—멜라카와 광저우 같은 항구 도시에서 시행하는 방식—과 비슷한 점도 있고 다른 점도 있었다. 공동 가격 협상은 대개 배에 화물을 싣고 온 상인들을 대표해서 선장이 참여했고 반대편에서는 지역의 상인 위원회를 대표하는 개인이나 집단이 참여했다. 피르스는 16세기 초 멜라카에서 행해졌던 공동 가격 협상의 광경을 다음과 같이 썼다.

상인들은 도착하자마자 화물을 하역하고 관세를 지불하거나 선물을 내놓는 것이 멜라카의 오래된 상관습이었다. 10~20명 정도의 지역 상인이 하역한 상품의 주인과 만나 상품의 값을 매겼다. 지역 상인들은 가격을 정하고 나면 하역한 상품을 일정한 비율로 나눴다. 시간이 없고 처리해야 할 상품이 많았기 때문에 가격 협상을 끝낸 상인들이 그 자리를 떠나면 멜라카의 상인들이 상품을 자기들 배로 옮기고 수시로 그것을 팔았다. 무역 상인들은 숙소를 제공받고 물건 값을 받았으며 지역 상인들도 이익을 올렸다. 이런 상관습으로 질서 있게 생활하고 거래했다. 모든 것이 법에 따라 행해졌다. 사람들은 배를 타고 온 외국 상인을 좋아하지 않았지만 외국 상인이 화를 내며 떠나지는 않았다. 멜라카의 법과 대가를 잘 알고

---

[41] Lane, *Venice and History*, 287쪽.

있었기 때문이다.[42]

이것은 자유 시장에서 판매자들과 구매자들이 완전 경쟁을 하는 것과는 분명히 달랐다. 또한 이것을 경제적 이유보다는 사회적 이유로 결정되는 '관리' 가격이라고 부를 수도 없다. 멜라카도 다른 화물 집산 항구들과 경쟁하고 있었다. 그러므로 멜라카의 지배자와 상인들은 멜라카를 찾아오는 상인들에게 분명하고 경쟁력 있는 가격을 보장해 주고 앞으로도 변하지 않을 것이라는 약속을 보여 줌으로써 다른 항구로 갈 수도 있는 외국 상인들을 멜라카로 유인했다.

다른 곳에서는 독점 요소들이 더 강했다. 예를 들면 베니스 상인들은 잠시 동안이기는 하지만 특정 교역로에서 발생하는 독점 이익을 빼내기 위해 카르텔을 만들었다. 이집트의 술탄들은 끊임없이―때로 잠시 성공하기도 했지만―홍해까지 오는 향신료 무역을 독점하거나 이집트를 지나는 무역에 세금을 징수하려고 했고 다른 지역으로 가지 못하도록 힘을 기울였다. 그러나 임의로 체결한 협정 가격은 오래갈 수 없었다. 베니스의 해운업은 유럽 국가들과 경쟁했다. 이집트는 대개 페르시아 만에서 오는 육상 무역의 가능성을 고려해야 했다. 이집트가 레반트 지역을 지배했을 때도 흑해에서 이란을 지나 동쪽으로 통과하는 다른 교역로들이 있었다.[43]

인도의 항구 도시들은 지역 상인들이 단 한 명의 무역선 선장과 거래해야 하는 불리한 위치를 바로잡기 위해 집단 협상을 고수했다. 중국 함대와 여러 번 인도양으로 원정을 갔던 학자 마 후안Ma Huan

---

[42] *Suma Oriental*, 1권 173~174쪽.
[43] Lane, *Venice and History*, 144~146쪽, 186~188쪽.

에 따르면, 1430년대 캘리컷의 지배자 자모린Zamorin은 관리 한 명과 체티스(코로만델 해안 남쪽 지역의 상인 집단 - 옮긴이) 상인 한 명을 거래 장소에 보내 그곳에서 파는 화물을 검사하고 중국 상인의 회계 장부도 꼼꼼히 조사하게 했다. 물품의 가격이 정해지면 배가 항구에 정박해 있는 동안에는 바꾸지 못하게 했으며 중국 상인들에게 팔려고 내놓은 새로운 수출 상품의 가격도 같은 방식으로 평가하였다.[44]

그러나 이것은 실제로 일어난 현상과는 달랐다. 여느 카르텔처럼 상품의 가격과 수량을 제한하고 싶은 마음은 있었지만 나중에는 상인들이 이 제한을 깨뜨렸다. 광저우에서 철저하게 무역을 통제하려고 했지만 실제로 성공하지 못했던 이유가 바로 여기에 있다. 16세기 스페인이 필리핀에서 겪은 경험은 그 문제점을 잘 보여 준다. 1590년대 스페인은 마닐라를 정복하고 나서 곧바로 필리핀계 스페인 어로 판카다pancada라고 부르는, 예로부터 내려온 공동 협상 형식을 허가했다. 중국의 정크선을 타고 온 선장은 마닐라 시장, 결국 마닐라 당국의 관할 아래 있는 상인 위원회와 협상해야 했다. 이 거래에 참여하고 싶은 상인들은 미리 일정액을 투자해야 했다.

이렇게 한 까닭은 마닐라 상인들의 협상 지위를 높이기 위한 것이었다. 그러나 의도한 대로 잘되지 않았다. 중국 배가 항구에 오래 있으면 있을수록 마닐라 상인과 중국 상인이 다른 쪽에서 일대일로 거래하기가 쉬워졌다.[45] 이 시기 아시아의 해상 무역은 대부분 상인들이 배에 자리를 빌리고 물건을 가지고 가는 보따리 무역이었다. 사실 거기에는 상품을 사려는 사람들과 팔려는 사람들이 섞여 있었다.

---

[44] Ma Huan, *The Overall Survey of the Ocean's Shores*(London, 1970), 140~141쪽. J. V. G. Mills가 번역하고 편집했음.

[45] Guerrero, "Chinese in the Philippines", in Felix, Jr.(ed.), 1권 24쪽.

우리가 피르스 같은 사람들의 기록을 통해서 아시아 상인들의 경쟁력에 대해 알게 된 바로는 앞서 말한 상황에서 편법 거래가 예외라기보다는 오히려 일반 거래 관행이었다고 결론 내릴 수밖에 없다.[46]

유럽의 침입이 있기 바로 전에 과거 어느 때보다 큰 국제 무역 지대가 엄연히 존재했다. 그러나 유럽 사람들이 모든 것을 바꿔 놓았다. 이들이 인도양에 도달한 것은 일부 역사가들이 믿어 왔던 것처럼 그렇게 혁명적인 사건은 아니었다. 그러나 이것은 그동안 아시아 무역이 수행해 왔던 근본 원리를 송두리째 바꿔 버리는 중대한 변화를 초래했다. 또한 이것은 국제 무역 지대가 더 발전할 수 있는 기회를 적어도 두 세기는 뒤로 미루었다. 그 이후 발전한 세계 공통의 교역 문화는 15세기 후반의 교역 문화와 매우 달랐다.

---

[46] 몇몇 학자는 한때 서기 1세기부터 16세기까지 인도양의 항구들이 대부분 실체주의자들이 특별히 정의한 개념의 '무역항'이었다고 주장했다. 여기서 거래된 물품은 일반 소비품이 아니라 지배 계층을 위한 것이었고 원거리 무역에서는 협정 가격이 없었으며 국내 가격은 경제적 목적이 아니라 정치적 목적으로 정부 관리들이 정했다. A. Leeds, "The Port of Trade as an Ecological and Evolutionary Type", in *Proceedings of the 1961 Annual Meeting of the American Ethnological Society. Symposium : Patterns of Land Utilization and Other Papers*(Seattle, 1961) 참조. 지금은 분명해졌지만 이런 견해는 토메 피르스의 기록을 자세히 읽어 보면 더는 주장하기 어려우며 최근에 Goitein과 Meilink-Roelofsz, Labib 같은 학자들의 세심한 연구로 힘을 얻지 못하고 있다.

7

유럽의
아시아 해상 무역 진입

　희망봉을 돌아서 대서양을 가로지른 유럽 상인들의 항해는 세계사에 엄청난 변화를 가져왔다. 그러나 그 변화의 결과는 서서히 나타났다. 다른 기술과 마찬가지로 유럽의 선박 기술은 중세 시대에 눈에 띄게 발달했다. 그러나 여전히 아시아의 선박 기술보다 월등하지는 않았다. 산업 혁명으로 유럽이 세계에서 가장 앞서기 전까지는 아시아의 기술이 더 우수했다. 16세기 들어 유럽 국가들은 과거 어느 때보다 육군과 해군의 전력이 강해졌지만 최고의 수준은 아니었다.

　15세기와 16세기 유럽의 '해양 혁명maritime revolution'은 세계 풍향 체계를 밝혀냄으로써 항해술의 혁명을 가져왔는데, 이에 비해 배의 설계에서는 그다지 큰 발전을 이루지 못했다. 바람이 부는 방향은 대서양과 태평양, 인도양 남쪽 지역이 위도에 따라 각각 달랐다. 강하게 주기적으로 부는 무역풍은 적도에서 북위 20도와 남위 20도 지점의 동쪽에서 불어온다.―그러므로 북쪽에서는 북동풍이, 남쪽에서는 남동풍이 분다. 그리고 여기서 북쪽이나 남쪽으로 더 멀리 북위 40도에서 60도 사이 또는 남위 40도에서 60도 사이 지역은 서쪽에서 바람이 분다. 15세기 중반 포르투갈 선원들은 아프리카 사하라 사막 연안에서 이 같은 현상을 발견했다. 이들은 북동 무역풍을 이용해서 남쪽으로 항해하는 법을 배웠는데, 돌아올 때는 돛의 위치를 북북서로 해서 좀 더 강한 북동풍을 맞을 수 있게 했다. 때맞추어 바람은 아조레스Azores(포르투갈 앞바다에 있는 군도-옮긴이) 제도 부근의 편서풍 지역으로 이들을 밀어 주었다. 콜럼버스는 대서양을 건너려고 하지 않고 아프리카 해안을 따라 아래로 항해했다. 그는 여기서 무역풍을 이용한다면 서쪽으로도 항해할 수 있겠다고 생각했고 북쪽으로 항해하면서 편서풍을 발견하고 나서 이 바람이 자기를 고향으로 데려다 주리라고 확신했다.

  1500년이 되기 전에 유럽 사람들은 이런 현상이 남대서양에서도 발생한다는 것을 발견했다. 1498년 바스코 다가마Vasco da Gama는 항해사들의 도움으로 인도양에 부는 계절풍의 기본 원리를 알게 되었다. 1522년 델카노Del Cano 선장이 유럽에서 최초로 세계 일주를 한 마젤란의 선박들 가운데 하나를 끌고 스페인으로 돌아오면서 태평양의 풍향 체계도 널리 알려졌다. 이때부터 유럽 국가들은 세계 어느 해안으로든 항해가 가능했지만 이들은 그 같은 사실을 깨닫지 못했다.

포르투갈의 교역소 무역

  포르투갈 사람들은 인도양의 동쪽 바다에 진출하면서 새로운 무역 형태를 들여왔다. 이들은 또한 상인 조직을 구성하고 보호 비용을 산정하는 방법도 새롭게 바꾸었다. 이 시기 이전의 아시아 상인 유민 집단은 지역마다 해적 문제로 골머리를 앓았지만 이에 비해 상인들이 지불하는 보호 비용은 적은 편이었다. 상인들은 가끔 스스로 가볍게 무장하고 항해하기도 했다. 배에 장착하는 함포는 아직 알려지지 않았다. 이 지역의 정치 지배자들은 상인들을 강압했으며 종종 보호 비용 명목으로 부당하게 착취하기도 했지만 (또는 관리들이 개인적으로 착취하기도 했다) 무역은 대개 모든 사람에게 열려 있었다.[1]

그러나 과거에 역사가들은 만일 서구 기독교인들이 그때 인도양 무역에 뛰어들었다면 '총에 불을 뿜으며' 들어오는 것이 당연했을 것이라고 가정하면서—물론 이들은 실제로 그렇게 했다.—이슬람 상인들의 인도양 무역을 '이슬람의 독점'이라고 묘사했다. 이슬람 상인들이 아시아 해상 무역에서 중요한 단일 종교 공동체라는 것은 확실했지만 그렇다고 한 무리의 단일 집단은 아니었다. 이슬람 상인들은 매우 다른 여러 무역 공동체로 나뉘졌으며 다른 종교 공동체의 무역에 서의 끼어들지 않았다. 유대교도, 자이나교도, 조로아스터교도, 힌두교도 모두 중요한 무역 상인들이었다. 에티오피아, 아르메니아, 인도 출신의 네스토리우스교도와 아시아 기독교도도 마찬가지였다. 만일 포르투갈 상인들이 평화롭게 이 세계로 들어왔다면 이들과 자유롭게 경쟁하면서 합류했을 것이다.

사실 포르투갈 상인들에게는 적어도 세 가지 방법이 있었다. 하나는 필요할 때 아시아 지역의 지배자에게 보호 비용을 지불하는 것이

---

[1] 6장 참조. 아시아 상인 조직의 보호 비용 또는 재분배 기업 구조에 대한 내용은 Niels Steensgaard, *Carracks, Caravans and Companies : The Structural Crisis in the European-Asian Trade of the Early 17th Century*(Copenhagen, 1973), 60~113쪽을 참조.

었다. 두 번째 방법은 스스로 보호하는 것이었다. 이들은 몇몇 항구 도시를 점유하고 그곳을 무역 거점으로 만들어 유럽으로 돌아가거나 아시아 무역망을 통해 다른 곳에 나가려고 선적을 기다리는 상품들을 안전하게 보관하는 기지로 사용할 수 있었다. 그러나 이들은 한 걸음 더 나아가 강제력으로 밀어붙였다.—자신들의 무역을 보호할 뿐만 아니라 다른 상인들에게 '보호 용역'을 제공하여 아시아 상인들이 평화롭게 항해하는 대가로 비용을 지불하도록 강제했다.

언뜻 보기에 이것은 기이한 선택이었다. 아시아의 무역 방식도 아니었고 유럽에서 포르투갈이 구사했던 무역 방식도 아니었다. 포르투갈 왕은 지중해 지역의 무역 방식과 비슷한 페이토리아스feitorias라는 재외 상관 체계(창고가 있는 지역에 외국 상인들이 모여 살게 구분해 놓은 것 – 옮긴이)를 통해서 유럽의 다른 나라에 있는 포르투갈 상인 유민 집단을 지원했다. 플랑드르Flandre에 있던 것은 14세기까지 거슬러 올라가는데 처음에는 브뤼주Bruges에 있다가 1488년에 앤트워프Antwerp로 옮겼다. 또 다른 재외 상관은 영국, 스페인의 세비야Sevilla, 이탈리아의 베니스에 있었다. 왕실 책임자는 오늘날 영사와 같은 직분을 갖고 있었으며, 포르투갈 무역을 격려하고 상인들의 이익을 지켜 주는 일을 했다.[2]

그러나 포르투갈 정부는 해상 무역에서 다른 방식을 채택했는데 바로 베니스와 제노바가 지중해에서 구사했던 교역소 방식이었다. 포르투갈은 이탈리아의 무역 관습을 잘 알았고 또한 베니스 상인과 제노바 상인이 리스본에 많이 거주했기 때문에 그 운영 방식을 더

---

[2] António Henrique de Oliveria Marques, *History of Portugal*, 2 vols.(New York, 1971), 1권 171쪽.

자세히 배울 수 있었다. 베니스와 제노바 출신 상인들 가운데 다수가 마데이라Madeira(아프리카 북서 해안 섬 – 옮긴이)의 설탕 생산에 참여했고 또 다른 상인들은 15세기에 아프리카 해안을 밀고 내려갔다. 게다가 16세기 초 포르투갈이 인도 무역에 매진할 때 적극 참여한 상인들도 있었다.[3]

따라서 이탈리아 상인들은 자연스럽게 자신들이 해상 무역을 하는 방식을 포르투갈 상인들에게 가르쳐 주는 역할을 하게 되었다. 그러나 포르투갈 사회는 강제력을 이용하는 상인 조직 전통이 있었고, 봉건 귀족과 상인 계급의 경계선은 유럽 북서쪽 국가들보다 훨씬 유연했다. 유럽의 북서쪽 지역은 귀족과 다른 계급이 분명하게 구별되었다. 귀족은 신성한 일을 하는 성직자 다음 순위였고 농부가 그다음이었다. 상인들은 부와 때로는 권력도 가졌지만 계급 서열에서는 하층에 속했다. 이렇게 상업을 천시하는 근거는 매우 평범한 데 있었다. 귀족은 사회를 지배했고 성직자는 신을 중재하는 사람이었으며, 농부는 먹을거리를 생산했다. 그러나 상인들은 특별히 생산하는 것 없이 상품을 교환하기만 했다. 18세기 말까지도 프랑스에서는 단순히 무역에 개입했다는 이유로 귀족의 지위를 잃을 수도 있었다. 그러나 원칙과 현실은 언제나 완벽하게 일치하지 않았다. 많은 귀족 가문이 처음부터 무역으로 성장했다. 포르투갈에서는 귀족은 말할 것도 없고 왕실 가문들도 온갖 무역 일에 개방되어 있었다. 이들이 봉건 귀족 정치의 군사 전통을 새로운 상업 조직으로 옮겨 오는 것은 매우 자연스러운 일이었다.[4]

---

[3] Charles Verlinden, *The Beginnings of Modern Colonization*(Ithaca, N.Y., 1970), 98~112쪽.
[4] Marques, *History of Portugal*, 1권 180~181쪽.

헨리Henry 왕자(포르투갈 아비스 왕조 때 왕자로 서아프리카 항로를 개척함. 엔히크Henrique라고 부름 - 옮긴이)는 1410년대부터 그가 죽던 해인 1460년까지 아프리카 해안을 따라 남하하는 수많은 항해를 적극 후원했다. 그리고 그동안 자신들보다 북쪽에 사는 서유럽 지역과 분리되어 있던 포르투갈 사회가 여러 가지 구실을 할 수 있도록 적극적으로 활동했다. 그는 그리스도의 명령을 수행하는 집행관이었고 중요한 십자군 기사단이었다. 겉으로는 반이슬람주의에 헌신하는 사람이었지만 동시에 봉건 영주로서 봉토를 받아 소유한 봉건 귀족의 일원이었으며 또한 유력한 상인이었다. 그는 자기 재산을 이른바 그리스도의 명령에 속한다고 하는, 온갖 종류의 위험성이 큰 사업에 투자했는데 심지어 약탈적인 상선 나포 같은 해적 사업에도 참여했다. 해적 사업은 혼자만 한 것이 아니었다. 그가 1460년 이전 사하라 해안을 따라 남하한 포르투갈의 항해 가운데 3분의 1에 투자한 것은 사실이지만 다른 봉건 영주들과 민간 상인들, 그리고 포르투갈 왕도 투자했다.[5]

이처럼 봉건주의 성격과 무역 활동이 혼합된 형태는 15세기 말까지 계속되었는데 1480년대 동 주앙Dom João 2세 때 가장 활발했다. 투자자와 관리자의 역할이 혼합된 사회 신분은 후에 실제로 항해를 하고 교역소를 지휘했던 사람들 중에서 다시 나타났다. 특히 이곳은 봉건 귀족의 배경을 가지고 무역을 해서 부자가 되겠다는 욕망이 강하게 뒤섞여 있는 공간이었다. 따라서 무역과 약탈의 조합이 자연스럽게 이루어졌다. 인도와 교역해서 처음으로 부자가 되어 '행운아'

---

[5] 최근에 나온 초기 포르투갈의 탐험 항해에 대한 연구는 Bailey W. Diffie and George D. Winius, *Foundations of the Portuguese Empire, 1415~1580*(Minneapolis, 1977) ; Marques, *History of Portugal*, 1권 144쪽을 참조.

라고 불리는 동 마누엘Dom Manuel 왕이 '에티오피아, 아라비아, 페르시아, 인도를 정복하고 항해하고 교역한 왕'(실제로 이 가운데 포르투갈의 통치를 받은 나라는 없었다)이라는 과장된 찬사를 받았다는 사실은 시사하는 바가 크다. 이와 같은 시대에 살았던 프랑스 군주 프랑수아 1세는 마누엘을 '식료품 장수 왕'이라고 불렀다.—이것은 칭찬하는 말이 아니었다.

아프리카 해상 무역에서 새롭게 떠오른 무역과 지배의 형태는 멀리 떨어진 지중해 지역의 무역 관례와 더불어 바스코 다가마가 인도로 항해를 떠난 1498년 이후 인도양에 새로운 무역 형태를 형성하는 데 기초가 되었다. 초창기에 잠시 이루어진 평화 무역 형태는 1480년대 들어 교역소 무역 형태로 바뀌었다. 교역소가 들어선 곳은 대개 베르데 곶Cape Verde이나 기니 만의 상투메São Tomé 같은, 해안에서 멀리 떨어진 섬들이었다. 이곳은 아프리카 원주민 군대의 위협을 전혀 받지 않았다. 이 밖에 교역소가 들어선 지역은 주변이 바닷물로 둘러싸여 자연 해자垓子를 이룬 해안가 섬들이었는데, 지금의 앙골라 해안에 있는 루안다Luanda와 가나의 엘미나Elmina가 그런 곳이었다. 이곳은 대개 길게 뻗은 반도에 붙어 있는데 바위와 모래가 주위를 둘러싸서 대륙 본토와 분리되어 있었다. 한편 포르투갈은 지금의 세인트루이스 두 세네갈Saint Louis du Sénégal 섬을 점령하려고 애썼지만 실패했다.

1505년 인도양에서 새 포르투갈 총독이 된 프란시스코 데 알메이다Francisco de Almeida는 앞선 사례들에서 분명한 가르침을 얻었다. 그는 우선 섬 지역을 확보하고 전략 거점들을 점령해서 요새로 만들라고 명령했다. 요새의 수비대는 인도양을 감시하기 시작한 함대의 안전을 책임지고 무엇보다도 포르투갈 상인들의 해상 무역 보호에 우선순위를 두었다. 그리고 아시아 해상에서 무역을 하는, 포르투갈 상선을 제외한 모든 선박에 자신들의 보호를 받으려면 카르타세스 cartazes라고 하는 허가증이 필요하다고 못 박고 그 비용을 지불하게 했다.6

새로 모습을 드러낸 교역소는 앞서 있었던 아시아 무역망의 형태로 나타났다. 포르투갈 상인들은 먼저 풍향, 조류, 항로, 항구에 대해 아시아 상인들이 알고 있는 지식을 익히고 전 해상 교역로를 내려다볼 수 있는 방위 거점의 형태를 찾았다. 북서쪽 지역에는 페르시아 만 입구를 지키는 호르무즈Hormuz 해협과 홍해 입구의 아덴이 있었다. 포르투갈은 호르무즈를 점유했지만 아덴을 얻는 데는 실패했다. 그리고 최초의 실패를 끝까지 바로잡지 못했다. 홍해는 여전히 이슬람 세력 아래 남아 있었고 주로 터키의 지배를 받았다. 포르투갈의 해군력은 어쩌다 한 번씩 아덴 만 안으로 들어가는 정도밖에 안 되었다.7

아프리카 동남쪽 지역에서는 좀 더 나은 편이었다. 포르투갈 상인들은 과거 짐바브웨의 황금 무역을 위한 화물 집산 항구였던 킬와를 약탈했다. 그리고 모잠비크에 있는 섬에 이에 상응하는 자신들의 요새를 구축했다. 이들은 이곳 금광 산지에서 소팔라 항구까지 해안을 따라 북쪽으로 가는 무역을 지배하려고 했다. 간혹 포르투갈 함대는 모잠비크 북쪽으로도 움직였지만 이들은 1590년대 들어서야 비로소 케냐 해안에 있는 몸바사 섬들을 점유하고 요새로 만들 수 있었으

---

6 Marques, *History of Portugal*, 1권 232쪽 이하 ; Diffie and Windus, *Foundations*, 243 ~300쪽.
7 Robert Bartram Serjeant, *The Portuguese off the South Arabian Coast : Hadrami Chronicles*(Oxford, 1963), 특히 1~40쪽.

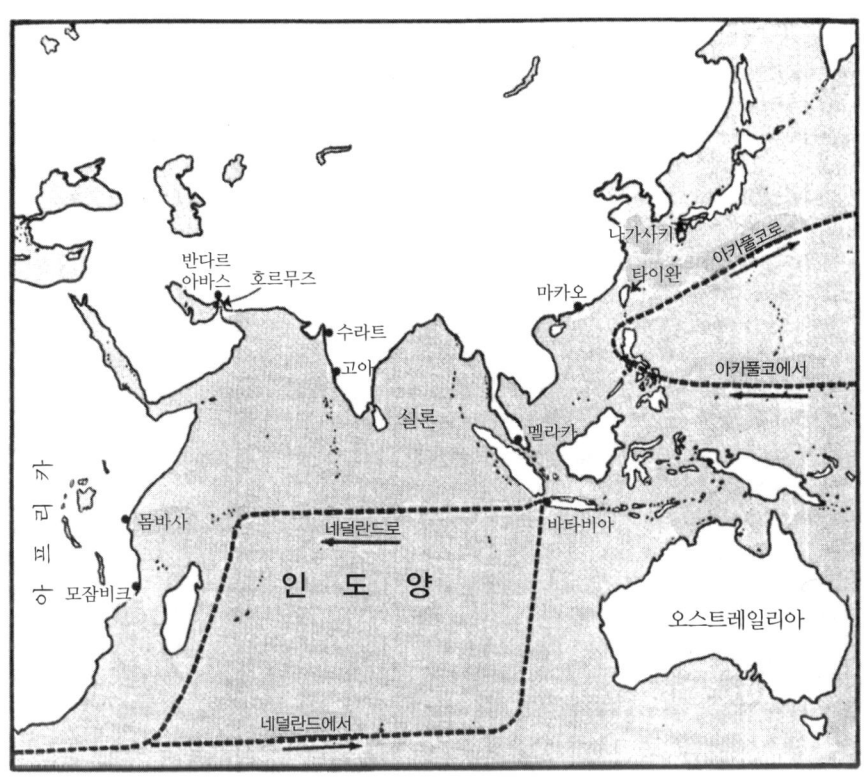

지도 7.1 _ 인도양

며, 이 지역은 나중에 포르투갈이 아프리카의 북쪽을 지배하는 데 중요 거점이 되었다.

한편 인도 본토에서도 이들은 인도의 구자라트에 대응할 만한 자신들의 방위 거점이 필요했다. 처음에 코친Cochin으로 정했다가 고아로 바꿨는데 이곳은 포르투갈 해군력으로 방어할 수 있는 안전지대였고 후추 산지인 남쪽의 말라바르 해안과 교통이 편리했다.

동남아시아는 향신료 무역이 포르투갈의 주요 목표가 된 다음부터 특히 중요한 지역이 되었다. 1511년 이들은 멜라카라는 아주 중요한 항구를 점유했고 한동안 향신료 산지가 몰려 있는 몰루카 제도의 테르나테Ternate에 군사력을 갖춘 교역소를 설치했다. 그러나 실제로 이 두 교역소는 이웃한 아시아 국가들의 군사력보다 우위에 있지 않았고 따라서 포르투갈이 향신료 무역을 독점할 수 없었다. 그러다 1557년 중국 정부가 광저우 아래로 흐르는 주장 강 입구에 있는 마카오에 교역소를 설치하도록 허가하자 비로소 포르투갈의 교역소는 제 기능을 다할 수 있었다.

항구 도시들은 포르투갈이 들어오기 전부터 주요 화물 집산지였으며, 바스코 다가마가 방문하기 이전에 이미 주요 항구 도시 5~6군데가 담당했던 기능과 맞먹는 구실을 했던 중요한 곳이었다. 이 점은 포르투갈이 아시아 상인들을 상대로 안전을 보장해 주고 보호 비용을 받는 사업과 관련해서 매우 중요한 사항이었다. 허가증을 받을 때 내는 수수료는 그리 비싸지 않았지만 대신 조건이 하나 붙었다. 특정 항로로 무역할 수 있는 허가증을 받은 배는 반드시 포르투갈이 관리하는 항구를 방문해야 했다. 일단 거기서 화물을 내리거나 옮겨 싣거나 하면 약 6퍼센트의 세금을 내야 했는데 17세기에는 10퍼센트로 올랐다.[8] 보통 중국해와 인도양 사이 항해의 분기점인 멜라카 같은 항구에서 이렇게 올리는 수입은 포르투갈의 매우 중요한 소득원이었다.

포르투갈 왕은 교역소 운영을 두 조직이 관리하도록 했다. 하나는 리스본에 있는 왕실 무역 회사인 카사 다 인디아Casa da India로, 아시아에서 수입하는 주요 물품에 대한 왕실 독점권을 갖고 있었다. 이

---

[8] M. N. Pearson, *Merchants and Rulers in Gujarat : The Response to the Portuguese in the Sixteenth Century*(Berkeley, 1976), 133~154쪽.

회사는 주로 인도의 말라바르 해안에서 나는 후추와 실론 섬(지금의 스리랑카)에서 나는 계피, 몰루카 제도와 반다 해의 섬들에서 나는 정향, 육두구 씨앗 같은 귀한 향신료를 수입했다. 생강과 칠기, 비단, 천연 붕사 같은 것들도 독점 수입품 목록에 있었지만 후추가 가장 중요한 품목이었다.

교역소를 운영하는 또 다른 조직은 교역소의 정치 행정을 맡아보는 에스타도 다 인디아였다. 이 조직은 육군와 해군력을 통제하고 아시아 해역의 무역에 적용하는 경제 규제를 시행하는 일을 했다. 본부는 리스본에 있었으나 실제로 그 영향력을 발휘하는 중심은 아프리카의 잠비아 계곡에서 중국의 마카오까지 모든 교역소와 육군과 해군을 총괄하는 권한을 가진 고아의 총독이었다. 에스타도 다 인디아의 수입과 지출은 카사보다 많았다. 왜냐하면 여기에는 카사의 수익을 내는 데 들어간 군사 비용이 포함되어 있으며 관세, 통행료, 허가증 수입과 동양에서 받은 갖가지 정부 수입이 모두 들어가 있기 때문이다.

카사 다 인디아의 수입은 대개 상업 활동으로 벌어들인 것이었다.—상품을 팔고 해운업으로 벌어들인 수입으로 어떤 곳에서는 독점 수익을 올리기도 했다. 반면에 에스타도 다 인디아의 수입은 주로 보호를 제공하고 받은 것이었다.—본디 보호 비용으로 받은 수입은 왕실로 가야 했지만 그보다는 동남아시아에 나가 있는 관리들의 주머니로 들어가는 경우가 더 많았다. 관리들은 아시아의 상인이나 지배자들이 주는 뇌물과 선물로 봉급보다 더 많은 수입을 올렸다. 이 같은 부정행위는 매우 널리 퍼져서 단순히 관료주의의 비효율성이라고 말하기에는 그 도를 넘어섰다. 16세기 말에는 이 조직의 전체 구조가 부정부패에 휩싸였다. 공식 창구를 통해서 정당하게 지불하는 것이 아니라 사사로이 관리에게 지불하는 부정행위가 점점 많아졌다. 닐스 스틴스가드Niels Steensgaard의 표현에 따르면 이 부정행위는 '구조적으로 결정된' 것이었다.9

유럽에 후추를 팔아서 생긴 수입은 왕에게 적절한 이익을 가져다주었지만 에스타도 다 인디아는 거의 이익이 안 났다. 오히려 장기적으로는 포르투갈 정부 재정에 손해를 입혔다. 포르투갈 왕실이 애초에 일반 무역 형식이 아니라 강압을 행사하는 무역을 선택한 것은 확실히 잘못 판단한 것이었다. 그러나 동양에 있는 포르투갈 상인들은 당장의 손익을 따져 보거나 장기적으로 판단해도 '보호'를 파는 것이 이익이 남는 장사였다. 장사에 드는 비용은 왕이 댔지만 그 과실을 따 먹는 사람은 자신들이었기 때문이다.10

한편 동양에서 포르투갈 제국의 실체는 '정복과 항해와 교역의 왕'이라는 말이 나타내는 것과는 거리가 멀었다. 그 원인 가운데 하나가 기술의 문제였다. 해양 혁명은 이미 몇십 년 전에 지나갔다. 이제 배들은 인도까지 갔다가 돌아올 수 있었다. 그러나 해상 무역은 여전히 매우 위험한 일이었다. 오늘날까지도 아프리카 남쪽 해안은 바람이 심하게 불고 바위 해변이 많으며 항만 시설이 별로 없는 지역이다. 1500년에서 1634년까지 포르투갈에서 인도양으로 항해를 떠난 배 가운데 28퍼센트가 침몰했다. 또한 실제로 항해한 배도 많지 않았다. 이 기간에 포르투갈을 출발한 배는 한 해에 평균 일곱 척이었다. 당시로서는 천 톤이 넘는 엄청나게 큰 배였다.―보통 깊은 바

---

9 Steensgaard, *Carracks*, 81~95쪽.
10 Steensgaard, *Carracks*, 81~95쪽 ; Pearson, *Gujarat*, 56쪽 ; M. N. Pearson, "Corruption and Corsaires in 16th Century Western India : A Functional Analysis", in Blair B. Kling and M. N. Pearson(eds.), *The Age of Partnership : Europeans in Asia before Dominion*(Honolulu, 1979).

다를 항해하는 아시아 배보다 몇 배나 컸다. 그러나 대부분의 아시아 무역을 주도하는 배는 여전히 아시아의 상선이었고 희망봉을 돌아 유럽으로 돌아오는 화물은 아주 적었다. 1500년에서 1634년까지 동양에서 돌아온 배가 470척으로, 한 해에 네 척도 안 되는 숫자였다. 이것은 포르투갈에서 항해에 나섰다가 바다에서 입은 손실을 뺀다고 하더라도 인도양에 도달한 배 가운데 3분의 1이 안전을 위해 그곳에 머물렀다는 사실을 말해 주는 것이다.[11]

이렇게 영구 정착한 배가 많았다는 것은 반대로 동양에 있는 포르투갈 교역소가 당시에 얼마나 중요한 역할을 했는지 잘 말해 준다. 교역소는 리스본이 아니라 고아가 중심이었다. 도시 다기능 계층 구조에서 리스본은 분명히 정치, 경제, 종교에서 가장 우위에 있었다. 그러나 이것은 멀리 떨어져 있는 최고층이었을 뿐이다. 고아는 공식 계층 구조로 보았을 때 리스본보다 아래였지만 하부 도시들에 대한 관리는 고아가 리스본보다 긴밀했다. 또한 고아와 하부 도시들은 아시아 무역 형태와 밀착해 있었고 아시아 도시들과도 깊은 관계를 맺고 있었다. 왕실 관리들이 부패한 행위로 아시아 상인들에게서 재산을 늘려 갈 때 군인, 성직자, 민간 무역 상인에 이르기까지 일반 포르투갈 사람들도 아시아 상인들과 똑같은 조건으로 아시아 무역에 뛰어들었다. 이들은 종종 상품을 왕실 배에 실었다. 또한 유럽식 설계로 만든 아시아 배(아시아 상인이 선주인 경우도 있었다)와 선원이 아시아 인이거나 유럽 인과 아시아 인이 섞여 있는 배를 타는 경우도 있었다. 유럽으로 돌아가는 것이 너무 위험했기 때문에 이 지역

---

[11] Vitorino Magalhães-Godinho, *L'économie de l'empire portugais aux xve et xvie siècles* (Paris, 1969), 663~709쪽.

에 남은 포르투갈 상인들은 대개 한 곳의 아시아 물품을 아시아의 다른 곳으로 운송하는 일을 주로 했다.

과거에 상인 유민 집단이 아시아 무역에 영향을 끼쳤던 것처럼 포르투갈 문화는 아시아의 국제 교역 형태에 깊이 파고들어 갔다. 예를 들면 포르투갈 어는 점점 중요하게 되었고 아시아 해상 무역의 공용어로 자리 잡았다. 그리고 18세기 말까지 그 지위를 유지했는데 이후로는 영어가 점점 그 자리를 대체했다.

한편 포르투갈 상인들은 그동안 아시아와 유럽 사이의 후추와 향신료 무역을 독점하려고 애를 썼지만 성공하지 못했다. 이들은 16세기 초 몇십 년 동안 큰 성공을 거두었는데 이 시기에 포르투갈 상인들은 몰루카 제도로 가는 모든 항로를 누볐고 1520년대에는 테르나테 섬에 무역 거점을 세우기도 했다. 그러나 이들은 중국, 말레이 반도, 자바, 수마트라의 마카르르Makassar 족, 남술라웨시South Celebes의 부기Bugis 족 등 동남아시아 상인들과 경쟁하며 향신료를 사야 했다. 16세기가 끝나 갈 무렵 스페인 상인들이 이곳에 나타났다. 이들은 세비야에서 멕시코까지 이어져 있는 군사력을 갖춘 교역소들을 지나고 아카풀코Acapulco에서 태평양을 건너 마닐라까지, 그리고 더 남쪽으로 스파이스 제도까지 항해해 왔다. 1570년대 이후 포르투갈 상인들은 테르나테의 교역소마저도 빼앗기자 멜라카와 스파이스 제도 사이 3,500킬로미터를 오가는 아시아 상인들에게 향신료를 사는 방식으로 무역 정책을 후퇴했다. 이제 남술라웨시의 마카사르 항구는 남술라웨시 상인 유민 집단의 중심지로서 점점 중요하게 되었다. 이들은 원래 섬들을 오가면서 여러 가지의 무역을 했는데 그 가운데 하나가 향신료 무역이었다.[12]

향신료 무역은 인도의 말라바르 해안에서 이루어졌던 후추 무역과 아주 비슷했다. 처음에 포르투갈 상인들은 그 지역의 지배자들에게 군사와 외교 압력을 넣어서 후추의 구매를 독점하려고 했다. 이들은 후추가 북쪽 구자라트로 몰래 빠져나가거나 유럽으로 가는 대상에게 옮겨 싣기 위해 페르시아 만 쪽으로 밀수출하는 것을 막으려고 해상 봉쇄를 폈다. 이런 조치는 확실히 경쟁을 어느 정도 억제하고 실제로 짧은 기간이나마 독점을 위한 조건을 만들었다. 그러나 17세기 초에 이르면 포르투갈 상인들이 사서 운송할 수 있었던 후추의 양은 좋은 시절에도 기껏해야 말라바르 제도의 연간 총생산량의 10퍼센트밖에 안 되었다.13

희망봉을 돌아 해상으로 유럽에 싣고 온 후추의 양은 아시아 지역의 거래량이나 유럽 해역에서 거래한 양과 비교할 때 매우 적었지만 대상을 통해 육상으로 유럽에 들여온 양에 비하면 그래도 상당히 많은 편이었다. 16세기 초 몇십 년 동안은 그래도 포르투갈 왕실에서 후추 무역을 어느 정도 독점으로 운영했기 때문에 유럽 시장 내에서 가격을 조정하며 이익을 낼 수 있었다. 그러나 16세기 후반에 들어서면서 독점이 약해졌다. 포르투갈 왕은 이때까지만 해도 대체 교역로로 들어오는 후추와 경쟁할 만한 판매 가격은 유지할 수 있었다. 1560년대 포르투갈은 유럽으로 들어오는 향신료의 절반 정도를 수입했던 것 같다. 16세기 가장 좋았던 시기인 1550년대와 1570년대, 1580년대에 포르투갈은 유럽 전체 후추 수입량의 4분의 3 정도를 공급했고 향신료도 아마 그만큼 수입했을 것으로 추정한다.14

---

12 M. A. P. Meilink-Roelofsz, *Asian Trade and European Influences in the Indonesian Archipelago between 1500 and about 1630*(The Hague, 1962), 136~172쪽; Anthony Reid, "The Rise of Makassar".

13 Anthony B. Disney, *Twilight of the Pepper Empire : Portuguese Trade in Southwest India in the Early Seventeenth Century*(Cambridge, Mass., 1978), 32~36쪽.

16세기 아시아 무역 상인들의 대응

　유럽의 역사가들은 포르투갈의 교역소에 대해 서술할 때 포르투갈 상인들을 인도양의 중심 무대에 세워 놓기 때문에 무심코 사실을 왜곡하는 경우가 많다. 포르투갈의 해군력이 강하긴 했지만 포르투갈 상인들은 포르투갈의 허가를 받았든 안 받았든 상관없이 이미 활동해 왔던 상인 유민 집단 가운데 하나일 뿐이었다. 아시아 상인들은 곳곳에서 포르투갈 사람들과 마주쳤다. 고아에서도 적지 않게 마주쳤는데 그곳은 아시아 상인들이 포르투갈 상인들보다 항상 많았다. 곳곳에서 자기 지역의 동료 상인들이 외국 땅에서 자리를 잡을 수 있도록 도와주는 정착 상인들이 조금씩 있었다. 대개는 이동 상인들이었는데 이들은 팔려는 물건을 가지고 와서 거래가 끝나면 떠났다. 포르투갈 상인들은 어디서나 이슬람 상인들과 대립했을 것 같지만 실제로 가장 큰 단일 공동체는 힌두교 상인들이었다. 나머지 상인 집단은 아시아 상인들과 아프리카 기독교도였다.—인도 인근 지역의 네스토리우스교도와 에티오피아, 아르메니아 상인 집단도 있었다. 포르투갈의 미움을 받았지만 아프리카, 페르시아, 아라비아, 고아 남쪽의 말라바르 해안에 있는 옛 이슬람 정착지에서 온 이슬람 상인들도 많았다. 힌두교도와 자이나교도는 구자라트나 인도 인근 지역에서 온 상인들이었다. 이들은 대개 자기 지역 식료품이나 직물, 성안에서 쓰는 수공품을 팔았고 중국이나 인도 북동쪽의 벵골 지역 또는 아라비아와 페르시아 만 지역에서 가져온 상품들도 팔았다. 1546년 당시 포르투갈이 통치하는 무역 도시에 구자라트 사람들

---

[14] C. H. H. Wake, "The Changing Patterns of Europe's Pepper and Spice Imports, ca. 1400~1700", *Journal of European Economic History*, 8권 361~403쪽(1979).

은 약 3만 명이 살았고 포르투갈 사람들은 만 명을 넘지 못했다.[15]

인도 바깥 지역에서도 구자라트 상인들의 수가 우세했다. 1600년경 포르투갈이 관리하는 페르시아 만 입구의 호르무즈 항구에는 포르투갈 인 거주자가 17퍼센트, 인도 기독교도와 인도계 포르투갈 인이 10퍼센트, 힌두교도가 27퍼센트, 유대교도가 7퍼센트, 나머지 40퍼센트가 이슬람교도였다. 힌두교도 대부분과 약간의 이슬람교도가 구자라트 출신이었는데 여전히 구자라트 상인들이 인도와 페르시아 만의 무역을 지배하고 있었기 때문이다. 실제로 포르투갈 상인들은 무역 거래보다는 보호 비용으로 수익을 올리기 위해 무기를 구입하는 데 투자하기로 결정했지만 구자라트 상인들은 이와 달리 안전한 무역 거래를 위해 보호 비용을 지불하기로 결정했다. 이렇게 해서 서로 자기 이익에 맞게 무역을 계속할 수 있었다. 또한 구자라트 상인들은 포르투갈 상인들의 무역에 돈을 대 주기도 했는데 전체 무역 규모에서 구자라트 상인들이 보여 준 우세는 17세기에도 계속되었다. 하지만 이때부터 네덜란드와 영국이 이 지역에 새롭게 모습을 드러내기 시작했다.[16]

한편 아시아 국내 상인 공동체는 이 같은 시장 상황에 다양한 방법으로 대응했다. 지금까지 우리가 알고 있는 지식으로는 이들의 전체 모습을 그려 볼 수 없지만 최근의 연구에서 드러난 사례들은 이

---

[15] John Huyhgen van Linschoten, *The Voyage of John Huyhgen van Linschoten to the East Indies*, 2 vols.(London, 1885), 1권 256쪽 ; Meilink-Roelofsz, *Asian Trade*, 130쪽 ; Holden Furber, *Rival Empires of Trade in the Orient, 1600~1800*(Minneapolis, 1976), 315쪽.

[16] Jean Aubin, "Le royaume d'Ormuz au début du XVIe siècle", in Aubin(ed.), *Mare Luso-Indicum*, 5 vols.(Geneva, 1971~), 2권 2~63쪽 ; Pearson, *Gujarat*, 4~5쪽, 92~117쪽 ; Tapan Raychaudhuri and Irfan Habib, *The Cambridge Economic History of India*, 2 vols.(Cambridge, 1982), 1권 432~433쪽.

들에 대해 일부 사실을 보여 준다. 포르투갈 상인들에게 특별한 관심의 대상이었던 지역은 인도 후추 생산의 중심지로서 남서쪽의 말라바르 해안이었다. 이곳은 또한 고대부터 서로 연관된 상인 유민 집단이 함께 존재했던, 좀 복잡한 과거가 있는 지역이었다. 이곳은 지금의 인도 케랄라Kerala 주인데 한 해에 여러 번 쌀을 수확할 수 있는, 습도가 높은 열대 지역이었다. 또한 지대가 낮은 열대 해안선이 동쪽 산맥들로 둘러싸여 있어서 주변의 남쪽 지역과 오가기 어려웠다. 그래서 고대의 원거리 무역은 이 지역에서 아시아 서쪽 지역과 동남아시아 지역으로 갈 때 해상을 통해야 했다.

이 지역은 힌두교 사회였는데 두 지배 계급이 무역에 관심이 없었다. 이들은 땅으로 부자가 되었고 종교로 특권을 얻었다. 이들은 농촌을 기반으로 했고 도시는 로마 시대 때부터 후추를 사러 왔던 외국 상인들에게 맡겼다. 이렇게 오랜 시간이 지나면서 케랄라 사람들은 원거리 무역을 온 외국 상인들에게 무엇이 필요한지 알게 되었다. 이곳 지배자는 같은 종교와 민족으로 모인 외국 상인 공동체에 고대 인도의 상인 동업 조합과 비슷한 성격의 무역 회사인 나가라Nagara가 가지고 있던 자치권을 부여했는데 이 권한은 국내법에 이미 규정되어 있었다. 이들은 외국 상인 공동체 안에 자신들의 국내법을 적용하게 했다. 외국 상인들은 정해진 구역 안에서 그 지역 사람들과 떨어져서 살아야 했지만 이들은 때로 과세 면제 대상이었고 다른 특전을 누리기도 했다.[17]

16세기 이전 오랫동안 네 무리의 상인 집단이 케랄라 무역을 지배했다. 이 가운데 두 집단이 힌두교도인데 하나는 코로만델 해안 출신의 체티스 상인들이고 다른 하나는 북쪽 지방의 구자라트 상인들이었다. 또 다른 두 집단은 이슬람교도로 하나는 페르시아와 아라비아에서 잠시 방문한 상인들이고 다른 하나는 과거 중계 상인으로 왔으나 지금은 케랄라에 뿌리를 박은 상인 집단이었다. 이들은 적어도 12세기가 되어서야 제대로 모습을 갖추었다. 서쪽에서 오는 상인들은 아라비아 해를 건너 정기적으로 방문했다. 이들 이슬람 상인은 아라비아식으로 임시 결혼을 하고 한 군데 이상의 항구에 가족을 만들었다. 이렇게 새로 만들어진 사회 집단의 종교는 이슬람교이고 문화는 아라비아식이며 가족 관계는 인도계였다. 이들은 또한 낮은 계급의 힌두교도와 문화 교류를 했는데 인도의 불가촉천민들은 신분 상승을 위해 개종하거나 이슬람 상인에게 딸을 시집보냈다. 한편 네스토리우스교도와 유대교도도 번창하지는 않았지만 상인 집단을 구성하고 있었다.

16세기 초 이 지역의 정치 세력은 네 개의 힌두 정부에 집중되어 있었지만 실제로는 여럿으로 쪼개져 있었다. 포르투갈 상인들은 그 지역을 네 개의 주요 도시, 즉 캘리컷, 카나노레Cannanore, 코친, 콜람Kollam(퀼론Quilon)으로 구분했다. 다른 상인 공동체처럼 마필라Mappila 이슬람교도도 네 곳에서 활동하고 있었는데 지역 인구의 20퍼센트 정도를 이들이 차지했다. 1498년 바스코 다가마가 이곳에 처음 도착했을 때 그가 내린 곳은 캘리컷이었다. 캘리컷은 당시 동남아시아의 향신료 무역 항구로는 가장 큰 말라바르의 화물 집산지였다. 그러나 포르투갈 상인들은 얼마 안 있어 캘리컷의 지배자인 자모린과 사이가 나빠졌다. 그가 이슬람 백성들에게 폭압 정치를 폈기 때문이다.

---

[17] Genevieve Bouchon, "Les musulmans du Kerala à l'epoque de la découverte portugaise", in Jean Aubin(ed.), *Mare Luso-Indicum*, 2권 18~27쪽; Stephen Frederick Dale, *Islamic Society on the South Asian Frontier : The Mappilas of Malabar, 1498~1922*(New York, 1980), 19쪽 이하, 29쪽.

그러자 이 지역의 경쟁 도시에서 포르투갈 상인들을 끌어들였는데, 몇십 년 동안 캘리컷과 오랜 전쟁에서 벗어나게 해 주는 대가로 포르투갈 상인들을 코친에 들여 놓은 것이다.

한편 포르투갈은 이 지역의 지배자를 움직여서 후추 무역을 독점하려고 애썼다. 실제로 후추를 생산하는 사람들은 힌두교 농민들이었다. 이들은 후추를 먼저 중간 상인인 네스토리우스교도에게 팔았다. 네스토리우스교도는 인도 내륙으로 여행하면서 농부들을 따로따로 만나 농부가 재배한 후추를 대량으로 사서 배로 날랐다. 같은 기독교도로서 포르투갈 상인들과 사이가 좋았을 것 같지만 사실 이들은 가톨릭교도가 아니었으므로 포르투갈 사람들이 볼 때 이단이었다. 한편 대부분의 항구에서 이슬람 상인들은 후추를 사서 포르투갈 상인들에게 팔거나 가볍고 빠른 배들로 구성된 상선에 실어서 북쪽의 구자라트로 보냈다. 상선은 가볍기 때문에 해안 가까이까지 가서 정박할 수 있고 또한 포르투갈 상인들이 중간에서 나포하려고 하면 육지나 얕은 바다로 빠르게 이동해서 안전하게 피할 수도 있었다.[18]

포르투갈 상인들은 이런 이슬람 상인들을 '(빠른) 해적선corsairs'이라고 불렀는데, 캘리컷의 이슬람 상인들은 거꾸로 포르투갈 상인들을 자기들 말로 똑같은 뜻을 가진 이름으로 불렀다. 17세기 초 포르투갈 상인들의 군사 위협이 날로 심해지자 마필라 지역은 이에 대응하기 위해 군사 무장을 하기 시작했는데 이는 아주 중요한 사건이었다. 이때부터 마필라의 선박은 군사 무장을 한 상인 집단으로 바뀌

---

[18] Pearson, "Corruption and Corsaires", in Kling and Pearson(eds.), 27쪽, 32~39쪽 ; Furber, *Rival Empires*, 315쪽 ; Disney, *Pepper Empire*, 32~39쪽.

었는데, 한 세기 동안 해상에서 유격 전쟁이 계속된 이후 무역과 약탈의 합법적 경계가 사라져 버렸다. 무력을 사용하는 무역이 새롭게 중심에 떠오르면서 이 지역 이슬람교도의 생각이 불신자와의 투쟁을 뜻하는 지하드jihad(성전聖戰)로 옮겨 가게 되었다.

다른 경우와 마찬가지로 여기서도 포르투갈이 이 지역에 끼친 충격으로 이미 존재하던 무역망의 형태가 파괴되었다는 식으로 쉽게 결론 내릴 수는 없다. 또한 포르투갈이 이것을 이용해서 자기들이 세운 목표에 한 발짝 다가섰다고 볼 수도 없었다. 포르투갈의 해군력은 그동안 숨어 있던 아시아 무역의 가능성을 겉으로 드러나게 하기도 했지만 반면에 또 다른 기회를 억누르고 왜곡했다. 포르투갈 상인들은 처음에 반이슬람주의로 벵골 만의 무역을 규제하려고 했지만 실패하고 말았다. 이들은 일부 지역에서 이슬람교도인 구자라트 상인들과 교역하기도 했지만 인도와 동남아시아의 무역에서는 될 수 있으면 이슬람 상인들을 배제하고 싶어 했다. 이런 방법 가운데 하나가 코로만델 해안의 클링 상인들이 무역에서 자리 잡을 수 있도록 지원하는 것이었다. 이를 위해 포르투갈 상인들은 벵골 만에서 활동하는 구자라트 상인의 무역을 방해하는 한편 다른 항구들에 정착해 있던 클링 상인들에게 멜라카를 이용할 수 있도록 지원했다.[19]

그러나 포르투갈의 방해는 이슬람 상인들을 벵골 만에서 쫓아내지 못했다. 이슬람 상인들은 화물 집산지를 멜라카에서 다른 항구로 바꾸었다. 포르투갈이 1511년 멜라카를 점령하자 이곳의 술탄은 해

---

[19] Dennys Lombard, "Questions of Contact between European Companies and Asian Societies", in Leonard Blusse and Femme Gaastra(eds.), *Companies and Trade : Essays on Overseas Trading Companies during the Ancient Regime*(The Hague, 1981), 79~87쪽.

안을 따라 아래로 이동하여 지금의 싱가포르 항구 내륙 지역인 조호르Johor의 술탄이 되었다. 조호르는 포르투갈의 적들에게 환영받는 곳이 되었지만 이곳의 주요 무역 상대는 동남아시아 구역 안의 동쪽과 북쪽 지역에 한정되어 있었다. 따라서 벵골 만을 건너서 무역하는 상인들은 수마트라 섬의 북서쪽 끝에 있는 아체Aceh를 발견하고 이곳을 화물 집산 항구로 더 많이 이용했다. 아체는 이미 후추 생산지로 널리 알려진 곳이었는데 이곳의 상인들은 포르투갈의 봉쇄를 피해 후추를 운송하기 시작했다. 이들은 북동 계절풍을 이용해서 쉽게 항해했는데 실론 섬의 남쪽을 지나서 아덴으로 직접 갈 수 있었다. 포르투갈 배는 그렇게 멀리까지 남쪽으로 항해하는 배를 감시할 수 없었다. 그리고 대개 아덴 만은 포르투갈 배보다는 이슬람 배에 더 안전한 지역이었다. 힌두교도인 구자라트 상인들도 때때로 이 항로를 이용했다. 구자라트에서 포르투갈의 허가증을 받아 멜라카까지 가서 수마트라에서 후추를 싣고는 포르투갈이 주는 허가증을 다시 받지 않은 채 바로 아덴으로 항해했다.[20]

한편 16세기 동남아시아 북쪽 지역과 중국 사이의 무역 상황은 이와 달랐다. 중국의 외국 무역 금지 정책은 1430년대 처음 시작되었는데 1557년 마카오에 포르투갈 상인들이 정착하도록 허가를 내 주긴 했지만 이후로도 여전히 유효했다. 오키나와 상인들은 16세기 초 이 항로에서 중요한 구실을 했는데 후반기에는 일본 상인들이 그 자리를 차지하게 된다. 일본 상인들은 포르투갈의 후원 아래 서양의 선박 설계와 항해 기술을 배워서 1635년 일본의 외국 무역이 전면 금지될 때까지 중요한 구실을 했다. 그러나 푸젠 성Fujian, 福建省 출신

---

[20] Meilink-Roelofsz, *Asian Trade*, 138~146쪽 ; Pearson, *Gujarat*, 92~117쪽.

의 중국 상인들과 동남아시아에 사는 해외 중국인들은 중국 정부의 규제를 피해 멜라카 또는 마카오에서 후추를 사서 정식으로 포르투갈 상인들에게 파는 방식으로 대규모 무역을 했다.[21]

포르투갈 상인들은 인도네시아의 다도해 지역에서 멜라카와 자바, 동쪽으로 스파이스 섬들까지 이어지는 몇천 킬로미터의 넓은 무역 항로를 효과적으로 감시할 수 없었다. 여러 나라가 항로를 공유했는데 항로를 따라 남술라웨시 제도의 마카사르Makassar(지금의 우중판당 Ujung Pandang)를 중심으로 한 특별한 무역망이 성장하기 시작했다.

북유럽과 포르투갈의 경쟁

1570년과 1600년 사이 유럽 국가들이 인도양으로 진출하기 시작했다. 이 시기 이들의 진출은 아시아 무역에 커다란 영향을 끼쳤지만 18세기 중엽 유럽 세력이 성장했을 때와 비교한다면 아직은 초기 단계였다. 세계사에서 '유럽 시대'는 아직 시작도 되지 않았다. 인도 경제는 여전히 유럽보다 생산성이 훨씬 높았다. 17세기 인도 또는 중국의 1인당 생산성은 유럽보다 높았다.—현대의 기준으로 보면 차이가 그리 큰 것은 아니다.[22] 유럽이 확실히 앞선 것은 해상 운송 기술 같은 분야에 한정되어 있었고 항해 선박의 설계는 16세기와 17세기에 와서야 비로소 크게 발전했다. 또한 유럽은 이 기간에 아시아의 제조 기술자들을 영입했는데 아시아는 유럽 기술자를 영입하지 않았다.

---

[21] Meilink-Roelofsz, *Asian Trade*, 특히 124쪽, 157~169쪽.
[22] Raychaudhuri and Habib, *The Cambridge Economic History*, 1권 458~470쪽.

이러한 중요한 경제 흐름은 국가와 왕조의 흥망과 같은 정치 변동에 영향을 끼치는 배경이 되었다. 16세기 후반 몇십 년 동안 중국은 점점 쇠약해져 명나라의 마지막을 맞이하고 있었다. 중앙 정부 권력의 비참한 쇠망으로 명나라가 멸망하고 1640년대 만주족이 청나라를 건국했다. 남아시아와 서남아시아의 이슬람 지역에서도 16세기 들어 중요한 정치 구조의 변동이 발생했다. 새로운 이슬람 시대는 '세 제국 시대Age of Three Empires'로 특징지을 수 있는데,[23] 이슬람 제국의 위대함이 마지막으로 빛을 발휘했던 이 시기는 17세기에 최고의 정점에 도달했고 이때부터 북유럽 국가들이 아시아 무대에 발을 들여놓기 시작했다.

세 제국 가운데 가장 먼저 세워진 제국이 오스만 튀르크였다. 오스만 튀르크는 유럽의 이웃이었고 16세기 내내 지중해에서 유럽과 힘을 겨루는 경쟁자였다. 오스만 튀르크의 군사력이 가장 강한 시기는 이미 1600년에 끝났지만 이들은 17세기 말까지 여전히 빈 지역과 다뉴브 중부 지역을 위협했다. 두 번째 제국은 페르시아 지역의 사파비 왕조였다. 이들은 1500년경 이란 고원을 지배하게 되었지만 가장 강성했던 시기는 아바스Abbas 대왕(재위 1587~1629) 때였다. 마지막 세 번째는 무굴 제국Mughal India이었다. 무굴 제국은 16세기 초 중앙아시아 침입자들이 인도 북부 지역을 정복하고 세웠는데 악바르Akbar 왕조(1556~1605) 때 가장 강성했다. 무굴 제국의 문화는 17세기까지 계속 번창했다.

아시아에서 유럽으로 가는 무역이 대개 홍해와 페르시아 만을 지

---

[23] 이 용어는 마셜 호지슨Marshall Hodgson이 처음 썼다. 이 시대의 상황과 의미는 그가 쓴 책 *The Venture of Islam : Conscience and History of a World Civilization in Three Volumes*, 3 vols.(Chicago, 1974), 3권 1~162쪽에 잘 요약되어 있다.

났지만 해상 무역이 많은 이익을 남긴다는 사실을 알고 있던 유럽 국가들은 포르투갈과 직접 경쟁하며 이 무역에 뛰어들기 시작했다. 전체로 보면 이 시장에 가장 먼저 뛰어들었지만 활동 기간은 가장 짧았던 나라가 마닐라에 기지를 두었던 스페인이었다. 스페인과 포르투갈은 1580년부터 1640년까지 연합하여 다른 나라의 공격을 막아 냈다.—그리고 네덜란드와 영국에 대항해서 힘을 강화했다.

따라서 마닐라는 중국의 상인 유민 집단과 아카풀코에서 온 갤리언선galleon(고대 스페인의 3, 4층 갑판을 가진 대범선 – 옮긴이)을 연결해 주는 중계 시장이 되었다. 고아처럼 마닐라는 유럽의 지배 아래 있었지만 그곳에 있는 무역 인구의 대다수는 아시아 상인들이었다. 한 추정치에 따르면 1571~1600년 해마다 정기적으로 이곳을 방문하는 중국 상인은 평균 7천 명이었는데 스페인과 멕시코 거주 상인은 천 명이 안 되었다. 중국 상인들은 대부분 남성이어서 이들의 국제 결혼은 곧 혼혈 민족과 혼합 문화 공동체를 만들어 냈으며 후에 이들은 중개 상인으로 성장했다. 중국인이 썼던 필리핀계 스페인 어가 상레이sangleye였는데 이는 중국의 샤먼Xiamen, 厦門(아모이Amoy. 푸젠 성 동남 연해에 있는 주요 항구) 섬 방언으로 무역할 때 쓰는 말에서 파생되었다. 그러나 스페인과 중국의 관계는 포르투갈과 이슬람의 관계보다 더 나빴다. 스페인 상인들이 중국 상인들보다 많았지만 이들은 중국의 영향력을 두려워했다. 스페인이 중국인 거주자들을 대량으로 학살한 사건이 일어난 이후 주기적으로 '반란'이 일어났다. 특히 1603년에서 1639년까지 일어난 폭동은 심각한 수준이었다.[24]

네덜란드와 영국은 포르투갈이 아시아 무역에 진입했을 때와 같은 환경에서 이 시장에 들어왔다. 그러나 지금의 상황에서 네덜란드와 영국이 선택할 수 있는 방법은 포르투갈과 달랐다. 네덜란드와 영국은 평화롭게 진입할 수 없었다. 더구나 그 당시 포르투갈 왕은 스페인 왕을 겸하고 있었기 때문에 가장 강력한 유럽의 군주였으며 포르투갈은 선조 때부터 점령하고 있던 곳을 내 줄 생각이 전혀 없었다. 16세기 후반 포르투갈은 프랑스, 영국, 네덜란드 연방국과 연달아 전쟁을 벌였다. 북유럽의 적들에게 이베리아 제국의 해외 점령지는 마음을 끄는 대상이었다.

유럽의 해외 지역 가운데 일부는 독특한 국제법을 적용하여 무정부 상태를 인정했다. 스페인을 한편으로 하고 프랑스와 영국, 네덜란드 연방국을 또 다른 한편으로 하는 전쟁을 여러 차례 끝내고 맺은 다양한 협정서는 유럽 지역에만 평화를 가져왔다. 유럽의 평화 구역은 '평화 우호선lines of amity'으로 경계를 나타냈는데 남쪽으로 북회귀선과 대서양 중간을 남북으로 가로지르는 가상의 경계선을 기준으로 했다. 이 경계선을 벗어난 지역에서 유럽 국가들은 전쟁도 평화도 아니었다. 이곳을 국제 무정부 구역으로 정한 것이다. 이 같은 예외의 상황은 국가 사이에 새로운 쌍무 협정이 하나 둘 맺어지면서 1680년대까지 지속되었다. 그러는 동안 경계선을 벗어난 지역에서는 유럽 상인들의 보호에 복잡한 문제가 발생했다. 모든 무역이 약탈 무역으로 바뀐 것은 아니지만 무장하지 않은 채 무역을 한다는 것은 전혀 불가능한 일이었다.

영국과 네덜란드 연방국은 해군력에 대해서 여러 가지 선택권을 가지고 있었다. 하나는 라틴계의 감시를 따돌릴 수 있다는 기대를

---

[24] Rafael Bernal, "The Chinese Colony in Manila, 1570~1770", in Alonso Felix, Jr. (ed.), *The Chinese in the Philippines*, 2 vols.(Manila, 1966) ; Milagros C. Guerrero, "The Chinese in the Philippines, 1570~1770", in Felix, Jr.(ed.) ; John F. Cady, *Southeast Asia : Its Historical Development*(New York, 1964), 238~240쪽 ; William L. Schurz, *The Manila Galleon*(New York, 1939).

갖고 아시아와 아메리카 무역에 포르투갈의 허가 없이 참여하는 것이었다. 두 나라는 16세기 후반에 이런 방식으로 스페인과 포르투갈을 공격하기 시작했다.

두 번째로 선택할 수 있는 방법은 스페인과 포르투갈이 이루어 놓은 제국을 직접 공격해서 점령할 수 있을 정도로 강력한 군사력을 갖추는 것이었다. 적어도 인도양에서 두 해상 세력은 정부가 나서서 중요한 공격에 맞서기로 결정했다. 이런 위험 속에서도 희망봉을 넘어가는 국가 무역을 수행하는 공인된 주식회사에는 독점권을 부여했다. 또한 모든 회사는 각자 전쟁을 수행하기 위해 해군력을 무장할 수 있는 법적 권한이 있었는데 다만 자신들의 구역 안에서는 평화를 지켜야 했다. 두 나라의 특별한 권한은 이미 한 세기 전에 포르투갈이 무역 이익을 위해 봉건 시대의 군사 전통을 결합했던 방식과 같은 것이었다. 이런 방식은 이제 해외에서 장사를 해서 이익을 내는 상인들은 자기 비용으로 직접 보호 비용을 내야 하며 정부나 일반 국민이 부담할 수 없다는 것을 근거로 영국과 네덜란드에서 정당화되었다.

그러나 실제로 두 나라의 어떤 회사도 포르투갈 교역소의 도매업을 빼앗으려고 한 적은 없었다. 그런다고 해서 회사에 더 유리한 경제 거래 조건이 성립된다는 보장이 없었기 때문이다. 1600년 당시에 포르투갈은 서쪽으로 모잠비크, 몸바사, 호르무즈를 지배하고 있었고, 중앙으로 고아, 동쪽으로 멜라카와 마카오를 점령하고 있었다. 네덜란드나 영국이 여러 번 공격했지만 얻은 곳은 1641년 네덜란드가 점령한 멜라카 한 곳뿐이었다. 아시아 국가의 손으로 넘어간 곳도 있었다(호르무즈는 1622년 사파비 왕조에 넘어갔고 몸바사는 오만의 아라비아 인 손에 넘어갔다). 그러나 나머지는 20세기 중반까지 포르투갈의 지배 아래 있었다. 그러므로 포르투갈 교역소는 북유럽이 진입한 이후 새로운 환경에서도 변함없이 활동했다.

북유럽 국가들이 선택할 수 있었던 세 번째 방법은 경쟁과 무력으로 포르투갈과 타협점을 찾아 새로운 교역소를 만드는 것이었다. 이것은 서로 이익을 내기 위해서 필요한 곳에서는 무력을 쓸 수도 있는 방법이었다.

네 번째 방법은 세 번째와 비슷하긴 하지만 무력의 사용을 자기 방어에 한정하는 것이었다. 비록 보호 비용을 지불하거나 스스로 자신들을 보호해야 했지만 무역의 성사는 순전히 상업 경쟁으로 이루어져야 했다. 이는 간단히 말하면 1500년 이전 인도양에서 이루어진 무역 방식이었다.―그러나 새로 들어온 유럽 상인들은 이들을 받아들이려 하지 않는 포르투갈 상인들과 싸울 준비가 되어 있어야 했다.

앞서 말한 선택 방법들은 모두 중요한 사항을 암시하고 있는데 바로 유럽의 상인 유민 집단은 아시아의 조직 형태를 전혀 따르지 않는다는 사실이다. 아시아에서는 작은 상점들이 모여 서로 경쟁하고 협력하는 형태였다. 그러나 북유럽의 회사들은 하나의 경제적 실체로서 단일한 중앙 관료주의 형태의 통제 아래 반드시 군사, 정치적 행동을 통해 교역했다. 새로운 대형의 무역 회사는 카사 다 인디아와 같은 정부 주관의 무역 회사에서 출발했다. 17세기 새로운 회사들이 중심에 서면서 모든 지역에서 상인 유민 집단에 대한 중앙 집중식 관리는 더욱 분명해졌다. 실제로 17세기와 18세기 유럽 국가의 지배 아래 있는 상인 유민 집단은 대부분 이런 형태로 바뀌었고 19세기에 들어서는 세계 다른 지역에서도 마찬가지였다.

공식적인 형태가 그렇듯이 유럽의 선택 방법들이 실제로 순수한 그 모습을 유지한 것은 하나도 없었다. 유럽 상인들은 하나의 방식이 중심이 되긴 했지만 여러 가지가 혼합된 방식을 채택했다. 그리고 시간이 지나면서 혼합된 방식도 바뀌었다. 이것은 네덜란드와 영국 회사를 예로 들어 설명하겠다.

네덜란드 동인도 회사

1602년 네덜란드 연방 공화국 정부는 네덜란드 동인도 회사VOC(Vereenigde Oostindische Compagnie)의 설립을 허가했다. 이것은 1590년대 후반 네덜란드 상인들이 누구의 허가도 받지 않고 공격적으로 무역을 시작한 이래 새로운 출발을 알리는 신호였다. 그런데 이때 네덜란드가 정부의 규제를 받는 독점 회사를 만들었다는 것은 참으로 기이한 일이었다. 네덜란드는 유럽에서 가장 앞선 해군력을 자랑하는 나라였다. 이들의 배는 유럽의 항로를 지배했는데 다른 어느 나라보다 물품을 싸게 운송할 수 있었기 때문이다. 이들은 물고기, 소금, 빌드 해 연안의 목재, 남쪽 시역의 포도주, 영국과 플랑드르 지역의 의류 같은 대량의 화물을 전문으로 날랐다. 또한 상업 부기와 외환 업무, 증권 판매 같은 상업 기술에서도 유럽의 선두 주자였다. 따라서 사람들은 이와 같이 유리한 점들을 자본화하기 위해 고안된 것이 동인도 회사 정책이라고 생각할 것이다.

그러나 동인도 회사의 첫 번째 의도는 포르투갈의 무역 체계를 정면 공격하여 빼앗는 것이었다. 이 정책은 동인도 회사 자체의 구조로 설명할 수 있다. 동인도 회사는 여러 개의 네덜란드 주 정부로 나뉘어 있었다. 자본가들이 개별로 투자할 수 있었고 정책에 대해 의견을 말할 수도 있는 구조였지만 최종 결정은 정부가 내렸다. 그러므로 동인도 회사는 그들이 거래하는 무역 상품보다 군사력이 더 중요했다. 동인도 회사는 자본가들이 설립한 무역 회사라기보다는 국가 이익을 위해 아시아 지역의 포르투갈 세력을 제거할 목적으로 세워진 기업 형태의 해적 집단이라고 볼 수 있는데, 특이한 점은 기업 자금을 일반 국민의 세금이 아니라 투자자의 기금으로 조달했다는 것이다.

그러나 동인도 회사는 아시아 해역에 진출하자마자 자신들이 포르투갈을 정면 공격할 힘이 없다는 사실을 알았다. 아시아에 있는 포르투갈 상인들의 수는 적었지만 이들은 이미 아시아 지역에서 다양한 이해관계를 형성하고 있었기 때문에 이들을 쫓아내는 것은 매우 힘든 일이었다. 그래서 동인도 회사는 첫 번째 선택을 포기하고 포르투갈과 균형 체계를 유지하는 두 번째 선택 사항으로 후퇴했다. 중심 기지는 자바 섬의 북서쪽 해안에 있는 바타비아Batavia(지금의 자카르타)라는 요새 도시였다. 이곳은 말라카 해협의 멜라카 항구와 같은 구실을 하는 순다 해협의 항구 도시로 인도양과 남중국해 사이를 지나가는 주요 길목이었다. 동인도 회사는 그다음에 중국 시장의 진입로에서 마카오나 마닐라 같은 구실을 하는 타이완을 점령하려고 애썼다. 그리고 고아나 캘리컷처럼 인도 남쪽 항구와 같은 기능을 하는 실론 섬의 해안 지역을 점령했다. 한편 아프리카 남쪽 끝에 있는 케이프타운은 유럽과 인도 사이에서 중간 역할을 하면서 모잠비크와 브라질 같은 구실을 했다. 물론 이 같은 일들이 몇십 년 만에 이루어진 것도 아니고 또 아무것도 없는 상태에서 계획만 가지고 된 것도 아니었다. 이것은 17세기 내내 하나씩 변화하면서 이루어진 결과였다. 그러나 동인도 회사의 책임자들은 이 거점들을 자신들이 포르투갈의 화물 집산 항구를 모두 점령할 만큼 힘을 키울 때까지 임시로 사용할 항구 정도로 생각했다.

네덜란드 상인들은 유럽에서 동쪽으로 가는 항로에 한 가지 중요한 변화를 꾀했다. 이들은 아시아 사이를 오가며 항해할 때는 계절풍을 이용해서 인도양을 건널 수 있지만 유럽에서 아시아로 갈 때는 인도양 남반구 쪽으로 멀리 내려가서 일 년 내내 부는 편서풍을 맞으며 인도양을 건널 수 있다는 것을 발견했다. 이들은 이렇게 해서 순다 해협을 지나 아시아 북쪽으로 갈 수 있었다. 유럽으로 돌아올 때는 적도에서 남쪽으로 약간만 내려오면 일 년 내내 부는 남동 무역풍을 만나서 항해할 수 있었다. 네덜란드 상선은 남인도양을 지나는 이 항로들을 이용하여 포르투갈의 감시를 따돌릴 수 있었고 거센 계절풍의 위험도 피할 수 있었다.

　네덜란드는 무역과 군사의 중심지들을 개발하면서 포르투갈이 이전에 무역을 독점하기 위해 시도했던 일들을 따라 했다. 이들도 포르투갈의 허가증과 같은 통행증을 팔았고 영국 동인도 회사도 이것을 따라 했다. 처음에는 네덜란드의 통행증을 받은 배만 네덜란드 배가 포획하지 않도록 보호해 주었지만 시간이 지나면서 다른 나라에서 발급한 통행증을 받은 배도 인정해 주기 시작했다. 그러나 포르투갈이 대부분의 아시아 항로에 통행증을 발급하자 네덜란드 동인도 회사도 아시아와 유럽 사이 항로뿐만 아니라 아시아 지역 사이의 무역에도 뛰어들었다. 따라서 동인도 회사의 통행증 발급은 경쟁을 억누르기 위한 방법으로 용도가 축소되었다. 동인도 회사는 종종 코로만델 해안과 자바 사이의 직물 무역을 확보하려고 애썼다. 또한 몰루카와 반다 해 연안 섬들에서 아시아 상인들이 주도하고 있던 향신료 무역을 축소시키려 힘썼다. 한때는 구자라트의 상선들을 동남아시아의 모든 항구에서 내쫓으려고 했다. 이전에 포르투갈이 겪었던 것처럼 이런 조치는 단지 아시아 상인들에게 앞 다투어 다른 항로를 개척하도록 유도했을 뿐이었다. 예를 들면 구자라트와 아르메니아 상선들은 인도에서 마닐라까지 항해할 수 있었고 이 항로에서 훌륭한 화물 집산지 항구를 발견했다. 이들은 그곳을 중심으로 인도 의류를 더 남쪽에 있는 몇천 개의 섬에 팔 수 있었다.25

네덜란드는 포르투갈이 과거에 실패했던 일 하나를 성공했다. 이들은 몰루카와 반다, 암본Ambon 섬에서 육두구 씨앗과 향신료의 생산을 독점하는 데 성공했는데 단순히 '밀수 행위'를 금지하는 데 그치지 않고 생산 자체를 통제했다. 암스테르담에서 주문이 오면 이 지역에 군인들을 보내어 주문량을 빼내고는 다른 상인들에게 팔지 못하도록 해변의 나무들을 베어 버렸다. 이 조치로 동인도 회사는 1640년대에서 1680년대까지 독점 이익을 올릴 수 있었다.

이 밖에 네덜란드는 아시아 정부에서 여러 가지 특권을 얻어 냈다. 이 가운데 일부는 이익이 남는 무역을 자기 나라로 끌어들이려고 아시아 정부에서 스스로 내놓았다. 예를 들면 무굴 제국은 네덜란드와 영국 동인도 회사에서 은을 사기 위해 관세와 국내의 여러 가지 요금을 면제해 주었다. 또 네덜란드 동인도 회사는 말라바르 해안에서 과거에 포르투갈이 가지고 있던, 코친의 후추를 독점 구매할 수 있는 권리를 승계했고 실론에서도 인도네시아 동쪽 지역에 대한 구매 독점권을 거의 흡수했다. 동인도 회사도 내부에서는 개인적으로 술수나 부정행위가 난무했지만 새로 진입하는 상인들에게 문호가 열린 무역 체계를 유지하려고 했다.26

---

25 Om Prakash, "Asian Trade and European Impact : A Study of the Trade of Bengal, 1630~1720", in Blair B. Kling and M. N. Pearson(eds.) ; Furber, *Rival Empires*, 266~269쪽. 네덜란드에 대한 것은 Charles R. Boxer, *The Dutch Seaborne Empire*, 1600~1800(New York, 1965)을 참조.

그러나 네덜란드의 독점 지향 정책은 재무 손익에서 성공하지 못했다. 군사비로 쓰는 비용이 수입보다 많았다. 이 문제로 인해 18세기에 동인도 회사는 점점 더 심각해졌다.[27] 또한 이 시기에 아시아 무역이 급속하게 증가했지만 극심한 규제 정책으로 상품 회전율이 낮았기 때문에 전체 매출 규모가 낮아지는 결과를 가져왔다. 동인도 회사가 향신료 무역을 규제했기 때문에 유럽으로 수출하는 전체 규모에서 향신료의 비중은 점점 줄어들었다. 1620년 네덜란드 수입의 75퍼센트가 향신료와 후추였는데 1670년에 33퍼센트로 줄었고, 1700년에 23퍼센트로 더 줄었으며 대신에 직물이 차지하는 비율이 55퍼센트까지 올라갔다. 결국 동인도 회사는 과거 유럽 해역에서 네덜란드의 번영을 가져왔던 해상 운송 경쟁력을 아시아 무역을 시작하면서 잃고 말았다.

영국 동인도 회사

1590년대 초 영국 상인 공동체는 네덜란드가 가졌던 것과 똑같은 선택권이 있었으며 아시아 무역에 대해 알고 있는 정보도 비슷했다. 영국은 포르투갈이 스파이스 제도에서 세력이 약해져 가는 것을 파악하고 인도네시아 동쪽 지역으로 진출할 기회를 엿보고 있었다. 그러나 1600년에 설립된 영국 동인도 회사는 좀 특이한 국내 조건에서 활동했다. 영국 동인도 회사는 희망봉 동쪽 지역에 대한 영국 무역의 독점권을 가지고 있었고 무력을 행사할 수 있는 권리도 있었

---

[26] Om Prakash, "European Trade and South Asian Economies", in Leonard Blusse and Femme Gaastra(eds.).
[27] Furber, *Rival Empires*, 52~53쪽.

다. 여기까지는 네덜란드 동인도 회사와 비슷했다. 그러나 영국 동인도 회사는 네덜란드 동인도 회사처럼 정부의 통제를 받지 않았다. 초기에 영국 동인도 회사의 자본금은 경쟁자인 네덜란드 동인도 회사의 10분의 1밖에 안 되었다. 그리고 자본금은 한 번 무역 항해를 떠날 때마다 주주를 모집하여 마련했고 항해가 끝나고 돌아오면 이익금과 함께 돌려주었다. 이것은 영국 동인도 회사가 아직 어떤 것을 지속적으로 공략해서 얻어 낼 능력을 갖추지 못했다는 것을 뜻한다. 1613년 이후 자본금은 3년 또는 4년 단위로 출자 기간을 정했지만 1657년이 될 때까지 영구 자본금을 형성하지 못했다. 이 때문에 영국 동인도 회사는 여러 차례의 무역 항해를 통해 아시아 해안에 무역을 관리하는 재외 상관들을 세울 수 있었지만 고아나 바타비아처럼 군사 무장을 한 교역소는 애당초 세울 엄두를 내지 못했다. 실제로 영국은 1669년 영국 왕이 포르투갈에서 봄베이를 빼앗아 그곳을 영국 동인도 회사에 넘길 때까지 자치령이 하나도 없었다.

영국 동인도 회사는 오래전 회사의 목표를 향신료 무역에서 서인도 지역 무역으로 바꿨다. 서인도 지역에는 구자라트 주의 수라트Surat 항구가 있는데 이곳은 초창기 영국 동인도 회사의 가장 중요한 재외 상관이 세워진 곳으로 무굴 제국의 일부였다. 1620년대까지 영국 동인도 회사도 암본 섬에 세운 재외 상관을 중심으로 향신료 무역에 열중했다. 그러나 1623년 네덜란드가 재외 상관을 점령하고 이곳에 있던 상인들과 일꾼들을 대부분 죽이는 '암본의 대학살'을 자행했다. 이 사건은 동양 사람들보다 영국 국민들에게 더 큰 충격이었다. 영국은 스파이스 제도에서 자바 서쪽에 있는 반텐Banten(반탐Bantam)의 재외 상관으로 물러섰다. 반면에 아라비아 해에서는 영국의 이익이 늘어났다. 1622년 영국 동인도 회사는 페르시아 제국을 돕기 위해 아라비아 해에 해군을 파견했고 그 결과 포르투갈로부터 호르무즈를 빼앗았다. 이때 페르시아는 본토에 반다르아바스Bandar Abbas라는 새 항구를 세우고 모든 선박에 문호를 개방했다.

따라서 영국 동인도 회사가 인도에 군사력을 갖춘 무역 거점을 설치하는 시기는 네덜란드에 비해 늦었다. 실제로 1680년대 들어서야 코로만델 해안의 마드라스Madras가 영국 동인도 회사의 자치령이 되었다. 1696년 무굴 왕실은 영국 동인도 회사가 콜카타의 무역 거점을 무장하도록 허락했다. 결국 17세기 말에 봄베이, 마드라스, 콜카타, 이 세 도시가 인도의 영국 자치령이 되었다. 이 밖에도 수많은 재외 상관과 거점이 생겨났다가 사라졌다. 영국은 다른 나라에 비해 늦게 출발했지만 마침내 포르투갈이나 네덜란드와 견줄 수 있는 자국의 교역소를 갖게 되었다.

그러나 이때도 영국 동인도 회사는 경쟁자에 비해 적은 자본으로 큰 이익을 내기 위해 조심스럽게 움직였다. 네덜란드 동인도 회사와 달리 영국 동인도 회사는 민간 상인들에게 아시아 '역내' 무역을 맡겼다. 민간 상인들은 아시아 무역 상인이거나 개인 자본으로 활동하는 일부 회사 간부들이었다. 영국과 인도 간에 회사 화물을 나르는 배의 소유권도 영국 자본가 집단이 나누어 가지고 있었다. 17세기 말 영국 동인도 회사는 은을 수출하고 아메리카산 면직물과 생사, 후추, 인도 염료, 커피와 차 같은 것을 수입하면서 자리를 잡았는데, 이 가운데 커피나 차 같은 음료 식품은 18세기 중엽까지 그리 중요한 수입품이 아니었다.[28]

---

[28] 영국 동인도 회사의 업무 내용은 K. N. Chaudhuri, *The Trading World of Asia and the English East India Company 1660~1760*(Cambridge, 1978), 특히 215~410쪽 참조.

영국 동인도 회사가 영국의 동방 무역에 대해 법적으로 독점권을 가지고 있었지만 그렇다고 완전한 독점 자본가처럼 행동할 수는 없었다. 네덜란드, 나중에는 프랑스, 덴마크, 그리고 유럽의 다른 국가들도 인도와 무역을 했다. 만일 영국이 독점 수준으로 가격을 올리려고 한다면 국내 상인들은 네덜란드나 유럽의 다른 나라 상인들에게서 아시아 상품을 수입할 수 있었다. 실제로 영국 동인도 회사는 인도에 수출할 은을 사기 위한 자금을 마련하려고 유럽 대륙으로 인도 상품들을 다시 수출해야 했다. 그곳에서 유럽 국가의 동인도 회사들과 직접 경쟁했다.

영국 동인도 회사는 처음 몇십 년 동안 보호 비용이 다른 나라의 회사에 비해 낮았기 때문에 경쟁에서 이길 수 있었다. 그러나 17세기에는 해군과 해안을 지키는 군사 비용 때문에 보호 비용이 다른 나라와 동등해졌다. 그러므로 이제는 아시아 상인들에게 계속해서 돈을 받아 내야 했다. 영국 동인도 회사는 영국 정부를 포함해서 여러 권력 기관에 보호 비용을 지불했는데 이들은 동인도 회사에 독점권을 준 대가로 회사에서 좋은 조건으로 돈을 빌려 가기도 했다. 또한 동인도 회사가 무굴 제국의 항구에 무역 거점을 설치하는 것은 서로에게 유리했지만 그래도 이렇게 중요한 아시아 국가에는 보호 비용을 지불했다. 동양에서 일하는 회사 직원들은 여러 가지 목적으로 뇌물을 주고받았다. 그러나 영국의 회사 운영은 16세기 포르투갈이 설립했던 교역소보다는 한 발 더 나아간 발전한 모습이었다.— 그리고 네덜란드가 향신료 판매 독점을 위해 포르투갈보다 거세게 밀어붙여 성공한 사례를 본보기 삼아 영국은 이보다 훨씬 철저한 준비로 무장하고 출발에 나섰다.[29]

약탈은 부를 얻는 효과적인 수단이지만 언제라도 매우 비싼 대가를 치러야 하는 방법이다. 유럽 무역 회사들은 이 교훈을 너무 느리게 배웠고 결국에는 깨달았다. 유럽 국가들이 통제하고 억압하려 했던 아시아 무역은 16세기에서 17세기까지 계속 성장했다. 실제로 17세기는 인도 해상 무역의 황금시대였다. 그러나 18세기 초가 되자 경기 침체와 쇠퇴가 오기 시작했다. 이는 무굴 제국과 페르시아 제국의 중앙 권력이 무너지면서 시작되었고 또 한편으로는 18세기 중엽부터 유럽 국가의 세력이 커지면서 발생했다. 18세기 후반 아시아와 유럽의 관계는 급격하게 변하여 자바와 벵골에 있던 교역소들이 완전한 식민지 영토로 바뀌면서 '유럽 시대'의 여명을 열었다. 이제 아시아 상인들은 유럽 상인들과 교역에서 생기는 문제들을 해결해야 했으며 따라서 이에 맞게 자신들의 상인 집단을 다시 설계하고 새로운 방식으로 운영해야 했다.

---

[29] Chaudhuri, *Trading World*, 특히 453~462쪽; Raychaudhuri and Habib, *Cambridge Economic History*, 1권 432쪽

8
부기 족, 바니안, 중국인 : 유럽의 대형 무역 회사와 아시아 무역 상인들

역사가들에게 늘 어려운 문제점이 시대마다 자료가 균등하지 않다는 사실이다. 어떤 시대와 장소는 거의 모든 역사 기록이 잘 보존되어 있어서 과거를 자세하게 재구성할 수 있다. 중세 카이로의 게니자 문서가 좋은 예다. 그러나 또 어떤 시대와 장소는 남아 있는 기록이 거의 없다. 잘 기록되어 있는 과거와 기록이 거의 남아 있지 않은 과거를 조화롭게 균형을 맞춰 복원하는 일은 매우 어렵다. 그러므로 18세기 말 이전 아시아 해상 무역의 역사에서 유럽 상인들이 기여한 것과 아시아 상인들이 기여한 것을 견주어 균형을 맞추는 것은 힘든 일이다. 유럽의 대형 무역 회사에 대한 기록은 유럽의 문서 보관소에 아주 잘 보관되어 있다. 그러나 아시아 상인들의 활동 기록은 주로 개인에 대한 것이었고 아무도 자신들이 기록한 항해 일지와 보고서가 당대를 넘어서 무슨 소용이 있을지 알지 못했다. 우리가 지금 아시아 교역에 대해 알 수 있는 가장 유용한 자료는 유럽의 문서에 나오는 기록들이다. 그러므로 아시아 역사가들도 유럽 역사가처럼 유럽의 기록을 연구해야 했다.

결국 18세기 말 이전의 아시아 해상 무역에 대한 역사 기록을 보면 유럽 상인들이 주인공이며 당시의 무역을 이끌고 지배했고 아마도 대부분의 교역을 주도했다는 인상을 받을 수밖에 없다. 그러나 이것은 '유럽 시대'로 가는 중간 시기였던 18세기 이전의 경우만 해당되는 것이 아니다. 네덜란드와 영국은 이미 17세기 초에 유럽으로 항해하는 향신료 무역을 실제로 지배했고 따라서 향신료를 싣고 지중해 지역으로 향하는 육상 무역은 거의 사라졌다.[1] 그러나 육상 교역로를 따라 무역하는 대상은 여전히 활동하고 있었다. 이들이 나르는 무역 상품은 해상 무역 상품과 달랐다. 이 시기에 인도양 지역에서만 전체 무역량이 엄청나게 늘어났다.—유럽 상인과 아시아 상인 모두 늘었다. 그러나 우리가 파악할 수 있는 자료는 그렇게 균형 잡힌 것이 아니다. 이 장과 마지막 장은 글의 분량이 비슷하다. 그러나 마지막 장은 엄청난 양의 기록을 압축한 것이고 이 장은 여기저기 흩어져 있는 데다 정리가 제대로 안 된 자료와 최근에 나온 연구들에서 뽑아낸 내용들이다. 따라서 여러 사례를 섬토할 수는 있지만 실제로 발생한 사실들에 대한 광범위한 조사까지는 이루어지지 못했다.

남술라웨시 섬의 상인 유민 집단

동남아시아 지역이 아시아 역사에서 상대적으로 소홀한 까닭도 이 지역에 대한 역사 기록이 별로 없기 때문이다. 이곳에 대한 기록들이 여기저기 흩어져 있었기 때문에 인도나 중국 같은 나라의 기록

---

[1] Niels Steensgaard, *Carracks, Caravans and Companies : The Structural Crisis in the European-Asian Trade of the Early 17th Century*(Copenhagen, 1973).

보다 연구가 늦게 시작되었다. 그리고 중국과 인도 문화가 아시아 지역에서 매우 중요한 구실을 했으므로 동남아시아 문화는 곧잘 무시당하곤 한다. 그러나 네덜란드가 갑자기 나타나서 자바 해의 모든 지역을 휩쓸던 바로 그 시기에 이 지역에서 상업의 주도권을 잡고 군사 조직을 갖춘 중요한 상인 유민 집단을 형성한 동남아시아 상인들이 있었다.

남술라웨시는 예전에 셀레베스Celebes라고 불렀던 독특한 모양의 섬으로, 남서쪽으로 길게 뻗은 반도다. 이곳은 16세기 이전에는 중요한 무역 중심지가 아니었다.—단지 자바 상인들이 몰루카 제도와 향신료를 생산하는 섬으로 갈 때 들르던 곳이었다. 이곳은 술라웨시 섬의 남서쪽에 따로 있으면서 문화와 언어가 서로 달라 크게 두 가지 언어를 쓰는 집단으로 나뉘어 있었다.—하나는 마카사르 어를 썼고 다른 하나는 부기Bugis 어와 그 계통의 언어를 썼다. 또한 이곳의 해안은 또 다른 언어를 쓰는 해상 무역 상인 집단인 바자우Bajau 족이 수시로 들락거렸다. 바자우 족은 주로 자신들의 배 안에서 살았는데 술라웨시와 보르네오, 필리핀 남쪽, 몰루카 제도에 있는 섬들의 해안을 따라 널리 흩어져 있었다. 이들에게 전해지는 말에 따르면, 이들의 기원은 말레이 반도 끝에 있는 조호르Johor라고 추정한다. 그러나 16세기 초 이들은 주로 마카사르, 남술라웨시와 교류했다. 토메 피르스는 이들을 다음과 같이 썼다.

이 섬들은 멜라카, 자바, 보르네오, 버마 상인들과 무역을 한다. 이들은 어느 종족보다 버마 인을 많이 닮았다. 이들은 다른 종족들과 다른 고유한 말을 쓴다. 이들은 모두 이교도들이고 건장하고 용감한 전사들이다. 이들은 먹을거리가 많다.

이 섬에 사는 사람들은 세계 어느 곳에 있는 도적보다 더 큰 도적이다. 이들 세력은 매우 강력하고 파라오paraos라고 부르는 배를 여러 척 가지고 있다. 이들은 페구와 몰루카 제도, 반다 해, 자바 인근의 섬들을 항해하면서 약탈한다. 그리고 여자들도 바다로 데리고 간다. 시장을 열어서 자기들이 훔친 물건을 처분하고 잡아온 노예들을 팔았다. 이들은 수마트라 섬을 모두 돌아다닌다. 이들은 주로 해적이다. 자바 사람들은 이들을 부주스Bujuus라고 부르고 말레이 사람들은 셀라테스Celates라고 불렀다. 이들은 약탈품을 파항Pahang(말레이시아 중부 지역 – 옮긴이) 근처의 주마이아Jumaia로 가지고 가는데 그곳에 상설 시장이 있다.

약탈을 하지 않는 사람들은 판가자바스pangajavas라는 커다란 배에 거래할 물건을 싣고 온다. 여러 가지 식품을 가지고 오는데 주로 쌀이며 금도 조금씩 팔러 온다. 이들은 캄베이산 의류와 브레탄기스bretangis를 사 갔고 벵골에서 가져온 물품과 클링이 파는 물품을 가져갔다. 그리고 검은 벤조인benzoin(약제나 식품 방부용으로 사용 – 옮긴이) 수지와 향료를 대량으로 사 갔고 이들은 모두 작은 칼을 지니고 있다.[2]

---

[2] Tome Pires, *The Suma Oriental of Tome Pires*, 2 vols.(London, 1944), 1권 126~127쪽. 번역자가 부기Bugis를 '부주스Bujuus'로 잘못 썼는데 여기서 바로잡았다. 부주스는 오히려 바자우Bajau와 가깝다. Anthony Reid, "The Rise of Makassar" 참조.
부기 족은 동남아시아 섬에 있는 가장 유력한 해상 상인 유민 집단이다. 그러나 이들은 해양 중심의 생활권이었으므로 이제야 조금씩 이들의 역사가 알려지고 있다. David E. Sopher, *The Sea Nomads : A Study Based on the Literature of the Maritime Boat People of Southeast Asia*(Singapore, 1965) ; James Francis Warren, *The Sulu Zone, 1768~1898 : The Dynamics of External Trade, Slavery, and Ethnicity in the Transformation of a Southeast Asian Maritime State*(Singapore, 1981) 참조.
우연히 일치하는 용어가 많으면 좋지 않다. 그러나 놀랍게도 바자우 족과 비슷한 해상 문화를 가진 사람들이 소말리아와 케냐 북부 지역의 해안가에 있는 섬에서 여전히 어업과 해운업에 종사하고 있으며 이들을 스와힐리 어로 바준Bajun이라고 부르는데 정말 우연의 일치다. Vinigi L. Grottanelli, *Pescatori del Occeano Indiano*(Rome, 1955) ; A. H. J. Prins, *Sailing from Lamu: A Study of Maritime Culture in Islamic East Africa*(Van Gorcum, 1965).

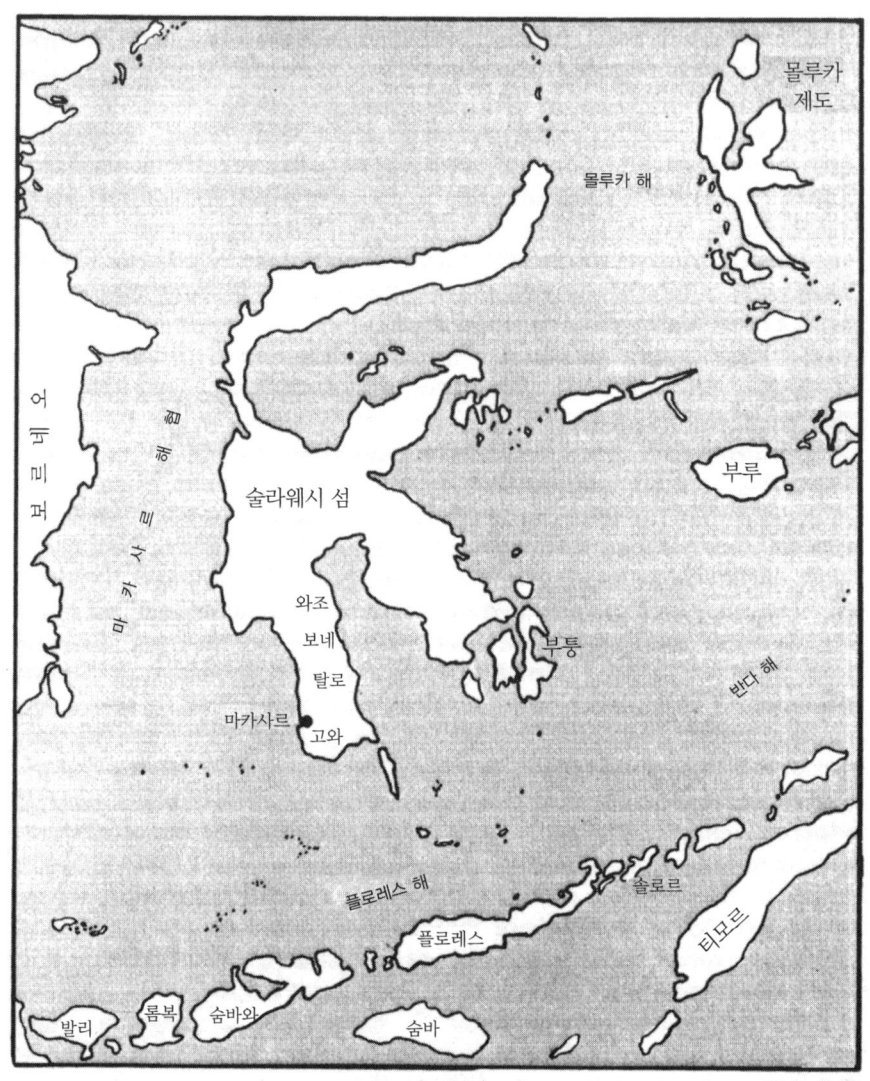

지도 8.1 _ 술라웨시 섬과 인근 지역

해상 유목민인 바자우 족은 육지 생활 중심인 남술라웨시 왕국들과 공생 관계였고 특히 고와Gowa와 탈로Tallo의 마카사르 왕국들과 보네Bone의 부기 왕국과는 더 가까운 문화권이었다. 16세기와 17세기 들어서까지 부기 족과 마카사르 족은 해상 무역을 하는 상인이기도 했고 때로는 해적이기도 했다. 이 과정에서 이들은 바자우 족 일부를 자기 종족으로 받아들였고 나머지는 섬의 내륙에 있는 왕국들의 변경 지역에서 가난하게 살았다. 고와 지역의 마카사르 항구는 점점 중요한 화물 집산지가 되었다. 특히 말레이 상인들이 이곳에 정착했는데 이들은 자기들이 거주하는 지역의 자치권과 안전 보장을 서면으로 허락받았다. 마카사르는 곧이어 자바 해 중앙 지역의 무역 중심지로 자리 잡고 동쪽으로 더 멀리 스파이스 제도에서도 점점 더 중요한 구실을 하게 되었다. 1610년대에 스페인과 중국, 덴마크가 이 지역에 나타났고 해안에 재외 상관을 세우기 시작했다. 1641년 멜라카가 네덜란드에 점령당하자 포르투갈 난민들이 이주해 왔고, 이곳에는 얼마 안 있어 약 3천 명의 포르투갈 상인이 살게 되었다. 또한 인도 상인들도 이곳으로 이주했는데 이들은 금융업과 무역업을 지배하는 선두 주자로 나서기 시작했다. 수마트라 북쪽 끝에 있는 아체의 술탄이나 인도 골콘다Golconda의 라자raja 같은 아시아 지배자들도 대리인을 마카사르로 보내 자국 상인들을 도와주었다. 마카사르는 외국 상인들을 환영하는 정책으로 점점 부유해졌다.—이것은 멜라카가 두 세기 전에 펼쳤던 정책이었다.[3]

---

[3] 17세기 남술라웨시 섬의 정치사에 대해서는 특히 Leonard Andaya, *The Heritage of Arung Palakka : A History of South Sulawesi (Celebes) in the Seventeenth Century* (The Hague, 1981) ; Reid, "Makassar", 18~21쪽 ; Anthony Reid, "A Great Seventeenth Century Indonesian Family : Matoaya and Pattingalloang of Makassar", *Majalah Ilmu-Ilmu Sosial Indonesia*, 8권 1~28쪽(1981), 10쪽.

이곳의 경제 기반은 주로 화물 집산 항구 무역이었다. 남술라웨시는 쌀을 많이 생산했는데 남는 생산량을 몰루카 제도와 소순다 열도Lesser Sunda Islands에 있는 티모르Timor와 솔로르Solor까지, 그리고 오스트레일리아의 북쪽 지방까지 싣고 갔다. 티모르와 솔로르는 백단향白檀香을 생산했는데 중국에서 향료로 쓰려고 많이 사 갔다. 향신료는 중국과 서쪽의 인도, 유럽 지역으로 실려 나갔다. 마카사르에서 티모르까지, 또는 스파이스 제도의 테르나테 같은 항구까지 가는 항로는 길어야 1,000킬로미터를 넘는 정도였기 때문에 이 지역에서는 상당한 거리에 걸쳐서 대량의 저가품 무역을 하는 것이 대부분이었다. 바자우 족과 이들에게서 약탈을 배운 남술라웨시 출신 항해자들이 자행한 해적 행위와는 별개로 이들은 모두 매우 숙련된 선원들이었다.

토메 피르스는 이들이 타고 다닌 배를 말레이 어로 파라오parao라고 했는데 오늘날은 프라우prau라고 더 많이 부른다. 예전에는 어떠했는지 모르지만 지금은 이 말이 말레이 반도나 인도네시아 사람들이 바다를 항해할 때 타고 다니던 배를 모두 일컫는 명칭이 되었다. 이 말의 기원이 유럽 어인지 중국어인지는 분명하지 않다. 최근까지 가장 유명했던 프라우는 마카사르 족과 부기 족이 타고 다녔던 남술라웨시 배들이다. 이 배들은 갑판이 넓고 사각형 모양의 돛이 한 개 또는 여러 개의 삼각 돛대에 달려 있으며 주로 대형 화물을 운송하는 규모가 큰 배에서 이보다 작지만 빠른 전투선까지 종류가 다양했다. 전투선은 16세기에서 18세기까지 널리 타고 다녔는데 돛과 노를 함께 조종해서 빠른 속도로 적을 격파했다.[4]

---

[4] C. C. MacKnight, "The Study of Praus in the Indonesian Archipelago", *The Great Circle*, 2권 117~128쪽(1980).

한편 17세기 마카사르 항구의 성장은 이곳에 선진 외국 기술이 들어오는 것을 촉진했으며 그 결과 20세기의 '근대화'라고 하는 귀중한 성과를 이루어 냈다. 이것은 무엇보다 탈로의 카라엥 마토아야Karaeng Matoaya와 고와의 대법관이었던 파팅갈로앙Pattingalloang, 두 사람의 뛰어난 지도자가 이끌어 냈다. 이들은 17세기 전반기에 마카사르와 그 주변 지역을 다스렸다. 이들은 유럽과 중국에서 방문한 상인들에게 선박 제조 기술과 해도를 만들고 사용하는 방법, 화폐 제작 방법 같은 쓸모 있는 지식을 빼내기 시작했다(마카사르와 아체는 식민지가 되기 전에 인도네시아에서 드물게 금 주조 경화를 사용하던 곳이었다). 마토아야가 실제로 지배한 기간(1593~1610)은 마카사르가 이슬람을 받아들인 시기였다. 이슬람은 크게 교역과 관련해서 근대화의 또 다른 형태였다. 이 모든 변화는 단지 모방만 해서 이루어진 것이 아니었다. 새로운 자극이 널리 전파되면서 또 다른 변화가 일어났는데, 다른 나라 사람들에게 배운 지식은 이 지역의 요구와 자원에 맞게 바뀌어 새로운 혁신을 촉신했다. 마카사르 족과 부기 족은 동남아시아의 섬에서 자신들의 고유 문자를 발명해서 필요한 법률과 상업을 정비하는 데 적절한 도구로 사용했다. 마카사르 족과 부기 족은 쓰는 말은 달랐지만 표기하는 문자는 같았다.[5]

네덜란드가 향신료 무역을 지배하려고 관심을 기울이고, 마카사르의 개방 무역과 네덜란드 동인도 회사가 추구하는 독점 체계 사이에 충돌이 생기면서 마카사르와 네덜란드 동인도 회사가 무력을 사용하는 것은 이제 시간문제였다. 마침내 1660년대 중반에 이르자 네덜란드 동인도 회사는 와조Wajo의 부기 왕국과 고와와 탈로, 두 마카사

---

[5] Reid, "Matoaya and Pattingalloang", 특히 12~23쪽.

르 왕국이 한편이고 보네의 부기 왕국이 다른 한편인 이들 사이의 전쟁에 무력으로 개입하였다. 보네는 네덜란드의 도움으로 승리했고 네덜란드는 마카사르 항구를 점유하고 무역 거점을 세울 수 있었다. 그런 다음 네덜란드는 항구에 있는 무역 상인들을 내쫓기 시작했다. 네덜란드 동인도 회사는 그만큼 강했고 스파이스 제도의 향신료 무역을 자신들의 통제 아래 둘 수 있었다. 그러나 이것은 또한 이미 존재하고 있던 마카사르와 부기 상인들의 유민 집단을 남술라웨시에 있는 자신들의 중심지에서 몰아내는 꼴이 되었고 마침내 전혀 예상치 않았던 결과를 가져왔다.[6]

네덜란드가 마카사르와 스파이스 제도의 무역에서 부기 족과 마카사르 족을 배제하기 시작하면서 와조의 부기 족은 보네와 네덜란드에 패배한 후 이를 극복하기 위해 무역에 온 힘을 쏟았다. 반면에 마카사르 족은 상인으로서 역할은 뒤로 젖혀두고 네덜란드에서 마카사르 항구를 되찾으려는 노력만 계속했다. 부기 족은 네덜란드의 동맹국이었든 아니었든 상관없이 예전의 상인 무역 집단을 형성하던 모양으로 하나 둘 남술라웨시를 떠나기 시작했다. 그리고 이동 규모가 가족 단위에서 더 큰 규모로 바뀌어 갔다. 이들을 이끄는 지도자는 과거 고향의 중심 계급 출신 가운데서 나왔다. 새로운 이민자들은 단지 무역만 하는 상인이 아니라 전투력을 갖춘 상인들로 바자우 족의 해상 문화를 바탕으로 빠른 이동성을 함께 갖추었다. 18세기 초 이민은 규모와 조직이 다양한 데다 군사력을 갖춘 여러 상인 무역 집단을 연결하여 하나의 큰 집단을 만드는 계기가 되었다.

---

[6] Holden Furber, *Rival Empires of Trade in the Orient, 1600~1800*(Minneapolis, 1976), 85쪽.

그 규모는 최소한 과거 네덜란드 침입자들이 조직하려고 추진했던 것만큼 컸다. 와조의 부기 족은 결국 상인 유민 집단을 기반으로 해서 보네의 점령자로부터 와조를 되찾을 수 있었다. 그러나 와조는 이후 다시는 주요 기지가 된 적이 없었다.[7]

한편 이들은 오스트레일리아의 북쪽 해안에서 필리핀 남쪽 지역까지, 그리고 뉴기니 서쪽에서 버마까지 이동해 갔다. 그러나 그 중심은 자바 해의 남쪽에 있는 섬들과 보르네오 해안 지역, 특히 말라카 해협 양옆에 있는 말레이 반도 해안과 수마트라 해안 지역이었다. 이 지역을 배회하던 부기 족과 마카사르 족은 무역 상인으로서, 그리고 그 지역의 군주들 밑에서 용병으로서 중요한 역할을 하게 되었다.—때때로 네덜란드 동인도 회사의 일도 했다. 이들 가운데 많은 사람이 해협의 동쪽 입구에 있는 조호르의 술탄 영토에 정착했는데, 그때까지 개발이 덜 되긴 했지만 전략상으로 중요한 싱가포르 근처 리아우Riau 다도해 지역에 특히 많이 살았다. 부기 족 입장에서 볼 때 이곳은 자신들이 살기에 더없이 좋은 장소였다. 이곳에서 이들은 본토에 있는 술탄의 지배에서 멀찌감치 떨어져서 자신들의 일을 할 수 있었다. 이들은 해협 안으로 더 서쪽에 있는 리나기Lynagi와 셀랑고르Selangor 같은 부속 거점에 영향력을 확장하며 무역을 할 수 있었다. 이 항구들은 18세기 중에 점점 더 중요해졌는데 말레이 반도 내륙에서 주석이 채취되기 시작하면서 그것의 수출항이 되었다.[8]

---

[7] Jacqueline Lineton, "Pasompe' Ugu' : Bugis Migrants and Wanderers", *Archipel*, 10권 173~201쪽(1975), 특히 173~177쪽 ; Leonard Y. Andaya, "An Outline of the Social and Economic Consequences of Dutch Presence on South Sulawesi Society in the Late 17th and Early 18th Centuries"(이 자료는 1982년 1월 25~28일 동남아시아에서 서구의 출현이라는 주제로 열린 토론회에서 발표한 자료로 저자의 승낙을 얻어 참조했다). Anthony Reid, personal communication.

[8] Leonard Y. Andaya, *The Kingdom of Johor 1641~1728 : Economic and Political*

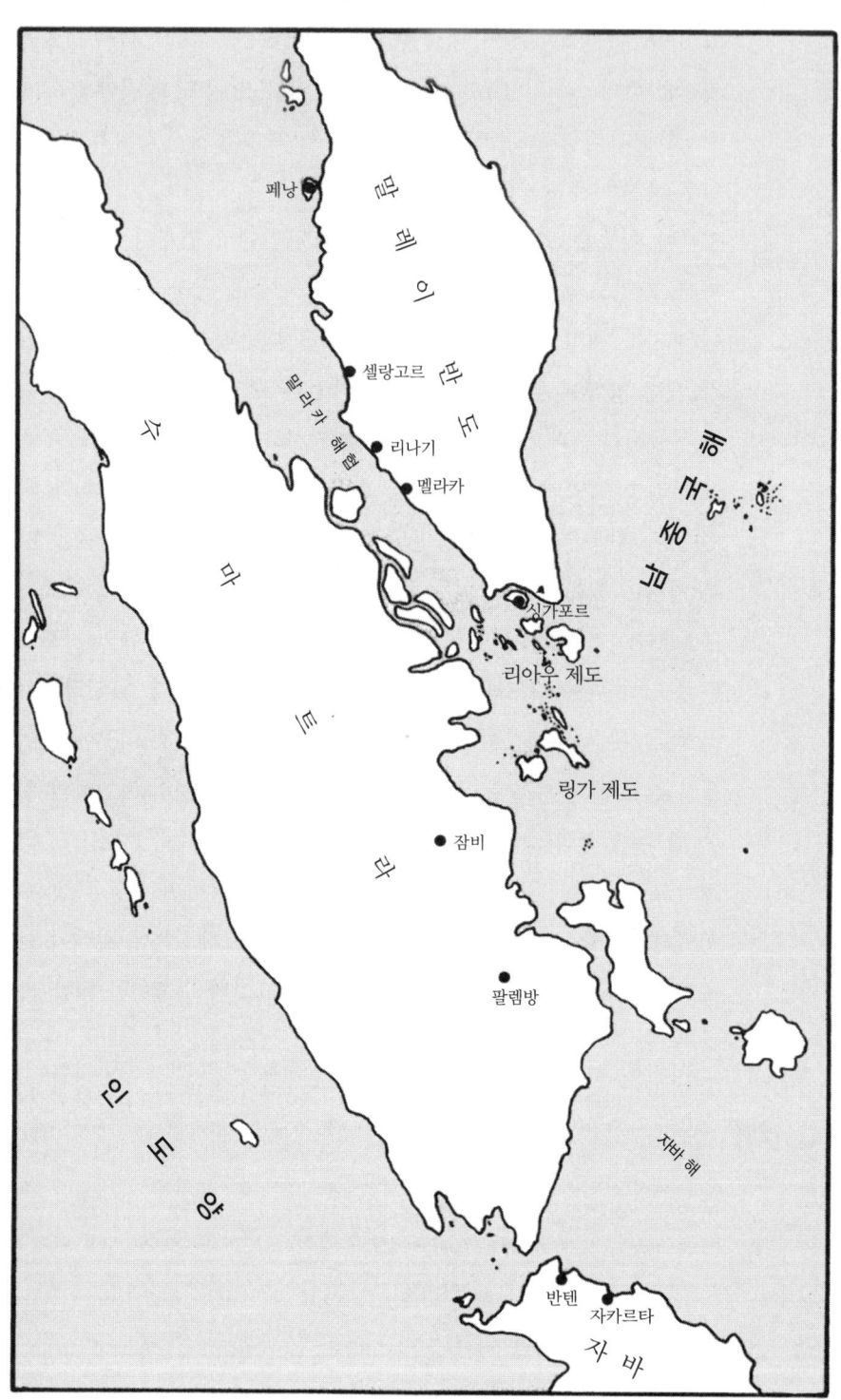

지도 8.2 _ 말라카 해협

그러나 1710년대 이곳에 거주하는 부기 족과 조호르의 술탄 사이의 관계가 나빠지기 시작했고 전쟁으로까지 치달았는데 부기 족이 이겼다. 부기 족은 이후 셀랑고르 같은 말레이 반도의 항구들을 엄격하게 통제하기 시작했다. 그리고 이들은 이제 참을성 많은 손님들이 아니었다. 이들은 네덜란드 동인도 회사가 근처의 말라카 해협을 지배하는 것처럼 이곳의 지배자였다. 부기 족과 네덜란드는 해협을 둘러싸고 몇십 년에 걸쳐 충돌했다. 이들은 둘 다 육군과 해군이 조화를 잘 이루었고 해협 양쪽에 있는 수마트라와 말레이 반도의 지배자들과 연합해서 이익을 늘리려고 했다. 물론 둘 사이의 경쟁은 네덜란드 동인도 회사가 우세했는데 네덜란드 동인도 회사는 본토에 본부를 두고 상인 유민 집단을 중앙에서 철저하게 관리했으며 군사력으로 무장했기 때문이다. 부기 족과 마카사르 족은 남술라웨시 본토에 정치 조직이 전혀 없었다. 말라카 해협에서 이들은 주로 준독립의 연대 조직을 만들었는데 해협 양옆에 있는 작은 술탄 영토들을 지배하기에는 충분했다.

네덜란드 동인도 회사의 기본 전술은 말레이 반도의 지배자들에게 압력을 가해 네덜란드하고만 무역하도록 무력으로 강제하고 위협하는 것이었다.―전부는 아니더라도 적어도 자신들이 바라는 물품에 대해서는 그렇게 했다. 18세기 중반 초에는 네덜란드가 바라는 대로 되는 것 같았다. 그러나 1756년 부기 족이 반격을 가했고 말라카 해협에 있는 네덜란드 중심 거점이 거의 넘어갈 뻔했다. 부기 족

Developments(Kuala Lumpur, 1975), 202~241쪽 ; Sinnappah Arasaratnam, "Dutch Commercial Policy and Interests in the Malay Peninsula, 1750~1795", in Blair B. Kling and M. N. Pearson(eds.), *The Age of Partnership : Europeans in Asia before Dominion*(Honolulu, 1979), 특히 163~164쪽.

은 네덜란드의 멜라카 항구와 경쟁하기 위해 리아우 지역에 자신들의 화물 집산 항구를 세우는 새로운 전략을 바탕으로 몇십 년 동안 부를 회복했다. 부기 족은 가격 경쟁에서 네덜란드를 가볍게 이겼다. 네덜란드의 장기 정책은 단위당 높은 이익을 기반으로 했지만 자금 회전율이 낮았다. 그러나 부기 족은 리아우 지역을 상인들에게 개방했다. 이곳은 부기와 마카사르 상인들뿐만 아니라 중국과 영국, 타이, 자바 상인들도 끌어들여 한동안 남중국해와 자바 해의 무역을 인도양 무역과 연결하는 가장 중요한 항구가 되었다.[9]

그러나 아시아 인들이 세운 교역소의 성공은 짧게 끝났다. 유럽은 이미 산업 혁명의 시기를 맞고 있었다. 유럽의 새로운 군사 기술의 영향력은 1740년대와 1750년대에 벌써 인도에서 유럽과 인도의 힘의 균형을 무너뜨리기 시작했다. 그리고 1784년 네덜란드는 인도네시아 해역에 주력이 되는 해군을 파견했다. 이런 가운데 부기 족은 리아우 지역에서 쫓겨나고 네덜란드의 경쟁자로서 이들의 위협도 끝나고 말았다. 그러나 부기 족이나 네덜란드나 말라카 해협을 지배할 기회는 단 한 번으로 끝났다. 1795년 프랑스 혁명이 끝나고 나서 영제국은 이전보다 훨씬 강력한 함대를 파견하여 동남아시아에서 네덜란드가 설치했던 거점들을 모두 점령해 버렸다.

1815년 나폴레옹이 실각한 후 영국은 네덜란드에 자바를 돌려주었지만 멜라카는 새 식민지의 일부로 계속 지배했는데 말라카 해협은 나중에 식민지 해협으로 불렸다. 시간이 흘러 멜라카는 말레이의 영국 자치령 가운데 중심 도시가 되었다. 또한 영국은 여기서 더 중

---

[9] David Joel Steinberg 외 공저, *In Search of Southeast Asia*(New York, 1971), 134~135쪽; Arasaratnam, "Dutch Commercial Policy", in Kling and Pearson(eds.), 172쪽 이하.

요한 계기를 마련했는데, 리아우 다도해 근방에 있는 싱가포르를 새로운 항구로 만들고 개방 무역 정책을 시작한 것이다.—과거 부기 족이 리아우에서 구사했던 정책을 훨씬 잘 이어받았다.

개방 정책을 이용한 첫 번째이자 가장 중요한 외국 상인 집단이 중국 상인들이었다. 그러나 부기 족 상인 집단도 19세기 중반 싱가포르에서 2천~3천 명을 헤아릴 정도로 중요한 집단이었다. 이들은 사업을 새로 바뀐 환경에 다시 맞추었다. 이제 이들의 상선과 멀리 퍼져 있는 교역소들은 중국으로 재수출할 동남아시아 섬의 생산물을 싱가포르로 실어 나르기 시작했다. 또 동남아시아 섬들에 중국 물품과 싱가포르의 유럽 산업 기술을 공급했다. 한편 네덜란드 동인도 회사는 무역에서 손해를 보기 시작한 지 오래되었다. 부기 족은 네덜란드가 통제했던 자바와 여러 섬을 거침없이 통과하게 되고 네덜란드 상인들과 네덜란드에 물품을 공급하는 상인들과 경쟁에서 앞설 때도 많았다.

20세기 부기 족 싱인 유민 집단은 한 빈 더 모습을 바꿨는데, 부기 족의 선원들과 무역 상인들의 연결망은 남술라웨시의 일반 농민들이 이주하는 것을 도와주었다. 특히 1949년 인도네시아가 독립한 후 많은 농민이 더 좋은 물질 조건을 찾아 떠났다. 1951~65년에 일어난 거대한 남술라웨시 종교 폭동 이후 남아 있던 사람들도 전쟁과 정부의 압정을 피해 난민처럼 도망쳤다. 20세기에 해마다 해외로 떠난 사람들이 몇만 명씩 되었는데 이것은 산업화 이전 시기에 몇백 명, 또는 몇천 명씩 떠났던 것과 비교할 때 급격한 증가였고 500년 전에 바자우 족이 이미 경험했던 상황과 비슷했다.[10]

---

[10] Lineton, "Bugis Migrants", 여기저기 참조.

중국해의 무역

비록 네덜란드 동인도 회사와 영국 동인도 회사의 상선들, 영국 식민지의 배들이 모두 말라카 해협을 지나 북쪽으로 중국을 향해 항해했지만 18세기 중반 이전까지는 상대적으로 적은 편이었다. 물론 이때 이미 네덜란드가 일본의 나가사키에, 포르투갈이 마카오에 재외 공관을 설치하기는 했어도 이들이 중국으로 항해하는 경우는 별로 많지 않았다. 대부분의 중국 무역은 동남아시아 섬이나 인도양으로 갈 중국 제품과 인도양에서 중국으로 가는 동남아시아의 열대 산물이 주를 이루었다. 유럽 배에 실려 멀리 유럽에서 직접 오는 경우는 드물었고 대개는 오래전부터 동남아시아에 있던 중국 상인 집단이 합법적 또는 불법적으로 싣고 오는 경우가 많았다.

중국 사람들은 해외 무역을 두 영역으로 나누어 생각했는데 그 구분이 좀 특이했다. 하나의 영역은 '서해'라고 부르는 지역으로 대개 말레이 반도 북쪽에서 타이, 캄보디아(지금의 캄푸치아), 안남(지금의 베트남 일대)까지 동남아시아 본토를 말했다. 또 하나의 영역은 '동해'라고 불렀는데 일본에서 류큐 열도, 필리핀, 지금의 인도네시아 섬들까지 모든 섬 지역을 아울러서 말했다.[11]

16세기 후반과 17세기 초 중국 본토에서는 명나라가 쇠퇴하고 무질서 속에 있었지만 중국해의 국제 무역은 눈에 띄게 증가했다. 중국해 무역은 당시 불법으로 이루어졌지만 중국 상인들이 일부 맡고 있었다. 일본 상인들은 주로 석탄을 실어 날랐고 오키나와 섬 상인

---

[11] Sarasin Viraphol, *Tribute and Profit : Sino-Siamese Trade, 1652~1853*(Cambridge, Mass., 1977), 7쪽.

들도 조금씩 참여했다. 유럽 상인들과 부기 족처럼 일본 상인들도 약탈 행위와 무역 사이를 왔다 갔다 했다. 이들은 중국 본토와 교역하다가 기회가 닿으면 곧바로 공격하기도 했다. 또한 일본 상인들 가운데는 동남아시아로 이주하는 사람들이 많았는데, 이들은 필리핀과 마카사르, 특히 타이에 일본 상인 유민 집단을 세웠다. 1604년에서 1635년까지 355척의 배가 일본에서 동남아시아의 목적지로 항해했다.

1620년대 타이에서는 타이 관리들과 중국 상인들 사이에 긴장 관계가 형성되었다. 이때를 이용해서 일본 상인들이 타이에 들어오게 되었고 타이의 수도이자 중심 항구인 아유타야에 큰 상업 식민지가 들어섰다. 아유타야는 해안에서 불과 90킬로미터 떨어진 강 상류에 있었다. 한동안 타이 왕은 일본인을 경호원으로 두었고 일본과 수교하기도 했다. 일본 상인들은 금세 타이 왕실의 신임을 얻게 되었다. 그리고 타이와 일본의 무역은 다른 외국 상인과의 무역보다 더 중요해졌다. 그러나 1629년 타이의 왕이 바뀌자 왕실에서는 외국 무역에 대한 독점권을 과거처럼 부활했다. 1630년대에 일본도 외국 무역을 제한하기 시작했고 마침내 1639년에는 정식으로 외국 상인들의 일본 출입을 금했으며 일본인들의 외국 여행도 금지했다. 유일하게 출입을 허락받은 유럽 상인은 네덜란드 상인이었는데 이들도 나가사키 항구 항만에 있는 작은 섬에 한정했다. 중국 상인들도 나가사키에 한정했는데 한국 상인은 그 밖의 다른 지역에서도 무역할 수 있었다. 일본 정부는 구리와 은의 일 년 수출량을 제한하면서 중국에 네덜란드보다 두 배 많이 배정했다.[12]

---

[12] Viraphol, *Tribute and Profit*, 15~17쪽; G. William Skinner, *Chinese Society in*

중국은 언제나 외국 무역을 통제하고 제한했다. 특히 고대 조공 무역 체계를 명나라 때 부활하여 청나라 때까지 유지했다. 중국 본토와 합법적으로 무역하는 것은 성가신 일이었다. 그래서 주로 마닐라, 오키나와, 타이, 때로 타이완같이 본토와 떨어진 지역의 화물 집산지를 중심으로 중국 무역이 이루어졌다. 예를 들면 타이와 코친차이나에 있는 네덜란드의 재외 상관은 타이 물품보다 중국 물품을 살 목적으로 만들어졌다. 어쨌든 타이에 있는 중국 상인 공동체는 동남아시아에서 가장 오래되고 가장 중요한 집단이었다.

16세기 타이로 가는 중국 무역의 중심지 가운데 하나가 말레이 반도 북쪽에 있는 파타니Pattani였다. 사실 중국 상인들이 말레이 반도에서 주석을 처음으로 발견했다. 중국의 주석 광산주와 광부들은 15세기에 타이 남쪽에 살았다. 그리고 17세기에는 가장 큰 중국인 공동체가 타이의 수도인 아유타야에 있었는데 당시 타이에 살고 있던 전 중국인 약 만 명 가운데 3천~4천 명이 이곳에 살았다. 외국 상인들 가운데 아시아 서쪽에서 온 이슬람 상인들과 중국 상인들만 아유타야 성안으로 들어갈 수 있었다. 그 밖의 외국 상인들은 도시 밖의 분리된 구역에 있어야 했다.―오래전부터 내려온 아시아 항구의 관행처럼 포르투갈, 자바, 말레이, 마카사르, 그리고 지금의 버마 해안 지역인 페구에서 온 상인들은 분리된 구역 안에서 자치권을 갖고 생활했다.

1630년대 이후로 타이와 중국의 무역은 자기와 비단 같은 중국 제품과 쌀과 목재 같은 타이 생산물의 교환을 기반으로 해서 빠르게

Thailand : An Analytical History(Ithaca, N.Y., 1957), 8~9쪽 ; Edwin O. Reischauer and John K. Fairbank, *East Asia : The Great Tradition*(Boston, 1960), 598~600쪽.

성장했다. 18세기 방콕은 근처에 있는 티크나무 숲을 이용해서 중국식 정크선을 만드는 가장 큰 조선소로 발전했다. 그러나 중국과 타이의 무역은 기이한 무역 제도의 구조 문제에 부닥치게 되었다. 타이에서 외국 무역은 왕실의 독점이었다. 중국에서 외국 무역은 조공으로 들어오는 물품과 속국에서 보내는 선물로 한정되어 있었다.

    타이에서 왕실 무역 회사는 국가의 재정을 담당하는 한 부처였다. 이 회사는 타이의 수출품을 사서 항구를 방문하는 외국 상인들에게 다시 팔았다. 이곳은 수출입 관세를 징수했고 정해진 가격으로 수입품을 살 권리가 있었다. 언뜻 보기에 이런 상황은 중국 상인을 비롯하여 외국 상인에게는 곤란한 일이었다. 그러나 사실 이 같은 체계를 관리하는 왕실 관리들 스스로가 외국 상인이었다. 이들은 대부분 반도의 서쪽에서 온 구자라트 상인과 동쪽에서 온 중국 상인이었다. 17세기 중엽 타이 왕실은 왕실의 수입을 위해 선박을 빌려서 물품을 해외로 실어 나르는 정책을 실시하기 시작했다. 그런데 선박의 선장과 선주들이 또 이 지역에 사는 중국인이었다. 이것은 타이계 중국인에게 아주 좋은 기회가 되었다. 실제로 이들은 나중에 상인 관리(mandarin merchant(상인 출신이면서 국가 관리인 사람 – 옮긴이)로 성장했다.―국가 관리를 귀족 계급에서만 뽑고 상인 계급은 절대로 관리가 될 수 없는 중국에서는 상상도 못 할 일이었다.[13]

    1650년대 중국에서는 만주족이 세운 청나라가 마침내 남쪽 지방 멀리까지 세력을 넓혔다. 새 왕조는 항구에 들어오는 배의 크기와 승무원의 규모, 수출 금지 품목, 항구 관리들과 외국 조공 사신들이

---

[13] Skinner, *Chinese in Thailand*, 12~14쪽 ; Viraphol, *Tribute and Profit*, 4쪽, 11~12쪽, 18~22쪽, 24~27쪽.

지켜야 할 규범, 하역 화물의 저장 방식 같은 다양한 문제를 포괄하는 새로운 규정을 제정했다. 민간 무역은 엄격하게 금지했지만 실제로 광저우에서 편의에 따라 유연하게 적용했다. 공식 조공 물품이 아닌 화물도 모두 하역했으며 화물에는 '조공선 바닥짐ballast on board tribute ships'이라는 딱지를 붙였다. 베이징에서 화물을 팔아도 좋다는 허가가 나기 전까지는 항구에 묶여 있어야 했다. 허가가 날 때까지는 보통 여러 달이 걸렸다. 그러나 외국 배가 중국을 떠나려면 안전한 항해를 위해 바닥짐을 실어야 했다. 그러므로 외국 상인들은 자기 나라로 가는 항해에서 바닥짐으로 사용할 중국 상품을 사야 했다. 이렇게 양쪽을 오가면서 배에 싣고 가는 '바닥짐'은 사실 조공 물품을 싣고 가는 데 필요한 부차적인 화물이었는데 이제는 조공 물품보다 더 중요한 화물이 되었다.[14]

1660년대와 1670년대 새로운 법률 해석이 나타나서 19세기 초까지 지속되었다. 광저우의 규정에 따르면 조공 물품을 싣고 온 배는 베이징에 갈 때 함께 가는 외국인이 21명이 넘으면 안 되었다. 베이징과 방콕은 광저우에서 비슷한 거리에 있었기 때문에 방콕과 베이징을 왕복하는 길은 시간이 오래 걸리는 여행이었다. 그래서 광저우의 관리들은 조공 선박이 항구에서 기다리지 않고 다시 타이로 돌아가도록 허가하는 친절한 유권 해석을 내려 주었다. 이들도 당연히 안전 운항을 위하여 바닥짐을 실어야 했다. 따라서 한 번의 조공 사절에 두 번의 바닥짐 화물 거래를 할 수 있었다. 또한 광저우 관리들은 보조 선박도 허가했으며 타이의 조공 선박이 일 년에 세 척까지만 들어올 수 있도록 제한되어 있던 것에서 한 방향에 화물을 열

---

[14] Viraphol, *Tribute and Profit*, 30~31쪽.

개까지 실을 수 있고 전체 화물 무게는 3,000톤까지 늘릴 수 있도록 규정을 확대해 주었다.15

한쪽은 왕실 독점 자본가이고 다른 한쪽은 조공을 받는 제국의 황제라는 사실만 본다면 이 무역 관계는 시장이 없는 국제 무역의 명백한 사례로 볼 수 있을 것이다. 그러나 타이와 중국의 자료들을 가지고 교역 관계를 연구한 사라신 비라폴Sarasin Viraphol은 광저우와 거래했던 중국 상인들도 '타이 방식' 무역을 수행한 중국 상인들과 마찬가지로 대개 시장 중심의 기업가들처럼 활동했다고 주장했다. 이들은 조공 무역의 법적 제약과 타이 왕실의 독점 자본가들 사이의 특이한 관계 속에서 이런 방식으로 무역할 수밖에 없었던 것이다.16

또한 중국 무역은 동남아시아 섬 지역에서 매우 중요한 역할을 했다. 16세기 중국 상인 공동체는 더 커졌고 포르투갈의 무역량보다 많았다. 수마트라 섬은 유럽과 마찬가지로 중국에 중요한 후추 생산지였다. 멜라카가 포르투갈에 넘어가자 수마트라 무역은 무산되었나. 벵골 만을 지나 서쪽으로 가는 부분은 섬 북쪽 끝에 있는 아체를 거쳐 이동했고 섬 사이를 지나 동쪽이나 남중국해까지 올라가는 부분은 자바의 서쪽 끝에 있는 반텐(반탐) 항을 통과했다. 구자라트 상인들과 타밀 상인들 가운데 일부도 이 항구를 이용했다.

후추 무역을 하는 중국 중개 상인들의 중요한 공동체가 반텐에 있었다. 이들은 동료 중국 상인과도 거래했고 또한 이들과 거래하기를 바라는 외국 상인의 상품을 사거나 대량 구매를 하기도 했다. 자신이 소유하고 있는 정크선을 다도해 지역에 보내 역내 해상 무역에

---

[15] Viraphol, *Tribute and Profit*, 30~39쪽.
[16] Viraphol, *Tribute and Profit*, 8쪽.

관여하는 사람들도 있었다. 또 중개인 역할을 하거나 무역과 금융 업무를 제공하는 상인들도 있었다. 국제결혼과 문화 교류가 늘어나면서, 후에 페라나칸이라고 불리게 된, 자바와 푸젠 성의 문화가 섞인 복합 문화가 이때 형성되었다. 또한 반텐의 술탄은 외국 상인들을 좋아해서 클링 한 명과 중국인 한 명을 보좌관으로 두었고 중개상과 통역관, 정부 일에 중국인을 고용했다.

한편 17세기 초 영국과 네덜란드가 나타나자 유럽의 독점 의지는 이 지역에서 오랫동안 내려온 개방 무역의 전통과 갈등을 빚었다. 몇십 년 동안 술탄은 이 지역에 사는 중국인들의 지원을 받으며 반텐을 중심으로 하는 후추 무역을 지키기 위해 유럽 상인들과 전투를 계속했다. 그러나 네덜란드는 자바 섬 북서쪽 모퉁이에서 몇 킬로미터 떨어지지 않은 곳에 있는 자신들의 점령지 바타비아 항구로 되도록 많은 양의 후추를 운송하기 위해 온갖 형태의 압력을 행사했다.[17]

중국 상인들은 수마트라 섬에서도 반텐에서처럼 여러 가지 물품의 대량 구매와 중개상 역할을 똑같이 수행했다. 또한 주요 후추 수출 항구인 잠비Jambi(인도네시아 항구로 탈라나이푸라Talanaipura라고도 함-옮긴이)에도 주요 상인 공동체가 있었는데 이들은 타이, 자바, 멜라카 출신의 선장들뿐만 아니라 네덜란드, 영국 또는 모국인 중국 선장들과도 거래했다. 이들은 작은 배를 타고 해안을 오르락내리락하기도 했는데 미낭카바우Minangkabau의 후추 생산자들에게 후추를 사려고 강 하구의 항구를 방문했다. 미낭카바우 사람들은 작은 배에 후추를 싣고 강 하류에 와서 팔고 인도에서 온 의류를 샀다. 따라서

---

[17] 이 지역의 중국 무역에 대해서는 M. A. P. Meilink-Roelofsz, *Asian Trade and European Influence in the Indonesian Archipelago between 1500 and about 1630* (The Hague, 1962), 245~266쪽을 참조.

인도와 인도네시아의 의류 무역은, 후추 무역의 최종 목적지가 중국과 유럽 국가들이었지만, 후추 무역에서 없어서는 안 될 매우 중요한 역할을 했다. 유럽 상인들이 인도 남쪽 지역의 의류 무역에서 중요한 구실을 하면서 인도 안에서는 인도와 유럽 사이의 무역, 후추 수출항에서는 유럽과 중국 사이의 무역, 생산자들과 직접 거래하는 중국과 미낭카바우 사이의 무역 같은 복잡한 국제 거래 관계가 늘어나기 시작했다. 반텐처럼 수마트라에서도 중국인 국제 중개 상인은 이미 이 지역의 관습과 종교를 받아들여 자신들의 문화와 융합했다. 예를 들면 많은 사람이 이슬람교로 개종하였다. 이 가운데 몇몇은 왕실 관리로 일했고 적어도 한 사람은 잠비의 귀족이 되어 잠비의 술탄과 네덜란드의 외교 중재자로서 일했다.

유럽 상인들은 이곳에서 중국인 중개 상인을 거치지 않고 거래하기 어렵다는 것을 알았다. 그리고 중국 상인들도 인도산 의류의 값을 올려서 다른 나라의 후추 무역을 방해할 만한 힘을 지닌 유럽 상인들과 거래하는 것이 이익이 남는 장사라는 것을 알았다. 그러나 네덜란드는 잠비에서도 반텐에서처럼 중국에서 오는 모든 무역선이 바타비아 항구에만 들어오도록 압력을 넣었다. 따라서 잠비 사람들은 자신들이 생산한 후추를 이곳에서 팔아야 했다.[18]

이 같은 변화가 중국 상인들에게 전적으로 불리한 것은 아니었다. 이 시기 다른 지역의 아시아 무역처럼 한 방향으로만 밀어붙이는 유럽 상인들의 압력은 또 다른 기회를 열어 주었다. 1630년대 네덜란드 동인도 회사는 '역내 무역'에서 회사 직원이 아닌 동양에 살고 있는 일반 네덜란드 '자유 시민들'이 맡은 역할에 더욱 철저한 제한을

---

[18] Meilink-Roelofsz, *Asian Trade*, 258~266쪽.

두었다. 역내 무역에서 될 수 있는 한 최대 이익을 올리는 것이 네덜란드 동인도 회사의 목적이었다. 그러나 실제로 회사는 지금까지 자신들이 수행했던 것보다 더 많은 무역량을 감당할 만한 능력이 안 되었다. 그 결과 바타비아의 역내 무역을 자바 또는 수마트라에 거주하는 중국 상인들에게 개방할 수밖에 없었다. 바타비아의 자유 시민들은 이제 혼자서 무역을 할 수 없게 되었고 중국 상인들에게 자금을 대 주는 경우도 많았다. 실제로 새로운 정책으로 인해, 의도한 일은 아니었지만, 바타비아에 고대 중국 상인 유민 집단의 일부가 들어와 무역 거래를 확장할 수 있게 되었고, 네덜란드 동인도 회사는 코로만델에서 오는 의류 무역과 유럽으로 가는 후추 및 향신료 무역에 집중할 수 있었다.[19]

이단자들과 중개 상인 바니안

표면적으로 아시아의 해상 무역은 거대한 특허를 받은 회사 같은 법적 실체들과 아시아 상인 유민 집단 또는 아시아 자치령 가운데 있는 문화적 단위들로 분명하게 나뉘어 있었다. 그러나 중국의 조공 무역 또는 타이의 왕실 독점 무역에서 보는 것과 같이 현실적으로는 명쾌하게 구분되지 않았다. 그리고 국가와 문화 간의 장벽은 역사가들이 생각했던 것보다 더 느슨했다. 개별 상인들은 우선 무역을 목적으로, 그리고 그 밖의 여러 가지 이유 때문에 다른 문화의 경계선을 넘었고, 용병들도 문화의 경계를 오가는 큰 집단이었다. 포르투갈 용병들은 16세기 버마와 에스타도 다 인디아의 지배 지역을 벗어

---

[19] Meilink-Roelofsz, *Asian Trade*, 237쪽.

난 곳에서 활동했다. 부기 족을 비롯하여 아시아 인들도 종종 유럽 인을 위해 싸웠고 이 지역보다 인도양 지역에서 훨씬 많이 '유럽의' 군사로 용병 활동을 했다.

포르투갈 인과 '검은 포르투갈 인'(포르투갈 인과 아시아 인의 다양한 혼혈인을 말한다)은 널리 퍼져 있었다. 이들 공동체 가운데 일부는 오랫동안 유지되었는데 동티모르에는 지금까지도 남아 있다. 티모르에 있는 포르투갈 공동체는 16세기에 마카오로 백단향을 수출하기 위해 이곳에서 일하던 사람들이 그 기원이며 오랫동안 포르투갈 정체성을 유지했다. 그러나 리스본은 한때 몇십 년 동안 이곳에 포르투갈 관리를 한 명도 파견하지 않았다. 그러다가 동티모르가 합병되었고 1970년대까지 포르투갈의 식민지로 남아 있었다. 이 섬의 나머지 반쪽은 오랜 세월이 지나서 인도네시아 독립 국가의 일부가 되었다. 이와 비슷한 포르투갈 공동체가 16세기에서 17세기까지 자바 북쪽 해안에 있는 그레시크Gresik(그리세Grise)와 자라탄Jaratan이라는 서로 닮은 항구에 있었는데 17세기 초까지 멜라카와 교역 관계를 유지했다. 이 지역의 포르투갈 상인들은 동쪽의 몰루카 해협과 반다 해로 항해하는 자바 상인들과 협력하는 일이 잦았다. 하지만 이후 네덜란드가 이 지역을 철저하게 봉쇄하고 이들의 접근을 막았다.[20]

포르투갈 상인들은 포르투갈이 지배하는 항구 바깥에 거주하면서 네덜란드 상인을 포함해서 자신들과 거래하기를 원하는 사람이 있으면 누구와도 교역했다. 박서C. R. Boxer의 연구는 여기저기 돌아다니다가 1648년 마카사르에 정착한 프란시스코 비에이라 데 피구에이

---

[20] Charles R. Boxer, *Fidalgos in the Far East*, 1550~1770(The Hague, 1948), 특히 174~198쪽 ; Meilink-Roelofsz, *Asian Trade*, 269쪽 이하.

레도Francisco Vieira de Figueiredo라는 상인의 경력을 잘 보여 준다. 그는 그 악명 높은 항구에서 중국과 필리핀, 수마트라로 자기 배를 보냈다. 그리고 영국, 중국, 네덜란드, 동남아시아 국가들과 거래했다. 그의 배에는 자기가 팔려는 물품뿐만 아니라 때때로 마카사르 지배자의 물건과 이곳에 사는 스페인 상인들의 물건도 실려 있었다. 그는 네덜란드 상인하고는 싸워야 했지만 바타비아의 네덜란드 관리들과 불법이나마 거래하기도 했다. 1660년대 초 네덜란드가 마카사르 항구의 문을 닫자 그는 티모르로 근거지를 옮기고 몇 년 동안 그곳에서 무역을 계속했다.[21]

비에이라만 그런 것이 아니었다. 17세기 동남아시아 무역 지형에 지금까지 볼 수 없었던 서양의 새로운 인물들이 홀연히 나타났다. 그리스 이름의 콘스탄틴 파울콘은 17세기 중후반에 타이 왕의 고문으로 일했다. 서아시아 사람들도 등장했다. 자바 마타람 왕국의 중요한 관리 가운데 한 사람은 튀르크 족이었다. 또 다른 사람은 구자라트 출신 아니면 페르시아 출신이었다. 또한 고대 유대 상인 공동체도 계속 활동했고 서양에서 새로운 상인들을 받아들이기도 했다.―이들은 레반트 지역 유대 상인이거나 포르투갈에서 탈출한 유대인 세파르디Sephardi들로 영국이나 네덜란드를 경유해서 아시아로 온 상인들이었다.[22]

유럽 상인들의 역내 무역은 생각보다 덜 유럽적이었다. 네덜란드

---

[21] Charles R. Boxer, *Francisco Vieira de Figueiredo : A Portuguese Merchant-Adventurer in Southeast Asia, 1624~1667*(The Hague, 1967), 특히 7쪽 이하, 52쪽.
[22] Viraphol, *Tribute and Profit*, 9~10쪽 ; Meilink-Roelofsz, *Asian Trade*, 244쪽 ; Furber, *Rival Empires*, 25쪽 ; Dennys Lombard, "Questions on the Contact between European Companies and Asian Societies", in Leonard Blusse and Femme Gaastra(eds.), *Companies and Trade : Essays on Overseas Trading Companies during the Ancient Regime*(The Hague, 1981).

동인도 회사는 특정 항로를 다른 상인들이 침범하지 못하도록 지키면서도 자신들의 배로 아시아 상인들의 화물을 실어 나르고 상인들을 승객으로 태워 수익을 올리려고 했다. 아시아 상인들은 유럽식 배를 타고 여행했으며 그런 배를 소유하기도 했고 유럽의 동인도 회사들이 아시아 선원들을 고용한 것처럼 유럽 항해사들을 고용하기도 했다. 1770년대에는 실제로 네덜란드 동인도 회사의 선원 가운데 절반가량만 네덜란드 사람이었다.[23]

한편 아시아의 왕들도 포르투갈이 등장하기 전에 그랬던 것처럼 다시 무역에 참여했다. 타이의 왕들은 중국과의 무역에 매우 열심이었고 또한 벵골 만으로 항해하기 위해 새로운 해안을 개척했다. 그리고 왕이 소유한 배들 가운데 일부는 벵골의 중개 상인이 관리하였는데 그들은 인도의 동쪽과 서쪽 해안을 오가는 무역에 적극적이었다. 1660년대와 1670년대 반텐의 술탄은 적극적으로 무역하는 또 다른 선주였다. 황소Bull라고 부르는 그의 배는 유럽 인 항해사가 운항했는데 서쪽으로 멀리 마드라스와 북쪽으로 마닐라까지 진출했다. 아시아 배들이 유럽 물품을 자주 운반한 것처럼 유럽 배들도 아시아 물품을 많이 날랐다. 이런 형태는 필리핀 무역에서 두드러지게 나타났는데, 여기서 스페인 정부는 아시아 배로 운송하는 것은 허락했지만 유럽 배의 운송은 금지했다. 그러므로 영국 상인 소유의 물품은 힌두교도나 이슬람교도, 아르메니아 기독교도, 조로아스터교도의 배에 실려 마닐라로 들어왔다.[24]

---

[23] Om Prakash, "Asian Trade and European Impact : A Study of the Trade of Bengal, 1630~1720", in Kling and Pearson(eds.), *The Age of Partnership*, 47~49쪽 ; Furber, *Rival Empires*, 302쪽.

[24] K. N. Chaudhuri, *The Trading World of Asia and the English East India Company 1660~1760*(Cambridge, 1978) ; Serafin D. Quaison, English "Country Trade"

유럽의 동인도 회사들이 이 지역의 무역을 자기 지배 아래 두려고 어떤 생각을 했든 상관없이 이들은 언제나 아시아의 상인들과 거래했다. 인도의 항구들은 나름대로 돈 많고 중요한 상인들을 지원했다. 이들 가운데는 유럽의 기준으로 볼 때 어마어마한 부자 상인들도 있었다. 힘센 유럽 회사들은 유리한 가격으로 거래를 밀어붙이려고 했지만 인도의 판매 상인들도 만만치 않았다. 벵골의 벨라소레Belasore 상인 두 명은 영국의 동인도 회사에서 집단으로 물품을 사려고 잠재 수요자들을 불러 모으곤 했다. 1681년 어떤 상인은 영국이 그 항구에서 사들인 물건의 거의 절반 정도를 혼자서 팔았다. 회사는 더 많은 중개 상인과 거래함으로써 한 상인에게만 힘을 몰아주지 않으려고 애썼지만 언제나 성공하는 것은 아니었다.[25]

이렇게 상인 집단이 서로 얽혀 있는 환경에서 아시아 상인이나 유럽 상인이나 모두 중개 상인의 구실을 맡으려고 했다. 그러나 그 지역에 더 오래 살았고 지역 사정에도 밝은 아시아 상인들이 맡는 경우가 더 많았다. 유럽 상인들은 이방인이므로 지역 경제 상황에 대한 이해와 시장에 대한 더 확실한 정보, 통역이 절실히 필요했다. 하우사의 마이기다 또는 중세 이집트의 와킬 같은 역할을 하는 중개상인 일은 그 지역에 오래 살고 있던 외국 상인들이 가장 잘했다. 실제로 인도의 여러 지역에 있는 대부분의 상인들은 외국인으로 구성된 상인 집단이었다. 예를 들면 벵골 지방에서는 가장 유력한 상인들이 인도의 반대편에 있는 구자라트 또는 라자스탄Rajasthan 지역 출신이었다. 네덜란드의 무역 거점인 카심바사르Kasimbasar 한 곳에서

---

with the Philippines, 1664~1765(Quezon City, 1966), 41쪽과 여기저기 참조.
[25] Chaudhuri, *East India Company*, 67~68쪽, 148~149쪽.

18명의 유력한 상인이 거래했는데 이 가운데 벵골 출신은 한 명도 없었다.[26]

벵골에 있는 구자라트 상인들 가운데 일부는 해상으로 들어왔지만 일부는 인도 북쪽을 지나서 육상으로 오기도 했다. 구자라트 상인들과 금융업자들은 이 지역 경제생활을 대부분 지배했는데 이들은 항구 도시 출신이 아니었다. 이들의 활동 중심지는 처음에는 내륙의 무르시다바드Murshidabad였는데 점점 미르자푸르Mirzapur, 베나레스Benares, 나그푸르Nagpur, 물탄Multan으로 영역을 넓혀 갔다. 그러나 벵골 지방의 이런 환경을 단지 유럽 상인 집단과 구자라트 상인 집단이 교차한 것으로 파악하는 것은 더 큰 부분을 놓치는 것이다. 이곳은 포르투갈, 네덜란드, 영국, 프랑스, 아르메니아, 중앙아시아, 인도의 마르와르 지역 및 북쪽 내륙 지방의 상인들과 함께 구자라트의 힌두교도, 벵골 지방의 이슬람교도를 포함해서 수많은 이슬람교도가 상인 공동체를 이루고 살면서 매우 복잡한 교역 양상을 나타냈다.[27]

특히 마드라스와 벵골 지방에서는 이렇게 다른 문화 사이의 거래를 중재하는 역할을 담당할 전문 중개자 계층이 형성되었는데 이들을 마드라스에서는 두바시dubash라고 불렀고 벵골에서는 바니안banian이라고 불렀다. 벵골에서 부르는 이름은 좀 헷갈렸는데 구자라트에서 상인 계급을 뜻하는 반야vanya를 떠올리게 했기 때문이다. 사실 바니안은 반야에서 나온 것이 맞았다. 그러나 이 말이 포르투갈 어

---

[26] Dilip Basu, "The Banian and the British in Calcutta, 1800~1850", *Bengal Past and Present*, 92권 157~170쪽(1973) ; Pradip Sinha, "Approaches to Urban History : Calcutta(1750~1850)", *Bengal Past and Present*, 87권 106~119쪽(1968).
[27] Chaudhuri, *East India Company*, 98쪽.

로 오면서 인도 상인을 뜻하게 되었고 벵골 어에 와서는 특정 유럽 관리나 상인의 교역을 돕는 인도인 중개상을 뜻하는 말이 되었다. 무굴 제국의 귀족들도 이들과 비슷한 중개인을 고용했던 것으로 보이며 포르투갈 상인들은 확실히 그랬던 것 같다. 그러나 이 제도는 정교하게 발전하지 못하고 18세기까지 벵골 지방에서 성행했다.[28]

이 기간에 바니안들은 단순한 중개인 역할만 하지 않았다. 이들은 자본가였으며 때로는 유럽 상인들과 동업자 관계이기도 했다. 예전의 연구에서는 바니안이 미천한 출신이었는데 영국 상인들과 '공모'하여 돈과 권력을 얻었다고 설명했다. 그러나 사실 바니안은 처음부터 이익을 목적으로 동인도 회사에 기초 자본을 댔고 이익을 나누었다. 18세기 말 영국 동인도 회사의 관리 직원은 일반적인 인도 상인이 하지 못하는 일을 할 수 있었다. 예를 들면 인도 상인들이 지불해야 하는 세금을 내지 않고 개인 소유의 물품을 무굴 제국에서 통관할 수 있었다. 이런 특권은 본디 동인도 회사의 물품에만 해당되는 것이었지만 벵골 지방의 회사 직원들은 사적인 물품도 면세 권리 dastak를 보장했다. 이런 환경에서 바니안과 영국인 동업자는 함께 돈을 벌 수 있었다.

보통 바니안은 한 번에 영국 관리 한 명과 짝을 이루었는데 다음 번에는 상대를 바꾸었다. 상대는 대개 투자할 만한 돈을 가진 자산가였다. 그리고 이들은 회사의 최하위층에서 시작하여 고위직 관리에게 옮아갔고 마침내 자본과 경험을 얻어 냈다. 이들은 인도와 거래하는 정부 부처에서 일하기도 했고 중요한 해외 사업을 수행하는

---

[28] Peter Marshall, "Masters and Banians in Eighteenth-Century Calcutta", in Kling and Pearson(eds.), *The Age of Partnership* ; Basu, "The Banian and the British", 159~160쪽.

중개 회사에서 일하기도 했다. 이 가운데 성공한 바니안들은 보험이나 금융 분야에 진출하여 합작 회사를 세웠다.[29]

1760년대 이후 중개 회사는 과거에 바니안들이 했던 일들을 시작했으며 꾸준히 해 나갔다. 이제 동인도 회사 직원이 처음 인도에 오면 바니안의 중개 회사가 필요했다. 그에게 필요한 인도 자본을 바니안이 공급해 주었다. 그리고 성공하면 영국으로 되돌아가는 것이 보통이었다. 그럴 때 영국으로 자기 자본을 가져가거나 두고 갈 경우 동양에서 그것을 보관할 방법이 필요했다. 바니안의 중개 회사는 이 같은 요구 사항들로 넘쳐 났다. 회사는 약간의 수수료를 받고 물품을 사고팔았다. 그리고 여러 나라 통화로 돈을 주고받았으며 보존할 수 있는 물품은 주인이 팔거나 배에 실어 달라고 요청할 때까지 보관해 주었다. 그동안 물품 주인은 그에 맞먹는 돈을 중개 회사에서 빌릴 수 있었다.[30]

18세기 말과 19세기 초 이런 중개 회사들과 영국의 인도 자치령 바깥에 있는 이와 비슷한 종류의 기관들이 크게 성장하면서 다른 나라와의 국제 무역은 예전보다 훨씬 제도화하였다. 중개 회사들은 국제 중개인으로서 누구라도 돈을 지불하고 이들의 도움을 받으려고 하는 명실상부한 운송업자가 되었다. 이와 함께 아시아의 교역 문화가 점점 동질화하면서 아시아 무역은 과거 16세기경 유럽이 내디뎠던 거대한 진보의 발걸음을 시작했다. 여전히 대규모 독점 회사들이 남아 있었지만 1799년에 네덜란드 동인도 회사는 문을 닫았고, 영국 동인도 회사는 1813년에 인도에서, 1833년에는 중국에서도 손실을

---

[29] Basu, "The Banian and the British", 160쪽 ; Marshall, "Masters and Banians", in Kling and Pearson(eds.), 195쪽 이하.
[30] Furber, *Rival Empires*, 189~200쪽.

보았다. 한편 중개 회사들은 아시아와 영국의 무역량 가운데 영국 동인도 회사가 운송했던 것보다 훨씬 많은 물품을 실어 날랐다.

항구 도시들의 연결망

17세기와 18세기 아시아 해상 무역에 대한 역사 기록은 여전히 유럽의 대형 무역 회사가 이야기의 중심 뼈대다. 가장 크고 대표적인 네덜란드와 영국의 동인도 회사를 제외하고도 프랑스의 몇몇 회사, 벨기에의 오스텐드 컴퍼니Ostend company, 스코틀랜드, 덴마크, 스웨덴, 프러시아, 러시아의 회사들이 있었다.—회사를 운영한 기간과 성과는 나라마다 달랐다. 그러나 18세기 후반 이전에 한동안은 아시아 상인들이 유럽 상인들보다 아시아 무역을 더 많이 수행했다는 사실을 알아야 한다. 17세기 후반 몇십 년 동안은 인도 무역의 절정기였다. 그러나 18세기 전반기 들어 구자라트 지역의 항구들에서 오는 상선의 수는 줄어들고 반면에 벵골 지방의 '역내' 무역이 일부 성장하였다.[31] 한편 부기 족은 18세기 후반까지도 여전히 네덜란드 동인도 회사와 맞서 경쟁했고 자신들의 힘으로 네덜란드 무력에 대항할 수 있었다. 그러나 1740년과 1790년 사이 인도양의 동쪽 해안과 인도 본토에서는 유럽 상인들이 주도권을 잡게 되었다.

바야흐로 유럽 상인들의 시대가 오기 전까지 아시아 무역에서 유럽 회사들이 차지하는 비중은 단지 전체 아시아 무역 시장을 구성하는 하나의 요소일 뿐이었다. 아시아 상인 집단도 역시 부차적인 구

---

[31] Tapan Raychaudhuri and Irfan Habib, *The Cambridge Economic History of India*, 2 vols.(Cambridge, 1982), 1권 424~433쪽.

성 요소일 뿐이었다. 그때까지는 1500년 이전부터 중요한 구실을 하고 있던 아시아 항구 도시들의 연결망이 이 시장에서도 중요한 역할을 계속했다. 항구 도시들의 연결망은 여전히 국제 무역에 필요한 장소와 제도를 제공했다. 몇몇 항구 도시는 정치권력이 직접 통제하고 지배했는데 대표적인 곳이 중국의 광저우였고, 바타비아는 네덜란드가, 고아는 포르투갈이 관리했다. 이 도시들에는 외국 무역 상인들이 대규모로 공동체를 이루고 살았다. 이들은 지배 정치 세력의 상인들만 독점으로 사용할 수 있는 교역소가 아니었다. 무역 회사가 도시를 지배한다 해도 폐쇄적으로 운영하지는 않았다. 수라트와 반다르아바스, 반텐 같은 도시들은 이보다 훨씬 더 개방되어 있었다.

1500년 이전에 이 지역에서도 찾아볼 수 있었던 도시의 다기능성 계층 구조는 일부 항구가 그 구조 안에서 자리를 바꿀 수는 있었지만 그대로 남아 있었다. 이 기간에 멜라카는 첫 번째 자리를 바타비아에 넘겨주었다.—19세기 중반이 되면 바타비아는 다시 싱가포르에 그 자리를 빼앗기고 만다. 수라트 같은 구자라트 지역의 항구들은 점점 봄베이에 많은 것을 넘겨야 했고, 인도의 동해안에서는 벵골 지역의 항구들이 성장하면서 마침내 콜카타가 새로운 중심지로 우뚝 섰다.

그러나 항구 도시들의 연결망은 국제 무역망을 구성하는 하부 체계일 뿐이었다. 모든 무역이 해상으로 이루어진 것은 아니었다. 광저우 뒤로 중국의 거대한 운하들과 육상 도로망이 있었다. 인도에도 이와 비슷한 육상 교역로들이 모든 지역에 연결되어 있었다. 인도양에서 유럽으로 가는 통로가 바다만 있는 것이 아니었다. 육상 교역로는 인도와 페르시아에서 지중해와 흑해의 항구까지 뻗어 있었고 카스피 해에서 북쪽으로 러시아까지, 암스테르담 같은 동유럽의 도시들까지 연결되어 있었다. 18세기는 중국이 서쪽으로 두드러진 정치적 확장을 꾀했던 시기로 실크 로드는 이때도 여전히 육상 교역로 역할을 계속했다. 육상 교역은 해상 교역보다는 확장성이 덜했지만 그래도 여전히 중요한 부분을 차지했다.

9

17세기 육상 무역 :
유럽과 동아시아를 이어 준
아르메니아 인

　해상 무역은 세계 경제의 발전을 이끌어 온 성장 동력이었다.—멀리는 9세기까지 거슬러 올라갈 수 있지만, 실제로는 15세기 해양 혁명에서 시작해서 19세기까지 큰 발전을 이루었다. 그러나 17세기와 늦어도 18세기 전반기까지는 육상 무역도 급성장했다. 이 장은 페르시아와 유럽, 페르시아와 인도와 동아시아의 육상 무역에 대해 다룰 것이다. 특히 해상 무역에서 인도양이 중요했던 것처럼 육상 무역에서 활발하게 역할을 했던 아르메니아 상인 유민 집단을 중심으로 설명할 것이다.

　이 시기에 예전에는 중계 무역 방식의 간접 교역만 하던 지역에 육상 교역로로 유럽 상품을 실어 나르는 새로운 상인 유민 집단이 나타나기 시작했다. 시베리아가 바로 이런 지역인데 유럽과 중국, 오스만 제국 등의 모피 수요가 늘어나면서 드디어 러시아 상인들이 북아시아의 삼림을 지나 동쪽으로 움직이기 시작했다. 이런 움직임은 17세기 중반부터 시작되었다. 1640년대 모피 상인들은 태평양에 도달하기 위해 시베리아의 큰 강들을 이용해서 운송했는데 강과 강 사이가 육로로 연결된 곳도 있었다. 18세기 초가 되면 태평양을 건너 알래스카에 도착하고 19세기 초에는 북아메리카 해안을 따라 남쪽으로 내려가서 캘리포니아까지 갔다.

이와 비슷한 시기에 유럽의 모피 상인들과 북아메리카의 중개 상인들은 모피를 찾아 북아메리카의 삼림으로 진출했다. 세인트로렌스 강 하류에 있던 프랑스 교역소들은 17세기 초부터 오대호의 강줄기를 따라 서쪽으로 미시시피 강까지 이어지는 무역망의 중심지가 되었고 17세기 말이 되면 미시시피 강 너머까지 확대되었다. 1670년대에 와서는 영국 상인들도 북아메리카 무역에 뛰어들었는데, 그때까지 네덜란드가 점령하고 있던 뉴욕을 빼앗고 허드슨 만의 남쪽과 서쪽 해안으로 직접 항로를 내어 내륙의 남쪽과 서쪽으로 조금씩 들어오기 시작했다. 18세기 말이 되면 북아메리카 모피 상인들은 지구의 반대편에서 온 러시아 상인들과 마주치기 시작한다. 러시아와 북아메리카 모피 상인들은 육상 교역소의 무역 형태를 따랐다. 그리고 중계 시장의 물품을 지키기 위해 무력을 사용했으며 방위 거점들을 관리하고 때때로 북아메리카 원주민에게 공물을 받는 것처럼 모피를 나르게 했지만 아직은 영토를 점령하거나 관리한 것은 아니었다.

또한 유럽 상인들 및 유럽과 교역하는 다른 지역 상인들은 같은 시기에 다른 대륙에서도 이와 비슷한 진출을 시도했다. 가장 눈에 띄는 것은 브라질 내륙으로 진출한 반데이라스bandeiras였다. 이들은 노예사냥과 무역, 탐험, 탐사를 목적으로 내륙을 원정하는, 군사 무장을 한 회사였다. 반데이라bandeira는 포르투갈 어로 군수 회사라는 뜻이었다. 그리고 반데이란테스bandeirantes는 브라질 내륙의 탐사와 정착지 건설을 책임지고 있었다. 이들은 처음에 사람들이 살고 있던 브라질 거주지를 중심으로 거점을 확보하기 시작했는데 이 가운데 가장 두드러진 거점 지역은 지금의 상파울루 고원 지대였다. 이곳은 16세기 말 이전에 이미 포르투갈 침입자들이 이 지역의 원주민인 투피Tupi 족과 혼혈을 이룬 지역이었다. 따라서 반데이란테스가 된 사람들은 종족과 문화가 섞여 있는 혼혈인이었고 18세기까지 투피 족 말을 썼다. 이들이 필요에 따라 약탈 공격과 무역을 함께 구사했다는 사실은 자바 해를 둘러싸고 활동했던 부기 족과 닮은 구석이 있지만 이들이 점령한 지역은 이후에 영구 정착지가 되었으며 식민 도시로 바뀌는 토대가 되었다. 이들 지역은 시간이 흘러 변천하면서 육상에 세워진 교역소들의 방위 거점이 되었는데, 북아메리카와 시베리아 북쪽 지역에 동시에 세워진 교역소와 비슷한 형태였다.[1]

원거리 무역 상인들은 이 시기에 아메리카 대륙 곳곳을 다녔는데 무역 형태도 다양한 모습을 띠었다. 반데이라스가 있는 곳에서 남쪽으로 라플라타La Plata 강(아르헨티나와 우루과이를 흐르는 강 - 옮긴이) 양쪽에는 팜파스Pampas가 펼쳐져 있는데 유럽에서 온 소들이 이 초원 지대로 자주 날아났다. 소들은 자연스럽게 야생이 되었고 아무나 사냥해서 얻을 수 있는 천연자원이었다. 따라서 무역 상인들은 아르헨티나와 우루과이, 브라질의 리우그란데두술Rio Grande do Sul 지역을 두루 걸치는 대초원 지대로 들어와 사냥으로 잡은 동물의 가죽을 수출하기 시작했다. 그러나 이것은 비록 다른 문화권의 상인들이 들어와 활동한 것이긴 하지만 전통의 상인 유민 집단 개념으로 볼 때 다른 문화 사이의 교역이라고 볼 수 없었다. 아메리카 대륙에 살던 대부분의 유럽 인들과 달리 야생 소 사냥꾼들은 지리적으로 국경선을

---

[1] Richard M. Morse, *The Bandeirantes : The Historical Role of the Brazilian Pathfinders* (New York, 1965) 참조.

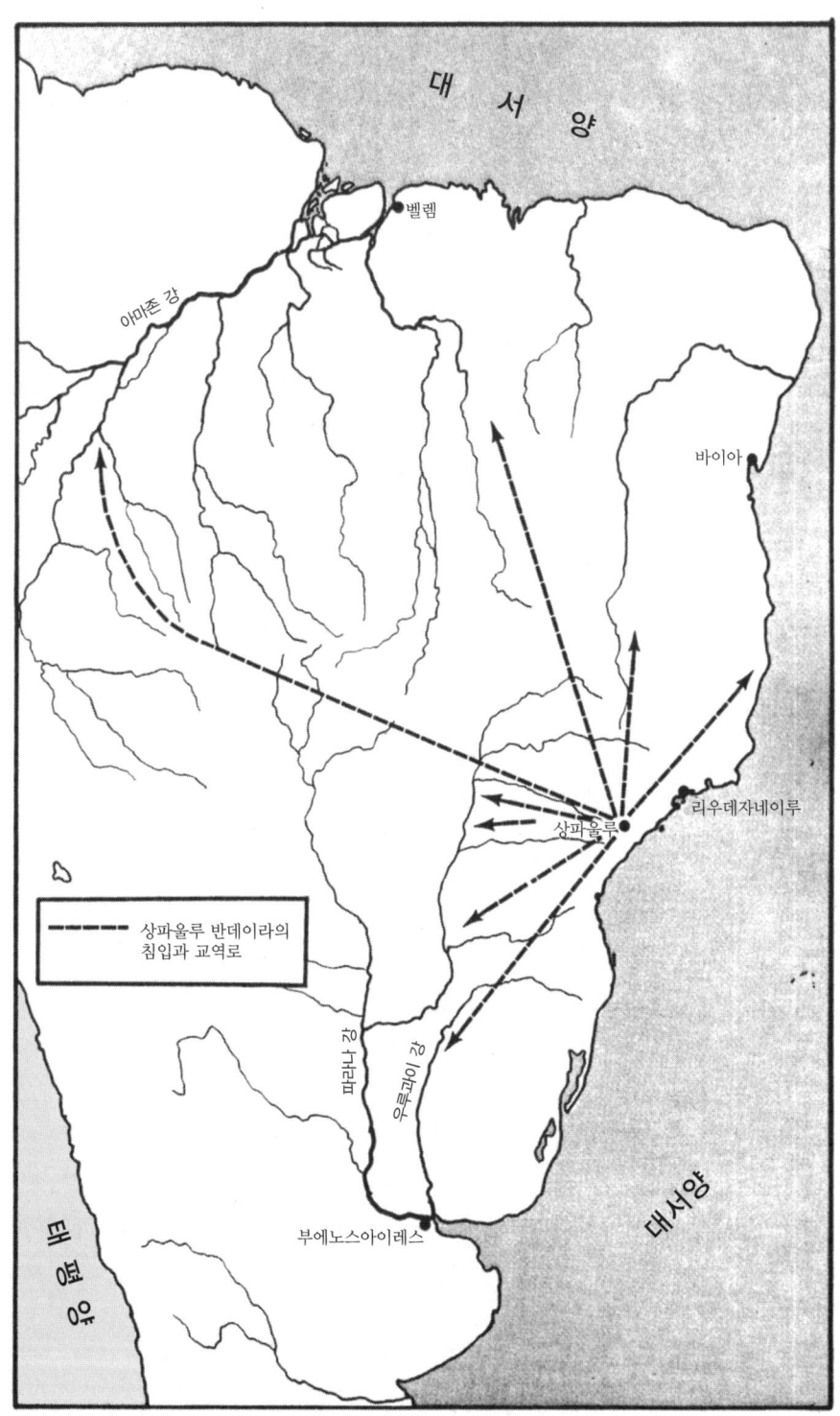

지도 9.1 _ 브라질의 반데이란테스

넘어왔을 뿐만 아니라 생활양식도 바꾸었다. 이들은 대개 대초원 지대에 흩어져 살던 아메리칸 원주민들과 문화뿐만 아니라 생물학적으로도 섞여 들어갔다. 라플라타 지역에는 가우초gaucho라고 부르는 '이동 변민移動邊民, trans-frontiersmen'의 공동체가 있었는데, 이와 비슷한 공동체를 카리브 섬 지역에서는 '소 사냥꾼' 또는 해적들이라고 불렀고 베네수엘라의 오리노코Orinoco 계곡에서는 야네로스llaneros라고 불렀다. 또한 멕시코 북쪽 지역(옛날 치치멕 국경의 북쪽 지역)에서는 후에 바케로vaquero라고 부르는 카우보이 문화로 발전했다.

공동체들이 형성되고 이후 유럽 인들이 이민 와서 정착하면서 압박을 받기까지 그 과도기 동안 이들의 무역 활동은 대개 교역소 형태로 이루어졌다. 18세기 멕시코 북쪽 지역에서 나타난 형태는 우리에게 매우 익숙한 모습이다. 스페인은 국경선 안에 안주하지 않고 자신들의 영토는 아니지만 통제할 수 있는 거주 지역을 형성하면서 북쪽으로 밀고 올라왔다. 이들은 멕시코 중앙 지역에서 북쪽으로 뉴멕시코의 샌티페이Santa Fe까지 도달했다. 이들은 캘리포니아까지 더 올라와 샌프란시스코까지 이어지는 카미노레알Camino Real 길을 따라 선교 단체들을 배치했다. 캐나다와 시베리아의 모피 무역처럼 이곳에서도 무역과 선교의 중심지는 종교와 물품을 함께 교환하는 국제 교역의 중심지였다. 스페인 상인들은 압박을 가할 수 있는 힘이 있었고 유럽 본토 중앙의 관리를 받고 있었지만 16세기 이래로 한동안은 이 지역에 멕시코 중앙 지역에서처럼 정식으로 식민 정부를 수립하려고 하지 않았다.[2]

---

[2] Edward H. Spicer, *Cycles of Conquest : The Impact of Spain, Mexico, and the United States on the Indians of the Southwest, 1553~1960*(Tucson, 1962).

이 장은 좀 오래된 형태의 육로 상인 유민 집단에서 시작하여 세월이 흐르면서 다른 대륙에도 존재했던 상인 집단으로 발전하는 모습을 살펴볼 것이다.

아르메니아 인의 초기 무역

아르메니아는 역사를 거슬러 올라가면 지금의 터키, 이란, 러시아의 일부가 합쳐진 지역이다. 아르메니아 인들은 지금도 세 곳에 흩어져 살고 있다. 아르메니아 사회주의 소비에트 공화국(1991년 소비에트 연방이 해체되면서 아르메니아로 독립 - 옮긴이)은 유일하게 그 이름을 가지고 있는 나라이다. 아르메니아 인은 세계 각지에 널리 흩어져 있다. 이들은 현재 600만 명 정도인데 절반은 여전히 아르메니아 고원 지대에 살고 있고 나머지는 아시아, 유럽, 아메리카 대륙에 살고 있다.[3]

아르메니아 인들은 사는 나라에 상관없이 여전히 단일 언어와 종교를 가지고 있다. 이들은 단일 언어 집단을 구성하는 인도 · 유럽 어족에 속한다. 아르메니아 어가 페르시아에서 빌려 온 말이 많기 때문에 아르메니아 어를 페르시아 어로 분류하려는 언어학자들도 있었다. 그러나 지금은 독립된 언어로 인정받았다. 아르메니아 어는 이 지역에서 기록 문자로는 가장 오래된 것 가운데 하나였는데 지금까지도 고유의 문자를 가지고 있다. 또한 아르메니아 종교는 고유한 기독교가 있다. 그리스도 이후 초기 몇 세기 동안 아르메니아는 국

---

[3] 최근의 연구는 David Marshall Lang, *Armenia : Cradle of Civilization*, 2nd ed. rev. (London, 1978)을 참조.

경 밖에 있는 로마 제국 시대의 기독교와 관계를 가졌다. 이런 이유로 이들은 당시에 로마와 중국의 교역로를 따라 널리 퍼졌던 정통 비잔틴 제국과 네스토리우스교와는 교리가 다른, 자신들 고유의 계층 구조가 있는 기독교를 갖게 되었다. 중동 지역에서 점점 이슬람 세력이 커지면서 아르메니아는 이슬람의 바다에 홀로 떠 있는 기독교 섬으로서 그 자리를 지키려고 애썼다.—아프리카에서 에티오피아도 마찬가지 상황이었는데, 이는 아르메니아와 에티오피아가 오랜 세월 좋은 관계를 유지해 온 까닭을 이해하는 데 도움이 된다. 아르메니아는 이슬람교 국가들 사이에서 이들과 다른 종교 공동체를 유지하면서 고립되어 있었으므로 주위의 이슬람 국가들과 적절한 관계를 유지해야 할 필요성이 있었다. 아르메니아는 오히려 이런 상황을 잘 이용하여 기독교도인 아르메니아 상인들이 이슬람 지역을 거쳐서 원거리 무역에 성공할 수 있게 해 주었다.

아르메니아 본토는 해안가가 전혀 없었지만 지중해 유역과 동쪽으로 가는 길목 사이에 있는 육상 교역의 요충지였다. 이곳은 카스피 해, 흑해, 지중해, 세 곳이 삼각 모양으로 둘러싼 내륙 지역에 있다. 과거 역사를 보면 흑해나 지중해에서 동쪽으로 지나가는 무역은 카스피 해 남쪽을 통과해야 하기 때문에 아르메니아를 지나거나 그 근처를 거쳐야만 했다. 일단 카스피 해의 동쪽으로 오면 트란스옥시아나 지역을 지나서 실크 로드를 따라 북동쪽으로 중국까지 가거나, 아프가니스탄을 거쳐 남쪽으로 인도 북쪽 지역의 인더스-갠지스 평원 지역까지 쉽게 갈 수 있었다. 간혹 카스피 해 북쪽 지역으로 이동하는 무역 상인들도 있었지만 그곳은 스텝 지역의 유목민들 땅으로 몽골 제국처럼 특별히 정치적 안정을 이룬 시기를 빼고는 대상에게 위험한 곳이었다.

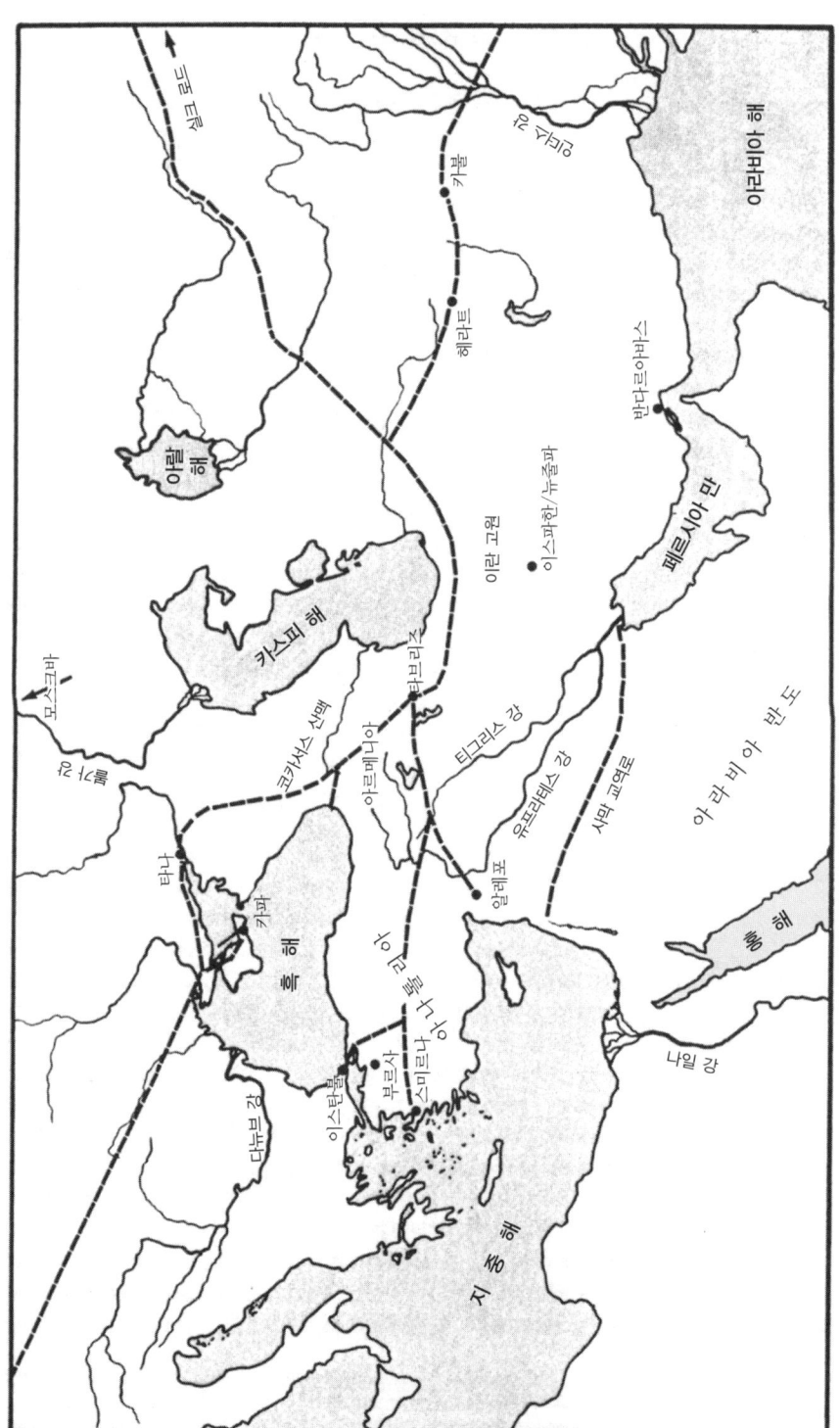

지도 9.2 _ 17세기 중동의 교역로

물론 아르메니아 지역을 지나지 않고 더 아래 남쪽 지역으로 가는 교역로도 있었다. 이 가운데 하나가 알레포Aleppo(시리아 할라브Halab 주-옮긴이) 지역에서 티그리스 강이나 유프라테스 강 상류까지 가서 하류 쪽으로 페르시아 만까지 이르는 육로와 강을 함께 이용하는 길이었다. 또 하나의 교역로는 메소포타미아의 관개 지역과 떨어져 있는 '사막 길'이었다. 사막 길은 강과 평행을 이루고 이어져 있지만 강 남쪽의 관개 지역과는 30~50킬로미터 거리를 두고 만들어져 있었다. 그 이유는 낙타의 건강을 유지하기 위해서도 그랬지만 주로 강 유역을 따라 살고 있는 작은 부족들에게 보호 비용을 뜯기지 않기 위해서였다. 대상은 강의 남쪽에 있는 주요 유목민들에게 돈을 주었는데 이들은 종종 교역로의 꽤 먼 곳까지 대상의 안전을 보장해 주었다. 낙타 대상은 지중해 지역에서 페르시아 만까지 가는 데 약 45일에서 70일이 걸렸다. 사막 교역로는 아르메니아를 지나지 않고 가는 길이었지만 아르메니아 상인들은 이 길에서도 중요한 육상 무역 상인이었다.[4] 여기서도 카스피 해 북쪽 지역처럼 유목민의 약탈 같은 문제가 발생할 수 있었다. 어떤 시점에서 어떤 교역로를 이용할 수 있는지 없는지는 그 지역의 정치 상황과 밀접한 관계가 있었다.—페르시아 만과 홍해를 거쳐서 가는 해상 교역로가 몇 세기 동안 대안 교역로로서 역할을 했다.

아르메니아 상인들이 무역에서 성공을 거둔 것은 시기마다 크게 변했던 아르메니아의 국제 관계 조절 능력에 따른 것이었다. 아르메

---

[4] Douglas Carouthers(ed.), *The Desert Route to India : Being the Journals of Four Travelers by the Great Desert Caravan Route Between Aleppo and Basra 1745~1751* (London, 1929), xi~xxxv쪽; John Huyhgen van Linschoten, *The Voyage of John Huyhgen van Linschoten to the East Indies*, 2 vols.(London, 1885), 1권 46쪽 이하

니아는 지금까지 역사에서 적어도 세 번 국력이 두드러지게 성장했다. 첫 번째는 기원전 9세기에서 기원전 6세기까지인데 이때 아르메니아 우라르투Urartu 왕국은 아시아와 지중해 사이의 교역을 이어 주는 중요한 중간 지점이었다. 이때는 원거리 무역을 시작하기에는 너무 이른 시기였는데 어쨌든 중국 비단의 일부가 기원전 750년에 이곳에 왔다는 사실은 이 지역이 중국과 교역한 가장 오래된 곳 가운데 하나라는 것을 말해 준다.

두 번째는 기원전 2세기로 아르메니아가 정치적으로 크게 성공한 시기였다. 이때 로마 제국의 국경선 너머에 있는 아르메니아 제국은 카스피 해 지역에서 지중해의 레반트 지역 해안을 따라 회랑 지대를 지배하고 있었는데 중국에서 파르티아 제국을 거쳐 오는 비단 무역에서 중요한 역할을 했다.[5]

아르메니아는 10세기 들어 다시 한번 국력이 강성하고 번창해서 지중해 지역까지 영향력을 미쳤다.—이 같은 상황은 바그다드의 아바스 왕조와 콘스탄티노플의 비잔틴 제국이 동시에 약해지면서 일어났다. 그러나 11세기 초 이러한 성공은 도전을 받았는데 첫 번째는 비잔틴 제국이 다시 일어나면서 서쪽으로 진출한 아르메니아는 뒤로 후퇴해야 했다. 그다음에는 셀주크 튀르크 족이 레반트 지역은 물론 그 내륙 지역을 포함해서 아르메니아까지 정복했다. 1070년 아르메니아는 완전히 망했고, 나중에 독립국으로 재기했지만, 그동안 유지했던 중요한 정치적 지위도 잃고 말았다.

---

[5] Lang, *Armenia*, 96쪽, 130~131쪽.

16세기 이전의 아르메니아 상인 유민 집단

아르메니아 상인들은 다른 무역 상인들처럼 자신들의 교역로를 따라 무역 식민지를 만들었다. 천 년이 넘는 기간에 정치와 경제가 복잡하게 변하면서 무역 식민지들은 당연히 자신들이 정착한 지역에 동화되었다. 그러나 일부는 아르메니아 상인 공동체처럼 자신들의 정체성을 지켜 나갔다. 그리고 때때로 본토와 더욱 밀접한 관계를 유지하면서 아르메니아 인으로서 동질감을 회복할 수 있었다. 가령 아르메니아 본토에서 지중해의 레반트 지역을 따라 이어진 교역로에 있던 공동체 가운데 일부가 살아남았는데, 이들은 계속해서 본토와 밀접한 관계를 유지했으며 무역이 번창해지자 공동체끼리 연합했다.[6]

비잔틴 제국의 수도인 콘스탄티노플까지 서쪽으로 직접 연결된 고대 교역로도 마찬가지로 비잔틴과 아르메니아의 관계가 변화하는 것에 따라 번영하기도 하고 쇠락하기도 했다. 비잔틴 제국이 약해져서 1453년 튀르크 족에게 멸망하기 전에도 아르메니아 인들은 오스만 족과 좋은 관계를 유지했다. 이들은 오스만의 수도 부르사Bursa에 아르메니아 상인 거주지와 기독교 공관을 세웠다. 수도를 아드리아노플Adrianople로 이전했다가 다시 이스탄불로 옮기자 아르메니아 인들도 따라 움직였다. 20세기 초 터키의 아르메니아 인종 학살이 자행될 때까지 이들은 오스만의 수도에서 중요한 무역 요소의 일부였다.[7]

흑해를 돌아 북서쪽으로 가는 아르메니아 무역은 다른 교역로보

---

[6] Lang, *Armenia*, 190~191쪽.
[7] R. W. Ferrier, "The Armenians and the East India Company in Persia in the Seventeenth and Early Eighteenth Centuries", *Economic History Review*, 26권 38~

다 오랫동안 지속하기가 힘들었다. 예를 들면 14세기와 15세기 초, 이 교역로를 통한 무역은 매우 활발했다. 카파처럼 크림 반도에 있는 항구에 거주하는 아르메니아 상인들은 해상 무역을 하는 제노바 상인 유민 집단을 위해 흑해까지 식료품을 육로로 수송했다. 크림 반도의 아르메니아 상인들은 아르메니아 본토에 물품을 공급했을 뿐만 아니라 서쪽으로 더 멀리 지금의 루마니아, 폴란드, 독일의 뉘른베르크Nuremberg와 북해 연안 낮은 지대에 있는 벨기에의 브뤼셀Bruges까지 오가는 육로 대상을 운영했다. 크림 반도에 있는 이들의 식민 도시들이 얼마나 컸던지 제노바 상인들은 이곳을 '해양의 아르메니아Armenia maritima'라고 부르곤 했다. 또한 아르메니아 상인들은 새 근거지에서 점점 이곳 타타르Tatar의 문화 요소를 띠기 시작했다. 이들은 정체성을 지키기 위해 노력하고 아르메니아 교회에 충성을 맹세했지만 점점 타타르 말을 모국어처럼 말하기 시작했고 이것을 아르메니아의 문자로 쓰기도 했다.

1475년 터키가 크림 반도를 점령하자 이 지역에 살던 아르메니아인들은 몰다비아Moldavia와 트란실바니아Transylvania, 그리고 지금의 폴란드 남쪽 지역인 갈리시아Galicia로 난민처럼 이동할 수밖에 없었다. 이들은 유럽 중앙 지역에서 아르메니아 본토와 더 가까운 관계를 맺고 있는 또 다른 아르메니아 공동체를 만났다. 여기서 이들의 문화는 다시 한번 변모했다.—동시대의 아르메니아 규범에 더 가깝게 돌아왔다. 많은 변화가 있었지만 폴란드를 비롯하여 유럽 중앙 지역에 사는 아르메니아 상인들은 19세기 들어 철도가 자신들의 자리를 대체할 때까지 육상 무역의 주도권을 놓지 않았다.[8]

62쪽(1973), 38쪽.

아르메니아 인과 페르시아 사파비 왕조

16세기와 그 이전, 아르메니아 상인 유민 집단은 북쪽으로는 카스피 해에서 볼가 강까지 뻗어 있었고 동쪽으로는 인도까지 퍼져 있었다. 네덜란드와 영국이 인도양에 나타나기 전에도 이미 꽤 많은 아르메니아 상인들이 인도 북부 지역에 있는 무굴 제국의 수도 아그라Agra까지 진출했다. 아마도 아프가니스탄을 지나서 육로로 이동했거나 페르시아 만에서 구자라트의 항구까지 구자라트나 포르투갈의 배를 타고 갔을 것이다. 어쨌든 수라트에 있는 아르메니아 인 공동묘지에서 읽을 수 있는 가장 오래된 연대가 1579년이다.[9]

17세기 초 아르메니아 상인들은 인도양과 서쪽의 유럽으로 널리 퍼지기 시작했다. 이것은 이들과 사파비 왕조의 특별한 관계에서 비롯되었다. 6장에서 이미 설명한 내용을 되새겨 보면 사파비 왕조가 지배하던 페르시아는 '세 제국 시대'를 이끌었던 이슬람 제국이었다. 당시 이들을 '화약 제국'이라고도 불렀다. 1450년 이후 아프로-유라시아 지역의 교역 지대에 있는 정치 세력들은 새로운 종류의 중앙 집권 지배를 겪었다. 중앙 정부에서는 성능 좋은 대포로 민간의 성채들을 금세 공격할 수 있게 되었다. 따라서 지역 세력이 강했던 곳도 이제는 과거처럼 중앙 정부에 쉽게 대들 수 없었다.

사파비 왕조의 중심 세력은 본디 이란 북서 지역으로 초기 수도는 타브리즈Tabriz였다. 1503년 사파비 왕족은 지금의 이란 서쪽 지역

---

[8] Frederic Macler, "Les Arméniens de Galicie", Revue des études arméniennes, 6권 7~17쪽(1926) ; Keram Kevonian, "Marchands arméniens au XVIIe siècle", Cahiers du monde russe et soviétique, 16권 199~244쪽(1975), 208쪽 이하.

[9] Lang, Armenia, 210~211쪽 ; M. H. Seth, The Armenians in India(Calcutta, 1937), 102~103쪽, 151~152쪽.

대부분과 이라크를 정복했다. 이 과정에서 주로 이슬람의 시아파에 충성하는 제국을 만들었다. 그러나 16세기 중반 몇십 년 동안 사파비 왕조는 서쪽의 정복지를 매우 많이 빼앗겼는데 그 이후 샤 아바스Shah Abbas 대왕(재위 1587~1629)이 동쪽으로 새로운 정복지를 얻어내어 제국의 크기를 회복했다. 그리고 그는 강력한 중앙 관료제를 도입하고 페르시아 인이 아닌 사람들도 널리 등용했는데 주로 이슬람으로 개종한 그루지야 인들과 아르메니아 인들이었다. 샤 아바스는 자신의 권력을 상징하기 위해 이스파한Isfahan에 새 수도를 세웠는데 이는 다음 세기에 가장 위대한 이슬람 예술과 건축의 중심지가 되었다.

아르메니아 기독교 상인들도 이스파한에 합류하게 되었는데 그 까닭은 자국 상인들에 대한 샤의 믿음이 있었기 때문이기도 했지만 샤가 오스만 제국과 전쟁을 일으키는 사건이 발생했기 때문이었다. 1605년 오스만이 아르메니아로 진입하자 샤는 초토화 정책으로 대응하면서 아라크스Araks 강 북쪽 지역에 사는 사람들을 대거 내쫓았다. 이 과정에서 많은 사람이 죽었지만 살아남은 농부들은 카스피 해 남쪽의 길란Ghilan으로 보내 비단 생산에 종사하게 했다. 도시로 피신한 아르메니아 인들은 대개가 직업 상인이었는데 새 수도인 이스파한의 성 밖에 다시 거주지를 마련했다. 교외에 있는 이 아르메니아 인 거주지는 쫓겨난 구역에 있던 도시의 이름을 따서 뉴줄파New Julfa라고 불렀다. 결국 이렇게 해서 이중 도시가 형성되었는데 이슬람 정치 중심지를 기독교와 아르메니아 상업 중심지가 둘러싸고 있는 모양이었다. 새로운 근거지는 샤의 후원에 힘입어 아르메니아 상인들에게 돈을 더 많이 벌 수 있는 기회를 마련해 주었다. 또한 1622년 이후 이들은 페르시아 만 입구에 새로 세워진 반다르아바스 항구를 통해서 인도양으로 진출할 수 있게 되었다. 반다르아바스는 영국 동인도 회사 해군의 도움을 받은 페르시아의 공격으로 포르투갈이 호르무즈 섬에 있는 항구를 빼앗긴 후 들어섰다.[10]

사파비 왕들은 대개 아르메니아 상인들을 좋아하지 않았지만 이들의 후원은 아르메니아 상인들에게 육상과 해상 무역을 운영할 수 있는 정치 기반을 제공해 주었다. 이들은 17세기에서 18세기까지 큰 성공을 거두었다. 그러나 18세기는 어려움이 가중된 시기였다. 1722년 사파비의 마지막 왕이 죽기 전에 이미 샤들은 뉴줄파 공동체에 호감을 잃기 시작했다. 가톨릭 선교사가 나타나고 많은 아르메니아 기독교인이 개종했다. 그리고 샤들은 아르메니아 종교보다 새로운 종교가 더욱더 마음에 들지 않았다. 1799년 새로운 카자르Qajar 왕조가 들어설 때까지 페르시아의 정치 상황은 무정부 상태로 남아 있었고 뉴줄파 사람들은 무리 지어 다른 곳으로 떠났다. 돈이 많은 부자들은 인도로 가서 동인도 회사나 그 직원들과 관계를 맺으며 인도 무역에 뛰어들었다. 그렇지 못한 사람들은 북쪽으로 이농해서 비단 무역에 적극 참여했다. 이 밖에 서쪽으로 간 사람들은 오스만 제국 땅이나 그 너머 유럽으로 들어갔다. 그러는 동안 17세기는 또 다른 특별한 기회를 제공했다.[11]

---

[10] R. W. Ferrier, "The Armenians" ; John Carswell, *New Julfa : The Armenian Churches and Other Buildings*(Oxford, 1968) ; Carswell, "The Armenians and the East-West Trade through Persia in the XVIIth century", in M. Mollat(ed.), *Sociétés et compagnies de commerce en orient et dans l'océan indien*(Paris, 1971) ; Niels Steensgaard, *Carracks, Caravans and Companies : The Structural Crisis in the European-Asian Trade of the Early Seventeenth Century*(Copenhagen, 1973), 209∼414쪽. 페르시아 사파비 왕조에 대해서는 Roger Savory, *Iran under the Safavids* (Cambridge, 1980)를 참조.

[11] Carswell, *New Julfa*, 14∼15쪽.

페르시아에서 러시아까지 육상 무역

16세기와 17세기 오스만 제국과 사파비 왕조, 무굴 제국의 성장은 기독교 세력이 이슬람 문명의 통합에 새로운 위협으로 나타난 시기와 때를 같이하여 이루어졌다. 첫 번째 위협은 기독교 국가들이 인도양의 해상 무역에 진출한 것이었다. 18세기 이전까지는 이슬람 세력을 심각하게 위협할 정도는 아니었다. 두 번째 위협은 북쪽 러시아에서 나타났는데 당시에는 러시아를 모스크바 대공국Muscovy이라고 불렀다. 15세기부터 러시아 인들은 볼가 강을 따라 남쪽 지역을 정복하기 시작했다. 이곳에 살고 있던 타타르 사람들을 지배하고 새 영토를 통제하기 위해 러시아 사람들을 옮겨 살게 했다. 타타르 사람들은 기독교 세력의 지배를 받는 첫 번째 이슬람교도였다. 그러나 이들은 매우 적었고 이슬람 세계는 아직 경계해야 할 수준은 아니었다. 러시아, 폴란드, 오스만 족, 흑해 북쪽의 스텝 지역에 사는 타타르 족 무리 사이의 국제 관계는 이제 종교의 명령을 따르기보다는 정치 세력과 경제 이익을 찾아서 형성되었다. 실제로 러시아의 침입은 이슬람의 교역에 새로운 기회를 열어 주었다. 볼가 강 유역의 타타르 족 이슬람 상인들은 남동쪽으로 부하라Bukhara와 옛 트란스옥시아나 지역에 있는 시장까지 이어지는 상인 유민 집단을 형성했는데 이들이 이슬람교도였기 때문에 이 지역에서 상대적으로 안전하게 교역할 수 있었다. 이들은 북쪽과 북서쪽으로 진출하여 러시아의 중심부까지 도달했다.—이들은 또한 차르tsar(슬라브계 국가의 군주 칭호–옮긴이)의 백성이었기 때문에 이 지역에서 안전을 보장받았다.[12]

---

[12] Marshall G. S. Hodgson, *The Venture of Islam : Conscience and History of a World*

초기에는 러시아가 볼가 강을 따라 남하하는 속도가 느리고 때로는 공격당하기도 했지만 1552년에 카잔Kazan을, 1556년에 아스트라한Astrakhan을 점령하여 볼가 강 유역 전체와 카스피 해까지 러시아 배가 들어갈 수 있게 되었다. 아스트라한이 전진 기지가 되고 볼가 강과 카스피 해를 연결해 주는 중심지가 된 후 러시아 해군은 페르시아 해안 지역을 공격할 수 있었다. 그리고 러시아는 수니파인 오스만 제국과 시아파인 새로운 사파비 왕조의 싸움에 제3자인 기독교 국가로서 끼어들 수 있는 기회를 포착했다.

러시아 상인이든 페르시아 상인이든 카스피 해와 볼가 강을 축으로 하는 새로운 무역 시장에 진입하려고 하는 상인 집단은 하나도 없었다. 아스트라한이 러시아에 마지막으로 넘어가기 전부터 아르메니아 상인들은 이 지역의 타타르 상인들을 비롯해서 외국 상인들과 볼가 강 유역의 무역에 종사했다. 그러나 17세기 말에 이르면 여기에 크림 반도의 타타르 상인, 노가이Nogai 족(러시아와 루마니아에 사는 터키 족-옮긴이) 타타르 상인, 러시아 상인, 페르시아 상인, 힌두 상인들이 합류하게 되는데 이들 가운데 많은 사람이 모스크바 북쪽 먼 곳에 있는 상인 공동체에 정착했다.[13]

한편 경쟁에 끼어들지 않을 것이라고 생각되는 나라가 있었는데 바로 영국이었다. 1550년대 초 런던에 있던 머스커비 컴퍼니Muscovy Company는 노르 곶North Cape(노르웨이 북쪽 끝-옮긴이)을 돌아서 북극

Civilization in Three Volumes, 3 vols.(Chicago, 1974), 3권 221~222쪽.
[13] Lloyd E. Berry and Robert O. Crummey(eds.), *Rude & Barbarous Kingdom : Russia in the Accounts of Sixteenth-Century English Voyagers*(Madison, Wis., 1968) ; Adam Olearius in *The Voyages and Travels of J. Albert de Mandelslo ... into the East Indies*(London, 1669), 12쪽 ; Jan Struys, *The Voyages of J. Struys through Moscovia, Tartary, India, and Most of the Eastern World*(London, 1684), 17쪽 ; Holden Furber, *Rival Empires of Trade in the Orient, 1600~1800*(Minneapolis, 1976).

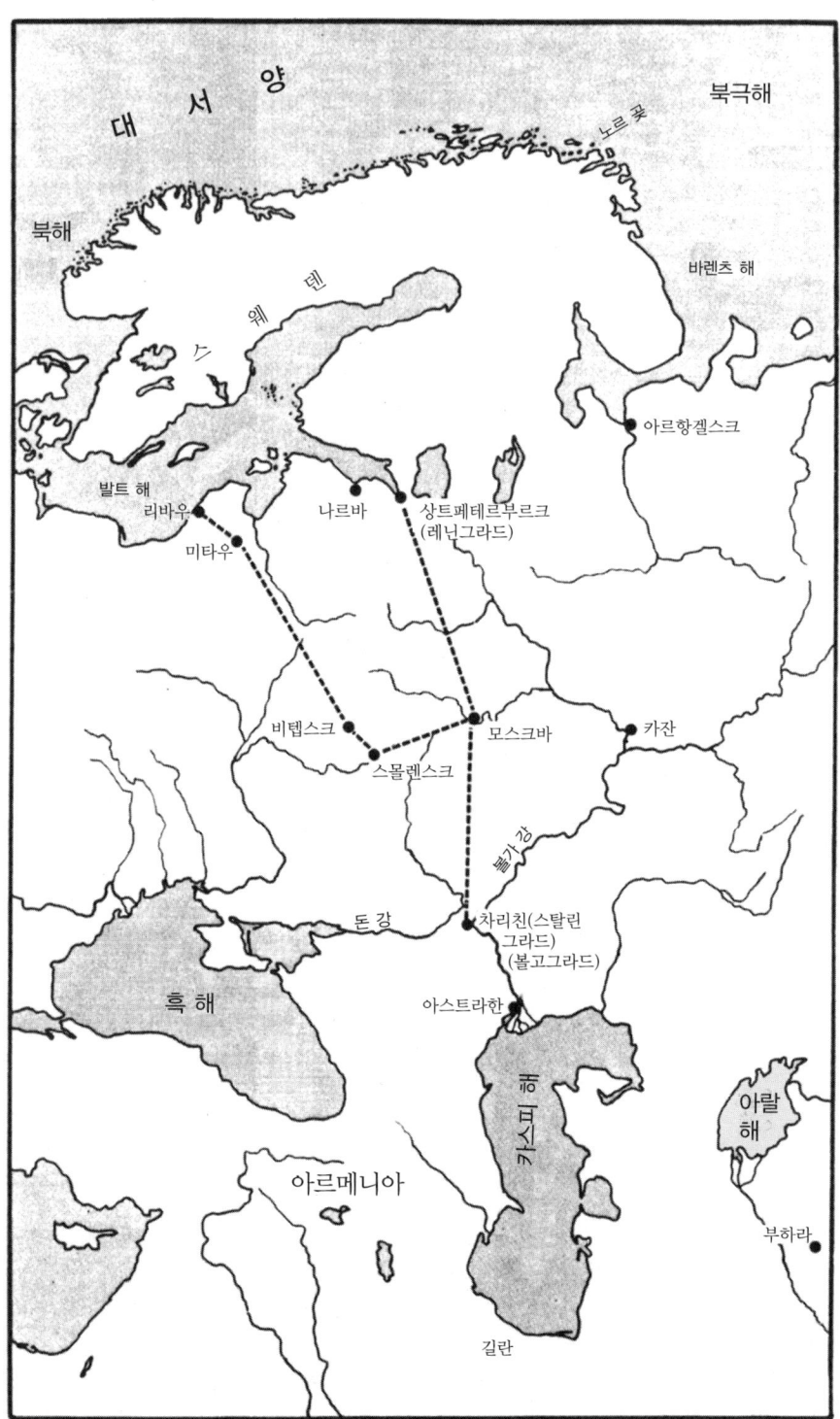

지도 9.3 _ 러시아 횡단 교역로

해를 거쳐 아르항겔스크Archangelsk로 가는 해상 무역을 열었다. 이제 영국의 상인 집단은 처음에 이곳에서 남쪽으로 확장하기 시작해서 러시아 북쪽 지역의 강과 육로를 번갈아 가며 모스크바까지 도달했고 다음에 볼가 강과 카스피 해까지 나아갔다. 이 교역로는 페르시아 시장에 진입하기 위한 것이었지만 더 궁극적인 목적은 중앙아시아를 지나서 아프가니스탄을 거쳐 인도까지 가는 것이었다. 실제로 16세기에 이 길을 따라 페르시아와 중앙아시아의 물품이 유럽으로 흘러들었다. 그리고 영국의 머스커비 컴퍼니 직원이었던 앤서니 젠킨슨Anthony Jenkinson은 아르항겔스크에서 중앙아시아의 부하라까지 갔다가 돌아올 때는 페르시아를 지나서 왔다. 이 교역로를 완전히 한 바퀴 돈 것이다. 그러나 아르메니아 상인들은 이미 예전부터 이런 교역의 대부분을 도맡아 해 왔다.[14]

볼가 강 교역로는 러시아와 페르시아에서 지역의 정치 상황만 허용된다면 언제나 상인들이 즐겨 찾는 수상 운송로였다. 그렇다고 육상 운송이 무시된 것은 아니었다. 만일 볼가 상이 해적늘의 손아귀에 들어가면 상인들은 모스크바에서 차리친Tsaritsyn(볼고그라드의 옛 이름 - 옮긴이)까지 육로를 통해 갔는데 겨울에는 썰매로, 여름에는 수레로 운송했다. 18세기 중반에 사용했던 짐수레는 길이가 약 3미터, 폭이 0.8~1미터 정도였고 한 마리나 두 마리의 말이 끌었다. 여기서 놀라운 것은 여름에 운송하는 것보다 겨울에 더 싸고 빨랐다는 사실이다. 모스크바에서 상트페테르부르크Saint Petersburg까지 가는 데 겨울에는 하루에 65킬로미터 정도, 여름에는 50킬로미터 정도 갔다.

---

[14] T. S. Willan, *The Early History of the Russia Company 1553~1603*(Manchester, 1956) ; Berry and Crummey(eds.), *Rude & Barbarous Kingdom*, 여기저기 참조.

차리친 아래로 내려가는 물품은 강 보트에 실어 날랐는데 15~20명의 선원을 포함하여 약 45톤까지 실을 수 있었다. 아스트라한에서 카스피 해를 건너 종착지까지는 물에 잠기는 부분이 얕은 배로 항해했다.

여기서 서유럽으로 곧장 가는 교역로는 문제가 많았다. 비록 우리가 지금 쓰고 있는 메르카토르 도법의 지도에서 북위도 지역의 거리가 과장되게 표시되어 있긴 하지만, 1740년대에 실제로 길란 지역에서 북쪽으로 아스트라한까지 이동하는 데 30일이 걸렸고, 다시 아스트라한에서 모스크바까지 45일, 또 거기서 상트페테르부르크까지 20일이 걸려 모두 95일이 걸렸다. 반면에 길란 지역에서 서쪽으로 지중해 연안의 항구로 이동하는 경우는 스미르나Smyrna(지금의 이즈미르Izmir)까지 70일 정도, 알레포(지금의 할라브)까지는 60일 정도 걸렸다. 그러나 두 교역로의 경쟁 관계는 운송 기간의 문제보다는 이 지역의 정치 요소들에 따라 더 많은 영향을 받았다. 사파비 왕조와 오스만 제국은 긴 세월 끊임없이 전쟁을 했고 더욱이 오스만 제국은 때때로 러시아와도 전쟁을 했다. 그리고 모스크바에서 발트 해로 가는 길은 러시아와 스웨덴의 전쟁으로 적어도 1721년이 되기까지는 수시로 막혔다.

러시아와 페르시아의 무역은 서양에서 이야기할 때 비단과 모직이 교환된 것이라고 하지만 그것은 단지 서유럽을 떠나 페르시아까지 관통했거나 반대로 서유럽에 도달한 무역에 한정된 것이다. 실제로 많은 무역이 교역로 중간 중간의 짧은 구간에서 이루어졌는데 대개 무게에 비해 낮은 가격의 물품이 거래되었다. 카스피 해에서 가져온 물고기를 러시아 전역에서 먹었으며 심지어 발트 해의 상트페테르부르크에서도 소비했다. 18세기에는 아르메니아 상인들이 카스피 해에서 철갑상어 알을 들여왔다. 이들은 상어 알을 소금물에 절이고 눌러서 기름을 뺐다. 이렇게 하면 통조림을 하거나 방부제를 쓰지 않고도 2~3년은 잘 보관할 수 있었다. 이들은 이것들을 대부분 북쪽으로 싣고 와서 러시아 시장에 내놓았는데 해마다 100톤 정도 되었다. 그러다가 1749년에는 생산량이 최고로 많아서 330톤까지 되었다. 지중해로 가는 육상 무역에도 철갑상어 알이 포함되었는데 서쪽 멀리 이탈리아에서도 소비되었다.

18세기 초 비단 무역량을 살펴보면 아르메니아 상인들이 볼가 강까지 일 년 동안 공급한 양은 130톤 정도였고 이 가운데 3분의 1이 러시아에서 팔렸다. 나머지는 서유럽으로 다시 수출했다. 그러나 18세기 중반이 되면 길란 지역의 비단 생산이 110톤까지 떨어졌다. 이 가운데 20퍼센트 정도를 페르시아 지역에서 소비했고 70퍼센트는 북쪽의 볼가 강 지역으로 실려 갔다. 나머지는 서쪽의 알레포와 지중해 연안 항구로 보내졌다.

머스커비 컴퍼니에서 발트 해까지 서쪽으로 가는 무역은 얼마 동안만 유지되었다. 이것은 특히 1670년대와 1680년대에 활발했는데 이 길은 반드시 스웨덴이나 후에 라트비아가 된 쿠를랜드 공국Duchy of Kurland을 통과해야만 했다. 북극 해안의 항구들을 통한 무역은 1730년대와 1740년대에 다시 살아나서 영국 상인들은 1734년에 맺은 영국과 러시아 무역 협정을 이용해서 짧은 기간이지만 러시아를 지나 아스트라한과 길란 지역까지 이어지는 영국 상인 유민 집단을 다시 한번 세울 수 있었다. 그러나 이곳의 실제 운송업자나 통역사, 중개 상인들은, 눈치 챘겠지만, 바로 아르메니아 상인들이었다.[15]

---

[15] Jonas W. Hanway, *An Historical Account of British Trade Over the Caspian Sea*, 2

아르메니아 공동체 안의 상인들 관계

원거리 무역의 거래 협상을 위해서는 아주 정교한 제도적 준비가 필요했다. 대개 뉴줄파 같은 중심지에 있는 주요 상인들은 젊은 이동 상인들과 거래했다. 이들은 될 수 있으면 가족을 이용하려고 했지만 무역은 전문 직업이었다. 그래서 뉴줄파에서는 무역 상인들을 길러 내는 직업 교육을 받았다. 무역 실무와 외국의 거래 조건에 대해 교육하는 교과서가 여러 종류 나와 있었다. 교과서의 저자이기도 한 코스탄드 주가예치Kostand Joughayetsi는 수습 상인을 교육하는 학교도 운영했다.16

또 다른 비슷한 교재가 1699년 암스테르담에서 아르메니아 어로 출판되었다. 교재는 유라시아 대륙 여러 지역의 무게 단위와 측정법, 관세, 법규, 가격에 대해 다루었다. 이런 정보가 적용되는 지역의 목록은 암스테르담의 아르메니아 상인들이 무역하던 지역을 말해 준다. 우리가 예상할 수 있는 것처럼 주로 근처의 유럽 도시들이었다. 무게 단위와 측정법은 앤트워프, 암스테르담, 안코나Ancona(이탈리아), 크라쿠프Krakow(폴란드), 카디스Cadiz(스페인), 단치히, 덴마크, 프랑크푸르트, 플로렌스Florence(이탈리아), 제노바, 함부르크, 런던, 라이프치히, 리스본, 마르세유, 메시나Messina(이탈리아), 뉘른베르크, 나폴리, 오랑Oran(알제리), 파리, 리가Riga(라트비아), 세비야, 베니

---

vols.(London, 1754), 1권 57~59쪽, 94~95쪽, 200쪽, 기타 여기저기에서 참고 ; Douglas K. Reading, *The Anglo-Russian Commercial Treaty of 1734*(New Haven, Conn., 1938).

16 John Chardin, *Sir John Chardin's Travels in Persia*(London, 1927), 281쪽. 초판은 1686년 발간. Lvon Khachikian, "Le registre d'un marchand arménien en Perse, en Inde et en Tibet(1682~93)", *Annales : économies, sociétiés, civilisations*, 22권 231~278쪽(1967), 235쪽.

스, 비엔나에서 쓰는 것이었다. 유럽 바깥 지역의 정보도 제공했는데 아그라, 수라트, 인도의 하이데라바드Hyderabad에 대한 것들이다. 또한 버마의 페구, 필리핀의 마닐라, 아르메니아 지역의 여러 곳, 페르시아 지역에서는 페르시아 만의 들머리에 있는 바스라를 따라 바그다드, 알레포, 스미르나에 대한 정보도 있다. 또한 러시아와 북쪽에 있는 아르항겔스크의 교역 관습 및 가격을 알 수 있는 정보도 있고 이집트와 에티오피아, 남쪽으로 더 내려가 동아프리카 해안 지역의 무역에 대한 정보도 다루었다.[17]

한편 아르메니아 상인 공동체에서 상인들 사이의 관계를 보여 주는 유일한 문서가 최근에 번역되어 영어와 프랑스 어로 출판되었다.[18] 이것은 뉴줄파 출신의 이동 중개 상인이 자신에게 거래를 맡긴 사람들을 위해서 작성한 상거래 및 여행에 대한 보고서다. 이 문서는 10년이 넘게 기록된 것인데 호바네스 테르다브티안Hovannes Ter-Davtian이라는 중개 상인과 그에게 거래를 맡긴 자크하리아Zakharia와 엠브룸 구에라크Embroom Guerak가 처음 만나는 것에서부터 시작한다. 거래를 맡긴 두 사람은 뉴줄파에서 손꼽히는 부자 상인의 아들들이며 이들 가족이 거래하는 영역은 북쪽으로 길란의 비단 생산 지역까지, 서쪽으로는 베니스까지 두루 걸쳐 있었다. 그러나 이 특별한 가족 상인은 인도 무역을 전문으로 했고, 티베트의 라싸Lhasa와 중국 서쪽 칭하이Quinghai 성의 성도인 시닝Xining, 西寧까지 교역했다.

---

[17] Kevonian, "Marchands arméniens"는 차례를 포함해서 일부 번역한 것을 보여 준다.
[18] Lvon Khachikian, "The Ledger of the Merchant Hovannes Joughayetsi", *Journal of the Asiatic Society*(Calcutta), 8권 153~186쪽(1966) 또는 "Le registre"; Pierre Jeannin, "The Sea-borne and Overland Trade Routes of Northern Europe in the XVIth and XVIIth Centuries", *Journal of European Economic History*, 11권 5~59쪽 (1982).

계약서 형태는 지중해 연안의 기독교 국가와 이슬람 세계의 상인들이 공통으로 쓰는 일반 협정서나 코멘다commenda(위탁을 뜻함-옮긴이) 계약서와 비슷했다. 무역 여행이 끝나면 거래를 맡긴 두 사람은 전체 이익의 4분의 3을 받고 호바네스는 4분의 1을 받았다. 또한 호바네스는 중개 일 말고 직접 거래도 했다. 그래서 위탁 상인의 자본이 아닌 자기 자본도 늘릴 수 있었다.[19]

계약서에서 호바네스가 지켜야 할 의무 사항이 모든 거래에 대한 기록을 남기는 것이었다. 그는 이것을 1682년 12월 19일부터 1693년 12월 3일까지 작성했다. 그다음에는 아무 설명 없이 기록이 중단되었다. 그는 인도에 도착해서 1683년부터 1686년까지 여기저기 이동하며 지냈는데, 페르시아에서 해상으로 계속해서 새로운 물품을 공급받고 수라트로 그것들을 싣고 와서 파는 행상 무역이 분명했다. 그는 자주 자기가 거래하는 주요 아르메니아 거주 상인들의 이름을 말했는데—수라트에 열세 명, 아그라에 아홉 명, 그 밖에 여러 명—이들은 큰 상인 공동체의 대표자들이 분명했다. 이들의 이름은 아르메니아 상인들의 관계를 파악할 수 있는 정보를 제공해 준다. 아그라의 상인 공동체 대표자는 아베티크Avetik였는데 페르시아 남동 지역의 시라즈Shiraz에 사는 페트로Petros 집안의 아들이었다. 아그라에서 또 하나의 유력한 상인은 러시아 볼가 강 상류의 원거리 무역 중심지 카잔에 사는 포고Poghos 가문의 사람이었다. 이곳 인도의 무역 도시들에서 그는 아르메니아 교회와 그곳에 사는 목사를 발견할 수 있었다.

경력이 쌓이면서 호바네스의 중개 상인 역할은 점점 더 복잡해졌

---

[19] Khachikian, "Registre", 233쪽.

다. 그는 자신의 직접 거래와 뉴줄파에 있는 위탁인의 물품 거래, 거기다 이제는 아그라의 아베티크 거래까지 대행하기 시작했다. 아베티크는 다시 또 시라즈 출신의 뉴줄파 상인인 호반Hovan의 거래를 중개했다. 호바네스는 이 모든 거래를 일지에 기록했는데, 그에게 거래를 위탁한 사람들은 내용을 보고받고 그 같은 다중의 중개를 인정했던 것 같다.[20]

1686년 호바네스와 아베티크는 서로 다중 중개 계약을 맺고 호바네스를 티베트로 보내는 계획을 짰다. 둘 다 뉴줄파에 있는 위탁인들에게 매여 있었지만 이들은 이 원정에 은 106.3킬로그램에 해당하는 9,370루피를 반반씩 나누어 냈다. 그러나 이 투자는 보석과 인도산 직물로 된 현물이어서 지금으로 보면 큰 상점 하나는 차릴 정도가 되었다. 그래서 호바네스는 아르메니아 일꾼을 두 명 고용해야 했고, 셋은 모두 무장하고 떠났다. 이들은 1686년 2월 아그라를 출발해서 갠지스 강 하류로 내려가 파트나Patna에 도착했고 북쪽으로 가서 네팔에 닿았다. 이들은 이곳에서 석 달 동안 카트만두Khatmandu를 중심으로 그 인근 지역과 거래했다. 그런 다음 라싸로 갔는데 그곳에 도착한 때가 9월 말이었다.

무역 중심지에서 멀리 떨어진 티베트 같은 곳에서도 아르메니아 상인들은 기본적인 상설 공동체를 형성했다. 호바네스는 이 지역에 거주하는 아르메니아 가정에서 숙박할 수 있었다. 여기서 그는 이동 중개 상인의 역할에서 정착 상인의 역할로 기능을 바꿨다.—그렇지만 멀리 뉴줄파에 있는 자기 위탁인에게 손해를 입히지는 않고 여전히 관계를 지속했다. 그의 교역 활동은 라싸 지역 안에서도 이루어

---

[20] Khachikian, "Registre", 238쪽 이하.

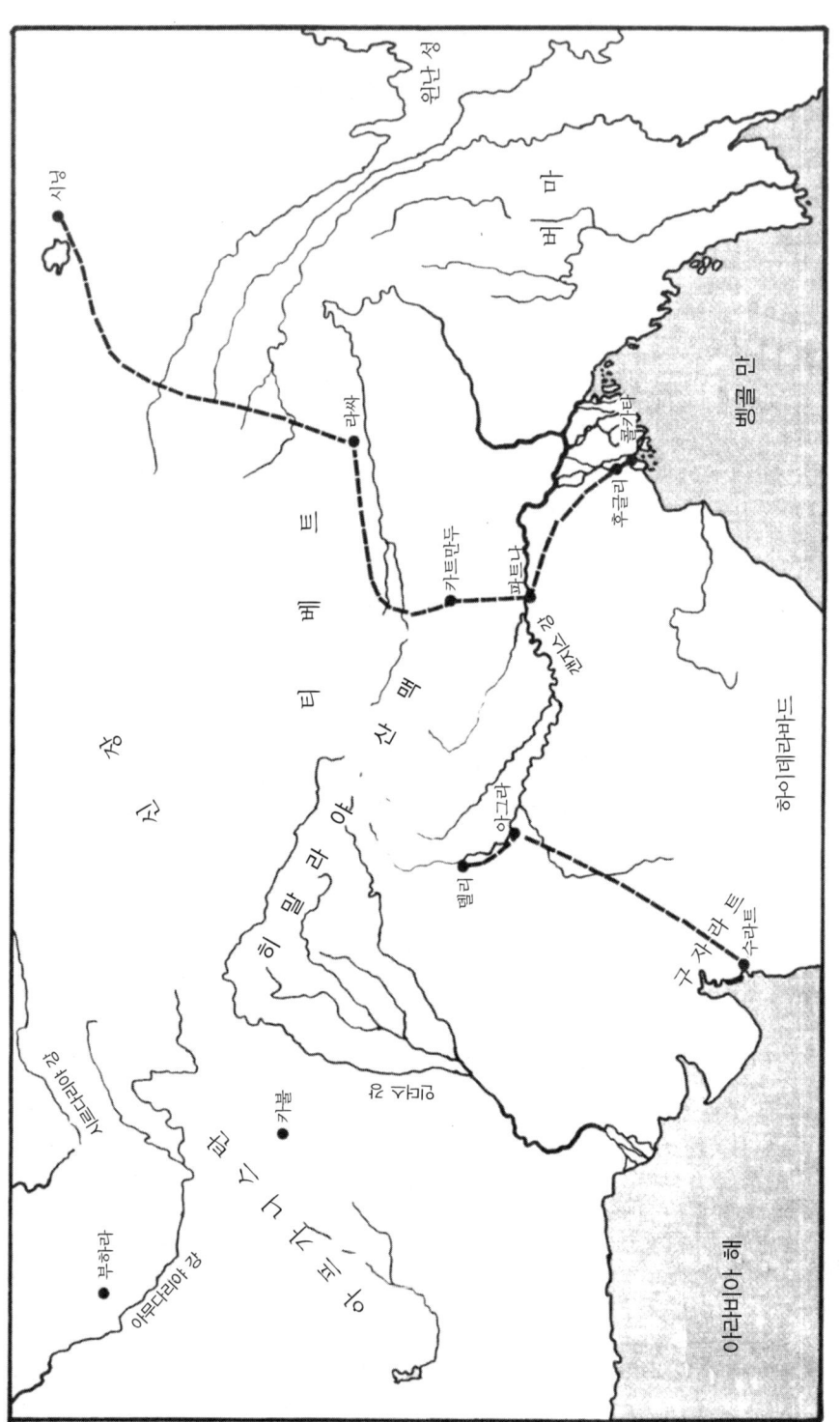

지도 9.4 _ 훌베네스의 여행

졌다. 더 멀리 떨어진 곳에는 다른 사람들을 보냈다. 그가 교역한 가장 먼 곳이 시닝이었는데 북동쪽으로 1,700킬로미터 떨어진 곳으로, 그는 자기의 자본(현물)을 시닝으로 떠나는 아르메니아 상인에게 일부 위탁하는 방식으로 거래했다. 아르메니아 상인들은 원정하는 동안 티베트 및 카슈미르 상인들과 합류했다. 라싸에서 시닝까지 오가는 데 꼬박 일 년이 걸렸다.[21]

1693년 호바네스는 마침내 4,583킬로그램의 사향과 5.1킬로그램의 금, 자기와 중국 물품들을 싣고 티베트를 떠나기로 작정했다. 그는 도중에 여러 가지 위험한 일을 겪고 다시 카트만두와 파트나로 돌아왔다. 그런 다음 갠지스 강 하류를 지나 후글리Hooghly까지 왔다. 그는 여기서 예전의 행상 무역을 다시 시작했지만 1693년 12월 갑자기 기록이 끝나고 만다.

이 문서는 예전에 많이 있었을 거래 보고서들 가운데 남아 있는 유일한 기록이지만, 무굴 제국 시대 인도 사회에서 이동 상인들의 역할과 하부 집단으로서 아르메니아 상인 공동체의 역할을 잘 드러내 준다. 상인들 사이의 갈등은 공동체 안에서 해결했다. 라싸에서는 갈등이 별로 없었으며 카슈미르 상인과 아르메니아 상인은 함께 행동하고 문제가 생기면 내부에서 잘 해결했다.

상인 집단의 이런 협력 관계는 17세기 말로 가면서 인도 무역에서 통일된 국제 거래 형태가 자라나는 토대가 된다. 아르메니아 상인들은 여전히 자국 상인들과 거래하는 것을 좋아했고 그중에서도 자기 가문과 거래하기를 더 좋아했다. 그러나 종종 다른 중개 상인을 쓰기도 했다. 한 세기 전까지만 해도 해상 무역은 대부분 행상 무역이

---

[21] Khachikian, "Registre", 242~243쪽.

없고 상인들은 팔려는 물품을 가지고 여행해야 했지만 이제는 그럴 필요가 없었다. 호바네스는 직접 여행하지 않고도 뉴줄파에 있는 위탁인들과 물품을 주고받았다. 돈은 16세기 말 이후로 무굴 제국의 인도 안에서 쉽게 전달할 수 있었다. 아르메니아 상인들은 아무도 큰돈을 현찰로 가지고 다니지 않았다. 환금 업자나 상인들 또는 정부 관리를 통해서 돈을 이전할 수 있었기 때문이다. 이런 일은 안전한 데다 비용도 비싸지 않아 1~2퍼센트의 수수료만 내면 이용할 수 있었다. 환전 이자나 비용도 위험이 별로 없다고 판단될 때는 달마다 0.75퍼센트 정도로 낮았다. 호바네스도 다른 사람들과 마찬가지로 자기는 개인 담보로 해마다 9퍼센트의 이자로 돈을 빌려서 위험성이 높은 사업에 27퍼센트의 이자를 받고 상인들에게 빌려 주어 위험성이 낮은 사업과 높은 사업 중간에서 금융 이자 수익을 챙겼다.[22]

유럽에서도 아르메니아 정착 상인들은 멀리 떨어져 있는 자국 상인들을 상대로 위탁 매매업 같은 것을 운영했다. 이들은 암스테르담 등 중심지를 방문한 여행객들에게 지주 중개인의 역할을 수행했다. 이들은 인도에 있는 아르메니아 상인들처럼 간단한 서류나 문서로 다른 상인들에게 신용 대출을 받을 수 있게 해 주었다. 아르메니아 상인 공동체에서는 악수로 계약을 할 수도 있었다.[23]

교역로를 따라 오르내리는 아르메니아 상인들은 다른 나라 상인들을 대신해서 중개업을 하기도 했고 다른 나라 상인들을 중개 상인으로 쓰기도 했다. 아르메니아 인이 기독교도라는 사실은 여전히 이

---

[22] Khachikian, "Registre", 263쪽.
[23] Silvio van Rooy, "Armenian Merchant Habits as Mirrored in the 17th~18th Century Amsterdam Documents", *Revue des études arméniennes*, 3권(불확실함) 347

슬람 지역을 지나는 여행에서 도움이 되었고 이슬람 국가들은 이들을 외교 사절단처럼 이용할 수도 있었다. 에티오피아 왕실은 예전에 아르메니아 인들과 예루살렘까지 순례한 적이 있었다. 1519년 초 곤다르에 있던 에티오피아 왕실은 아르메니아 인을 사절로 해서 인도의 포르투갈 교역소를 거쳐 포르투갈에 보냈다. 17세기 후반 코자 무라드Khoja Murad라는 사람은 외교 임무를 띠고 에티오피아를 위해 일했는데 1663~64년에는 수라트와 델리에 갔으며 1674~97년에는 네덜란드와 협상하기 위해 세 번에 걸쳐 자바의 바타비아에 갔다. 코자 무라드의 여행에 대해서는 자세하게 기록되어 있다. 그리고 코자 무라드가 원거리의 위탁인을 대신해서 중개업을 하면서 외교관 역할도 하는 직업 상인이었다는 것은 분명하다.[24] 아르메니아 상인들은 때로 서양의 중개인을 고용했다. 1702년 콜카타에 있던 한 아르메니아 상인 집단은 콜카타에서 페르시아 만까지 항해하기 위해 영국 동인도 회사에서 배를 한 척 빌리는 데 참여했다. 동인도 회사 직원들도 자신들의 화물을 아르메니아 상인이 소유한 배로 보내기도 했다.[25]

또 다른 곳에서는 아르메니아 상인들이 정부의 무역 활동을 대행하는 중개 상인으로 일했다. 이들은 샤 아바스 왕실이 비단 무역을

~558쪽(1966).

[24] Richard Pankhurst, "The History of Ethiopian-Armenian Relations", *Revue des études arméniennes*, 12권(불확실함) 174~345쪽(1977) ; E. J. van Donzel, *Foreign Relations of Ethiopia, 1642~1700 : Documents Relating to the Journeys of Khodja Murad*(Leiden, 1979).

[25] K. N. Chaudhuri, *The Trading World of Asia and the English East India Company 1660~1760*(Cambridge, 1978), 83쪽 ; Om Prakash, "Asian Trade and European Impact : A Study of the Trade of Bengal, 1630~1720", in Blair B. Kling and M. N. Pearson(eds.), *The Age of Partnership : Europeans in Asia before Dominion* (Honolulu, 1979).

독점한 1629년 이전까지 왕실을 위해 일했다.—타이 왕실이 무역을 독점하던 시기에 이곳에 있던 중국 상인들이 왕을 위해 일한 것과 매우 비슷한 모습이었다. 이 시기에 대한 기록을 보면, 샤 아바스 왕실의 무역 사절단이 적어도 열두 번 레반트 지역을 지나 유럽의 항구까지 진출했는데, 베니스는 여러 번 갔고 영국과 프랑스, 네덜란드도 방문했다. 왕실의 무역 독점이 끝나자 이 일을 하던 아르메니아 상인들은 민간 상인으로 탈바꿈했다.[26]

아르메니아 무역 상인 공동체들

아르메니아 무역 상인 공동체들은 자신들이 정착한 나라들과 다양한 관계를 맺고 살았지만 그 사회를 절대로 지배하려 하지 않았으며 자기 방어 수준을 넘어서는 군사 무장도 하지 않았다. 호바네스가 티베트로 무역 여행을 떠나면서 무장한 것도 자기 보호 범위 안에서 한 일이었다. 아르메니아 상인들은 필요할 때 무력을 쓰기보다는 보호 비용을 지불하고 안전을 요청했다.

아르메니아 상인들의 저력은 주로 교회를 중심으로 의견을 나타내고 조직화하는 상호 부조 정신에서 나왔다. 아르메니아 상인들이 최우선적으로 요청하는 일은 교회를 세우고 자기들 방식으로 종교 생활을 할 수 있는 권리를 달라는 것이었다. 이 같은 일은 상인 유민 집단의 도시인 뉴줄파에서 실제로 일어났다. 그리고 이곳에 세워진 기독교 교회들은 역사에 길이 남을 만한 건축물이 되었다. 또한 뉴줄파의 아르메니아 상인들은 샤 정부로부터 정치적 자치권을 인

---

[26] Steensgaard, *Carracks and Caravans*, 68~74쪽과 여기저기 참조.

정받았다.—샤는 공동체에 상업에 대한 특권을 주고 공동체는 샤에게 세금을 바치는 관계가 아르메니아 공동체의 구조를 점점 더 강화했다.[27]

한편 오스만 제국의 아르메니아 상인들은, 비록 오스만 제국과 사파비 왕조는 적대 관계였지만, 술탄과는 오랫동안 친분을 유지해 왔다. 오스만 제국과의 우호 관계는 오스만 제국이 오래전부터 밀레트 millets라고 부르는 자치권을 가진 외국인 공동체를 허용해 온 데서 비롯했다. 따라서 아르메니아 기독교 상인들은 이 지역에서 마찬가지로 활발하게 무역 활동을 하고 있는 그리스 정교도나 유대 인과 비슷한 대우를 받았다. 이들은 모두 오스만의 백성이었다. 그러나 항구 도시에 온 서양의 기독교 무역 상인들은 오스만의 백성이 아니었다. 따라서 항구 도시의 기독교 상인들은 생활 조건의 제약이 더 많았다. 이들은 또한 이스탄불과 이즈미르에서는 도시 안의 제한된 지역을 벗어날 수 없었지만 일반인들이 사는 집에서 살았다. 알레포와 카이로, 기타 여러 도시에서 이들은 과거 푼두크라고 불렸던 재외 상관 같은 특별한 건물 안에만 있어야 했다. 그래서 서양의 기독교 상인들은 그 지역의 일반적인 생활을 접할 수 없었고 술탄의 백성과 거래할 때는 반드시 이슬람교도가 아니라 오스만 백성인 그리스와 유대, 아르메니아 상인을 거쳐야 했다. 실제로 이런 조치는 특정 집단에게 국제 거래의 중개 상인 역할을 부여하는 결과를 가져왔다.[28]

페르시아에서 온 아르메니아 대상은 이스탄불이나 이즈마르까지

---

[27] Carswell, *New Julfa*, 여기저기 참고.
[28] Alexander H. de Groot, "The Organization of Western European Trade in the Levant, 1500~1800", in Leonard Blusse and Femme Gaastra(eds.), *Companies and Trade : Essays on Overseas Trading Companies during the Ancient Regime*(The Hague, 1981), 231~244쪽.

갔지만 대개는 알레포(지금의 할레브, 시리아)로 향했다. 알레포는 항구가 없었지만 이스칸데룬Iskanderun(알렉산드레타Alexandretta) 항구에서 100킬로미터 정도 내륙으로 들어가 있을 뿐이어서 교역 장소로 가장 가까운 지점이었다. 대략 1630년 이전까지 알레포는 모든 아시아 물품이 지중해 지역으로 들어가는 주요 화물 집산지였는데 그 이후로는 향신료를 운반하던 대상이 희망봉을 돌아가는 해상 교역로로 바뀌었다. 그러나 페르시아에서 오는 비단 무역은 18세기 중반까지 여전히 중요했다. 아르메니아 상인들은 동양에서 페르시아 비단을 가져왔다. 대상은 이스칸데룬에서 주로 의류인 유럽 상품들을 낙타에 싣고 운반했다. 유럽의 도매상들은 이때 유대 인이나 아르메니아 중개 상인들에게 물품을 팔았는데 이왕이면 유럽의 모직 제품과 페르시아의 비단을 직접 교환하려고 했다. 그러나 쉽지 않았다. 이것은 현찰 거래와 신용 거래가 필수적인 일이었다.—어떤 때는 아르메니아 상인이 신용 거래를 하고 어떤 때는 유럽 상인이 신용 거래를 했다. 이미 오래전부터 오스만 제국에는 아르메니아 공동체가 있었지만 한창일 때는 만 명 가까운 아르메니아 상인이 교역하려고 오스만 영토로 몰려들었다.[29]

　서유럽에서도 뉴줄파 출신의 아르메니아 상인 집단은 17세기 전부터 이 지역에 살면서 이미 동화된, 훨씬 오래된 상인 집단을 압도했다. 프랑스에서는 십자군 시대까지 거슬러 올라가는데 그때 실리시아Cilicia의 아르메니아 왕국은 지중해 연안까지 진출했다. 이 왕국

---

[29] Steensgaard, *Carracks and Caravans*, 154~210쪽 ; Ralph H. Davis, *Aleppo to Devonshire Square : English Traders in the Levant in the Eighteenth Century* (London, 1967), 27~31쪽 ; Hanway, *Caspian Sea*, 1권 28~29쪽 ; G. Ambrose, "English Traders at Aleppo(1658~1756)", *Economic History Review*, 3권 246~267쪽(1931~32), 253~254쪽.

은 서유럽의 십자군 국가들과 좋은 관계를 유지했지만 이슬람의 급습으로 레반트 지역에 대한 서유럽과 아르메니아의 지배력은 끝나고 말았다. 그러나 그 결과 꽤 많은 아르메니아 난민이 지중해 연안의 유럽 국가로 이주했는데 특히 이탈리아의 무역 도시들로 많이 갔다. 여기서도 아르메니아 인들은 한동안 거주 지역을 형성하고 교회를 세웠다.[30]

16세기 말이 다가오면서 새로운 무리의 아르메니아 상인들이 유럽으로 들어오기 시작했는데 처음에는 베니스와 레그혼으로, 그다음에는 마르세유로 들어왔다.—레반트 지역과 해상 무역으로 연결된 도시들이었다. 새로 도착한 아르메니아 상인들은 대개가 이즈마르 같은 항구 도시에서 온 오스만의 백성이었는데 17세기 초에 이들과 합류한 뉴줄파 출신 아르메니아 상인들도 가끔 눈에 띄었다.

다른 나라의 상인 집단처럼 아르메니아 상인들 가운데 일부는 이곳에 정착하고 유럽 인 아내를 얻었다. 그리고 유럽의 거래 방식에 익숙하지 못한 아르메니아 이동 상인을 대상으로 중개 및 중재하는 구실을 했다. 마르세유 공증 문서 기록들을 보면 특정인이 외국에 있는 아르메니아 상인들의 법률 중재인으로 반복해서 나타난다. 아르메니아 상인 공동체가 프랑스 문화를 받아들이면서 프랑스의 생활 방식도 아르메니아 문화의 영향을 받았다. 1650년대 상인들이 레반트 지역에서 커피를 들여왔고, 마르세유의 한 아르메니아 상인이 1670년대 마르세유에 최초로 커피 가게를 열었다. 이후 파리와 다른 도시들로 퍼져 나갔다. 실제로 프랑스에서 문을 연 대부분의 초기

---

[30] C. D. Tekekian, "Marseille, la Provence, et les arméniens", *Mémoires de l'Institut Historique de Provence*, 5권 5~65쪽(1929), 5~9쪽.

카페들은 아르메니아 상인들이 주인이었다. 18세기 초 프랑스에서는 아르메니아 문화가 유행했다. 몽테스키외는 샤르댕의 페르시아 여행기를 보고 『페르시아 인의 편지Persian Letters』라는 책을 쓸 마음이 생겼다고 했는데, 이 책은 허구의 아르메니아 여행자가 유럽과 페르시아 사회를 보고 쓴 비평서이다. 그리고 아름다운 페르시아 옷을 입은 아르메니아 여행자들이 동시대의 프랑스 항구 도시가 나오는 그림에 등장한다. 꽤 많은 프랑스 남자들이 페르시아의 아르메니아 옷을 입고 다니기도 했다.[31]

서유럽에 있는 아르메니아 공동체들의 법적 지위는 그 나라 정부가 지원하느냐 반대하느냐에 따라, 그리고 그 나라 상인들과 경쟁하는 관계에 따라 크게 달랐다. 프랑스의 경우 리슐리외Richelieu와 콜베르Colbert는 아르메니아 공동체를 좋아했지만 마르세유 같은 항구 도시의 프랑스 상인들은 이들의 교역 활동을 제한하려고 했다. 유럽 안에서 유럽 상인들의 해외 무역은 이미 국가 간에 외교 및 영사 관계를 맺어 보호받았다. 그러나 이것은 서유럽 국가가 아닌 나라의 상인들에게도 적용되는 것은 아니었다. 마르세유에서는 1710년대까지 페르시아의 영사를 임명하지 않았다. 그래서 이곳의 첫 번째 영사는 아마도 뉴줄파 출신의 아르메니아 상인 가운데서 나오지 않았을까 추측한다. 오스만 백성이었던 아르메니아 인들은 아직 공식 대표성을 갖지 못했다. 아르메니아 기독교 상인이든 터키의 이슬람 상인이든 간에 잠시 동안 좋은 관계를 유지했던 것 말고는 프랑스에서 사업하기 힘들다는 것을 알았다.

반면에 네덜란드에서는 오스만 백성이었던 아르메니아 상인들을

---

[31] Tekekian, "Marseille", 30쪽, 34쪽.

환대했다. 아르메니아 상인들은 대개 레반트 지역에서 배를 타고 이곳에 왔지만 중앙아시아를 지나 육로로 오거나 발트 해를 거쳐서 온 사람들도 있었다. 이 가운데 다수가 이곳에 정착해서 레반트까지 화물을 운송하는 해운업자가 되었는데 이들은 배에 네덜란드 깃발을 달고 쿠프만 반 아르메니엔Coopman van Armenien('아르메니아의 상인'이라는 뜻-옮긴이)이라는 이름을 새기고 항해했다. 그러나 18세기 중반 이후 레반트 지역으로 가는 비단 무역이 무너졌고 상인들도 이와 함께 쇠퇴했다.[32]

한편 서유럽의 아르메니아 상인 공동체 가운데 일부는 훨씬 멀리까지 유랑을 떠났다. 1730년대 런던에 본부를 둔 로열 아프리칸 컴퍼니Royal African Company는 감비아의 이슬람 노예무역 상인들과 거래할 사람을 물색 중이었다. 이들은 마침 런던에서 아라비아 말을 할 줄 아는 멜히오르 데 야스파스Melchior de Jaspas라는 아르메니아 인을 고용했다. 그는 실제로 나중에 영국 상인 유민 집단으로 소속을 바꾸고 아프리카에서 로열 아프리칸 컴퍼니 직원으로 일했는데, 그 당시 아프리카에 온 대부분의 외부 방문객들처럼 병에 걸려 죽었다. 그러나 아프리카에서 국제 중개 상인으로서 그의 기록은 영국 동료들의 기록과 별 차이가 없었다.

이 밖에 서유럽에서 아르메니아 공동체의 지위는 이 지역의 관리들과 관계가 좋고 나쁨에 따라, 자치권이 있고 없음에 따라서도 다양하게 나타났다. 대개 아르메니아 상인들은 오랫동안 한곳에 정착해서 그 지방 정부의 백성이 되는 것이 이익이었다. 그리고 이들은

---

[32] Tekekian, "Marseille", 35쪽, 54~55쪽; Kevonian, "Marchands arméniens", 208쪽 이하.

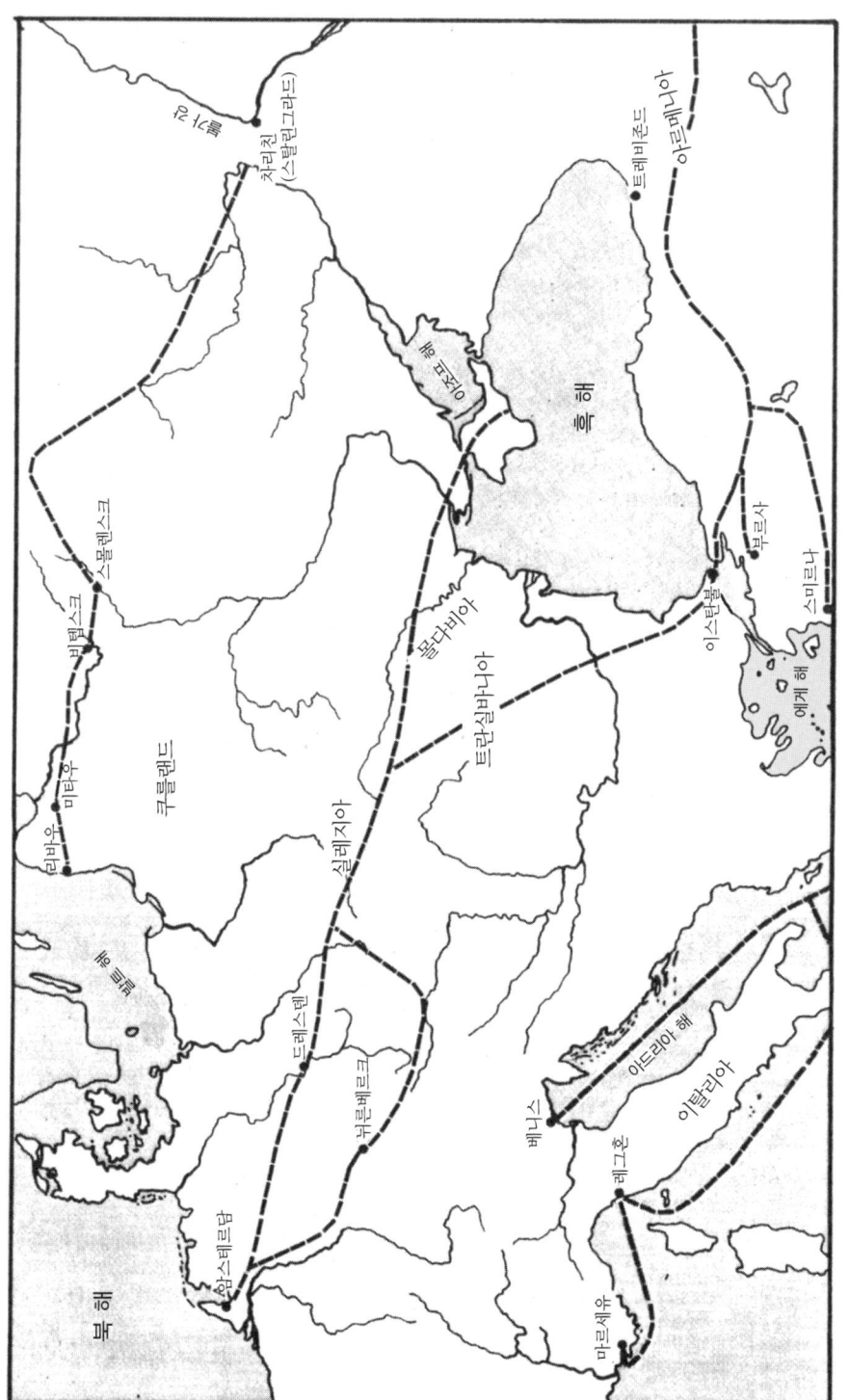

지도 9.5 _ 서유럽으로 가는 아르메니아 상인 교역로

자신들을 보호해 줄 강력한 본토가 없기도 했다. 예를 들면 아스트라한에 있던 아르메니아 공동체는 국적이 러시아였고 러시아 정부가 이들을 지원해 주었다. 폴란드의 갈리시아Galicia에 있던 거대한 아르메니아 공동체는 폴란드 왕에게 자치권을 부여받았고 아르메니아 특별 판사가 아르메니아 법으로 재판할 권리도 있었다.[33]

아르메니아 상인들이 이상으로 그렸던 관계는 아르메니아 상인이자 전권 대사를 자임했던 필리페 데 자글리Philippe de Zagly와 후에 라트비아가 된 쿠를랜드의 공작 사이에 이루어진 협상 기록에 잘 드러난다. 자글리는 유럽에서 이름을 날린 아르메니아 인이었고 사기꾼으로도 명성을 떨쳤다. 그는 또한 아르메니아 상인 집단의 구성원들과는 다르게 종교에 관심이 많은 사람이었다. 그는 1669년 뉴줄파에서 프랑스로 건너왔다. 그리고 페르시아와 동양까지 갔다 온 유명한 프랑스 여행가의 부인인 마담 타베르니에Madame Tavernier의 여동생과 바로 결혼했다. 그는 군사 장교가 되어 가톨릭으로 개종했다. 그리고 다시 루이 14세 남동생이 대부로서 함께 세례를 받았다. 자글리는 쉽게 개종했다. 그는 나중에 또다시 잇따라 수니파와 시아파 신도가 되었다. 그러다 1707년 마침내 흥미진진한 생을 마감했는데, 그해에 아르메니아 본토에 있는 예레반Erevan의 지배자가 그의 목을 베라고 명령했다.[34]

자글리는 유럽에 있을 때 발트 해 항구들과 서유럽을 연결하는 무

---

[33] John Carswell, "The Armenians"; Jacques de Morgan, *The History of the Armenian People*(Boston, 1965), 335쪽; Reading, *Anglo-Russian Treaty*, 223~225쪽; Macler, "Arméniens de Galicie", 12쪽; Philip D. Curtin, *Africa Remembered : Narratives of West Africans from the Era of the Slave Trade*(Madison, Wis., 1967).

[34] Roberto Gulbenkian, "Philippe de Zagly, marchant arménien de Julfa, et l'établissement du commerce persan en Courlande en 1696", *Revue des études arméniennes*, 7권(불확실함) 361~399쪽(1970).

역에 관심이 있었다. 1680년대와 1690년대 당시 무역은 먼저 나르바Narva로 흘러갔다. 그때는 스웨덴이 지배하고 있었지만 지금은 에스토니아 영토다. 거기서 다시 육로로 모스크바까지 가서 볼가 강으로 내려갔다. 아르메니아 상인들은 스웨덴에서는 만족스럽지 못했다. 우선 세금이 많았고 스웨덴 관리들은 과거 아르메니아와 차르의 관계 때문에 매우 불쾌하게 대했다. 자글리는 무역의 경로를 쿠를랜드의 리바우Libau(지금의 리예파야Liepaja) 항구로 돌린 후 정동쪽으로 이동하여 쿠를랜드 공국의 수도 미타우Mitau(지금의 옐가바Jelgava)로 간 다음 강과 육로를 번갈아 가며 여행하여 비텝스크Vitebsk와 스몰렌스크Smolensk를 지나 모스크바까지 가자고 제안했다.

자글리는 공작에게 접근하여 상인 집단에 가장 유리한 요구 조건들을 내걸었다. 그는 공작에게 교역로를 따라 적당한 도시 세 곳에 석조 건물을 지어서 이동 중인 물품들을 안전하게 보호하고 자신들이 종교 생활을 자유롭게 할 수 있게 해 달라고 요청했다. 계약서에 따르면 아르메니아 상인들은 처음 4년 동안은 사용료를 내지 않는다고 명시했으며 낮은 이자율로 돈을 빌려 줄 것을 요청했다. 세 곳의 석조 건물에는 통역사가 한 명씩 있고 공작이 봉급을 지급하도록 되어 있었다. 그리고 공작의 배가 서쪽으로 항해할 경우 아르메니아 상인들은 최소한의 선적 비용만 지불하고 물품을 실을 수 있었다. 또한 계약서에는 4년이 지난 다음에 적용할 요금들을 자세히 적어 놓았고, 공작이 운송할 물품들을 아르메니아 상인들에게 유리하게 정해진 가격으로 살 의무가 있다고 덧붙였다.[35]

---

[35] 1696년 9월 8일, 자글리가 쿠를랜드의 공작을 찾아간 사건은 Gulbenkian, "de Zagly", 379~391쪽에서 모두 인용했다.

놀랍게도 공작은 요구를 대부분 들어주었다. 그는 건물 신축을 약속했고 4년 동안 무료로 사용할 수 있으며 그 이후 사용료도 낮게 책정했다. 그리고 공작의 배에 빈 자리가 있으면 언제든지 쓸 수 있었다. 다만 자금 대출은 약속하지 않았으며 몇 가지 조항들을 자기에게 유리하게 바꿨다. 그러나 자글리는 요구한 대부분을 얻었다. 공작이 이 이동 상인에게 부여한 특권은 예전에 볼가 강 교역로를 이용하게 해 준 대가로 러시아 왕실에게서 받아 낸 이권의 내용과 닮았다. 물론 공짜 선물은 아니었다. 공작은 보호 비용을 받지 않았지만 대신에 새로운 상인들을 이곳으로 끌어들여 세금을 늘릴 수 있는 기회를 얻었다. 아쉽게도 이 결과를 볼 수 있는 기록은 남아 있는 것이 없다. 이 지역은 이후 20년 동안 러시아와 스웨덴의 전쟁으로 심하게 붕괴했다. 따라서 거의 계약대로 진행할 수 없었다. 전쟁이 끝나고 1720년대에 나르바나 상트페테르부르크에서 모스크바까지 무역을 다시 시작했다.─지금은 완전히 러시아의 영토다.

아르메니아 상인들을 이 시기에 육상 교역로를 이용한 유일한 소규모 상인이라고 볼 수 없다. 뉴줄파의 교회들에 있는 비문을 보면 그리스 인, 러시아 인, 포르투갈 인, 프랑스 인, 스위스 인, 영국인, 네덜란드 인 들이 그곳에서 죽어 묻혔다는 것을 알 수 있다. 1664년 암스테르담의 기록자는 아르메니아 상인들과 독일, 폴란드, 헝가리, 왈로니아Wallonia(벨기에), 프랑스, 스페인, 러시아 등 유럽 상인들뿐만 아니라 튀르크 족 및 힌두 상인까지 보았다고 써 놓았다. 그리고 동유럽의 육상 교역에서는 유대 상인들이 아르메니아 상인들보다 훨씬 중요했다.[36] 그럼에도 아시아 무역까지 범위를 넓히면 아르메니아 상인들을 가장 성공한 무역 집단이었다고 평가할 수 있다. 아

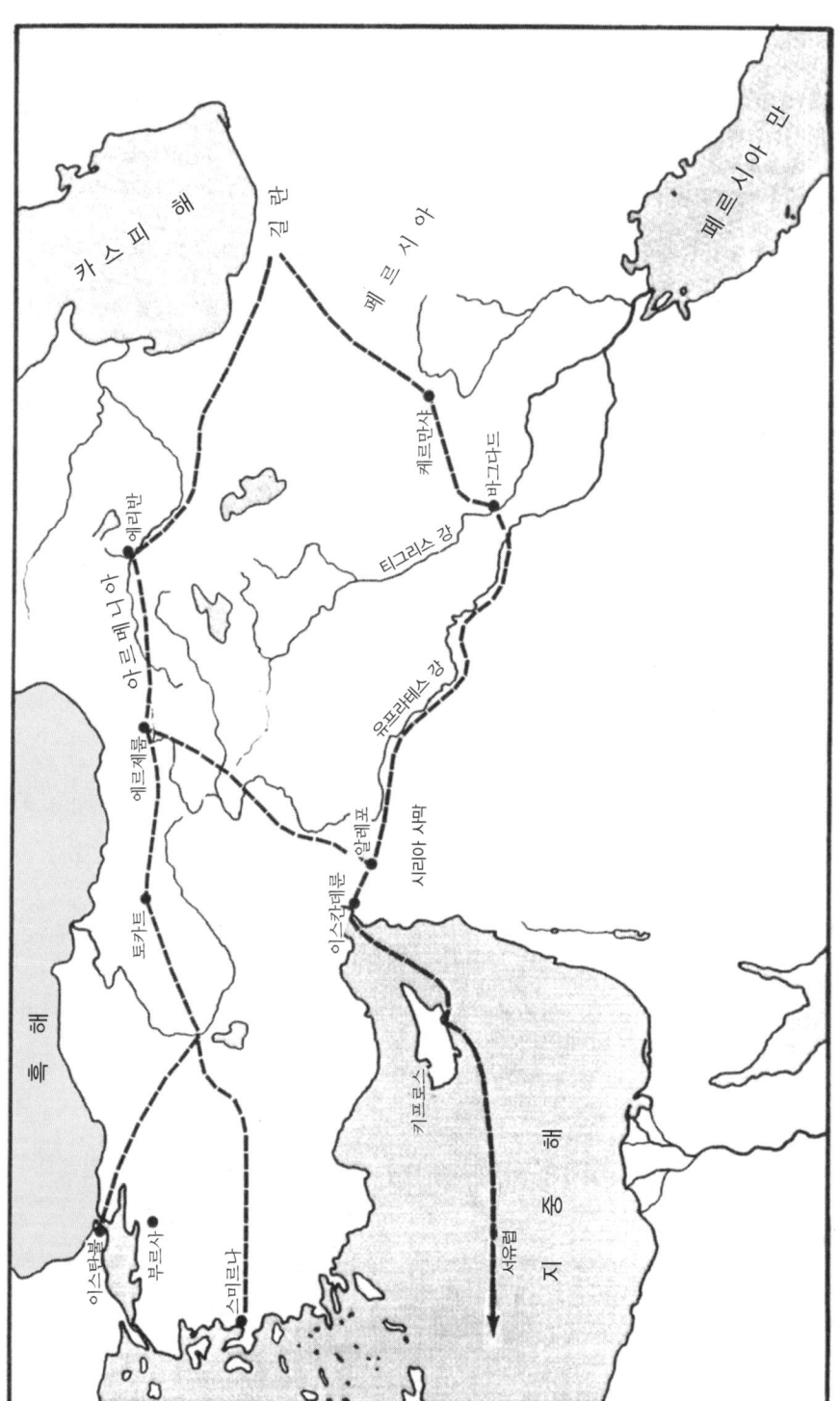

지도 9.6 _ 길란에서 지중해로 가는 주요 교역로

르메니아 상인들의 개인 재산은 적어도 런던이나 암스테르담에서 가장 성공한 상인의 재산만큼이나 많았다.37

아르메니아 상인들이 성공한 요소 가운데 가장 두드러진 것은 이들의 유럽 경쟁자들이 육군과 해군 같은 무력을 가까이에 두고 무역을 했지만 이들은 별로 무리한 압력을 행사하지 않았다는 것이다. 이들은 안전을 보장받기 위해 보호 비용을 지불했지만 또한 샤나 차르, 무굴 제국의 왕, 영국 동인도 회사의 관리 같은 강력한 지배자의 지지를 받으려고 애썼다. 이들이 성공한 비결 가운데 또 하나는 이들보다 더 강력한 경쟁자가 이미 점령하고 있는 공간이 아닌 틈새 지역을 공략했다는 것이다.

또한 아르메니아 상인들은 여러 가지 운송 수단을 능숙하게 이용할 줄 알았다. 길란 지역에서 암스테르담까지 비단을 운송하려면 관할 지역을 몇 군데나 지나야 하고 카스피 해와 발트 해를 건너고 다시 내륙의 볼가 강과 러시아 강들을 건너고 또한 육로로 수레나 썰매를 끌고 목적지까지 가야 하는 험난한 길이었지민 아르메니아 상인 단독으로 책임지고 거뜬히 해냈다. 이 밖에 아시아 지역의 무역에서는 대여섯 집단이 생산자에서 소비자까지 상품이 이동하는 과정에 함께 참여했다. 수마트라와 인도 남부 지방의 후추 무역이 대표적인 사례다.

아르메니아 상인들은 젊은 세대를 양성하고 외교와 국제 중개 무역에서 자신들이 그동안 쌓아 놓은 기술과 지식을 전달해 주기도 했

---

[36] Carswell, *New Julfa*, 13쪽; Violet Barbour, *Capitalism in Amsterdam in the Seventeenth Century*(Baltimore, 1950), 56~57쪽; Jeannin, "Overland Trade Routes", 5~6쪽.

[37] Chaudhuri, *Trading World of Asia*, 137~138쪽.

다. 영국의 경쟁 상인이 이 모습을 보고 시기와 문화적 우월감이 뒤섞인 글을 남겼다.

> 아르메니아 인들은 아시아의 모든 노예근성을 교육받는다. 그래서 자유 국가의 풍토에서는 전혀 따를 수 없는 무례함에도 스스로 어떻게 순응하는지 알고 있다. 이것은 외국에 나가서 무역할 때 상인들이 지녀야 할 아주 좋은 품성이다.[38]

그러나 아시아 무역에서 다른 나라의 상인 집단처럼 이들도 18세기 중반에 쇠퇴하기 시작했다. 한편으로는 페르시아와 정치적 문제가 생겼고 다른 한편으로는 페르시아의 비단 무역이 쇠퇴했기 때문이지만 더 중요하게는 유럽 상인들이 새로운 종류의 힘을 가지고 아시아 상인들과의 모든 거래에서 자신들이 더 큰 이득을 가졌기 때문이다. 아르메니아 상인들은 이 상황에서 여러 가지 방식으로 대응했다. 뉴줄파 상인들 가운데 많은 사람이 가톨릭으로 개종했고 상인 공동체들이 서양식으로 바뀌었다. 그리고 많은 상인이 아시아 무역에서 서유럽 국가 쪽 일을 했다. 예를 들면 인도에 있는 아르메니아 상인들은 영국과 아주 가깝게 일을 했고 유럽 상인들의 새로운 힘을 이용해서 이익을 냈다. 에드워드 라파엘Edward Raphael이라는 사람과 그의 후손들의 경력이 좋은 예다. 그의 가족은 가톨릭으로 개종한 뉴줄파 출신의 상인들이었다. 그는 인도로 이주해서 1788년 마드라스에 서인도 최초의 합자 은행인 카르나티크Carnatic 은행을 설립했다. 그의 아들 알렉산더는 이미 영국화하여 이후 영국으로 가서는 무역

---

[38] Hanway, *Caspian Sea*, 1권 300쪽.

에서 손을 떼고 세인트올번St. Albans의 하원 의원이 되었다.

  북쪽 지방으로 떠난 아르메니아 인들 가운데 일부도 비슷한 경력을 가졌다. 뉴줄파 출신의 한 가족은 18세기 중반 무역이 쇠퇴하면서 아들이 러시아로 갔는데 그곳에서 성공하여 러시아 예카테리나 2세와 오스트리아 요제프 2세로부터 귀족 작위를 받았다. 1815년 이 가족의 다른 구성원이 모스크바에 라자레프 동양 연구소Lazarev Institute of Oriental Studies를 세웠는데 러시아 제국의 첫 번째 연구소였다. 이제 아시아 무역의 시대는 서양 표준에 맞춰진 새로운 국제 무역 형태에 길을 내주어야 했다. 살아남으려면 사실을 당연한 것으로 받아들이는 수밖에 없었다.

10
북아메리카의
모피 무역

    북아메리카의 모피 무역은 유럽 상인들이 아시아와 아메리카의 북쪽 삼림 지대로 이동하면서 발생했다. 모피 무역은 17세기 초 비슷한 시기에 두 갈래로 시작되었는데 19세기 초 급격하게 그 형태가 바뀔 때까지 계속되었다. 모피 무역은 유럽에서 모피 옷의 수요가 늘어나면서 시작되었는데 무역 형태는 교역소의 제도와 틀을 따랐다. 이 장은 북아메리카의 모피 무역을 중심으로 하지만 세계사의 관점을 유지하기 위한 배경으로 시베리아의 모피 무역도 다룰 것이다. 두 갈래의 모피 무역은 비슷한 점이 많지만 다른 점도 꽤 있었다.

북아메리카의 환경 : 전염병과 문화

    아메리카 대륙의 원주민들은 아프로-유라시아 대륙의 질병 환경과 매우 오랫동안 떨어져 있었기 때문에 새로운 대륙에서 찾아온 상인들이 가져온 전염병에 쉽게 노출될 수밖에 없었다. 아메리칸 원주민들은 본디 아시아에서 건너왔지만 몇만 년 동안 교류가 끊어져 있었다. 그러다 1492년 이후 콜럼버스의 신세계 발견과 그 후손들의 아메리칸 대륙 진출로 다시 관계가 연결되었다. 그동안 아메리칸 원주민들은 스스로 농사를 짓고 가축을 기르며 고유한 문화를 개발했다. 그런데 아메리칸 원주민의 문화에는 구세계 문명으로 발전하는 데 매우 중요한 일부 기술이 없었다. 이들은 짐수레를 끌 만한 큰 동물이 없었다. 그러므로 바퀴처럼 회전 운동을 하는 도구를 개발할 필요성도 느끼지 못했다.

또한 이들은 아프로-유라시아의 상호 교류 지대에서 이미 널리 퍼져 나가기 시작한 질병들과 마주친 적이 전혀 없었는데 이것은 아주 심각한 문제였다. 많은 질병이 아메리칸 원주민들에게는 처음 맞닥뜨린 특이한 병이었는 데다 더 큰 문제는 이들에게 유럽과 아프리카, 아시아에서 공통으로 발생하는 질병에 대한 면역이 전혀 없다는 사실이었다. 천연두, 말라리아, 황열병 등은 구세계에서도 매우 지독한 질병이었다. 그리고 홍역, 백일해, 볼거리, 성홍열, 디프테리아처럼 유럽의 어린이들이 잘 걸리는 종류도 있었다. 이것들은 대부분 어렸을 때 한 번 걸리고 나면 평생 면역력이 생기는 병이었다. 이러한 질병은 구세계에서도 어렸을 때 걸리는 것이 어른이 되어 걸리는 것보다 덜 위험했다. 아메리카 대륙에서 구세계 질병들은 어른과 아이 구분 없이 감염되었다. 그 결과는 엄청난 사람들이 목숨을 잃는 대재앙이었다.

그러나 새로운 질병은 유럽 인들이 아메리카 지역을 개척할 때마다 한 군데씩 퍼지면서 점점 영향력이 커져 갔다. 16세기에 아메리카 대륙에서 열대 지방의 저지대에 사는 사람들이 이 같은 질병에 처음 걸리기 시작했는데 다양한 유럽 질병이 아프리카의 열대병과 섞이면서 그 상승 효과로 17세기 중반에는 이들 가운데 대부분이 생태계의 동물 군집이 멸종하는 것처럼 사라져 버렸다. 중앙아메리카의 열대 지방 고지대와 안데스 산맥에서도 16세기에 인구가 줄어들기 시작하더니 한 세기가 지나자 원래 인구의 15~30퍼센트 수준으로 줄어들었다.[1]

북아메리카 북쪽 지역의 아메리칸 원주민들은 여기저기 흩어져 살았다. 이 지역은 다른 지역보다 유럽 상인들이 더 적게 들어왔으며 더 늦게 진출했다. 따라서 전염병도 카리브 지역보다 한 세기 늦게 퍼지기 시작했다. 그리고 이들은 정착 유럽 상인들과 함께 내륙으로 이동했기 때문에 남아메리카 지역이 전염병의 위기를 넘기고 다시 성장하기 시작한 지 오랜 세월이 흐른 19세기에 가서야 마지막으로 타격을 받았다. 북쪽 삼림 지대에 들어온 유럽 상인들과 이들이 가져온 질병은 모피 무역이 내륙 지방으로 이동하면서 함께 옮겨 왔는데 나중에 엄청난 대참사의 원인이 되었다. 이와 비슷한 인명 손실이 시베리아 지역에서도 발생했다. 시베리아 삼림 지대에서 사냥하고 고기잡이하던 사람들도 여기저기 흩어져 살았기 때문에 교역이 이루어지는 중심 지대보다 풍토병이 퍼지는 지역이 협소했고 면역력도 떨어졌다. 적어도 시베리아 동쪽 지역의 인구 손실은 북아메리카 수준에 가까웠던 것으로 나타난다. 예를 들면 레나 강 유역에서 사냥으로 생활하던 유카기르Yukagirs 족은 5천 명이 살았는데 19세기에는 1,500명으로 줄었고 1926~27년 소비에트 인구 조사에서는 겨우 443명만이 남아 있었다.[2]

---

[1] 이런 생태학적 전이에 대한 것은 Alfred W. Crosby, Jr., *The Columbian Exchange : Biological and Cultural Consequences of 1492*(Westport, Conn., 1972), 특히 35~63쪽 참조.
[2] Nelson H. H. Graburn and B. Stephen Strong, *Circumpolar Peoples : An Anthropological Perspective*(Pacific Palisades, Calif., 1973), 38~49쪽.

그러나 시베리아 동쪽의 지리적 고립은 오랜 세기 동안 아메리카 대륙이 그런 것과 달리 완전한 고립은 아니었다. 러시아 모피 상인들이 서쪽에서 북아메리카 삼림 지역으로 침입한 것처럼 시베리아 동쪽 지역에는 아시아의 다른 지역에서 침입자들이 들어왔다. 따라서 러시아 상인들이 시베리아에서 발견한 '원주민'은 몇 세기 전에 아시아 남쪽에서 침입해 온 사람들이었다. 이들 가운데 가장 중요한 부족은 소와 말을 키우는 목축 경제를 기반으로 남쪽에서 온 튀르크 족 계통의 야쿠트Yakut 족이었다. 이들은 레나 강 유역을 따라 새 보금자리를 정하고 고기잡이를 시작했다. 초기에 이곳에 온 유럽 방문객들은 이들이 소에게 물고기를 먹여 키우는 광경을 보고 깜짝 놀랐다. 그때는 이곳에 다른 먹을거리가 없었기 때문이다. 또한 이들은 이미 여러 가지 질병에 면역력이 있었다. 덕분에 이들은 유럽과 아시아, 북아메리카의 극지를 통틀어 문화를 가진 가장 큰 집단이 되었는데 1920년대 중반에 25만 명이나 되었다. 18세기에 러시아 모피 무역은 야쿠트 족과 공생 관계를 맺고 러시아 상인이 짐과 모피들을 거의 대부분 이들의 말에 싣고서 레나 강의 야쿠츠크Yakutsk와 태평양 연안의 오호츠크Okhotsk를 오갔다.[3]

한편 모피를 얻을 수 있는 동물들이 감소하면서 두 대륙의 모피 무역도 타격을 받았다. 모피를 찾는 경제 수요가 점점 많아지고 동물 포획량도 늘어나면서 동물 공급이 몇십 년 동안 고갈되는 지역도 생겨났다. 그러자 모피 무역 상인들은 새로운 땅을 찾아 떠났다.— 더불어 새로운 땅에 사는 사람들에게 자신들이 가져온 질병도 퍼뜨

---

[3] Graburn and Strong, *Circumpolar Peoples*, 33~37쪽; James R. Gibson, *Feeding the Russian Fur Trade : Provisionment of the Okhotsk Seaboard and the Kamchatka Peninsula, 1639~1856*(Madison, Wis., 1969).

렸다. 이처럼 어느 지역의 자연 자원을 고갈시킨 다음 다른 곳으로 이동하는 경제 현상은, 광산에서도 마찬가지지만 사냥을 제한하면 모피를 얻을 수 있는 동물이 다시 늘어난다는 것을 보여 준다. 모피 상인들은 동물을 잡아 이득을 챙기고 떠나면 그만이었지만 아메리카나 시베리아 원주민들은 사냥을 제한하여 자원을 보존하는 것이 이익이라고 생각했다. 하지만 이들은 아무 힘이 없었다.

경제학자들은 소유자가 없거나 소유자가 있어도 아무나 약탈할 수 있는 자원을 대하는 사람들의 행동 방식을 '고기잡이 모형'이라는 이론으로 설명한다. 바다의 물고기를 잡는 데서 차용한 이론이다. 물고기를 마음대로 잡을 수 있는 곳에 경쟁자와 함께 있다고 치자. 그러면 이들은 앞 다투어 물고기를 잡을 것이다. 자기가 잡지 않으면 경쟁자가 잡을 테니까. 자기가 물고기를 잡든 안 잡든 물고기들은 보존되지 않으므로 앞날에 생길 손실은 똑같을 것이다. 자기가 많이 잡지 않으면 미래 손실을 보전할 현재의 이익도 없을 것이다. 오늘날 마구잡이로 고래를 잡아 멸종 위기에 빠뜨린 것이 좋은 예다. 아프리카 내륙에서 18세기와 19세기에 '코끼리를 볼 수 있는 경계 지역'이 점점 대륙의 중심으로 멀어진 것은 또 다른 좋은 사례다.[4]

모피를 얻을 수 있는 동물들의 고갈 속도는 여러 가지 요소에 따

---

[4] James A. Crutchfield and Giulio Pontecorvo, *The Pacific Salmon Fisheries : A Study of Irrational Conservation*(Baltimore, 1969), 11~36쪽 ; J. R. Gould, "Externalities, Factor Proportions, and the Level of Exploitation of Free Access Resources", *Economica*, 39권 383~402쪽(1972). 북아메리카에서 사람과 동물의 관계는 주로 심리적이고 종교적인 북아메리카 고유의 문화 조건과 관련해서 비경제적 요소로 설명하는 경우가 많았다. Calvin Martin, *Keepers of the Game : Indian-Animal Relationships and the Fur Trade*(Berkeley, 1978)를 참조. 같은 시기에 시베리아에서도 동물 남획 현상이 발생했고 아프리카도 좀 늦기는 했지만 같은 현상이 일어났으므로 이것에 대

라 달랐다. 하나는 특정 동물을 집중적으로 잡는 것이었다. 시베리아 지역에서는 모피 무역 초기부터 검은담비를 주로 잡았다. 처음에는 검은담비를 서쪽으로 핀란드까지 북쪽 지역 모든 곳에서 잡을 수 있었지만, 1670년대 이후로 시베리아에서만 잡을 수 있었고, 18세기 중반에는 시베리아 남동쪽 먼 곳에서만 잡을 수 있었다. 그러자 러시아의 모피 무역은 북태평양에 사는 해달로 바뀌었다. 해달 모피는 그 크기 때문에 매우 비쌌다. 건조되기 전의 모피는 길이가 약 2미터, 너비가 약 1미터였다. 1817년 러시안 아메리칸 컴퍼니Russian American Company는 가장 좋은 해달 모피를 가장 좋은 비버 모피보다 10배 비싸게, 가장 좋은 검은담비 모피보다 40배 비싸게 팔았다.[5]

이제 북아메리카 무역을 살펴보자. 여기서 가장 중요한 모피 동물은 비버였다. 주로 중절모자를 만드는 데 사용했다. 희한하게도 16세기 말에 중절모자가 유행했는데, 그때 유럽으로 들어와서 19세기 말까지 유행했다. 그러다 보니 비버가 귀해졌다. 그러자 유럽에서는 비단이나 다른 재료로 만든 모자로 유행이 바뀌었다.[6]

사냥꾼들의 사냥 도구도 무역의 발전과 연관 관계가 있었다. 유럽 상인들이 도착하기 전에는 아메리칸 원주민에게 철로 만든 도구가 하나도 없었다. 철로 만든 창과 도끼는 동물들을 잡기에 더 좋았고 동물의 고갈 속도는 더 빨라졌다. 세인트로렌스 강 하류 유역은 16세기 말이 되기 전에 벌써 동물들이 없어지기 시작했다. 17세기 중

한 좀 더 일반적인 설명이 필요할 것 같다. Shepard Krech III(ed.), *Indians, Animals, and the Fur Trade : A Critique of Keepers of the Game*(Athens, Ga., 1981) 참조.
[5] Gibson, *Fur Trade*, 24~27쪽.
[6] Harold A. Innis, *The Fur Trade in Canada*(Toronto, 1956), 3~6쪽 ; Arthur J. Ray and Donald Freeman, "*Give Us Good Measure*" : *An Economic Analysis of Relations between the Indians and the Hudson's Bay Company Before 1763*(Toronto, 1978), 18~20쪽.

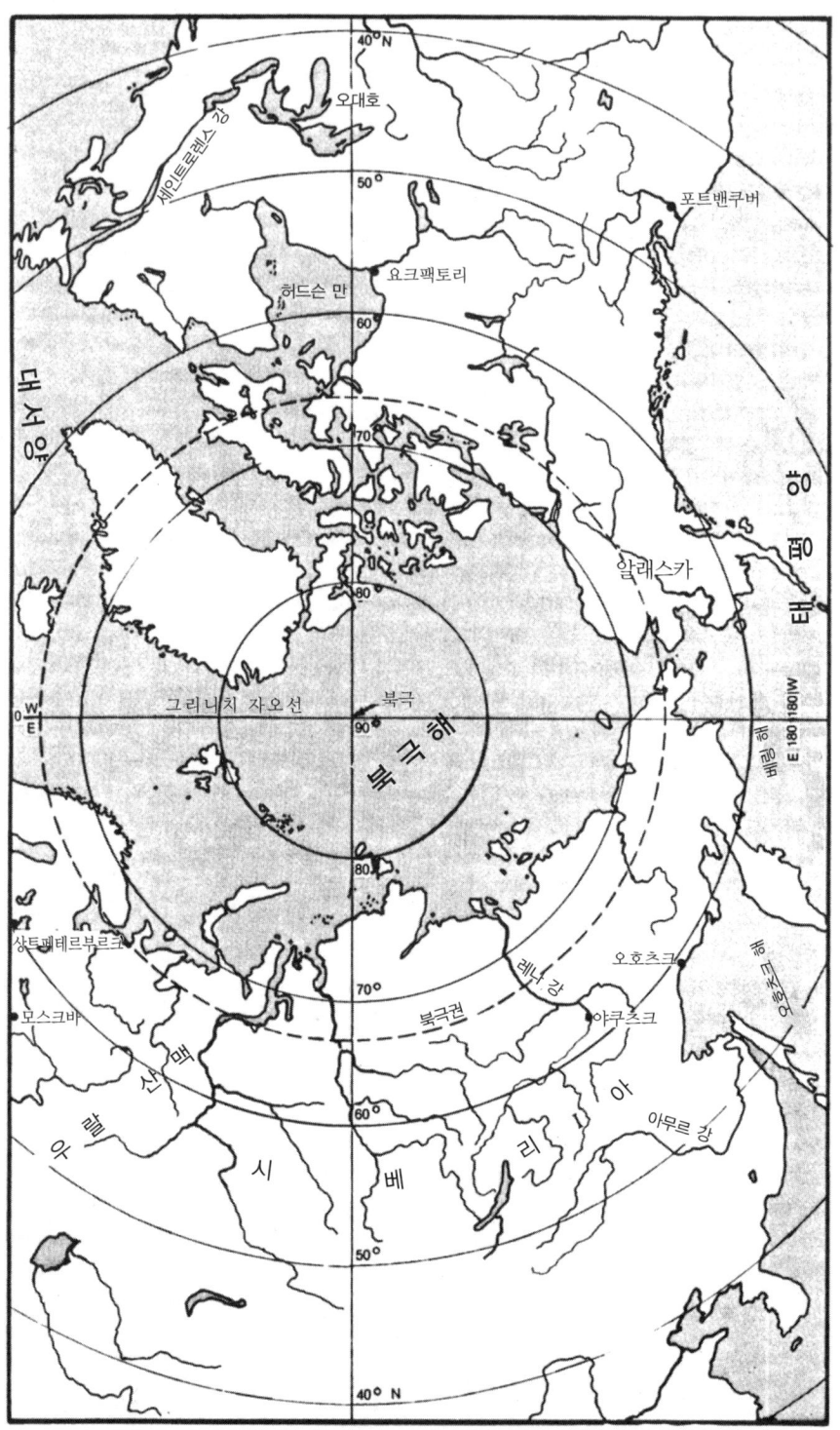

지도 10.1 _ 북쪽 위에서 본 지구

반에는 뉴욕 북쪽 지방에서도 동물들을 찾아보기 힘들었다. 사냥꾼들의 사냥 도구는 17세기 초에서 19세기 초까지 거의 바뀌지 않았지만 도구들을 처음 사용했던 사람들의 생활양식과 문화는 많은 것이 바뀌었다.—사냥 방식이나 덫을 놓는 방법 등 단순한 사냥 기술을 넘어서는 생활 문화의 변화가 생겼다.

19세기 초 새로운 기술들이 널리 퍼지기 시작했다. 맨 처음 온 도구가 강철로 만든 올가미였다. 이것은 19세기 내내 점점 중요해졌다. 또한 새로운 운송 수단들이 원주민들이 박달나무 껍질을 파내고 만든 카누와 눈 올 때 신는 설피를 대체하기 시작했다. 미네소타 북부 지방과 매니토바 남부 지방에서는 짐수레를 육상 수송 수단으로 이용하기 시작했다. 모피 무역 상인들을 실어 나르기 위해 나무로 만든 카누를 이용하는 것보다 승무원들이 함께 타서 노를 젓거나 항해할 수 있는, 널빤지로 만든 요크 보트York boat를 사용하기 시작했는데 캐나다 강들을 따라 북쪽으로 허드슨 만까지 항해했다. 오대호아 서부 지역 강에서는 범선과 증기선이 카누를 대체했다.[7]

이 같은 변화는 운송 비용을 줄이고 사냥의 경제학을 바꾸었다. 이제 새로운 종류의 모피가 시장에 나오기 시작했다. 처음 몇십 년이 지나면서 모피 무역은 비버뿐만 아니라 담비, 여우, 늑대, 곰의 모피까지 중요한 상품이 되었다. 이 동물들은 같은 곳에서 살고 있었고 따라서 사라지는 속도도 같았다. 사향뒤쥐 모피도 나왔지만 이것은 19세기까지는 운송비를 맞추지 못할 정도로 값이 나가지 않았다. 물소 가죽으로 만든 옷도 19세기가 될 때까지는 어떤 구실도 하지 못했다. 들판에 사는 들소인 바이슨Bison의 모피 판매는 미시시피

---

[7] Innis, *Fur Trade*, 10~22쪽 ; Ray and Freeman, *Good Measure*, 19~23쪽

강과 미주리 강 사이에서 이루어졌다. 증기선을 쓰기 시작하면서 미 연방 동쪽 지역과 유럽의 수요가 곧바로 증가했는데 1820년대에서 1850년대 사이에 가격이 세 배나 올랐다. 1850년대와 1860년대에 북미 대평원에서 수출한 모피는 해마다 10만 벌이 넘었다. 이 때문에 물소 사냥은 실제로 1890년 이전에 끝나고 말았다.

아메리카 대륙과 아시아 대륙의 북쪽 삼림 지대는 비슷하지만 환경은 지리적으로나 문화적으로 중요한 점에서 서로 달랐다. 중앙시베리아와 서시베리아에 사는 사람들은 모피 무역을 시작하기 전에 이미 농사를 지었지만 태평양 쪽 시베리아에 사는 사람들은 그렇지 못했다. 그러나 아시아 대륙의 북쪽 삼림에는 북아메리카에는 없는 순록 떼가 있었다. 삼림의 남쪽에 사는 아시아 인들은 아시아 역사에서 매우 중요한 역할을 한 초원 지대의 유목민이었다. 비가 매우 적은 이 지역은 유목 생활밖에는 할 수 없는 환경이었지만 북아메리카의 대평원에서 생활하는 유목민들은 나중에 세계에서 가장 기름진 농토를 가지게 되었다.[8]

아시아 초원 지대의 유목민들은 고대부터 국제 교역 지대와 교류했다. 시베리아 삼림에 사는 사람들도 마찬가지였지만 서로 멀리 떨어져 있어서 교류가 활발하지는 않았다. 그리고 서쪽에서 동쪽으로 이동하면서 교류가 점점 감소했다. 예를 들면 오호츠크 해 서쪽에 사는 사람들은 철로 도구를 만들었지만 캄차카 반도는 여전히 석기 시대였다. 유라시아 교역 지대에서 유용한 기술과 콜럼버스 이전의 아메리카에서 유용한 기술 사이의 경계선은 베링 해협을 사이에 두

---

[8] Gibson, *Fur Trade*, xvi~xvii쪽.

고 정확히 나눠지지 않았다. 그것은 해협의 서쪽 지역에서 아시아 북쪽 지방으로 뻗어 나가는 임시 경계선이었다.

　17세기의 북아시아는 아메리카 북부 지역보다 현재의 인구 밀도에 훨씬 가까웠다. 두 대륙은 삼림 한계 지대나 더 북쪽의 툰드라 지대의 광산이 있는 지역을 빼고는 사람들이 밀집해서 살 수 없었다. 그러나 북아메리카 대륙의 남쪽 삼림 지역은 나중에 온타리오, 미시간, 뉴욕, 위스콘신 주가 되었는데 땅이 기름졌다. 하지만 이 지역도 초기에는 사람이 별로 살지 않았다. 이것은 아직 이 지역에 정치 조직이 갖춰지지 않았다는 것을 뜻했다. 정치 단위라고 해 봐야 가족 기반의 작은 조직이었다. 군사 조직도 정치 조직을 따라오므로 당연히 아직 형성되지 않았다. 당시에는 주요 전쟁이라고 해도 몇천 명이 아니라 몇백 명 수준이었다.

　아메리칸 원주민들도 자기들끼리 문화가 달랐다. 나중에 모피 무역에 뛰어든 원주민들은 그들이 사는 생태 환경에 따라 세 집단으로 나눌 수 있다. 첫 번째 집단은 숲에 사는 사냥꾼들로 사냥감이나 물고기를 잡으러 자주 옮겨 다녔는데, 사냥할 때는 작은 무리로 움직이다가 필요할 때면 다시 합쳤다. 이 집단에는 에스키모 족과 알곤킨Algonkin 어를 쓰는 부족들이 속한다. 이들은 지금의 노바스코샤와 뉴브런즈윅에서 북쪽으로 세인트로렌스 만, 서쪽과 북쪽으로 오대호 북쪽 해안까지 퍼져 있었다. 두 번째 집단은 동부 지역의 삼림 지대에 모여 사는 사람들로 농사를 지었다. 이들은 샹플랭Champlain 호수에서 서쪽과 북쪽으로, 그리고 온타리오 남쪽 휴런Huron 호수의 조지안 만Georgian Bay 지역까지, 뉴욕 주 북부 지방에 사는 이로쿼이 연합 부족이었다. 마지막 집단은 수Sioux 족과 블랙푸트Blackfoot 족, 샤이엔Cheyenne 족 등 대평원의 인디언 유목민들이었다. 이들은 18세기 이전에 '말 혁명horse revolution'을 경험했다. 이 말들은 본디 평원으로 달아난 스페인 말인데, 인디언들이 길들여서 타고 사냥하면서 흩어져 있던 부족들이 대평원에 모였다. 이때부터 이들은 말을 타고 물소 사냥을 하는 유목 생활을 했다.[9]

휴런 족과 이로쿼이 족은 오랫동안 적대 관계였지만 이들은 모피 무역 초기에 중요한 구실을 했다. 1615년 휴런 족을 처음 본 이방인들은 이들이 휴런 호수 동쪽 지역과 조지안 만 남쪽 지역에 2만~3만 명 가까이 살고 있다고 말했다. 이들은 정치적으로 네 집단으로 나뉘어 있었는데, 뉴욕의 이로쿼이 족처럼 연합을 이루었다. 페툰Petun 족과 일부 부족도 비슷한 문화를 가졌지만 휴런 족 연합에는 속하지 않았다. 휴런 족은 거주지마다 몇천 명씩 모여 살았는데 이들은 둘레에 말뚝을 박아서 다른 부족의 침략에 대비했고 옥수수와 콩, 호박을 재배했다. 거주지 안에는 나무껍질로 날씬하게 지붕을 만들어 지은 집들이 50채 정도 길게 늘어서 있었다. 집 한 채의 길이는 40미터 정도 되었고 모계 쪽으로 가까운 8~10가구가 한집에 모여 살았다.

이렇게 서로 밀집해 살았지만 온타리오 남쪽 지역은 사람이 거의 살지 않았다. 이곳의 일부는 휴런 족의 사냥 지역이었고 또 일부는 휴런 족과 이로쿼이 족의 완충 지대 구실을 했다. 다른 지역과 마찬가지로 이곳에서도 서로 사는 환경이 달라서 농사를 짓는 부족들과 멀리 북쪽 삼림 지대에서 사냥으로 먹고사는 부족들로 나뉘었는데 덕분에 자연스럽게 교역이 이루어졌다. 사냥으로 먹고살면서 알곤킨 어를 쓰는 인디언들은 모피, 말린 물고기, 구리, 작은 장식물 들

---

[9] 참고로 Diamond Jenness, *Indians of Canada*, 7th ed.(Ottawa, 1977)를 참조.

을 가져와서 옥수수, 담배, 인디언 대마, 고기잡이 그물 같은 것들로 바꿔 갔다.[10]

북아메리카의 환경 : 지리적 조건과 해양에서 내륙으로 들어가는 전략

모피 무역의 전략을 짤 때 두 가지 중요한 요소가 있는데, 하나는 동물의 위치를 알아내어 그곳까지 물길을 이용해서 도달하는 방법이다. 필요한 기술만 있으면 북아메리카에서도 아시아 북부 지역처럼 자연 그대로의 물길을 따라 어디든지 갈 수 있었다. 또 하나는 질 좋은 모피를 얻을 수 있는 장소와 관련이 있었다. 북쪽으로 갈수록, 겨울에 추울수록 모피는 더 두꺼웠다. 그러나 또한 북쪽으로 갈수록 식량 공급은 더 어렵고 동물의 수는 더 적었다. 캐나다 동쪽과 미연방 북쪽 일부는 대개 화강암 같은 수정 결정체로 이루어진 로렌시아 실드Laurentian Shield(북아메리카 대륙괴大陸塊 지역으로 얇은 지층으로 덮여 있고 지형이 방패 모양임-옮긴이) 지역으로 이 같은 현상이 더 복잡하게 얽혀 있었다. 이곳은 호수와 늪지대이고 광물이 풍부하게 묻혀 있으며 흙이 별로 없다. 그리고 농사를 거의 지을 수 없는 곳이었다. 따라서 휴런 지역의 북쪽에 사는 인디언들은 농사를 짓고 싶어도 지을 수 없었다. 이렇게 사람이 살기 힘든 자연 조건이다 보니 모피 동물도 드물었다. 모피 동물이 가장 많이 사는 곳은 캐나다

---

[10] 휴런 족에 대한 권위 있는 책으로 Bruce G. Trigger, *The Children of Aataentsic: A History of the Huron Peoples to 1660*, 2 vols.(Montreal, 1976)가 있다. 또한 Trigger, "The French Presence in Huronia : The Structure of Franco-Huron Relations in the First Half of the Seventeenth Century", *Canadian Historical Review*, 49권 107~141쪽(1968), 109~112쪽 참조.

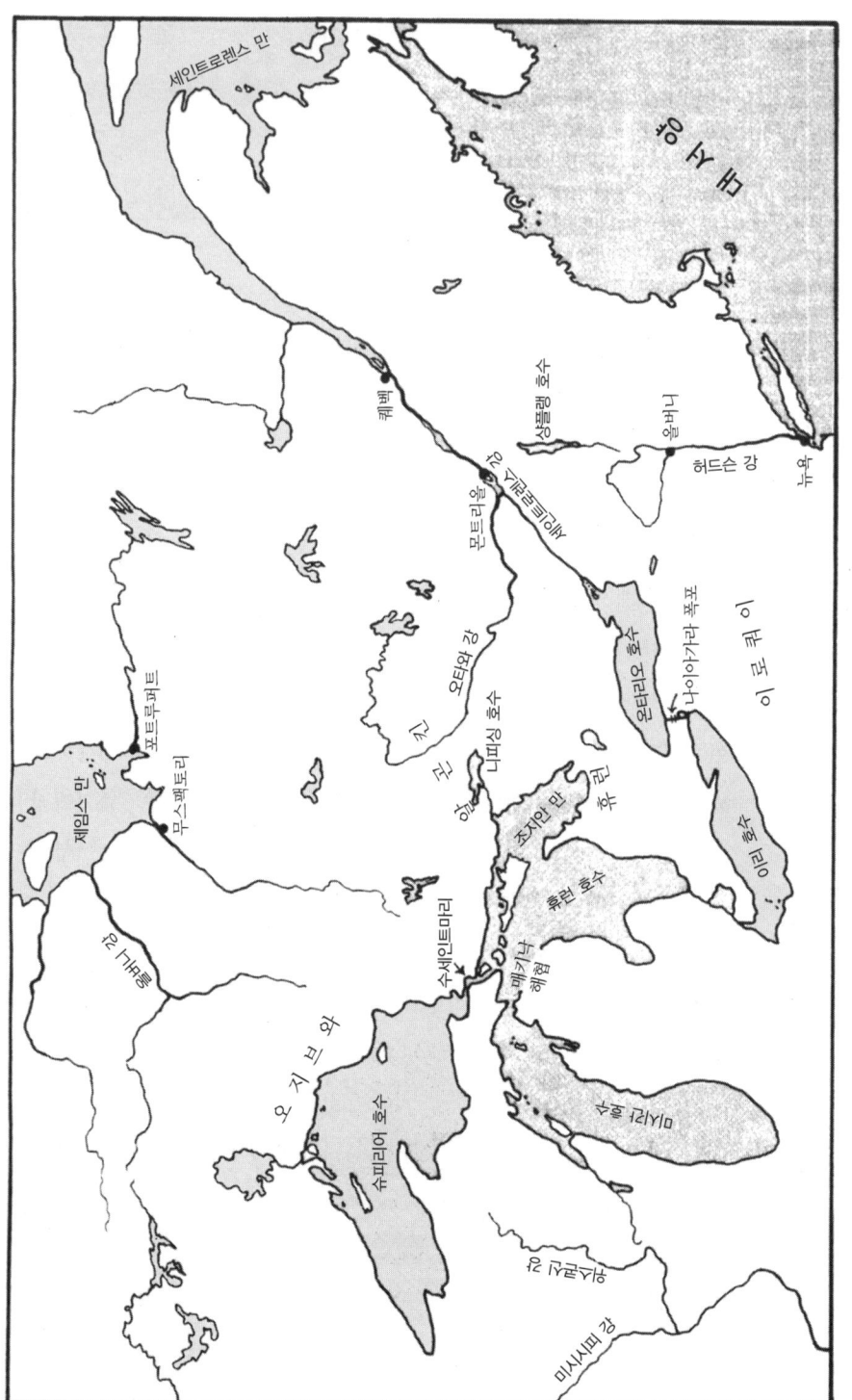

지도 10.2 _ 오대호와 세인트로렌스 강 계곡

동부로 로렌시아 실드 지역 남쪽에 있는 삼림 지대였다.

　이 지역으로 들어가는 물길이 세 군데 있었다. 유럽 상인들은 세인트로렌스 강을 이용했는데 이들은 16세기부터 항해하던 뉴펀들랜드 섬에서 떨어진 어장에서 서쪽으로 쉽게 들어올 수 있었다. 더욱이 바다를 항해하는 큰 배가 이 강을 따라 지금의 몬트리올 바로 위에 있는 라신 급류 지역Lachine Rapids까지 항해할 수 있었다. 여기서 더 서쪽으로 가려면 작은 배로 갈아타고 오대호 강을 따라 나이아가라 폭포 너머까지 갈 수 있었지만 호수를 건너는 길은 모피 무역 초기에는 별로 이용하지 않았다. 오타와 강이 몬트리올 위의 세인트로렌스 강으로 흘러들었는데 이 강이 서쪽으로 가는 가장 빠른 길이었다. 오타와에서 니피싱 호수까지 육로로 이동한 다음 카누를 타고 휴런 호수까지 나아갔다. 이들은 다른 길보다 짧은 거리를 호수로 지나서 미칠리매키낙Michilimackinac과 수세인트마리Sault Sainte Marie까지 갈 수 있었고, 슈피리어 호수를 건너 서쪽으로, 또는 미시간 호수를 지나 남서쪽으로 가서 폭스 강과 위스콘신 강을 지나 미시시피 깅을 타고 위스콘신을 가로질러 갈 수 있었다. 프랑스 상인들은 1530년대에 일찍감치 세인트로렌스 강 하류에서 무역을 시작했는데 1600년 이전에는 이 교역로를 거의 이용하지 않았다.

　두 번째 물길은 허드슨 강이었다. 바다를 항해하는 큰 배들이 뉴욕을 지나 멀리 올버니Albany까지 올라갔다. 거기서부터 모호크 강 Mohawk River을 타고 나이아가라까지 서쪽으로 가거나 여러 개의 호수를 건너면 남서쪽으로 디트로이트 너머까지 갈 수 있었다. 네덜란드 상인들은 1613년 맨해튼 섬에 첫 번째 교역소를 세우고 1614년 올버니에 두 번째 교역소를 세웠다. 1615년 프랑스 탐험가들이 처음 휴런 지방에 도착했을 때 이들은 이제 허드슨 강으로 들어오는 물길에 경쟁이 시작되었다는 사실을 깨달았다. 올버니에 있는 네덜란드 상인들은 벌써 서쪽과 북쪽으로 연결된 이로쿼이 족의 무역망을 통해 모피를 사고 있었다. 이로쿼이 족이 사는 지역은 모피를 얻기에 알맞은 곳은 아니었지만 이들은 농사지은 옥수수를 북쪽 사냥 부족들의 모피와 바꿨다. 세인트로렌스 강은 좋은 품질의 모피를 얻을 수 있는 북쪽에 있었지만 겨울에 강이 얼었고, 허드슨 강은 얼음이 얼지 않아 겨울에도 내내 이용할 수 있었다.

허드슨 만을 통과하는 길은 훨씬 북쪽에 있고 계절에 따라 이용에 제한이 있었지만 대륙의 중심부로 가장 빨리 들어갈 수 있는 길이었다. 영국의 리버풀Liverpool에서 허드슨 만의 포트처칠Fort Churchill까지 가는 항해 거리는 리버풀에서 몬트리올까지 가는 항해 거리보다 가까웠다.

세 번째는 미시시피 강을 따라 들어가는 길이었는데 이 길은 18세기 말까지 거의 이용하지 않았다. 미시시피 강은 북쪽과 남쪽으로 바다에 닿아 있고 오하이오 강과 미주리 강이 지류로 연결되어 있어서 동서로도 길을 연결하고 있었다. 그러나 이 길은 모피 무역의 마지막 시기에 몇십 년 동안만 이용했다. 19세기 중반에 이르면 로키 산맥에서 나오는 모피와 대평원 북쪽에서 나오는 물소 가죽은 미주리 강 하류로 내려가서 세인트루이스로 실려 갔으며 그곳에서 남쪽으로 뉴올리언스로 가거나 오하이오 강 상류로 올라가서 운하와 도로를 따라 대서양 해안까지 운송되었다.

유럽의 모피 상인들은 운송로의 선택뿐만 아니라 모피를 확보하고 유럽까지 안전하게 가져가기 위한 전략도 짜야 했다. 첫 번째 방법은 아메리칸 원주민의 도움 없이 유럽 상인들이 수행하는 것이었다. 아메리카 대륙에 정착한 유럽 인들이 계절마다 모피 동물이 있는 지역으로 직접 사냥을 떠날 수 있었다. 두 번째 방법은 유럽 사냥꾼들을 뒤에 남겨 두고 한 해에 한 번꼴로 모피를 모으는 것이었다. 세 번째는 유럽 인 정착지에 머물면서 원주민들에게 모피를 사겠다고 해서 모피 동물을 사냥하고 운송하게 하는 방법이었다. 같은 시기에 아프리카 해안에서 유럽 상인들이 쓰던 방식이기도 했다. 네 번째 방법은 내륙에 교역소를 설치해서 모피 동물을 사냥하는 인디언들 및 원거리 무역을 하는 인디언 중개 상인들과 긴밀한 관계를 갖는 것이었다. 이를 위해 중계 시장이 내륙으로 이동하고 유럽 상인들은 내륙으로 더 멀리 들어가야 했는데, 그러다 보면 이들이 부담할 몫도 늘어났다. 여기에는 방위 거점과 수송로에 대한 통제와 함께 육상 교역소 설치에 따른 보호 비용도 포함되었다. 그러나 주변 지역을 점령하지는 않았다.

네 가지 방법이 모두 북아메리카에서 쓰였지만 앞에 나온 순서대로 한 것은 아니었다. 유럽 상인들이 처음부터 끝까지 수행하는 처음의 두 가지 방법은 19세기에 비로소 활성화했는데, 이들이 주로 사용한 길은 세인트루이스에서 미주리 강 상류까지 이르는 구간이었다. 이곳에는 모피 동물 사냥꾼인 '산사람들'이 일 년 내내 머물렀는데 해마다 여름이 되면 강 상류로 사냥을 나갔다.[11] 인디언 사냥꾼들이 모피를 구해 올 때까지 기다리는 방법은 처음 시도되었지만, 이들 거주지 근처의 모피 동물이 고갈되자 유럽 상인들은 곧바로 내륙으로 들어갔다. 17세기 후반에 이르면 유럽 상인이 내륙에 상설

---

[11] Joseph Jablow, *The Cheyenne in Plains Indian Trade Relations, 1795~1840*(New York, 1951) ; David J. Wishart, "The Fur Trade of the West, 1807~1840 : A Geographical Synthesis", in David Harry Miller and Jerome O. Steffan(eds.), *The Frontier in Comparative Studies*(Norman, Okla., 1977), 160~167쪽.

교역소를 세우고 기다리면 인디언 사냥꾼이 동물을 잡고 인디언 중개 상인이 교역소까지 싣고 오는 방식으로 일을 나누었다.—실제로 유럽 상인 집단은 주요 물길에 있는 만나기 편한 장소면 어디에서나 아메리칸 원주민 상인 집단과 만났다.

북아메리카에서는 모피가 정상적으로 거래되었지만 시베리아에서는 네덜란드 동인도 회사가 스파이스 제도에서 그랬던 것처럼 물리력을 이용한 모피 거래가 일반적이었다. 모피를 조공으로 받는 관습은 아시아 초원 지대의 타타르 족에서 비롯되었다. 이들은 북쪽의 삼림 지대에 사는 사람들에게 이아삭iasak이라고 부르는 조공을 바치라고 요구했다. 이들은 또한 남쪽에 사는 정착 농민들에게도 조공을 받았다. 이러한 관습을 이어받은 러시아 상인들은 동쪽으로 이동하여 삼림 지대까지 왔다. 이 같은 관습은 시베리아에서 매우 달라졌는데 대개 검은담비 모피를 조공으로 요구했으며 다른 모피의 경우는 검은담비를 기준으로 값을 매겼다. 모피 조공은 러시아 정부의 매우 중요한 수입원이었다. 따라서 러시아 정부는 모피 무역에서 언제나 중요한 구실을 했다. 그러나 이와 함께 민간 상인들도 합류했으며 더욱이 민간 모피 무역의 총가치는 정부 무역과 조공을 합한 것보다 훨씬 컸다.[12]

고기잡이 모형은 러시아가 왕실 독점을 현명하게 이용했다면 시베리아에서 모피 동물이 사라지는 일을 막을 수 있었으리라는 것을 보여 주었지만 러시아 정부는 그렇게 멀리까지 내다보지 못했다. 그러나 1799년 알래스카에서 정부는 민간 상인들에게 모피 무역의 독

---

[12] Raymond Henry Fisher, *The Russian Fur Trade, 1550~1700*(Berkeley, 1943), 49~51쪽, 178~183쪽.

점권을 주기 시작했다. 1817년 이후 민간 상인들은 독점권의 효율을 높이기 위해 러시안 아메리칸 컴퍼니로 합병했다가 1867년에 알래스카가 미연방으로 합병되면서 끝났다. 러시안 아메리칸 컴퍼니는 바다표범과 해달을 함부로 잡지 못하도록 제한했다. 그 결과 러시아 상인들 때문에 남아나지 않던 모피 동물들이 잠시 동안이지만 숨통을 틀 수 있었다. 그러나 1880년대와 1890년대에 제한이 풀리자 고기잡이 모형이 다시 나타났고, 미국의 모피 사냥꾼들은 알래스카 해안의 해달을 모두 잡아 죽였다.[13]

북아메리카의 다른 지역에서도 모피 무역에 대한 독점권이 있어서 그 지역에 사는 모피 동물들을 일정 정도 남겨 둘 수 있었다. 그러나 유럽 상인들은 원주민들에게 조공을 강제로 요구할 수 있는 환경이 아니었고 따라서 이들 지역에서 모피 무역의 독점권을 갖기가 어려웠다. 대개의 경우 유럽 상인들은 경쟁 가격을 지불하고 모피를 살 수밖에 없었다. 어떤 유럽 상인 집단도 대륙의 내륙 지역으로 들어오는 길목을 모두 통제하지는 못했다. 따라서 유럽 상인들은 인디언 사냥꾼과 상인 들의 모피를 사기 위해 다른 유럽 상인들과 경쟁해야 했다. 세인트로렌스 강의 프랑스 상인, 허드슨 만의 영국 상인, 허드슨 강의 네덜란드 상인과 그 후손들이 여러 세기 동안 경쟁 관계에 있었다. 영국이 1759년 퀘벡을 점령한 후에도 몬트리올 상인들은 노스웨스트 회사를 세워 이전에 자신들의 선조인 프랑스 상인들이 세운 허드슨 만 회사와 치열한 경쟁을 했다. 이것은 달리 말하면 도시의 다기능성 계층 구조에서 같은 계층에 있는 도시들 간에 상반

---

[13] Lydia T. Black, "The Nature of Evil : Of Whales and Sea Otters", in Krech(ed.), *Indians, Animals, and the Fur Trade*, 118~120쪽.

되는 지역적 이해 관계나 경쟁 관계가 국가 간의 이해 관계보다 크다는 것을 보여 주는 것이다(1장 참조).

유럽의 모피 무역 상인들이 나중에 아메리카 대륙에 들어온 유럽의 정착 농민들보다 인디언들에게 폭력을 덜 썼지만 모피 무역에서 폭력 발생률은 매우 높았다. 그 이유 가운데 하나는 아메리칸 원주민의 정치 조직이 유럽 상인들에 맞설 정도로 힘을 갖추지 못했기 때문이다. 농사를 짓고 사는 인디언들의 정치 조직은 별로 힘이 없었고 삼림 지대에서 사냥을 중심으로 사는 인디언들과 대평원에서 유목 생활을 하는 인디언들의 정치 조직도 강력한 힘을 갖지 못하고 이리저리 옮겨 다녔다. 그러므로 원주민들을 하나로 모을 수 있는 합의를 계속해서 이끌어 낼 권력과 이 넓은 영토를 관할할 힘을 가진 세력을 찾아내는 것은 어려운 일이었다.

폭력 발생률이 높은 또 다른 이유는 아메리카 모피 동물 사냥에 감춰져 있는 인디언 문화에서 그 의미를 찾아볼 수 있다. 사냥은 전쟁과 연관이 있었다. 전쟁이 나면 나가서 싸우는 사람들이 사냥 일을 했다. 모피 동물은 잡히기만 할 뿐 직접 생산하지는 못한다. 옥수수 같은 작물은 여성이나 전사가 아닌 농부들이 재배했다.

또한 당시 유럽 국가 체계의 움직임에서도 폭력의 원인을 찾을 수 있다. 프랑스와 영국은 17세기 후반부터 워털루 전쟁까지 거의 한 세기 반 동안 평화스런 시기에도 전쟁을 하는 때가 많았다. 이는 해상에서도 전쟁이 있다는 것을 뜻했다. 평화 시기에도 상인들과 관리들은 전쟁을 준비하고 있어야 했다. 캐나다의 모피 무역에 대해 훌륭한 저술을 남긴 해럴드 이니스Harold Innis는 북아메리카에서 영국과 프랑스가 경쟁한 것은 경제적 이득을 얻기 위해서였다고 강조했다. 그러나 에클레스W. J. Eccles는 최근 연구에서 이니스가 방향을 잘못

잡았다고 주장했다. 그는 1700년 이후 유럽 정부들은 민간 상인들과 달리 북아메리카 모피 무역으로 경제적 이익을 올리기보다는 인디언들과 동맹 관계를 맺어 자신들의 세력을 확대하려고 했다고 주장한다. 그리고 인디언들은 애팔래치아 산맥 서쪽에 있는 유일한 군사 세력이었기 때문에 이들과 동맹을 맺는 것은 식민지 전쟁의 승리를 돕는 길이었다. 또한 에클레스에 따르면, 프랑스 정부의 재정으로 볼 때 18세기 초 모피 무역은 완전 포기를 선언하는 편이 나았다. 그럼에도 군사 전략상 그대로 유지할 수밖에 없었다.[14] 어쨌든 1700년 당시로는 시베리아 모피 무역이 러시아 정부에 중요했던 것처럼 허드슨 만 회사나 프랑스 모피 무역이나 모두 자국 정부에 중요한 구실을 했는데 여기서 벌어들인 수입이 정부 수입의 10퍼센트에 이르렀다고 한다.[15]

세인트로렌스 만에서 최초로 시작한 모피 무역, 1600~1649년

북아메리카 최초의 모피 무역은 세인트로렌스 만에 유럽 상인이 나타나면서 그 부산물로 얻어진 것이었다. 그때까지 아메리칸 원주민의 교역은 휴런 족과 북쪽 사냥 부족들 사이의 거래처럼 아주 짧은 거리 안에서만 이루어졌다. 원거리 무역은 1,000킬로미터 정도 떨어진 곳까지가 고작이었고 그것도 중계 무역이었다. 모피 무역이

---

[14] Innis, *Fur Trade*, 여기저기 참고 ; W. J. Eccles, "A Belated Review of Harold Adams Innis, The Fur Trade of Canada", *Canadian Historical Review*, 40권 420~441쪽(1979) ; Hugh M. Grant, "One Step Forward, Two Steps Back : Innis, Eccles, and the Canadian Fur Trade", *Canadian Historical Review*, 62권 304~322쪽(1981) ; W. J. A. Eccles, "A Response to Hugh M. Grant on Innis and the Canadian Fur Trade", *Canadian Historical Review*, 62권 323~329쪽(1981).
[15] Gibson, *Fur Trade*, 24~27쪽.

시작되면서 인디언 사회는 큰 영향을 받았는데 이들은 예전에 하던 일에서 벗어나 모피 동물을 잡는 일을 해야 했고 그 대가로 쇠로 만든 도구와 무기를 유럽 상인들에게 받았다.

새로운 도구와 무기는 인디언 사회와 정치에 더욱 급격한 변화를 가져왔다. 그중 직접적으로 영향을 끼친 것은 인디언 사회 안에서 경제적, 군사적 경쟁자들을 제거할 수 있는 새로운 방식을 찾은 것이었다. 새로운 방식은 갑자기 나타나서 자주 반복해서 일어났다. 어느 인디언 집단이든 처음 유럽의 교역소와 교류를 시작하면 그다음부터는 무력을 써서라도 교역을 독점하려고 했다. 이렇게 발생한 갈등은 16세기 말 치열한 폭력 갈등을 가져왔고 이것은 17세기까지 계속되었다. 이로쿼이 족은 올버니에 있는 네덜란드 상인들과 거래하는 모피 무역을 독점했다. 반면에 휴런 족과 알곤킨 어를 쓰는 부족들은 세인트로렌스 강 유역에 있는 프랑스 상인들과 동맹을 맺고 독점했다.[16]

때로 이런 갈등은 오래전부터 인디언들이 가지고 있던 교역로 재산권에 대한 생각의 차이 때문에 발생했다. 일테면 휴런 족은 교역로를 그 길을 개척한 부족 또는 그 후손들의 재산이라고 생각했다. 다른 사람들은 허가를 받아야만 그 길을 이용할 수 있었다. 17세기 초에는 소수의 휴런 족 추장들이 대부분의 휴런 족 교역로를 지배했다. 휴런 족은 남녀가 하는 일이 분리되어 있었기 때문에 멀리 떨어져 있는 프랑스 상인들과 교역하러 떠나는 문제를 쉽게 해결할 수

---

[16] George T. Hunt, *The Wars of the Iroquois : A Study in Intertribal Trade Relations* (Madison, Wis., 1960) ; Bruce G. Trigger, "Trade and Tribal Warfare on the St. Lawrence in the Sixteenth Century", *Ethnohistory*, 9권 240~256쪽(1962) ; Conrad E. Heidenreich and A. H. Ray, *The Early Fur Trade : A Study in Cultural Interaction* (Toronto, 1976) ; Freeman and Ray, *Good Measure*, 19~21쪽.

있었다. 남자들은 겨울과 이른 봄에는 농사지을 땅을 고르는 힘든 일을 했다. 늦봄이 오면 이들은 교역하기 위해 먼 길을 자유롭게 떠났다. 반면에 여자들은 여름 동안 들판에서 잡초를 뽑는 등 비교적 쉬운 일을 했다.[17]

프랑스 상인들과 맨 먼저 상거래를 시작한 부족은 휴런 족이었다. 이들은 자신들이 쓸 목적으로 유럽의 물품을 구매하면서 또 한편으로는 중개인 구실도 했는데 유럽 물품을 가져와서 자신들의 무역망을 통해 공급했다. 이들은 프랑스 물품을 북쪽과 서쪽으로 싣고 와서 오래전부터 자신들과 거래하고 있던 사냥 부족들에게 팔았다. 휴런 족이 재배한 옥수수도 북쪽과 서쪽으로 싣고 가서 모피와 바꿨다. 휴런 족은 옥수수를 더 많이 재배했다. 사냥꾼들도 이제는 먹고 살 만큼만 사냥하는 것이 아니라 모피를 얻기 위해 덫을 놓기 시작했다. 휴런 족은 원거리 무역에 집중했는데 멀리 떨어진 퀘벡에 사는 프랑스 인들에게 옥수수를 갖다 팔기도 했다.[18]

프랑스 인과 휴런 족의 거래 규모는 사뮈엘 드 샹플랭Samuel de Champlain이 1615~16년 이곳에 오면서 크게 증가했다. 그는 이로쿼이 족에 대항해서 프랑스와 휴런 족의 비공식 동맹을 강화했다. 그리고 휴런 족 젊은이들을 퀘벡에 살 수 있도록 초대하고 반대로 프랑스 사람들을 휴런 지역으로 보내 그곳에서 살게 하겠다고 약속했다. 이것은 휴런 족이 거래할 때 상대방에게 자신들의 진심을 나타내기 위해 몇 사람을 교환하는 관습에 따른 것이었다. 또한 앞으로의 거래에 도움이 되도록 다른 문화 체험을 공유하는 방식이기도 했

---

[17] Trigger, "Franco-Huron Relations", 112~113쪽 ; Conrad E. Heidenreich, *Huronia : A History and Geography of the Huron Indians*(Toronto, 1971), 220~223쪽.
[18] Trigger, "Franco-Huron Relations", 116~118쪽.

다. 이 같은 교환을 통해 휴런 족 사회에서는 예수회의 선교가 시작되었고 따라서 휴런 족은 경제적 변화와 함께 종교적 변화를 맞이했다.[19]

1620년대는 휴런 족의 모피 무역이 전성기를 맞은 시기였다. 그러나 오늘날 그 규모를 예측하기 어렵다. 1623년 휴런 족과 알곤킨 족이 탄 카누 60척이 라신 급류 지역까지 내려갔고 이듬해에는 45척이 내려갔다. 이 물길을 지나는 휴런 족의 카누는 길이가 7미터나 되고 다섯 명이 노를 저어야 한다는 것을 감안할 때 당시 운반한 물품의 양은 꽤 많았을 것이다. 그즈음 휴런 족은 2만 천 명 정도였는데 이 가운데 해마다 교역 원정에 참가하는 인원은 200명 정도였다. 만일 퀘벡에서 프랑스로 수출한 모피 가운데 3분의 2 정도를 휴런 족이 공급한 것이라고 가정하면 휴런 족의 한 해 모피 무역 규모는 평년에는 비버 모피가 9,000~1만 벌 정도였고 특별한 해에는 1만 5,000벌 정도였다. 그러나 프랑스와 휴런 족의 교역과 문화 교환의 번성기는 잠시 동안만 꽃을 피웠다가 1630년대 중반에 갑자기 끝나고 말았다.

1630년대 초 휴런 족과 이로쿼이 족은 자기네 영토 안에서 비버를 더는 잡을 수 없었다. 이제 모피 동물을 잡으려면 북쪽과 서쪽 지역으로 가야 했다. 그런데 1635년 휴런 족은 면역성이 없는 천연두, 유행성 감기, 홍역 등 유럽에서 들어온 질병에 걸리기 시작했고 이는 빠르게 온 부족에 전파되어 큰 재앙을 불러왔다. 1641년 휴런 족의 절반이 질병으로 죽었다.

한편 이로쿼이 족은 비버의 고갈로 경제 재난이 닥치자 감소하는

---

[19] Trigger, "Franco-Huron Relations", 115쪽 ; Heidenreich, *Huronia*, 237~250쪽.

모피 무역에서 더 큰 몫을 차지하기 위해 군사력을 사용하기 시작했다. 1640년대 이들은 북쪽으로 치고 올라가서 퀘벡으로 가는 휴런 족의 교역로와 휴런 족이 사는 지역을 잇따라 습격했다. 1649년 휴런 족이 살던 영토는 모두 이로쿼이 족의 전사들에게 넘어갔고 휴런 족은 죽거나 뿔뿔이 흩어졌다. 어떤 이들은 이로쿼이 족의 지배 아래로 들어갔고 어떤 이들은 전부터 자신들과 거래해 왔던 부족들을 찾아 북서쪽으로 떠났다.[20]

이제 오타와Ottawa 족과 오지브와Ojibwa 족이 휴런 족을 대신해서 프랑스 상인들과 모피 무역을 하게 되었다. 그러나 새로 모피를 구하기 위해서는 미시간 호수와 슈피리어 호수를 돌아 훨씬 서쪽으로 가거나 제임스 만과 북극해를 향해 북쪽으로 가야 했다. 그런데 휴런 족 가운데 한 집단이 모피 무역을 유지하려고 했다. 이들은 세인트로렌스 강 유역의 프랑스 인 거주지에 가서 살던 작은 공동체였다. 당시에 휴런 족 난민들도 받아들였다. 이들은 프랑스 문화를 충분히 습득했기 때문에 국세 중개상 구실을 할 수 있었다. 또한 전염병에서 살아남은 사람들은 유럽의 질병에도 면역성이 생겼다. 따라서 이들은 세인트로렌스 강을 기반으로 하면서 북쪽 삼림 지대도 함께 교역하는 새로운 상인 유민 집단을 꾸릴 수 있었다. 이들은 북쪽의 인디언들과 유럽에서 새로 도착한 프랑스 인들을 대상으로 거래할 수 있는 능력을 갖추고 있었다.[21]

---

[20] Trigger, "Franco-Huron Relations," 127~130쪽 ; Heidenreich, *Huronia* ; Bruce G. Trigger, "The Ontario Epidemics of 1634~40", in Krech(ed.), *Indians, Animals, and the Fur Trade*.

[21] Heidenreich and Ray, *Early Fur Trade*, 12~33쪽 ; Heidenreich, *Huronia*, 279쪽.

허드슨 만의 개방

휴런 족의 멸망으로 인디언 중개 상인들이 서부 지역으로 진출한 것과 함께 프랑스 탐험가들도 내륙으로 진출하기 시작했다. 1654~56년 그로세이예르Groseilliers는 위스콘신 주에 있는 그린베이Green Bay에 갔다. 1659년 그는 라디송Radison과 슈피리어 호수로 되돌아왔고 허드슨 만이 북쪽으로 그렇게 멀리 떨어져 있지 않다는 사실을 인디언들에게 배웠다. 이들은 바다로 직접 허드슨 만에 가는 데 필요한 자금을 마련하려고 프랑스로 떠났다. 그러나 자금 마련이 어렵게 되자 영국에 지원을 구했는데 1668~69년 마침내 이들은 허드슨 만 하류 지역에 도착했다. 탐험 여행은 성공했고 이익도 크게 냈다. 1670년 이들의 영국 후원자들은 허드슨 베이 컴퍼니Hudson's Bay Company(HBC)를 설립했고, 영국 왕실은 HBC에 허드슨 만으로 들어오는 영국 무역에 대한 독점권을 부여했다. 이 같은 일련의 사건은 매우 중요한 의미를 가지고 있었다. 이제 허드슨 만은 영국 상인들이 독점했지만 이런 사건들 때문에 이곳의 교역 관례는 프랑스 인이 오래전부터 시행해 온 세인트로렌스 강 유역의 교역 관례를 따르게 된 것이다.[22]

허드슨 베이 컴퍼니는 처음에 해마다 여름 항해를 시작해서 얼음이 얼기 전에 유럽으로 돌아갔다. 그러다 1679년 주요 강들이 서쪽과 남쪽에서 만으로 흘러드는 곳에 교역소를 설치하고 상설 운영 체제로 바꿨다. HBC가 프랑스의 모피 무역 관례와 한 가지 다른 점이

---

[22] Ray and Freeman, *Good Measure*, 121~125쪽; Innis, *Fur Trade*, 43~83쪽; Edwin E. Rich, *The Fur Trade and the Northwest to 1857*(Toronto, 1967), 24~44쪽.

있었는데, 회사 직원들은 만의 해안을 벗어나 멀리 내륙으로 들어가지 않고 원주민들이 이곳으로 모피를 가져올 때까지 기다렸다. 이것은 영국 상인들이 인도와 아프리카 해안에서 교역하는 방식을 그대로 따른 것이었다.

프랑스 상인들은 이에 대항해서 허드슨 만으로 여러 번 밀고 들어갔으나 번번이 쫓겨나고 말았다. 1713년 마침내 프랑스는 협정을 맺고 허드슨 만으로 가는 해상 교역로를 영국에 넘기기로 동의했다. 이제 프랑스는 세인트로렌스 강 유역에 있는 기지에서 허드슨 만 쪽으로 가는 육로를 확보하려고 애썼다.—이 길은 프랑스 상인들이 서쪽 끝에 있는 인디언 모피 무역상들과 직접 거래하기 위해 매우 중요했다. 프랑스의 교역소들은 슈피리어 호수에서 시작해 지금의 미국과 캐나다 국경선을 따라 서쪽으로 이어지면서 북서쪽으로 매니토바를 지나 앨버타 중앙 지역까지 설치되어 있었다. 달리 말하면 그동안 몬트리올을 중심으로 인디언 상인들로 하여금 자신들을 찾아오게 했던 프랑스의 정책이 바뀐 것이다. 이들은 이제 직접 내륙으로 찾아 들어가 자신들의 교역소를 확대하기 시작했다. 이들은 더 먼 길을 여행해야 했지만 북부 지방에서 HBC 상인들과 유력한 경쟁자로 자리매김했다. 특히 1740년대와 1750년대에는 경쟁이 치열했다.[23]

한편 새로운 경쟁 상황에서 유럽 상인들의 교역소에 독점으로 모피를 공급하려는 인디언 집단들의 다툼이 다시 나타났다. 1670년대에 들어서자 그동안 세인트로렌스 강 유역의 프랑스 상인들에게 모피를 공급했던 오지브와 족은 허드슨 만에 있는 HBC 상인들에게도

---

[23] Ray and Freeman, *Good Measure*, 17~36쪽.

모피를 공급하기 시작했다. 그러나 프랑스 상인들이 내륙으로 직접 진출하자 오지브와 족은 쓸모가 없어졌다. 1720년 이후 허드슨 만 하류 지역의 남쪽과 서쪽에 살고 있던, 삼림 지대의 사냥꾼 인디언들인 아시니보인Assiniboine 족과 크리Cree 족이 주로 HBC 교역소에 모피를 공급했다. 이들은 경쟁자들보다 두 가지 유리한 점이 있었다. 첫째 이들은 허드슨 만의 항구에 매우 가까이 있어서 봄철 해빙기와 가을철 결빙기 사이에 왕복 항해를 할 수 있었다. 더 멀리 떨어져 있으면 항해 도중에 초겨울이 올 수도 있었다. 다시 한번 말하지만 인디언들은 영국 상인들과 만나면서 유럽 무기와 도구를 손에 넣을 수 있었고 따라서 멀리 떨어져 사는 인디언들보다 군사력이 우세했다. 그래서 프랑스 상인들은 이들을 상대할 동맹군으로 대평원의 기마 유목 인디언 집단으로 이미 아시니보인 족, 크리 족과 오랫동안 싸워 왔던 다코타수Dakota Sioux 족을 염두에 두었다. 이것은 과거에 이로쿼이 족과 휴런 족의 분쟁에 프랑스가 개입했던 것과 같은 맥락이었다. 그러나 프랑스는 이번에 이렇게 했다가는 오히려 무역에 더 차질이 생길 것 같아 계획을 포기했다.[24]

  1763년 퀘벡이 영국에 합병되면서 프랑스 상인들은 북아메리카 모피 무역에서 힘을 잃었다. 그러나 아직까지 대륙으로 진입하는 지점들에서 경쟁 관계는 별다른 차이가 없었다. 영국 정부는 교역로들의 경쟁을 인정하고 경쟁자들끼리 카르텔 협정을 맺은 것처럼 교역하도록 뒤에서 밀었다. 원칙대로 하면 뉴욕은 나이아가라와 디트로이트 지역, 오대호의 주 경계선을 따라 무역을 하면 되었다. 그리고 몬트리올—실제로는 옛 국경선의 북쪽으로 이동한 스코틀랜드 출

---

[24] Ray and Freeman, *Good Measure*, 39~43쪽.

신의 뉴욕 모피 무역 상인들을 뜻함—은 오타와 강과 휴런 호수, 슈피리어 호수에서 그랜드포티지Grand Portage(슈피리어 호수에서 서쪽으로 약 13.6킬로미터 구간으로 인디언들이 모피 교역로로 이용함-옮긴이) 너머까지 관할하는 것이었다. HBC 구역은 허드슨 만을 중심으로 예전에 있던 그대로였다.

이 복잡한 갈등은 뉴욕이 남아 있는 모피 동물 사냥 지역 가운데 가장 좋은 곳에 들어갈 수 있는 길이 막히면서 막을 내렸다. 몬트리올의 상인들은 한동안 자기들끼리 경쟁하다가 1804년 노스웨스트 컴퍼니Northwest Company라는 회사를 설립했다.[25] 이 같은 움직임은 북아메리카 모피 무역을 독점하고 있는 두 세력과 대륙으로 진입하는 두 지점의 마지막 결투를 준비하는 예고편이었다. HBC는 전술을 바꾸고 남쪽과 서쪽에서 허드슨 만으로 흘러가는 강들의 상류로 자신들의 교역소를 전진 배치하기 시작했다. 또한 모피를 운송하는 배를 인디언들이 쓰던 카누에서 더 저렴한 비용으로 더 많은 짐을 실어 나를 수 있는 요크 보트로 바꿨다. 두 회사는 앞 다퉈 교역소를 개설했는데 나중에는 무력 충돌로 발전하기도 했다. 그러나 시간이 지나면서 HBC가 점점 유리해졌다. 1821년 마침내 두 회사는 허드슨베이 컴퍼니로 합병하고 캐나다 모피 무역을 독점했다.[26]

이맘때 북아메리카의 모피 무역도 거의 끝나 갔다. 모피를 구하기에는 너무 먼 지역에서는 태평양 해안을 따라 바다로 갔는데 그곳에

---

[25] Rich, *Fur Trade*, 130~142쪽.
[26] Innis, *Fur Trade*, 49~165쪽; Ann Carlos, "The North American Fur Trade, 1804 ~1821 : A Study of the Life Cycle of a Duopoly"(박사 학위 논문, University of Western Ontario, 1980)를 기초로 해서 최근에 개정 보완한 "The Causes and Origins of the North American Fur Trade Rivalry : 1804~1810", *Journal of Economic History*, 41권 777~794쪽(1981) 참조.

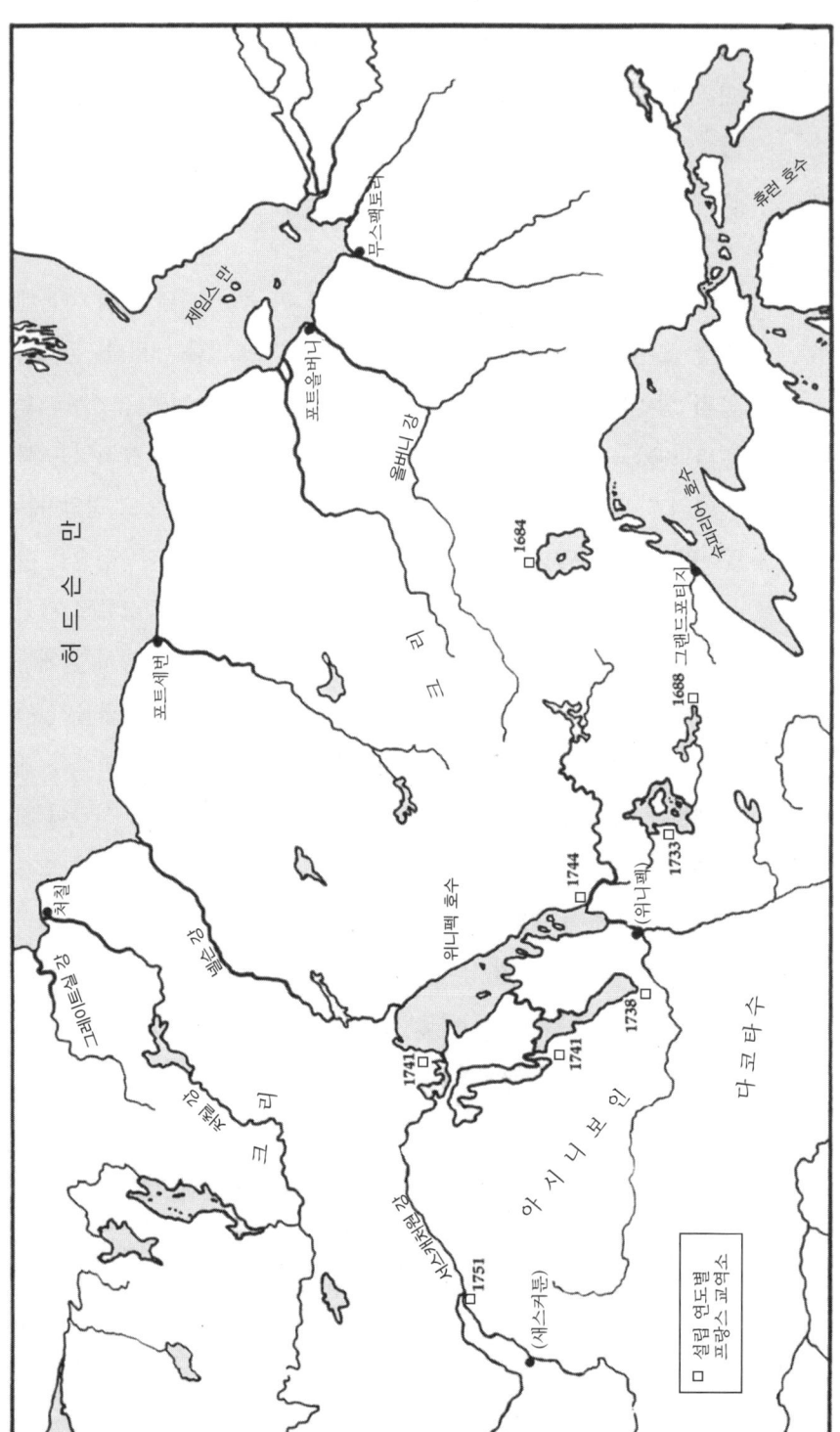

지도 10.3 _ 캐나다 중앙 지역(괄호 안의 지명은 본문에 나온 시기보다 나중에 세워진 도시를 나타낸다)

서 우연히 러시아 상인들을 만났다. 미개척의 처녀지에서 모피를 얻기 위해 기울였던 마지막 노력은 아마도 로키 산맥의 산사람들에게 길이 기억에 남는 일화였을 것이다. 이곳에서는 모피의 품질을 보장하는 것이 위도가 아니라 고도였다. 1820년대 초부터 1830년대까지 유럽과 미국의 모피 사냥꾼 몇백 명이 산속으로 흩어졌다. 그러나 이러한 노력은 시작과 함께 무의미해졌다. 1830년대 동안 로키 산맥에 살던 비버들이 거의 다 잡히거나 사라졌다.[27]

모피 무역과 협정 가격 시장

북아메리카 모피 무역은 우리가 지금까지 얘기해 온 대부분의 국제간 무역과 분명히 달랐다. 시장 중심의 유럽 상인들과 몇 세기 동안 고립되어 살았던 아메리칸 원주민의 만남도 여기에 해당한다. 아메리칸 원주민의 경제 질서는 아프리카나 아시아보다 훨씬 고유한 자기 문화였다. 이들이 가진 기술과 교역 체계는 미처 발달하지 못했다. 유럽 상인들이 대륙에 들어오기 전후로 이들이 다른 문화권과 교역하는 방식은 서로 습격하거나 단순 약탈하는 방식에서 여러 가지 제례 의식으로 중요한 사회적, 정치적 기능을 교환하는 방식까지 자신들이 쓸 수 있는 모든 관계를 다 사용했다. 때로 중요한 상거래를 할 때 종교 제례 의식을 통해 그 의미도 함께 교환했다. 예를 들면 대평원 지역의 샤이엔 족 가운데 두 집단은 거래할 때면 함께 모여서 파이프 담배를 피웠는데, 여기서 남자들은 관습에 따라 선물을 교환하고 서로의 우정을 확인하기 위해 파이프 담배를 돌려 피웠다.

---

[27] Wishart, "Fur Trade", 169~183쪽.

개인 간의 거래는 덤으로 이루어졌는데 주로 두 집단의 여자들 사이에서 이루어졌다.[28]

최근 몇십 년 동안 모피 무역을 연구한 역사가들도 아메리칸 원주민들의 다양한 거래 형태에 깊은 인상을 받았다. 몇몇 학자는 북아메리카 모피 무역은 수요와 공급 또는 시장 원리에 따라 이루어진 것이 아니라 원주민들의 정치 및 사회에 대한 이해와 종교 및 정신세계를 바탕으로 이루어진 것이라고 주장했다. 이들은 크게 분류하면 실체주의자에 해당하는데 우리와는 좀 다른 견해를 가지고 있다. 아브라함 로스타인Abraham Rotstein과 에드윈 리치Edwin E. Rich는 약간씩 강조점이 다르지만, 모피 무역은 유럽 세력과 인디언들 간의 정치 군사적 동맹 문제가 주된 목적이었고 물질을 거래하는 협상은 그다음 문제였다고 주장한다. 여기에 중요한 사실이 담겨 있다. 이 시기 전 세계에 걸친 유럽의 무역은 보호를 명목으로 강압을 행사하거나 여러 방면으로 착취를 일삼는 방식이었다. 경제 사상으로 말하자면 이 시기는 경제적 이익과 정치적 이득이 긴밀하게 연결되어 있었다고 주장하는 중상주의 시대였다.

그러나 유럽의 무역이 북아메리카에서 가지고 있는 정치 군사적 동맹의 중요성은 유럽이 아시아와 맺은 무역 관계에서 나타나는 정치 군사적 성격보다 더 중요하지는 않았다. 아서 레이Arthur Ray와 도널드 프리먼Donald Freeman은 최근에 리치와 로스타인의 견해에 대해 설득력 있는 반박을 했다. 이들은 프랑스는 휴런 족에게 무기를 공

---

[28] Jablow, *The Cheyenne*, 46~48쪽. 또 이들의 교환 방식에 대해 더 많은 사례를 보려면 Richard I. Ford, "Barter, Gift, or Violence : An Analysis of Tewa Intertribal Exchange", in Edwin N. Wilmsen(ed.), *Social Exchange and Interaction*(Ann Arbor, Mich., 1972)을 참조.

급했고 네덜란드는 이로쿼이 족에게 무기를 주었으며 또한 프랑스는 다코타 족과 동맹을 맺으려고 했다는 사실을 인정한다. 그러나 허드슨 베이 컴퍼니는 허드슨 만 연안에 살고 있던 인디언 집단들이 서로 적대 관계에 있어도 절대로 어디에도 개입하지 않았다. 휴런 족이 멸망한 후 아메리칸 원주민들은 유럽 국가 한 곳하고만 독점으로 교역하려고 하지 않았다. 이들은 오히려 유럽 국가끼리 경쟁을 붙여 이익을 얻으려고 했다. 이런 문제 때문에 이곳에서 협정이라는 말은 성격이 다른 개념으로 쓰였다. 삼림 지대에서 사냥을 하는 인디언 집단 지도자들 가운데 미래의 무역 관계를 규정하는 구속력 있는 계약을 맺을 정도로 권력을 가진 사람은 하나도 없었다.[29]

모피 무역을 반시장의 관점에서 바라보는 또 다른 학자로 캘빈 마틴Calvin Martin이 있다. 캘빈 마틴도 실체주의자의 견해를 가지고 있는데, 인디언들은 동물에 대해 특별한 태도를 가지고 있으며 여기에는 강력한 종교적 의미가 숨어 있다고 주장한다. 인디언들은 인간이 생존에 필요한 것보다 많은 동물을 해치지 않는다면 동물의 정령들이 인간을 도와줄 것이라는 믿음이 있었다. 마틴에 따르면 유럽의 전염병이 널리 퍼져 사람들이 죽기 시작하자 동물이 자신들을 저버렸다고 생각했다. 그러므로 이들은 동물을 마구 잡아 죽이면서 공격했고 이것이 모피 무역의 한 줄기가 되었다. 그러나 이 견해도 최근에 셰퍼드 크레크Shepard Krech와 그의 동료들이 설득력 있는 답변을 주었다.[30]

---

[29] Rich, *Fur Trade*; Abraham Rotstein, "Fur Trade and Empire : An Institutional Analysis"(박사 학위 논문, University of Toronto, 1967) ; Ray and Freeman, *Good Measure*, 특히 32~33쪽.

[30] Martin, *Keepers of the Game*; Krech(ed.), *Indians, Animals and the Fur Trade*.

문화가 다른 사람들은 물품을 대하는 태도도 다르다. 이 말은 유럽의 모피 무역 상인들과 아메리칸 원주민들에게 딱 들어맞았다. 인디언은 집단 안에서든 밖에서든 선물을 주고받는 일이 우호 관계를 맺는 데 매우 중요한 요소라고 생각했다. 부는 오직 선물의 형태로 다시 다른 사람에게 나누어 줄 때만 신망을 받을 수 있었다. 인디언들이 남의 물건에 손을 잘 댄다고 평판이 난 것도 바로 이런 태도 때문이었다. 인디언들은 대개 물품이 남으면 그것을 손에 쥔 사람이 임자라고 생각했다. 이런 생각은 북아메리카 전역에 세워진 교역소에 대해 인디언들이 크게 잘못 이해하는 결과를 가져왔다(인디언들은 자신들이 쓰고 남은 모피를 교역소의 유럽 인들에게 선물로 나누어 준다고 생각함-옮긴이). 아메리칸 원주민들은 물품의 소유를 경멸하지 않았다. 그렇지 않으면 왜 인디언들이 유럽 인들과 거래하려고 몇백 킬로미터를 마다 않고 여행하는가? 거래는 실제로 물품을 얻고 신망과 영향력을 발휘하는 가장 좋은 방법이었다. 그래서 만들어진 교환 방식이 두루 평등하게 나눠 갖는 체계였는데, 인디언들의 선물 교환 관습은 자기가 바라는 높은 지위를 얻는 방법이었기 때문에 이러한 체계가 잘 운영될 수 있었다. 선물을 주는 사람은 앞으로 자기가 필요한 때에 그에 상응하는 선물을 누군가에게 받을 수 있기 때문에 기꺼이 주었다.[31] 이 같은 교환 체계는 일반 경제 이론으로도 설명할 수 있는데, 희귀한 재화와 용역은 사회 전체를 위해 배분할 필요가 있는 것이다. 실체주의자들은 평등하게 나누는 체계가 인디언들의 사회 질서 안에 이미 깊이 박혀 있었다고 주장한다.

---

[31] Heidenreich and Ray, *Early Fur Trade*, 17쪽 ; Ray and Freeman, *Good Measure*, 242쪽.

아메리칸 원주민의 이 같은 태도는 이로쿼이 족과 휴런 족에서 태평양 북서 해안의 유명한 포틀래치potlatch(인디언들끼리 선물을 나누는 행사 — 옮긴이) 관습까지 북아메리카 전체에 널리 퍼져 있었다. 유럽 상인들에게 이런 문화는 이해하기 힘든 것이었다. 예수회 관련 기록이나 프랑스계 캐나다 인에 대해 쓴 기록에도 인디언들이 실제로 거래한 형태나 교환 방식에 대해 쓴 자료는 거의 없다. 세인트로렌스 강에서 초기에 이루어진 교역의 대부분은 누구에게도 보고할 의무가 없었던 민간 상인들의 손에서 이루어진 것이었다. ― 여기에는 호바네스 같은 중개 위탁 상인도 없었다. 그나마 HBC는 보고서를 쓰고 기록을 보관해야 하는 관료 조직이었기 때문에 이것들로 허드슨 만에서 이루어진 인디언들과 영국 상인들 간의 거래 형태를 그려 볼 수 있다.

인디언의 무역 관례도 영국 상인의 무역 관례도 완전하게 따를 수 없었지만 대개는 아메리칸 원주민의 방식으로 기울어져 갔다. HBC도 인디언 관습에 맞게 특별 회계 체계를 갖추었디. 거래 통화 단위는 파운드나 실링, 펜스 대신에 '인조 비버made beaver'라는 뜻의 MB를 쓰기로 했다. MB는 영국에서 들여온 물품을 고급 비버 모피 값으로 환산하여 계산하였다. 통화 단위가 바뀌면서 수입품의 종류와 품질에 따라 MB로 값을 표시하는 가격표가 필요했다. 가격표는 개별 교역소마다 달랐는데 처음에 만든 것을 '거래 표준 가격표Standards of Trade'라고 불렀다. 교역소마다 '비교 표준 가격표Comparative Standard'라는 또 하나의 가격표가 있었는데, 여러 종류의 동물 모피의 값을 MB로 나타낸 것이었다. 세월이 흘러도 두 가격표는 거의 바뀌지 않았다.

겉으로 보면 이 가격표가 협정 가격으로 관리되는 교역을 나타내는 것 같지만 실제로 그런 것은 아니었다. 표준 가격표는 특정한 거래에서 실제 교환하는 물품의 값이 아니었다. 가격표는 HBC 소속의 중간 도매상과 그의 상사들에게 거래 기준을 안내하는 길잡이로 고안된 것이었다. 도매상은 자기가 할 수 있는 한 가장 유리하게 인디언 모피 상인과 협상했다. 도매상은 선물과 교환 물품을 합해서 인디언이 가져온 모피들을 사들이는 것이 목적이었다. 그런데 여기서 도매상이 인디언들에게 판 물품의 MB 값과 이들에게 산 모피의 MB 값 사이에 차이가 발생했다. 이 차이를 '여분overplus'이라고 했는데 이것의 크기로 거래의 성공을 평가했다. 그러나 여분은 하나의 지수index일 뿐 실제 수익 금액이 아니었다. 실제 수익은 유럽에서 가져온 거래 물품의 원가와 모피의 판매 가격, 회사 비용을 다 계산해서 나왔다.

교역소에서 이루어진 실제 거래는 아메리칸 원주민의 관례를 따랐는데 샤이엔 족의 파이프 담배 피우기 교역 방식과 비슷했다. 18세기 중반에서 말까지 모피를 팔러 온 인디언 집단은 공인된 대표자를 앞세우고 왔다. 반면에 교역소의 도매상 대표는 HBC 소속 직원이었다. 두 사람은 선물을 교환하고 협상을 시작했다. 값은 고정되어 있지 않고 서로 얻고 싶은 물품의 조건에 따라 바뀌었다. 예를 들면 도매상들은 대개 인디언 대표가 가져온 카누의 수에 따라 선물을 다르게 했는데 카누는 대표자의 개인 선물이었다. 대리상에게 선물하는 모피는 앞으로 진행할 거래에서 좋은 값을 받고 공정하게 협상하자고 유도하는 수단이었다. 둘은 선물을 주고받고 이야기를 나누고 평화의 파이프 담배를 피웠다. 그런 다음에야 거래를 시작할 수 있었다.[32] 모피와 교환할 거래 물품에 대한 협상은 교역소 안의 협상장에서 이루어졌는데 여기에는 인디언 대표만 들어갈 수 있었다. 모피를 팔러 온 다른 인디언들은 교역소 벽에 있는 구덩이에서 기다렸다.

모피의 공급은 가격 탄력성이 낮았다. 인디언들은 아주 적은 양의 유럽 물품이라도 한번 얻은 적이 있으면 그다음에는 공급 계획도 세우지 않고 모피 동물 사냥을 나섰고 따라서 모피의 가격 변동에는 거의 관심이 없었다. 모피 동물을 사냥하는 인디언들은 자신들이 기꺼이 잡아 공급할 수 있는 모피의 양을 정해 놓고 수시로 이동했다. 그러면서 집단의 거래를 대표하는 인디언들은 예전에는 가격에만 관심을 두었는데 이제는 품질에 더 많은 관심을 두기 시작했다.

개별 거래 협상이 며칠 걸려서 끝난 후에 도매상과 인디언 대표는 또 한 번 선물을 교환하고 인디언들은 고향으로 떠났다. 인디언 대표는 HBC 교역소를 벗어나면 자기가 받은 선물들을 인디언들에게 나누어 주었다. 그러나 도매상은 자기가 받은 선물과 구입한 모피를 모아서 런던에 있는 본사에 이익을 보고했다. 도매상과 인디언 대표는 복잡한 거래 의식에서 분명히 중요한 인물들이었다. 거래 의식은 많은 오해를 불러일으켰지만 양쪽 다 아주 멀리서 온 사람들이라는 점을 생각할 때 다른 문화권 사이 거래가 효과적으로 이루어지는 데 큰 기능을 했다.[33]

이 교역 관계는 분명 미리 협정을 맺고 그것에 따라 하는 무역은 아니었다. 그렇다고 또한 완전한 자유 경쟁도 아니었다. 한편 HBC는 영국 무역에 대한 정부 독점권을 가지고 있었고 프랑스는 1713

---

[32] Ray and Freeman, *Good Measure*, 54~57쪽.
[33] Ray and Freeman, *Good Measure*, 57~58쪽, 74~75쪽, 218~223쪽.

년 이후부터 협정에 따라 모피 무역을 할 수 없게 되었다. 겉으로는 이제 HBC가 모피를 살 수 있는 유일한 독점 자본이었다. 그러나 허드슨 만 남쪽 지역에 있는 몬트리올 상인들의 거래는 매우 활발했고 경쟁도 심했다. HBC는 프랑스 상인들이 남쪽 지역에서 거래하는 모피 가격을 기준으로 '허드슨 만의 바닥'이라고 부르는 제임스 만 James Bay에서 거래하는 모피 가격을 정했다.[34] 그러나 인디언들은 한 철에 두 군데에서 거래할 수 없었다. 허드슨 만에 있는 HBC 교역소까지 가는 데 몇 달이 걸리고 나면 이들은 여기서의 거래를 취소하고 그해에 다른 곳으로 이동해서 거래할 수 없었다. 그러나 다음 해에는 다른 곳으로 갈 수 있었기 때문에 HBC는 인디언 상인들과 계속 거래할 수 있는 조건들을 마련해야 했다. 한번 떠난 인디언들을 다시 돌아오게 하는 것은 힘든 일이었다. 비록 북아메리카의 모피 무역 방식에 상호 교환과 재분배 체계가 함께 있었고 독점 거래의 성격이 강했다고 하지만 전체 흐름으로는 시장 원리를 따르는 교역 체계였다.

유럽의 상인 조직이 북아메리카의 무역 환경에 맞춰 수정한 거래 방식은 같은 기간 서아프리카 해안 지역에서 사용했던 거래 체계와 비슷한 점이 있다. 우선 두 지역에서 유럽 상인들은 자기들이 쓰던 파운드, 실링, 펜스 같은 계산 단위를 포기하고 MB, 바$_{bars}$, 트레이드 온스 같은 현지 통화 단위를 썼다. 또한 새로운 통화로 유럽 상품에 매긴 '가격'은 별로 변동이 없었다. 그래서 수요와 공급의 작용으로 발생해야 할 가격 유동성은 다른 요소에서 찾을 수밖에 없었

---

[34] 해럴드 이니스는 프랑스 상인들이 경쟁력이 떨어진다고 보았다. 그러나 이 견해는 맞지 않다. 프랑스와 노스웨스트 컴퍼니의 경쟁력이 강하고 적극적이었다. Eccles, "Belated Review"; Ray and Freeman, *Good Measure*, 198~217쪽 참조.

다. 서아프리카에서 가격 변동은 거래할 상품들을 한데 묶어서 교환하는 통합 거래 방식을 이용해서 이루어졌다(3장 참조). 북아메리카의 허드슨 만에서도 통화를 사용하지 않고 물물 교환 형식으로 거래하는 방식이 더 많았는데, 교환 조건은 유럽 상인들이 만든 표준 가격표를 기준으로 거래 당사자의 협상을 통해 이루어졌다.

한편 유럽의 회계 담당자들은 새로운 거래 체계에 알맞은 새로운 계산법을 찾아야 했다. 서아프리카에 있는 재외 상관의 회계 장부를 보고는 실제로 자신들이 어떤 거래에서 얼마를 벌었는지 아니면 손해를 봤는지 알 수 없었다. 따라서 유럽의 거래 기준과 유럽이 아닌 지역의 거래 기준을 모두 만족시킬 수 있는 교환 수단을 갖기 위해 가격을 정할 필요가 있었다. 18세기 말 이후 세계 무역은 여러 가지 무역 규범이 유럽식으로 이동하기 시작했다. 바야흐로 무역 상인 집단의 시대는 점점 끝나 가고 있었다.

11
상인 유민 집단의 쇠퇴

 처음에 서로 다른 문화 간의 교역을 이어 주기 위해 생겨났던 상인 유민 집단은 점점 국제 무역이 통합되고 문화권의 차별성이 줄어들면서 존립 기반을 잃게 되었다. 그러나 1740년과 1860년 사이 세계 무역이 서구 중심으로 바뀌면서 완전히 새로운 무역 체계가 등장했다. 새로운 체계는 서구에서 오래전부터 활동하고 있던 상인 유민 집단의 기능을 단지 빼앗은 것이 아니라 우리 역사 속에서 오랜 세월 동안 국제 무역의 유력한 규범으로 자리 잡았던 상인 유민 집단을 아예 없애 버리는 것이었다.

산업주의와 흔들리는 힘의 균형

 이렇게 된 까닭은 시간이 흐르면서 세계 무역의 범위가 더 커지고 늘어났기 때문이기도 하지만 산업 시대의 탄생이 세계 무역에 끼친 영향이 더 큰 근본 원인이었다. 새로운 기술은 과거보다 훨씬 수준 높은 생산과 소비를 창조하는, 완전히 새로운 종류의 인간 사회를 만들었다.—그러나 이것은 또한 새로운 문제들을 함께 가져왔는데 환경오염과 더불어 재생할 수 없는 자원에 대한 수요가 늘어났고 모든 인류를 없애고도 남을 강력한 무기들을 만들어 냈다.[1]

우선 새로운 산업 시대는 '유럽 시대'이기도 했다. 유럽 인들은 새 기술을 가장 먼저 발명했고 그 기술을 가지고 지금까지와는 비교할 수 없는 적은 비용으로 다른 나라들을 정복하고 지배할 수 있었다. 군사력의 균형은 이보다 좀 더 일찍부터 흔들리기 시작했다. 16세기 '화약 제국들'의 등장은 아프리카와 유라시아에서 흔히 볼 수 있는 현상이었다. 18세기 중반 유럽 인들은 대포 기술의 발달로 다른 나라들보다 또다시 앞서 갔는데 새로운 야전 대포는 값이 싸고 가벼웠다. 그리고 보병이 혼자 장전하고 총을 쏠 수 있는 것처럼 이 대포도 숙련된 포병이 혼자서 빨리 쏠 수 있었다. 보병들이 일제 사격을 하면서 함께 대포를 쏠 수 있게 되면서 유럽의 군대는 이제 자기들보다 몇 배 더 많은 아시아나 아프리카 군대와 싸워서도 이길 수 있었다.[2]

일찍이 1740년대부터 새로운 군사 기술은 유럽이 아시아에 설치한 교역소에서 그 위세를 떨치기 시작했다. 군사력의 균형이 깨지면서 유럽 인들이 세운 교역소는 인도의 벵골이나 인도네시아의 자바처럼 유럽 국가들이 영토까지 지배하는 자치령 형태로 바뀌기 시작

---

[1] 기술적 측면을 다룬 최근의 연구는 David S. Landes, *The Unbound Prometheus* (Cambridge, 1969)를 참조 ; 더 일반적인 연구서로는 volume III of Carlo M. Cipolla(ed.), *The Fontana Economic History of Europe* 5 vols.(London, 1973) 참조.
[2] Carlo M. Cipolla, *Guns and Sails in the Early Phase of European Expansion 1400~1700*(London, 1965), 특히 143~148쪽 ; Gale B. Ness and William Stahl, "Western Imperialist Armies in Asia", *Comparative Studies*, 19권 2~29쪽(1977) ; William H. McNeill, *The Pursuit of Power: Technology, Armed Force, and Society since A.D. 1000* (Chicago, 1982).

했다. 무역 회사들도 이익을 늘리기 위한 수단으로 무력을 사용했다. 무역 회사들은 보호 비용을 내기도 하고 다른 상인들에게 보호 비용을 징수하기도 했지만 이들은 정치적 이유로 중요한 결정을 내리지는 못했다. 그러나 유럽 인들의 힘이 점점 강해지면서 상황이 변하기 시작했다. 프랑스와 영국의 잦은 전쟁이 해외로도 번져 나가면서 상황이 바뀌기 시작한 것이다. 유럽에서 두 나라가 전쟁을 하면 인도 대륙과 해역에서도 프랑스와 영국 동인도 회사가 싸웠다.

인도에서 교역소가 점점 자치령—처음에는 인도의 일부 영토만 지배하다가 나중에는 인도 전체를 지배—형태로 바뀌는 과정에서 영국 동인도 회사가 설립된 것은 바로 영국과 프랑스의 경쟁 때문이었다. 1740년대에는 영국과 프랑스의 경쟁이 더욱 치열해졌는데 인도 서쪽 지역에 있는 프랑스 동인도 회사French Compagnie des Indes는 인도 주 정부들의 분쟁에 끼어들기 시작했다. 이들은 인도 군대를 유럽식 전쟁 수단으로 무장하고 훈련시키며 야전 대포와 일제 사격술을 가르쳤다. 이런 상황은 점점 유럽 군대를 인도로 더욱 많이 불러들이는 결과를 가져왔고 영국 동인도 회사도 자기 방어를 위해 프랑스와 똑같이 할 수밖에 없었다. 군사 임무는 매우 돈이 많이 드는 일이었다. 이에 대한 대가를 지불하기 위해 인도 정부는 군대 예산을 늘리고 국민들에게 세금을 더 많이 거둬들였다. 특히 농민들의 토지세 부담이 컸다.

영국 동인도 회사는 군사력이 증강하는 속도에 맞춰 단계별로 자신들의 권한을 확대했다. 벵골에서 영국 동인도 회사가 최고의 군사력을 가진 시기는 1757년 플라시Plassey 전투 때부터다. 그러나 이 시기는 실제보다 상징적 의미를 가지고 있다. 그리고 이 전투는 대포 전투로 유명한 것 말고는 별로 중요하지 않았다. 그렇지만 어쨌든 플라시 전투는 영국 동인도 회사가 벵골뿐만 아니라 그 이웃 주 정부들에 대해 느리지만 꾸준하게 세력을 확대해 가는 길을 여는 계기가 되었다. 이 회사는 처음에는 회사의 꼭두각시가 된 벵골의 지배자 나와브nawab의 권한으로 토지세를 징수하기 시작했다. 그러다 1765년에 나와브에게 토지세 징수 일을 정부 재정 책임자인 디완diwan과 함께 하도록 명령했다. 이 회사는 처음에는 디완의 권한을 이용해서 인도인 관리들에게 세금을 거두게 했는데 1772년에는 자신들이 직접 고용한 관리들을 시켜 정부 수입을 거두고 콜카타와 가장 가까운 벵골과 비하르, 오리사, 세 지방의 재정 업무까지 관리하기 시작했다. 이 일대는 오늘날 인도의 일부로 남아 있는 서벵골 지방과 방글라데시를 포함하는 넓은 지역이었다. 이와 함께 영국 동인도 회사는 이제 단순한 무역 회사가 아니었다. 동인도 회사는 하나의 정부였으며 영국 의회도 1773년 '규제 조례Regulating Act'(정확하게는 동인도 회사 조례East India Company Act임 - 옮긴이)를 통과시켜 이것을 인정했다. 이 조례는 실제로는 동인도 회사의 이사회에서 회사의 정치적 기능을 빼앗아서 왕실의 관리들에게 그 권한을 넘기는 일련의 조치 가운데 첫 번째 법령이었다.

인도의 모든 지역에 걸쳐 교역소를 자치령으로 바꾸는 작업은 이때부터 1858년까지 계속되었다고 하지만 사실은 이보다 훨씬 이른 시점부터 영국 관리들이 인도의 대부분을 지배하고 있었다. 이 당시 인도를 통치했던 점령군은 동인도 회사의 군인들이었고 지배 관료는 회사의 직원들이었다. 한편 1813년 동인도 회사는 인도와 유럽 간의 무역 독점권을 잃었는데 이미 오래전에 인도양에서의 무역 독점권을 포기한 상태였다. 1834년 동인도 회사는 중국으로 가는 영국 무역의 독점권도 잃었다. 그리고 여러 가지 현실적인 문제로 이 회사는 무역 회사의 기능을 완전히 상실했다. 대신에 동인도 회사는 인도 영국 자치령을 다스리는 영국 정부의 해외 지부가 되었다. 1858년 인도 군인들이―이들은 처음에 영국이 인도를 점령하기 위해 유럽의 무기로 훈련시킨 군인들이었다.―심각한 폭동을 일으킨 후 마침내 영국 정부는 동인도 회사를 공식적으로 해산했다.

그동안 영국의 지배자들은 인도의 모든 지역에 영국의 무역 문화를 널리 퍼뜨렸다. 과거의 상인 유민 집단과 교역 활동은 아직 끝나지 않았지만 이들의 교역 방식도 점점 서구의 방식을 따라갔다. 그리고 새로운 서구식 경제가 옛날의 교역 질서 옆에서 함께 성장했다. 은행과 보험 회사, 철도, 전신, 경영 대리 회사 같은 새로운 성장 분야가 나타나기 시작했다. 과거 형태의 교역 체계 가운데 일부는 오늘날까지도 그대로 남아 있지만 대부분의 방식은 점점 성장해 가는 새로운 경제의 변두리로 밀려났다.

네덜란드 동인도 회사도 이와 비슷하게 새로운 유럽 군사력을 기반으로 해서 과거의 교역소를 자치령으로 바꾸어 나갔다. 이런 변화는 자바 섬의 지역 환경이 바뀌면서 더 빨라졌다. 17세기 전반에 마타람Mataram 왕국이 실질적으로 자바 섬을 다스렸다. 마타람 왕국은 강력한 중앙 집중식 권력이었고 왕의 권한은 끝이 없었다. 그러나 이처럼 강력한 중앙 집권도 1645년 이 왕국을 세운 아궁Agung 술탄이 죽자 무너져 내렸다. 이전에도 지방 정부의 지배자들은 꽤 큰 권한이 있었다. 그래서 이들이 언제나 중앙 정부에 복종만 한 것은 아니었다. 아궁 술탄이 죽은 다음부터 권력은 그 뒤를 이을 지방 정부들에 이동하기 시작했는데 이 가운데는 과거 상인 유민 집단의 거점으로 시작했던 바타비아의 네덜란드 동인도 회사와 부기 족 및 중국 세력의 중심지도 포함되어 있었다.

　네덜란드 동인도 회사는 영토 지배를 피하려고 했지만 바타비아에 이미 군사력이 있었고 정치적 무질서는 장사에 도움이 되지 않았다. 1670년대부터 네덜란드 동인도 회사가 자바에서 자치령을 늘려 가는 일이 반복해서 일어났다. 아궁의 뒤를 이은 마타람의 술탄은 계속되는 반란을 막을 수 없자 네덜란드에 도움을 요청했다. 술탄은 보답하는 마음으로 또는 네덜란드의 압력으로 네덜란드 동인도 회사에 영토의 일부를 할양했다. 동인도 회사는 이 영토를 과거에 지배했던 세력에게 그대로 다스리게 했다. 이런 방식으로 한 세기 넘게 자바의 영토가 하나 둘 마타람의 지배에서 바타비아의 지배로 넘어왔다. 1757년 네덜란드는 이제 이 섬의 모든 영토를 지배하게 되었다. 그러나 이들의 자바 영토 지배는 인도에서 영국이 지배하는 방식보다 훨씬 간접적이었다. 자바 사람들은 대부분 네덜란드 상인들이 섭정이라고 부르는 대리 통치자가 다스렸다.—이들은 과거 마타람 왕국 시절 지배자의 후손들이었다. 실제로 네덜란드 상인들은 어떤 분야에서는 직접 명령을 내릴 수 있었는데 그것은 대개 커피의 생산과 수출 같은, 자신들의 경제 이익에 영향을 미치는 일들이었다. 이 밖에는 대리 통치자들이 고유의 결정으로 다스렸다. 따라서 네덜란드 동인도 회사는 자치령 통치를 하기는 했지만 19세기 식민지 시대와 같은 영토 지배는 아니었다. 이것은 서구 방식이라기보다는 자바 방식의 지배였다. 1799년 네덜란드 동인도 회사는 자바의 영토를 지배했지만 (아니 어쩌면 이것 때문에) 상업적 성공을 거두지 못하고 문을 닫았다.

　19세기 전반 네덜란드 동인도 회사가 지배했던 영토 가운데 일부는 지금까지와는 성격이 다른 나라들이 지배하게 되었는데, 나폴레

옹 시대에는 프랑스가 지배했고 또한 꽤 오랫동안 영국의 지배도 받았다. 1816년 네덜란드 정부는 인도네시아 네덜란드 자치령이라고 부르는 식민 정권을 세웠다. 여러 나라가 참여한 식민 정부는 저마다 자국의 이익을 찾으려고 애썼지만 그 노력은 체계가 없었고 결국 실패하고 말았다. 자바 인들은 마침내 이 정권의 통치 방식에 반기를 들었다. 그 결과 1825년에서 1830년까지 중요한 반란이 일어났다.—인도 군인들의 반란과 같은 국가 위기 상황이었다. 그런데 이 반란은 인도의 경우와 다르게 유럽의 영토 지배에 대한 반발에 더해서 외국인 혐오까지 뒤섞인 전쟁이 되었다. 네덜란드는 이곳에서 철수하거나 아니면 완전한 정복을 위해 전쟁을 치르거나 둘 중 하나를 선택해야 했다. 네덜란드는 반란군을 진압한 후 처음으로 정식 식민 정부를 수립하고 질서를 세워 복종하도록 했다.[3] 그리고 무역 분야에서는 네덜란드 정부가 운영하는 무역 회사가 수출 무역을 거의 독점하게 되었다. 따라서 이곳에서는 인도처럼 서구의 새로운 교역 제도가 서서히 들어와서 인도 상인들이 장사를 계속할 수 있었던 것과는 환경이 달랐다. 이곳의 지역 상인들은 국내 교역만 할 수 있었는데 결국 예전부터 상인 유민 집단으로 남아 있던 이슬람 상인과 중국 상인, 부기 족 상인들이 국내 교역을 장악했다.

  벵골과 자바의 자치령은 유럽의 새로운 산업 기술이 비서구 세계에 영향을 끼친 여러 가지 방식 가운데 두 가지 사례일 뿐이다. 유럽의 새로운 영향력은 겉으로 볼 때 정치 분야보다 무역 분야가 덜 드러나지만 그 강도는 엄청났다. 동인도 회사들의 전성기에는 유럽

---

[3] Michael Adas, *Prophets of Rebellion : Millenarian Protest Movements against the European Colonial Order*(Chapel Hill, N.C., 1979), 3~11쪽과 여기저기 참조.

상인들도 국제 무역 중개를 중요하게 생각하고 공을 들였지만 이제 국제 무역에서 중개업은 필요하지 않았다. 새로운 산업 기술로 무장한 유럽 상인들이 마음대로 할 수 있었기 때문이다.

산업 시대의 아프리카 무역 : 아프리카의 2차 제국들

산업 혁명으로 유럽의 산업이 발전하면서 그 역풍을 맞은 것은 유럽의 무역 회사만이 아니었다. 1780년부터 1880년까지 아프리카는 아시아에서 일어난 경제적, 군사적 변화와 비슷한 변화를 겪었지만 그 당시 이곳에는 유럽 인이 별로 없었다. 아프리카에서 점점 늘어나는 유럽의 무역과 무기 공급은 아무래도 예전부터 아프리카의 무역을 관리하고 무기를 사용했던 사람들이 먼저 차지했다. 우리는 동아프리카의 무역과 노예 거래, 무기 수입의 증가가 1780년대 이후로 이 지역에서 어떻게 폭력을 강화했는지 앞서 확인했다(2장 참조). 이런 추세는 19세기 전반까지 계속되었다. 1850년 이후, 특히 1870년대 이후 아프리카 상인들은 이 지역의 지배자로 탈바꿈하기 시작했다. 유럽 상인들은 이보다 거의 한 세기 일찍 아시아 일부 지역에서 이 같은 모습을 보였다.

이런 변화는 유럽 상인들보다는 유럽에서 들여온 무기들 때문에 발생했다. 1860년대 이후 유럽의 총기는 총구로 화약을 장전하는 전장식前裝式 머스킷총musket에서 다양하게 발전하여 라이플총, 탄약통, 후장식後裝式 소총, 탄창 달린 연발총까지 빠르게 변해 갔다. 이 모든 총들이 아프리카 인들의 손안에 들어왔다.—1880년대 초 유럽 인들이 사용하기 시작한 기관총은 아직 들어오지 않았다. 누구보다 먼저 최신 유럽 무기를 구할 수 있는 아프리카의 상인이나 지배자는 이웃 국가들을 마음대로 침략할 수 있었다. 그 결과 아프리카 동쪽과 중앙 지역의 국경선은 새로운 정치 조직들의 탄생과 함께 다시 그려졌고 이들은 유럽의 산업 기술로 만들어진 무기를 사용해서 간접으로 세력을 확장했기 때문에 종종 2차 제국secondary empire이라고 불렸다.[4]

이 시기에 아프리카의 2차 제국을 건설한 사람들 중에 아프리카계 아라비아 상인들도 있었지만 이들만이 아니었다. 야오 족 상인들은 스와힐리 상인들이 인근에 나타나기 전에도 말라위 호수의 서쪽에 있는 툼부카Tumbuka에 작은 왕국을 세웠다.[5] 니암웨지 족 상인들은 자이르의 구리 광산 지역인 샤바Shaba에 왕국을 세웠고 아프리카계 아라비아 상인은 지금의 키상가니Kisangani 근처에 있는 콩고 강 상류 지역 중심부에 왕국을 세웠다. 또한 일반인들도 부간다Buganda의 왕들처럼 무역 상인들에게 최신 무기를 구입할 수 있으면 남의 나라를 침략하는 팽창주의자가 될 수 있었다. 그러나 동아프리카에서 2차 제국 시대는 전성기가 짧았다. 1890년대 들어 유럽 인들의 침략 물결이 아프리카의 중심부로 밀려들어 왔다.

상인 유민 집단이 2차 제국이 될 수 있었던 여러 가지 사례 가운데 하나를 나일 강에서 하르툼의 북쪽까지 이르는 누비아 지역에서 시작해서 남쪽으로는 지금의 자이르와 서쪽으로는 나이지리아까지 확장했다가 19세기 말 유럽 인들의 정복으로 멸망한 한 아프리카 상인 무역망에서 찾아볼 수 있다. 나일 강의 누비아 지역은 대추야자와 낙타를 이용한 무역 체계를 대표하는 곳이었다(2장 참조). 그리고

---

[4] 2차 제국에 대해서는 대개 Philip D. Curtin 외 공저, *African History*(Boston, 1978), 332~361쪽, 404~417쪽 참조.
[5] Leroy Vail, "Suggestions Towards a Reinterpreted Tumbuka History", in B. Pachai (ed.), *The Early History of Malawi*(London, 1972), 148~167쪽.

사막을 지나 나일 강으로 가는 이 길은 여러 세기 동안 지중해 지역과 사하라 사막 이남 지역을 이어 주는 통로였다. 이 지역은 파라오 시대의 이집트와 로마, 그리고 나중에는 아라비아 출신의 이슬람 정착 상인들의 지배를 받았다. 18세기에 누비아 남쪽 지역 사람들은 비록 현재 혈통이 아라비아보다는 누비아에 더 가까웠지만 자신들을 아라비아 사람이라고 생각했다. 그러니까 백나일White Nile 강과 청나일Blue Nile 강이 만나는 하르툼 바로 위 지역, 다시 말하면 누비아 지역을 흐르는 나일 강 가장 남쪽 지역에 사는 사람들은 자신들을 아라비아 사람이라고 생각했다. 이들의 혈통을 거슬러 올라가면 아라비아뿐만 아니라 아바스 왕조와도 관련이 있는 자알리인Ja'alīyyīn 족이었는데 '예언자의 아저씨Prophet's uncle'(선지자 무함마드의 혈통이라는 뜻-옮긴이)라는 뜻을 가지고 있다.

이들은 19세기 초 몇십 년 동안 큰 번영을 누리고 살았다. 남부 누비아는 셴디Shendi를 중심으로 독립 왕국을 이루고 있었다. 자알리인 족은 모든 방향으로 교역로를 운영하고 있었는데 남쪽은 에티오피아의 국경 지역까지, 동쪽은 홍해의 수아킨Suakin(포트수단의 남쪽에 있는 항구-옮긴이)까지, 서쪽은 코르도판Kordofan(수단 가운데에 있는 고원-옮긴이)을 지나 다르푸르Darfur(수단의 서부에 있는 주-옮긴이)의 술탄 영토까지 교역로가 이어져 있었다. 다르푸르는 실제로 이들에게 두 번째로 중요한 활동 중심지였다. 여기서 한 갈래 길이 남쪽으로 적도 삼림 지대까지 곧바로 나 있고 또 다른 갈래 길은 북동쪽으로 사막을 지나서 서쪽에 있는 나일 강 굽이 지역까지 갔다가 다시 북쪽으로 이어져 이집트까지 연결했다. 이 길이 바로 다르푸르에서 나일 강까지 이어지는, 역사적으로 유명한 40일 도로Forty-Day Road였다. 40일 도로와 나일 강을 따라가는 길은 수단의 삼림과 사막에서

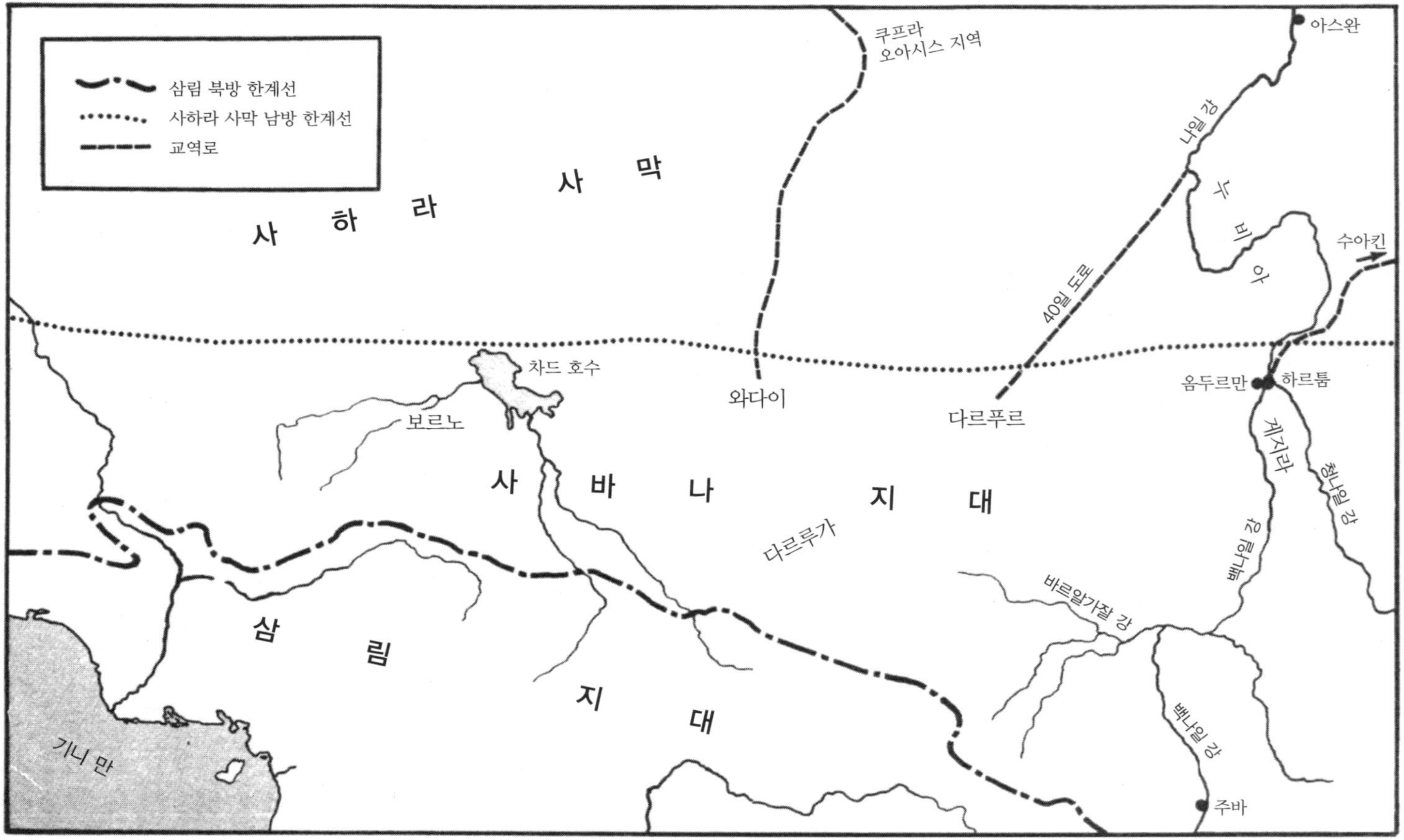

지도 11.1 _ 수단 동부 지역

(지도 내용)
- 아스완
- 수아킨
- 누비아
- 하르툼
- 게지라
- 옴두르만
- 청나일 강
- 나일 강
- 백나일 강
- 주바
- 바흐르가잘 강
- 40일로
- 다르푸르
- 쿠프라 오아시스 지역
- 와다이
- 다르푸가
- 사바나 지대
- 사하라 사막
- 차드 호수
- 보르노
- 삼림 지대
- 기니 만

범례:
- 삼림 북방 한계선
- 사하라 사막 남방 한계선
- 교역로

나는 물품을 싣고 북쪽으로 가는 중요한 길로, 상아, 타조 깃털, 노예, 구리, 타마린드tamarind(청량음료, 약, 조미용으로 씀 - 옮긴이), 아라비아고무, 낙타가 주요 수출품이었다.[6]

1820년 이후 상황은 급변했다. 우선 이집트 정부가 누비아와 수단, 그리고 바로 그 남쪽 지역까지 정복했다. 이로써 이집트가 지배하는 새로운 2차 제국이 처음으로 탄생했다. 2차 제국은 최신의 유럽 무기를 가지고 유럽 인 용병들에게 군사 훈련을 받은 새로운 이집트 군대가 세웠다. 이 같은 상황은 자알리인 족의 무역 활동에 유리했다. 많은 누비아 상인이 수단의 새로운 수도 하르툼으로 옮겨 왔다. 이집트 출신의 콥트 교회 상인들과 레반트 상인들, 그리고 꽤 많은 유럽 상인들이 이곳으로 모여들면서 교역이 확장되기 시작했다.

1839년 이집트 상인들은 아프리카 적도 지역까지 가는 새로운 통로를 발견했다. 이때까지 수단의 남쪽 나일 강 유역은 수드sudd라고 부르는 거대한 파피루스 늪지대로 모두들 보트로 건너갈 수 없다고 생각했다. 새로 발견한 통로는 처음에 정부의 배만 다닐 수 있었다. 그러나 1851년 이후 이 길은 모든 상인에게 개방되었다. 이 기간에 상아의 가격이 오르면서 상인들은 수드 상류의 꼬불꼬불한 물길을 따라 수단의 바르알가잘Bahr al-Ghazal 지구와 더 남쪽으로 내려가 지금의 자이르 북동 지방과 우간다 북부 지방으로 흩어졌다. 그러나 이집트 인들은 수드 너머로 문명 정부를 세우려고 생각하지 않았고 옛날부터 있던 지방 정부들은 너무 힘이 약해서 다른 나라의 상인

---

[6] P. M. Holt, "Egypt, the Funj, and Darfur", in Richard Gray(ed.), *The Cambridge History of Africa*, vol. 4(Cambridge, 1975).

들이 마구 들어오는 것을 통제할 수 없었다. 따라서 외국의 상인은 이곳에 와서 먼저 종래의 교역소 같은 상인 정착촌을 세우고 주위의 종교를 통제하기 시작했다. 그런 다음 이집트가 지배하는 2차 제국과 경계를 긋고 자신들이 세운 또 하나의 새로운 2차 제국을 건설했다.

이 과정은 차근차근 순서대로 진행되었다. 첫 번째 단계로 상인들은 자리바zariba라고 부르는 무장 부대를 창설했다. 이들은 최신 유럽 무기로 무장한 노예 군인들로 구성해서 자신들을 보호했다. 그다음 자리바의 군인들은 자기 방어와 함께 지역의 분쟁에도 개입했다. 이러한 상황은 이 지역의 폭력 수위를 높이고 무정부 상태를 가져왔으며 노예 거래도 늘어나는 결과를 초래했다. 그러나 무정부 상태는 무역에 좋지 않았다. 그래서 다음 단계로 자리바의 권력자들은 인근 지역의 질서를 바로잡기 시작했는데 처음에 세웠던 교역소의 형태를 서서히 2차 제국 형태로 바꾸어 나갔다.[7]

1850년대와 1860년대 초 이런 군사 조직을 갖춘 상인 유민 집단은 여러 나라가 관련되어 운영되는 국제 조직이었다. 대부분은 하르툼에 자리 잡고 있었고 이 조직에서 일하는 인원은 대개 하르툼에 사는 자알리인 족 출신 가운데서 뽑았다.―이들을 종종 '하르툼 사람들'이라고 부른 까닭이 여기 있었다. 19세기 후반 일부 자알리인 족은 지금 살고 있는 나일 강 누비아 지역의 인구가 너무 많이 늘어나 그 지역을 떠나지 않으면 안 되었다. 이들은 원래 상인들의 부하

---

[7] P. M. Holt, "Egypt and the Nile Valley", in John E. Flint(ed.), *The Cambridge History of Africa*, vol. 5(Cambridge, 1976), 35~37쪽 ; Richard Gray, *A History of the Southern Sudan 1839~1889*(Oxford, 1961), 45~69쪽 ; Richard Hill, *Egypt in the Sudan 1820~1881*(London, 1959).

들로서 대개 2차 제국으로 합류했다. 1860년대 말과 1870년대 이들은 남서쪽을 통과해서 먼 곳으로 이동했는데 그곳에서 다르푸르에 예전부터 자리 잡고 있던 자알리인 족 상인들과 경쟁하기 시작했다. 중심지 계층 구조 모형을 따르면 무역 계층 구조에서 다르푸르와 하르툼은 카이로의 하위 계층에 있었다. 물론 다르푸르는 여전히 독립 국가의 술탄 영토였다. 그 결과 두 하위 계층 도시는 격렬한 경쟁에 휩싸였는데 서로 자신들의 내륙 지역에 대한 통제를 강화하려고 했다. 하르툼에서 레반트 상인과 콥트 교회 상인들의 지배권이 커지면서 둘 사이의 갈등도 점점 커졌다. 이것은 레반트 상인과 콥트 교회 상인들이 자알리인 족 상인들보다 카이로에 더 긴밀한 유대 관계를 가지고 있었다는 것을 뜻했다.[8] 〈그림 11.1〉은 1860년대 당시 형성되었던 두 도시의 긴장 관계를 보여 주는 구조도이다.

모든 관련 집단이 유럽 무기로 무장하고 있고 이집트 정부는 이것을 통제할 수 없었기 때문에 이 같은 긴장 관계는 바로 폭력으로 연결될 수밖에 없었다. 처음 공격은 다르푸르 남쪽 국경 지대에 있는 상인들이 시작했다. 이들은 카이로에 종속되어 있는 제3위 계층 지역의 상인들이었다. 이들의 지도자는 알 주바이르 라마 만수르al-Zubair Rahma Mansur라는 자알리인 족 사람으로 1850년대 중반 바르알가잘에서 상인으로 출발했다. 1860년대 동안 그는 상인에서 이 지역의 정치, 군사 지도자로 변모했다. 1874년 그는 북쪽으로 치고 올라가서 다르푸르의 술탄 영토를 정복할 정도로 강해졌다.[9] 이제 그는 이

---

[8] Gray, *Southern Sudan*, 70~86쪽 ; Holt, "Egypt and the Nile Valley", in Flint (ed.), *The Cambridge History of Africa*, 5권 35~38쪽 ; Jay Spaulding, "Slavery, Land Tenure and Social Class in the Northern Turkish Sudan", *International Journal of African Historical Studies*, 15권 1~20쪽(1982).

[9] Gray, *Southern Sudan*, 120~125쪽.

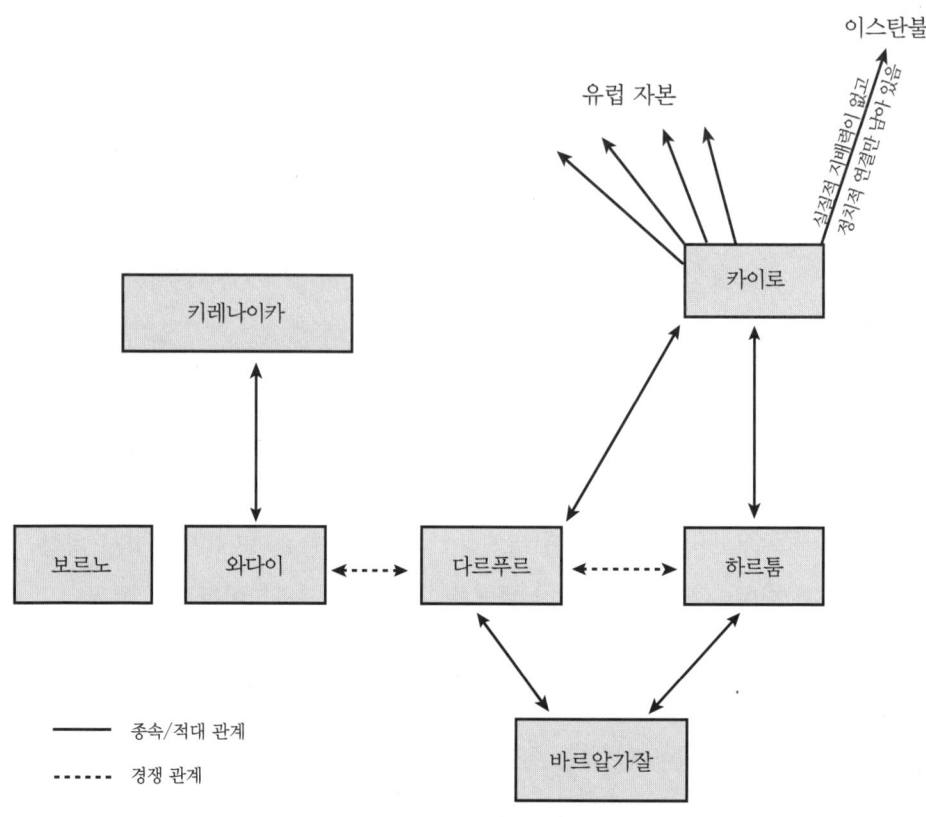

그림 11.1 _ 1860년경 수단의 상인 유민 집단들의 관계

집트가 지배하지 않는, 완전히 독립된 2차 제국을 세우기 시작했다. 그러나 이집트 정부가 보기에 이들은 너무 크고 위험해졌다. 1878년 마침내 이집트는 군대를 보내 그를 붙잡고 그가 이룩한 무역망과 정치 조직을 단번에 무너뜨렸다.

그를 따르던 사람들은 아직 위기를 벗어날 방도를 가지고 있었으며 또한 다른 사람들이 함부로 자신들을 공격할 수 없는 최신 무기로 무장하고 있었다. 알 주바이르의 아들 라비흐 파들알라Rabih

Fadlallah는 자알리인 족을 중심으로 하고 직접 사거나 아버지의 전투에서 포로로 잡은 노예 병사들을 보강해서 군대를 일으켰다. 이들은 후장식 소총으로 무장하고 전장식 구식 머스킷총도 별로 없는 서쪽 지역을 침입했다.

라비흐는 와다이의 남쪽을 노예 공급 지역으로 만들었다(와다이는 다르푸르 서쪽 옆에 있는 2차 제국으로 지금의 차드 호수 동쪽 지역을 말한다). 그는 여기서 1893년까지 국경을 넘나들며 노예사냥으로 겨우 유지하면서 얼마 안 되는 작은 영토를 지배하고 살았다. 그러나 이런 종류의 준전시 상태는 지역의 안정성을 해치고 중심지의 다기능 계층 구조에서 상위에 있는 지역까지 위협했다. 이집트가 라비흐의 아버지를 제거하자 와다이 정부도 라비흐를 제거하기 위해 군대를 보냈다. 라비흐는 와다이 군대를 무찔렀지만 서쪽으로 도망가서 차드 호수 서쪽의 보르노Borno 왕국을 점령했다. 그러나 이것도 잠시뿐이었다. 이제 아프리카 독립 국가의 시대는 끝나 가고 있었다. 1900년 프랑스 군대가 라비흐를 무너뜨렸다. 이보다 조금 앞선 1898년 영국은 누비아와 수단에 있는 이집트의 2차 제국들을 점령했다. 자알리인 족은 이미 너무 군사 조직으로 바뀌어 있어서 새로운 식민지 환경에서 상인 조직으로 살아남을 수 없었다. 이런 까닭으로 서구의 상업 문화에 적응할 수 있었던 아프리카 상인 집단은 아주 적은 수에 불과했다.

비공식 제국과 새로운 형태의 교역소 : 싱가포르

19세기 초 벵골과 자바에 있던 교역소들이 자치령으로 바뀌면서 유럽의 해외 진출은 새로운 방향으로 이동하고 있었다. 유럽 인들은

1880년대까지 아프리카를 완전히 정복하려고 하지 않았다. 19세기 말이 될 때까지 서방 세계가 아닌 어느 지역에서도 유럽 인들이 그곳을 완전히 점령해서 직접 영토를 지배하겠다는 목표를 세운 적은 없었다. 1875년 이전까지 유럽 인들은 식민지 정부 수립에 별로 관심이 없었다. 오직 유럽의 새로운 힘을 바탕으로 다른 지역에 영향력을 확대하는 것이 이들의 가장 중요한 목적이었다. 이 시기에 유럽 인들은 오히려 '비공식 제국informal empire' 형태의 지배 체제를 선호했는데, 이는 식민지를 운영하는 데 들어가는 많은 비용을 부담하지 않으면서 자신들에게 매우 중요하고 이익이 되는 모든 이해 관계를 보호할 수 있기 때문이었다.[10]

비공식 제국마다 사용하는 수단과 방법은 크게 다를 수 있었다. 때로 유럽의 산업 국가들은 막강한 경제력을 가지고 해외의 가난한 나라에 자본 제공을 미끼로 자신들의 영향력을 강력하게 행사하기도 했다. 가난한 나라 처지에서 산업 국가들이 제공한 자본은 언제라도 자신들의 목을 죄는 실제 위협으로 돌아올 수 있었다. 가장 교묘한 '포함 외교砲艦外交, gunboat diplomacy'는 실제로 무력을 사용하지 않고도 목적을 이루었다. 왜냐하면 언제라도 필요하면 군함의 대포에서 불을 뿜을 수 있다는 것을 알고 있기 때문이었다.

한편 영국은 동아시아에서 과거와 다른 형태의 교역소를 세워 큰 효과를 보았는데, 무력은 될 수 있는 대로 적게 쓰면서 자기들의 힘과 영향력은 충분히 행사할 수 있는 방법이었다. 새로운 교역 환경에서는 정부의 승인을 받은 반관의 무장한 상인 유민 집단을 이용하

---

[10] John Gallagher and Ronald Robinson, "The Imperialism of Free Trade", *Economic History Review*, 6권(불확실함) 1~15쪽(1953).

는 것보다 정부가 직접 운영하는 무역항을 세우는 것이 훨씬 효과가 컸다. 무역항들은 해군 기지로도 쓰고 있었기 때문에 유럽의 산업 혁명이 생산한 새로운 물품과 유럽 산업에 필요한 대량의 원자재를 보관하고 유통할 수 있는 안전한 장소였다. 또한 이것을 계기로 세계 무역의 새로운 전형이 서구 방식으로 더욱 굳어져 갔다.

동남아시아에서 영국은 자바를 네덜란드에 돌려주었다. 그러나 멜라카는 그대로 유지했고 대신에 싱가포르 섬을 점령했다. 그동안 자바를 다스렸던 영국 행정관 스탬퍼드 래플스Stamford Raffles가 새로운 정책의 총책임자였다. 싱가포르 내륙에 있는 조호르의 술탄 영토가 네덜란드와 부기 족, 기타 이해 관계국들의 압력을 받고 있었기 때문에 싱가포르 섬을 동인도 회사의 재산으로 분리해 내는 데 큰 어려움은 없었다. 그러나 영국 정부의 목적은 분명했다. 이 기지는 단지 동인도 회사의 무역을 늘리기 위해 만든 것이 아니라 영국의 해외 무역 전체를 보호하기 위해 만든 것이었다. 래플스는 싱가포르를 "통제받지 않고 영국이 동맹국들과 자유롭게 무역할 수 있는 장소"로 만들고자 했다.[11] 부기 족이 앞서 그랬던 것처럼 래플스의 지휘 아래 싱가포르는 처음부터 자유 무역항으로 출발했다. 그러나 19세기 초부터는 이곳에서 거래되는 물품 가운데 상당량이 영국산이었다.

1826년 영국 정부는 싱가포르에 있는 동인도 회사를 식민지 사무소로 변경하고 싱가포르를 멜라카와 페낭을 포함한 해협에 있는 식민지들의 수도로 정했다. 싱가포르는 곧 세 곳 가운데 가장 중요한

---

[11] 래플스Raffles에 대한 것은 Rupert Emerson, *Malaysia : A Study of Direct and Indirect Rule*(New York, 1937), 81쪽에서 인용.

도시가 되었고 1840년에는 인구가 3만 5천 명이 넘었다. 그러나 이 가운데 영국인은 아주 적었고 대개가 최근에 이 지역에서 무역을 시작한 상인 집단의 대표 상인들이었다. 이들은 서쪽 끝에서 온 아라비아 상인들과 조로아스터교 상인들, 동인도 지방의 벵골 상인과 클링들, 인도네시아 출신의 부기 족과 자바 상인들까지 다양했지만 대부분은 중국 상인들이었다. 이들은 처음에는 주로 일반 상인들이었다. 이들은 말라카 해협에 있는 식민지의 경계를 따지지 않고 대규모 농장에 투자하고 말레이 반도에 있는 광산들을 개발하기 시작했다. 경제가 급속도로 성장해서 이에 필요한 노동력의 공급이 모자랄 정도였다. 그러자 중국 상인들은 중국 본토에서 계약 노동자들을 데려오기 시작했고 중국 상인 유민 집단은 민간의 후원 아래 계약 이민을 오는 중국인들이 자리 잡을 수 있는 출발점이 되었다.

  따라서 영국령 싱가포르는 시기에 따라 그 기능을 달리했다. 싱가포르는 처음에는 어느 상인 집단보다 광저우와 푸젠 상인 유민 집단의 중요한 거점이었다. 두 번째 시기에는 이 지역에 사는 중국 자본가들이 말레이 본토의 자원을 약탈해 가는 경제 기지 구실을 하기 시작했다. 세 번째 시기에는 중국 남쪽 지방 출신의 식민주의자들이 말레이 반도 본토로 들어가는 정착 기지가 되었다. 이 단계까지는 싱가포르에 대한 주도권이 유럽 인이 아니라 중국인들의 손에 있었다. 싱가포르의 자본과 노동이 중국인들의 것이었지만 최종 소비자는 유럽의 산업 국가였다. 그러나 이후 말라카 해협의 식민지들은 영국이 말레이 반도를 식민지로 만드는 데 출발점이 되었다. 1870년대부터 영국의 간접적인 영향력은 점점 직접 지배로 바뀌었고 마침내 비공식 제국 가운데 하나인 싱가포르는 콸라룸푸르의 지배를 받는 말레이 연방이 되었다.[12]

홍콩과 중국의 조약항

한편 중국 해안을 따라 만들어진 교역소들은 다른 지역의 교역소들과는 다른 진화 과정을 겪었다. 18세기 외부 세계와 맺어 온 중국의 조공 무역 체계는 겉으로는 계속되고 있는 것 같았지만 실제로는 그렇지 않았다. 조공 무역은 여러 세기 동안 허울뿐이었지만 여전히 중국의 유일한 공식 출입항인 광저우로 들어오던 대부분의 무역 물품이 이제는 다른 경로를 거쳐 통과했다. 중국에는 여러 형태의 상점들을 특정한 상인 동업 조합에 가입하게 해서 문제가 발생하면 집단으로 관리들에게 책임을 묻는 제도가 있었다. 정부의 허가를 받은 중개 상인 집단이 세 군데 있었는데(중국 말로 야항ya-hang) 중국 정부는 이들에게 광저우에서 거래하는 모든 무역을 책임지도록 했다. 이들 가운데 어느 집단은 영국 상인들이 홍hong 상인이라고 불렀는데, 이들은 유럽 상인들의 거래를 책임졌으며 실제로 광저우에서 이뤄지는 유럽 상인과의 모든 교역에 독점권을 가지고 있었다.

중국 관리들은 광저우에 있는 외국 상인들에게 많은 제한을 두었다. 외국 상인들은 성안에서 살 수 없고 주장 강 유역의 상인 거주지에 살아야 했다. 그러던 어느 날 외국 상인들에게 중국 땅을 떠나라고 명령했다. 하지만 광저우 근처에 마카오가 있어서 외국 상인들은 어렵지 않게 그곳으로 옮겨 갔다. 마카오는 18세기 말까지 여전히 포르투갈의 지배를 받았으므로 공식적으로 중국 영토가 아니

---

[12] Steinberg 외 공저, *In Search of Southeast Asia*(New York, 1971), 특히 134~140쪽 참조.

었다.

그 당시 차 무역이 늘어나면서 외국 상인들이 예전보다 훨씬 많아졌다. 동인도 회사는 차를 사 가는 가장 큰 구매자였기 때문에 회사의 대표자는 홍 상인들의 대표자와 맞먹는 위치에 있었다. 그러나 동인도 회사는 유럽으로 나가는 무역에만 활동했다. 광저우로 들여오는 수입품은 인도에서 '역내' 무역을 통해 수행했는데 주로 이 회사의 관리들이 개인의 이익을 목적으로 들여왔다. 벵골산 면직물이 주요 수입품이었고 은도 많이 들어왔지만 시간이 지나면서 인도산 아편이 점점 중요한 수입품이 되었다.

1790년대 들어 과거의 교역 체계는 새로운 세계의 역학 구도와 맞지 않게 되었다. 영국과 네덜란드는 자신들이 중국과 동등하다는 것을 중국 왕실에 인정받으려고 애썼지만 실패했다. 19세기 초 옛날식 광저우 교역 체계는 점점 흔들리기 시작했다. 민간 상인들이 늘어났고 영국 회사들은 사르디니아나 덴마크 같은 유럽의 소수 상인들을 대표해서 행동하면서 허울뿐인 조공 무역 체계는 더욱 혼란에 빠졌다. 물건을 사고팔 수 있고 관리들에게 적당하게 뇌물도 주고 보험을 들어 주거나 금융 업무도 대신 해 주는 인도의 중개 회사 체계와 같은 혁신 체계들이 들어오기 시작했다. 또한 중국에서 아편을 수입하거나 사용하는 것은 불법이었지만 무역이 늘어나면서 아편 무역이 급성장했다. 아편은 동인도 회사에 이익을 안겨 주는 가장 중요한 수입품이 되었지만 중국 제국은 국민의 건강과 복리에 해를 끼칠 정도로 몹시 위험한 지경에 빠졌다. 동인도 회사가 볼 때 아편은 유럽으로 싣고 갈 차를 사기 위한 주요한 외화벌이 수단이었다. 이것은 달리 말하면 회사의 주요 사업 수입이었다. 또한 회사는 인도에서 아편을 생산하고 그것을 해외에 수출할 때 세금을 거두어 수익을 올리기도 했다.

중국이 외국 상인들의 무역을 계속 제한하자 영국 상인을 중심으로 외국 상인들은 무력으로 중국 정부를 위협하려고 했다. 1834년 영국은 네이피어Napier를 광저우에 무역 감독관으로 파견하여 허울뿐인 조공 무역을 중단하고 영국을 중국과 대등한 나라로 인정하라고 요구했다. 중국은 요구를 거절했고 네이피어는 광저우의 중국 해안 포병 부대들을 공격하고 돌아왔다. 그러자 광저우에 있는 영국 상인과 중국 상인은 서로 협상하고 무역을 재개했는데 이때부터 과거의 조공 무역 체계는 완전히 사라져 버렸다. 한편 유럽의 상인들은 이제 광저우가 아닌 중국의 여러 항구를 발견했지만 여전히 항구의 입항을 법으로 인정받지 못했고 그 지역의 관리들과 외국인 선장들 사이에 충돌이 점점 많아졌다.

1830년대 말 영국은 중국에 좀 더 강력한 개항을 주문하고 외국 상인들을 제약하지 말고 서구의 새로운 개방 무역 체계를 받아들이라고 요구했다. 그러나 변화를 위해서는 단순한 무력시위가 아니라 실제 전쟁이 필요했다. 결국 1839년 아편 전쟁이 터졌고 1842년까지 전쟁은 계속되었다.

이 같은 갈등의 뒤에는 더 큰 문제가 숨어 있었다. 중국이 마약의 불법 수입을 걱정했던 까닭은 마약이 국민 건강에 해로웠기 때문만이 아니라 1830년대 말 마약 수입이 늘어나면서 은이 대량으로 나라 밖으로 흘러 나갔기 때문이었다. 이것은 중국의 통화 위기로 발전할 수 있었다. 반면에 영국은 자국의 외교관을 중국과 동등한 나라의 대표로 인정하라는 요구를 중국이 거부하자 점점 더 분개했다. 마침내 중국은 아편 거래를 중단하기로 결정했다. 그러자 영국은 허울만 남은 조공 무역을 없애 버렸다. 영국의 이런 조치는 아편을 다시 팔기 위해서 그런 것이 아니라 이번 기회에 영국 상인들이 중국 시장에 자유롭게 들어가는 권리를 얻어 내기 위한 것이었다.

중국은 영국의 적수가 못 되었다. 영국은 왕실 군대나 영국 해군을 불러들이지 않고도 동인도 회사의 무력만으로 중국을 상대했다. 전쟁은 산업 시대의 새로운 군사 기술과 중국의 구식 군사 무기가 충돌한 싸움이었다. 둘 사이의 차이는 너무 커서 영국은 몇천 명 안 되는 군인과 겨우 중심 전함 한두 척으로 중국과 싸워 이겼다. 전쟁에서 큰 공을 세운 혁신 기술은 증기 기관으로 움직이는, 쇠로 만든 전함으로 수심이 얕은 바다도 항해하는 네메시스Nemesis라는 배였다. 이 배는 해안가에 있는 포병 부대까지 소리를 내지 않고 다가가 중국의 강 상류까지 무사히 갈 수 있었다. 중국이 서양 무역을 완전히 개방하는 과정은 그야말로 '포함 외교'라는 말이 실감 나는 표현이었다.[13]

전쟁이 끝나면서 영국은 19세기 비공식 제국들과 관련한 특별한 권한들을 포함해서 중국에 들어갈 수 있는 권리를 얻었다. 1842년 영국과 중국 간에 맺은 협정으로 영국은 아직 개발되지 않은 홍콩섬을 양도받았고 다섯 곳의 다른 항구에서 영국 상인들이 거주하고 교역할 수 있는 권한을 얻었으며 중국에 거액의 전쟁 배상금을 은화 달러로 받기로 약속했다. 중국은 미국, 프랑스, 기타 유럽 국가들과 연달아 협정을 체결했다. 이들은 또 '최혜국most favored nation' 대우 협

---

[13] John K. Fairbank 외 공저, *East Asia : The Modern Transformation*(Boston, 1965), 140~144쪽; Daniel R. Headrick, *The Tools of Empire : Technology and European Imperialism in the Nineteenth Century*(Oxford, 1981), 105~114쪽. 더 자세한 내용은 Frederick Wakeman, Jr., "The Canton Trade and the Opium War", in Denis Twitchett and John K. Fairbank(eds.), *The Cambridge History of China*, vol. 10(Cambridge, 1978).

정을 차례로 체결해서 본디 1842년에서 1844년 사이에 중국이 따로따로 맺었던 협정 체계는 결국 서구 세계 전체에 일괄로 부여한 일반 권리들이 되다시피 했다. 어쨌든 중국이 서구 세계에 내어 준 특권은 지중해 국가들이 앞서 몇 세기 동안 외국 상인 공동체들에 주었던 권한들과 별로 다를 게 없었다. 유럽 상인들은 중국 항구에 거주할 수 있었고 자기들 내부 문제는 스스로 해결할 수 있는 권한도 있었다.—이곳에는 이제 자국을 대표하는 영사들이 있었다. 이후 이 협정은 더 발전하였다. 외국 상인들은 중국의 법에서 벗어나 보호받을 수도 있었다. 때로 이 협정 체계는 유럽 회사에서 일하는 중국인들에게도 비슷한 효력을 발휘했다.[14]

아편 전쟁은 실제로 중국에 서구의 상업 문화를 심는 결과를 가져왔는데 적어도 서구와 교역이 이루어지던 중국 지역에서는 이런 현상이 두드러졌다. 이곳에 정착한 외국 상인들은 은행, 중개 회사, 보험 회사 같은 서양의 새로운 상업 제도들을 도입했다. 때로는 서양 자본으로 건설한 철도가 서구 경제 질서의 실마리를 중국의 중심부까지 실어 날랐다. 홍콩과 협정으로 개항한 조약항treaty ports들은 겉으로 보아서는 산업화 이전의 교역소 거점으로서 싱가포르와 닮았다. 그러나 그 기능은 매우 달랐다. 조약항은 특정 국가나 상인 집단의 제한된 이익을 추구하는 것이 아니라 서구식 모형에 따른 국제 자본주의의 영향력 아래 완전하게 열려 있었다. 그리고 이 모형 위에서 세계 무역은 유럽 상인들에게 한정된 것이 아니었다. 중국과

---

[14] Fairbank 외 공저, *Modern Transformation*, 96~99쪽 ; John King Fairbank, *Trade and Diplomacy on the China Coast : The Opening of the Treaty Ports 1842~1854* (Cambridge, Mass., 1964) ; Yen-P'ing Hao, *The Comprador in Nineteenth-Century China : Bridge Between East and West*(Cambridge, Mass., 1970).

아라비아, 부기 족, 인도인들이 처음부터 싱가포르의 교역에 참가했던 것처럼 여러 종류의 인도 상인들이 아편 무역에 끼어들었으며 계속해서 중국의 개방을 앞당기는 데 기여했다. 1851년 당시 광저우에 있는 '영국 상인' 공동체 안에는 영국 원주민보다 인도 사람들이 훨씬 많았다. 좀 더 확실히 말하면 영국 본토 출신의 영국 상인들보다 조로아스터교 상인들(인도의 봄베이를 중심으로 활동하던 상인들로 인도인 출신의 영국 상인을 뜻함 – 옮긴이)이 더 많았다.

영사관

아편 전쟁 이후 맺어진 불평등 조약을 보면 영사라는 직함을 가진 관리가 나타나는데 그는 유럽의 식민지에 대한 치외 법권의 지배권을 가지고 있었다. 영사 업무는 이 과도기에 나타난 또 다른 새로운 제도였는데 사실 그 근원을 따져 보면 산업 시대 이전의 상인 유민 집단으로 거슬러 올라갈 수 있다. 과거 상인 유민 집단에서 이와 공통된 일을 한 사람은 오래전에 다른 나라로 건너가 살면서 그 나라 사람들과 자국에서 오는 상인들을 매개하는 일을 했던 정착 중개 상인이었다. 우리는 앞서 마이기다, 와킬알투자르, 그리고 약간 변형이기는 하지만 샤반다르 같은 이름의 중개 상인들을 살펴보았고 교역 중심지에 있는 상인 유민 집단 가운데 자국을 대표하던 '대표자'나 '감독관', '영사' 들도 보았다. 영사는 유럽의 중세 시대에 지중해 유역에서 많이 쓰던 말이었다. 당시의 영사도 다른 공동체의 대표자를 이르는 말과 다르지 않았다. 이들은 정부는 아니지만 이들을 뽑은 상인 공동체를 대표했다. 이들이 정부의 기능을 일부 담당할 때도 있었다. 때때로 영사를 정부의 외교 중개인으로 활용한 것이 모태가 되어 중세 시대가 끝나 가면서 정부를 대표하는 대사직을 두게 된 계기가 되었을 수 있다. 그러나 대사는 16세기 초에 정식으로 정부의 대표 기관이 되었지만 영사는 18세기까지 민간 기관으로 남아 있었다.[15]

그 이후 19세기 초 영사는 상인 유민 집단에서 벗어나 정부 기관이 되었다. 프랑스는 최초로 영사를 자국 무역을 대표해서 일하는 사람으로 인정하고 정부의 한 기관으로 임명했지만 돈을 지급했는지는 알 수 없다. 이 제도는 유럽 국가들로 점점 퍼져 나갔다. 영국은 1825년에, 프랑스는 1833년에 정규 영사 업무를 시작했다. 나중에 영사 업무는 더 노련하고 특별한 외교 업무로 통합되고 20세기에 들어서면서 그 권한이 많이 약해졌다. 그러나 그 이후로도 여전히 많은 나라가 여러 나라에 영사관을 설립하고 외국 도시에 사는 애국심이 높은 상인을 명예직의 영사로 임명하고 비상근으로 임무를 수행하게 했다.

19세기 중반 영사단은 연결망을 형성하고 국제 공인의 무역법과 관례를 세성하여 널리 퍼뜨리기 시작했다. 특히 비서구 세계에서 영사는 서구식으로 무역 체계를 바꾸는 선구자 구실을 했다. 그리고 이 시기 유럽 상인들이 다른 문화를 대하는 태도는 과거의 관대한 자세에서 과도한 문화적 우월감으로 바뀌었다. 북아메리카에 세운 HBC나 프랑스 동인도 회사는 한때 그 지역의 교역 관례에 맞추어 회계까지도 조정했지만 19세기에 오면 좀 더 효율적인 거래 방식을 위해 '원주민'들에게 유럽 방식을 따르게 하는 것이 대세로 바뀌었다.

---

[15] W. H. Moreland, "The Shabandar in the Eastern Seas", *Journal of the Royal Asiatic Society*, 28권 517~533쪽(1920), 520~521쪽; Donald E. Queller, *The Office of Ambassador in the Middle Ages*(Princeton, N.J., 1967), 66쪽, 69쪽.

간혹 영사의 지위가 단순히 자국 무역을 대표하는 수준을 넘어서기도 했다. 영사는 비공식 제국에서 필요할 때는 군사 행동도 할 수 있는 국가의 중요한 대표자였다. 그러나 영사는 종종 믿을 수 없는 사람이었다. 그는 대개 외교의 미묘한 점을 나타내려고 말을 돌려서 하기 때문이었다. 예를 들면 영국은 이집트에서 영국 총영사 대표 British Agent and Consul General라는 관리를 임명하여 다스렸는데 이 사람의 실제 권력은 인도의 총독과 비슷했다. 다른 영사들도 실제 권한은 적었지만 이들의 영향력은 컸다. 1880년대와 1890년대 유럽이 침입하기 전 아프리카에서는 그 지역의 영사가 비공식 제국의 중요한 대표자들이었다. 영국은 1850년대와 1860년대 페르난도포Fernando Po 섬에 영사를 두었는데, 이들의 임무는 아프리카 인근 해안에서 끊임없이 일어나는 노예무역을 막는 일이었다. 1870년대와 1880년대 잔지바르에 있던 영국 영사도 비슷한 일을 했다.

한편 오스만 제국에 있던 영사관은 다른 과도기를 보냈다. 오스만족은 완전히 오스만 방식을 기준으로 영사를 통해 외국 상인들과 거래했다. 초기 영사들은 오스만 정부에 반대할 아무 권리가 없었다. 이들은 내부에 분쟁이 발생하면 평화롭게 해결하는 구실만 했다. 그러나 19세기 유럽 세력이 강해지면서 유럽 대륙의 영사들은 이들 오스만 나라에서 위세를 얻기 시작했는데 특히 이집트에서는 강력한 권한을 가졌다. 이집트에서 영사의 권한이 치외 법권으로 성장하는 과정은 불평등 조약 아래에서 중국이 겪은 것과 비슷했다. 영사들은 이곳에서 한때 자국의 문제에만 개입했지만 이제는 자국 상인과 이집트 인의 분쟁까지도 판결하기 시작했고 마침내는 다른 나라 상인과 이집트 인의 분쟁도 다스렸다. 1850년대부터 영사의 재판권은 이집트의 사법 체계를 무시할 정도로 커져서 국제 분쟁과 관련한 사건들은 모두 영사의 심판을 받았다.[16] 튀니지와 리비아 밖에 사는 마그레브 족을 포함해서 터키 영토에서도 이와 비슷한 과정을 거쳤는데 이것은 서구의 무역 규범이 식민지 지배가 시작되기 전부터 확고한 발판을 구축했다는 것을 뜻한다.

주변부 지역의 서구화

대개 상인 유민 집단은 자기들이 정착한 나라의 문화를 습득하려고 했다. 반대로 그 나라 사람들 가운데 일부도 이방인들의 문화를 배워야 할 이유가 있었다. 때로 이들은 유민 집단의 '정착 상인'들과 중개상 몫을 두고 경쟁하기도 했다. 이런 현상은 열대 아프리카 해안 지역에서 특히 강하게 나타났는데, 이곳을 방문하는 유럽 상인들의 사망률은 다른 지역보다 높았기 때문에 유럽 상인들이 이 지역의 문화를 충분히 알 수 있을 정도로 오랫동안 머무를 수 없었다.

감비아 강 하구에서 일어났던 교역 형태는 이것을 잘 설명해 준다. 유럽과 해상 교역을 시작하던 초기에 포르투갈 상인들은 자기들 배에서 거래했다. 그러나 이들은 곧 선원들을 해안가에 내려놓고 본국과 아프리카를 오가기 시작했다. 어떤 사람들은 이곳에서 결혼해 16세기 말에는 인종과 문화가 섞인 아프리카계 포르투갈 인이 생겨났다. 이들과 그 후손들은 17세기 말까지 국제 무역의 중개인으로 훌륭하게 일을 해냈다. 또한 노예와 금 무역이 증가하고 유럽 상인들 간에 경쟁이 심해지면서 군사 조직을 갖춘 경쟁력 있는 교역소가 들어서게 되었는데 영국과 프랑스가 대표적인 경우였다. 그러나 요

---

[16] David Landes, *Bankers and Pashas*(Cambridge, Mass., 1958), 특히 82~102쪽.

새를 유지하는 데는 비용이 많이 들어갔다. 정부의 허가도 받지 않은 데다 요새와 재외 상관을 운영하는 고정 비용도 없는 유럽의 무면허 상인들의 경우는 경쟁이 더욱 심했는데 이 지역의 아프리카 인들은 이를 잘 활용해서 중개업을 할 수 있었다. 1760년대 감비아 강 하구에 있던 니우미Niumi 왕국은 감비아 강으로 들어오는 무역을 관리하기 위한 체계를 정식으로 갖추었다. 이들은 유럽 상인들에게 통행료를 받았는데 유럽 상인들의 반발이 있기는 했지만 결국은 통행료를 받아 냈다. 이들은 또 여러 가지 일을 대행했는데 값이 꽤 비쌌다. 예를 들면 통역도 해 주는 아프리카 중개 상인은 배를 타고 강 상류로 함께 가서 해안 지역에서 물건을 팔러 온 선장이나 그 배와 마주쳤을 대상의 우두머리를 대신해서 거래를 성사시키는 일을 했다. 1779년 프랑스가 제임스 섬에 있던 영국 요새를 점령하고 파괴했을 때 이들은 그 요새를 다시 건설하지 않았다. 왜냐하면 아프리카 인 통역을 쓰는 것이 더 싸게 먹혔기 때문이었다. 그러나 1816년부터는 아프리카에서 무역이 증가하면서 유럽 상인들이 다시 무력을 사용하기 시작했다.[17]

18세기 말 해안 지역에 있던 아프리카 상인 공동체들도 조금씩 서구의 문화 요소를 받아들이기 시작했다. 예를 들면 나이저 강 삼각주 지역의 유럽 상인들은 군사 조직을 갖춘 재외 상관을 전혀 설치하지 않고 강에 닻을 내리고 서 있는 비무장 폐선 위에서 거래했다. 감비아 강에서도 마찬가지였는데 이곳에서 아프리카 상인들은 영국식 거래 방식을 배웠다. 물론 영어도 여기서 배웠다. 아프리카 노예

---

[17] Philip D. Curtin, *Economic Change in Precolonial Africa : Senegambia in the Era of the Slave Trade*, 2 vols.(Madison, Wis., 1975), 특히 1권 296~297쪽.

상인들이 자기 아들이나 조카를 몇 년 동안 영국에 보내 글도 익히고 상업 계산법도 배우게 하는 것은 이제 평범한 일이었다. 때때로 아프리카 상인들은 자신들이 배운 것을 보존하고 전달하기 위해 아프리카에 있는 학교를 후원했다. 1780년대 지금의 나이지리아인 칼라바르에 살던 아프리카 노예 상인 안테라 듀크Antera Duke는 영어로 일기를 썼는데 지금까지 보존되어 교정판으로 출판되었다.18

19세기 초 영국의 노예무역 반대 운동은 아프리카의 주변부 지역이 서구화하는 또 하나의 계기를 만들었다. 왕실 해군은 바다에서 노예 상인들을 가로막았다. 시에라리온Sierra Leone을 새로 식민지로 개척하고 아프리카에서 팔려 온 노예들을 이곳에 정착시켰다. 이후 시에라리온은 노예 생활에서 풀려난 아프리카 인들에 대한 서양의 선교 활동과 공공 교육의 중심지가 되었다. 포라베이 컬리지Fourah Bay College는 후에 대학이 되었는데 1820년대에 중학교로 시작했다. 도망갔다 다시 잡힌 노예이자 포라베이의 첫 졸업생인 사무엘 크라우더Samuel Crowther는 영국 교회의 초대 아프리카 주교가 되었다. 이와 출신 성분이 비슷한 아프리카 인들이 무역에 뛰어들었으며 지금의 나이지리아 지역인 요루바랜드Yorubaland 출신 가운데 노예로 팔려 왔던 사람들이 고향으로 대거 되돌아갔다.—정확하게는 자기 고향으로 가지 않았고 대개 영국이 관리하는 해안가의 새로운 항구인 라고스Lagos로 갔는데, 이곳에서는 국제 교역에 필요한 기술을 보유한 사람들이 대우를 받았다.19

한편 아메리카 노예로 팔려 갔다가 아프리카로 다시 돌아와서 성

---

18 Daryll Forde(ed.), *Efik Traders of Old Calabar*(London, 1956).
19 Jean Herskovits Kopytoff, *A Preface to Modern Nigeria : The "Sierra Leonians" in Yoruba, 1830~1890*(Madison, Wis., 1965).

공한 사람들도 있었다. 이들 가운데 토머스 조이너Thomas Joiner는 버지니아에 노예로 팔려 간 감비아 인이었다. 그는 19세기 초에 아프리카로 다시 돌아와서는 감비아 강에서 무역을 시작하여 이 지역에서 가장 중요한 선주가 되었다. 그는 이런 능력을 가지고 조지타운Georgetown 지역을 감비아 강 상류에 설치하는 첫 번째 교역소로 선정하는 데 기여했다. 이곳은 나중에 영국의 식민지가 되었다가 그 후 독립 국가로 성장했다.[20] 그러나 브라질에 노예로 끌려갔다 돌아온 사람들은 북아메리카에서 돌아온 사람들보다 훨씬 평범했다. 이들 가운데 대다수가 요루바 출신의 '시에라리온 사람들'이었고 이들도 요루바랜드와 인근 지역으로 떠났다. 이들은 식민지 초창기에 프랑스 식민지였던 다호메이에서 가장 중요한 단일 상인 공동체가 되었다.[21]

아프리카 인들이 개별로 서구화하는 과정은 매우 다양했지만 많은 사람이 식민지 시기 이전부터 서구식 문화 경계선에 서 있었다.—영국 교회 주교가 된 사무엘 크라우더뿐 아니라 18세기 말 이전 노예 교역소의 영국 교회 신부, 골드 코스트의 대리 감독관, 유력한 의무 장교, 그리고 더 작은 교역소에 흩어져 있던 아프리카 인들이 서구 문화를 받아들였다. 서구 문화를 받아들인 아프리카 인 가운데 일부는 가나에 있는 케이프코스트Cape Coast의 브루Brew 가문처럼 무역 상인으로도 남았는데, 이들은 18세기 중반부터 20세기 중반을 지나서까지 뛰어난 상인 명문가로 성장했다.[22]

---

[20] Curtin, *Senegambia*, 1권 137~139쪽.
[21] Pierre Verger, *Flux et reflux de la traite des negrès entre le golfe de Bénin et Bahia de todos os santos du dix-septième au dix-neuvième siècle*(Paris, 1968), 특히 599~632쪽.
[22] Robert W. July, *The Origins of Modern African Thought : Its Development in West*

이 밖의 다른 지역에서도 이와 비슷하게 주변부 지역에서 서구화가 진행되었는데 특히 인도양 무역 세계가 두드러졌다. 이곳에서는 18세기 말 이전에 이미 일반 상업 문화가 꽃을 피웠는데 19세기를 지나면서 점점 서구화되었다. 18세기에 이 지역에서 국제 무역 중개상으로 일했던 바니안의 후손들은 19세기 초 금융과 보험, 해운업과 중개 회사 같은 서구식 사업을 유럽 인들과 함께 해 나갔다. 19세기 후반 이들의 후손들은 벵골의 무역 세계에서 벗어나기 시작했는데, 새로운 상업 세계는 산업 혁명으로 만들어진 영국 자본과 새로운 인도 상인들이 활동하는 공간이었다. 그러나 타고르 집안 같은 유력한 바니안 가문들은 인도 영국 자치령의 지식 세계와 사회생활에 계속해서 힘을 쏟았고 이들 가운데 일부는 다른 분야보다 문화 분야에서 더 서구에 가까워졌다. 예를 들면 이런 배경을 지닌 뛰어난 인도 작가들 가운데 많은 사람이 벵골 어가 아니라 영어로 책을 출판했다.[23]

한편 서구의 무역 세계를 떠돌던 아르메니아 상인들 가운데 일부도 이와 비슷한 경험을 했다. 에드워드 라파엘 가문이 뉴줄파 싱인에서 영국 하원 의원으로 이동한 것은 아주 극적인 사례다(9장의 아르메니아 무역상 유민 공동체들 참조). 다른 문화의 경계선에 있는 주변부 상인들의 이런 이동은 상인 유민 집단의 오랜 역사 속에서 수시로 발생했다. 19세기 서구 사회가 산업 국가로 바뀌는 것은 당연한 추세였다. 이보다 앞선 시기에 이와 다른 방향으로 간 경우도 있

Africa during the Nineteenth and Twentieth Centuries(New York, 1967) ; Arthur T. Porter, *Creoledom : A Study of the Development of Freetown Society*(London, 1963) ; Margaret Priestley, *West African Trade and Coast Society : A Family Study*(London, 1969).

[23] Dilip Basu, "The Banian and the British in Calcutta, 1800~1850", *Bengal Past and Present*, 92권 157~170쪽(1973).

었을 것이다. 개인의 생활사는 대개 기록으로 남아 있지 않지만 서구 문화에서 비서구 문화로 이동해서 높은 자리까지 올라간 사람들의 이야기가 알려진 경우도 있다. 17세기 영국 무역 상인이 서아프리카에서 형성한 코커Corker(또는 Caulker) 가문이 좋은 사례이다. 한 영국 상인이 이 지역의 지배층과 국제결혼을 하고 여러 세대가 지난 후 형성된 코커 가문은 조그만 부족 영토의 지배자가 되었다. 얼마 지나지 않아 영국은 이곳을 시에라리온 식민지에 합병했다. 코커 가문 사람들은 식민지에서, 그리고 후에 이를 계승한 독립 국가에서 서구 문물을 습득한 지식인 계층으로 성장했다.[24]

이와 비슷한 움직임은 중국에서도 일어났다. 중국에서 높은 지위에 오르고 서양으로 돌아온 폴로Polos 가문 사람들이 초창기의 대표 사례이다. 19세기 중국 정부는 서구의 영향력에 저항했지만 대세의 흐름은 그 반대였다. 피진 잉글리시Pidgin English라고 부르는 사업용 영어는 아편 전쟁 전에 이미 광저우에서 국제 무역어로 쓰였는데 중국어 순서를 따르고 아라비아 어와 포르투갈 어에서 빌려 쓴 말도 섞여 있었다. 피진 잉글리시로 환전상을 나타내는 말은 슈로프shroff인데 아라비아 어에서 온 말이었다. 벵골에서 바니안이 했던 일을 하는 중국인 중개 상인을 일컫는 말로 콤프라도르comprador라는 피진 잉글리시는 포르투갈 어로 구매자를 뜻했다.[25]

19세기 전반 중국 해안 지역의 주요 콤프라도르는 유럽 상인이 아니라 중국 상인이었다. 중국에서 처음 활동하기 시작한 콤프라도르들이 중국 남쪽 지방에 있는 유럽 회사들과 함께 일하면서 이 같은

---

[24] Christopher Fyfe, *A History of Sierra Leone*(London, 1962), 10쪽과 여기저기 참고.
[25] Fairbank, *Trade and Diplomacy*, 14쪽 이하 ; Hao, *The Comprador*, 여기저기 참고.

문화 교류는 더 복잡해졌다. 1840년대 이후로 북쪽 지방의 조약항까지 개방하면서 유럽 회사들은 모든 콤프라도르와 회사 종업원, 무역 관련자를 이끌고 북쪽으로 갔다. 이들은 동남아시아 태생은 아니었지만 대개 광저우 사람들이었다. 북쪽의 조약항에서는 이들 말을 알아듣지 못했기 때문에 이들은 자신들이 두 외국 문화 사이에 놓여 있다고 생각했다. 이들은 이곳에서 외국인과 같았기 때문에 자신들도 대개 유럽 인들에게 적용되던 재판권과 특권을 동일하게 받아야 한다고 주장했다.

중국은 홍 상인의 독점을 폐지하고 새로운 제도를 도입했는데 이미 있던 콤프라도르도 이 개방을 이용할 수 있었다. 초기 콤프라도르 가운데 대부분은 아주 소규모의 상인이었지만 그 중요성은 빠르게 상승했다. 몇몇 사람은 외국 회사에서 중국과 관련한 모든 일을 맡아 수행하기도 했다. 유력한 콤프라도르는 하급 번역자, 환전상, 짐꾼, 선원 같은 직원들을 두고 일했다. 서구의 자본주의를 가장 잘 이해한 사람은 중국에 대해 잘 아는 외국 회사의 대표자가 아니라 바로 콤프라도르였다. 또한 콤프라도르는 유럽 상인들이 항구에 남아 있는 동안 서구의 무역을 중국 내륙으로 전달하는 일을 감독했다.

이들은 스스로 자본을 축적하면서 서구식 자본주의의 중개상 구실로 만족하지 않았다. 당당히 자신의 권리를 가진 서구식 자본가 계급이 되었다. 때때로 이들은 독자 사업을 하기도 하고 서구의 회사들과 동업하기도 했다. 1862년 중국 자본으로 세워진 미국 기업이 양쯔 강에서 증기 무역선을 운항했는데 상하이와 항저우를 왕복했다.

최근 들어 일부 역사가들은 콤프라도르가 중국에 서구의 자본주의 제도를 심는 데 도움을 준 경제 반역자라고 주장한다. 콤프라도르 가운데 대다수가 명예 외국인으로서 자신의 지위를 이용했다는 것은 의심의 여지가 없다. 아마도 이들은 서구 세계를 잘 알았기 때문에 또한 외국인들을 잘 이용했을 것이다. 옳고 그름을 떠나 이들은 19세기 중국 해안에서 새로운 세계의 교역 문화를 실어 날랐던 주역이었다.[26]

유럽의 지배 수단

국제 무역의 중개업을 구성하는 요소들은 몇 세기 동안 서로 작용하면서 하나의 세계 무역 형태로 발전해 왔다. 18세기 중반 국제 경제 질서에 불어온 제도의 변화는 금융과 자금 조달, 운송과 통신에서 급속한 발전을 가져왔다. 이 같은 변화들은 반대로 산업 기술의 발전에서 비롯되었는데, 산업 기술의 발전 앞에서 비서구 사회는 적어도 무역과 교환 거래 분야에서는 서구화되는 것을 막을 수 없었다. 전 세계 무역량의 추정치로 그 변화를 가늠해 보면 1700년에 미국 돈으로 7억 달러이던 무역량이 1914년에는 381억 5,000만 달러로 늘어났다. 가장 급격하게 늘어난 시기는 대부분의 서유럽 국가와 미국에 산업 혁명의 영향력이 급속히 퍼졌던 1820년과 1880년 사이인데 무려 아홉 배가 증가했다.[27]

세계 무역 발전에 기여한 중요한 기술 변화 가운데 하나가 선박 기술의 발전이었다. 유럽 인들은 적어도 16세기 중반 이래로 세계

---

[26] Fairbank 외 공저, *Modern Transformation*, 154~155쪽, 346~348쪽, 354~355쪽 ; Fairbank, *Trade and Diplomacy*, 여기저기 참고.
[27] William Woodruff, "The Emergence of an International Economy 1700~1914", Carlo M. Cipolla(ed.), *The Emergence of Industrial Societies*(London, 1973), 658~659쪽.

최고의 선박 기술을 보유하고 있었다. 그러나 이들의 기술도 아시아 해안에서 아시아 선박을 대체할 정도로 훌륭하지는 않았다. 그러나 19세기 중반 증기로 움직이는 쇠로 만든 선박이 나타나기 시작했다. 제1차 세계 대전이 일어나자 쇠로 만든 선체와 고압 증기 엔진, 스크루 추진기가 결합하여 거의 모든 원거리 대양 항로를 항해할 수 있는 엄청난 추진력을 보장하는 선박이 등장했다. 19세기 동안 해양 화물 운송비는 80퍼센트까지 떨어졌다. 그러나 새로운 선박은 무엇보다도 당시 비서구 세계가 감당할 수 있는 경제력을 훨씬 넘어서는 큰 자본이 필요했다. 또한 새로운 배를 만들기 위해서는 특별한 산업 기술이 필요했는데 당시에는 이 기술이 영국과 아일랜드 주변 섬에 한정되어 있었다. 1910년에 가면 수에즈 운하를 지나는 선박 화물의 60퍼센트 이상이 영국 화물이었다. 영국 소유가 아닌 선박들도 대개 스코틀랜드 선박 기술자들이 손을 본 영국 선박 엔진을 달고 항해했다.[28] 1900년에는 경쟁력 있게 물품을 운송하려는 사람은 누구나 반드시 유럽 선박을 이용해야 했다. 이것은 국제 무역에서 시양의 해운업이 차지하는 영향력을 인정하는 것으로 선적 선화 증권에서 초과 정박 요금까지 이들이 정한 해상 운송의 기준을 따라야 했다.

한편 원거리 통신은 해상 운송보다 더 빨리 새로운 기술이 널리 퍼졌다. 네덜란드 및 영국의 동인도 회사는 항해 선박의 속도에 제한이 많았는데 이들의 아시아 경쟁자들도 마찬가지였다. 1830년대까지 유럽에서 인도로 가는 편지는 배를 타고 희망봉을 돌아 도착하기까지 무려 다섯 달에서 여덟 달이 걸렸다. 그러나 1850년대에는

---

[28] 여러 가지 복잡한 변화에 대해 잘 요약해 놓은 것을 보려면 Headrick, *Tools of Empire*, 129~149쪽 ; A. J. H. Latham, *The International Economy and the Undeveloped World*, 1865~1914(London, 1978), 26~32쪽 참조.

기차와 증기선이 결합하여 런던에서 콜카타까지 편지를 보내는 데 30일에서 45일 정도 걸렸다. 그리고 1870년대에 해저 케이블이 깔리면서 영국에서 인도까지 가는 소식은 같은 날 답신을 받을 수 있었다.[29] 유럽 인들은 이 같은 통신 도구를 가지고 있을 뿐만 아니라 도구의 사용을 통제했다. 이렇게 빠른 속도로 통신하기를 원하는 사람들은 정부의 전신국 법률을 따라야 했다. 이것은 두말할 필요 없이 서구의 무역법을 따르는 것을 뜻했다.

비서구 세계에서 국제 우편 업무는 1874년 설립된 만국 우편 연합에 가입한 나라만 이용할 수 있었다. 비서구 국가들도 산업 사회 이전에 맞는 자기들 나름의 우편 제도를 운영하고 있었다. 예를 들면 중국에는 좋은 우편 제도가 있었는데, 19세기에 와서 외국인의 사업에는 도움이 되지 않았고 서구화된 중국 사업가들도 이것으로는 효과적인 사업을 할 수 없었다. 마침내 중국은 서구식으로 우편 업무를 다시 구축하고 19세기가 끝나기 전에 이 제도를 완성했다. 유럽인들은 모로코의 탕헤르Tangier 같은 외국 영토에 우체국을 설립하기도 했는데 당시 이들은 국내 우편 업무는 적당하지 않다고 생각했다.

우리는 서구의 우월한 기술과 그것이 금융이나 보험, 국제 환거래 같은 세계 교역 분야에 끼친 영향을 주제로 계속 연구할 수 있다. 그러나 상인 유민 집단에 대한 결론은 분명했다. 이들은 국제 경제의 변두리 너머에 있는 어느 지역에서 한동안 살아남을 수 있었다. 이들은 오랫동안 극도로 갈라진 세계를 하나로 연결하는 자신들의 임무를 충실히 수행했다. 이들이 역사 무대에서 사라지는 것은 그 자체가 오랜 세월에 걸친 성공을 마무리하는 신호였다.

---

[29] Headrick, *Tools of Empire*, 129~139쪽.

이들의 소멸은 모든 인류 문화가 서구의 영향력 아래서 다양성을 잃고 하나로 통일되는 신호라거나 몇십 년 전 몇몇 사람이 우려했던 '세계의 코카콜라화Cocacolanization'가 반드시 일어날 것이라는 신호를 나타내는 것과는 전혀 상관이 없었다. 인간이 활동하는 어떤 분야에서든 변화를 피하는 것은 매우 어려운 일이다. 서양이 세계 무역을 지배하고 어떤 알맞은 기술을 쓰느냐에 따라 성공과 실패가 갈리는 경쟁 환경에서 산업 기술의 급속한 발전은 거부할 수 없으며 결국 국제 무역에서 상인 유민 집단의 시대는 끝날 수밖에 없었다.

그러나 이들이 지니고 있던 교역 문화의 요소들은 여전히 살아남아 있을 수 있다. 이것은 문화 속에서 고유하게 나타난다. 일본의 현대 기업들이 최신 기술을 사용하고 발명하기도 하지만 일본 고유의 업무 처리 방식을 그대로 간직하고 있는 것처럼 서아프리카 상인들도 트럭과 전신을 사용하지만 회사 조직에서 과거의 혈족 관계를 여전히 중요하게 지킬 수 있다. 이전 기술이 지금도 여전히 경쟁력이 있는 경우도 있다. 일본 소매점에서는 주판과 전자계산기를 함께 사용하고 있다. 원거리 무역이 기술 변화의 영향을 받은 것과 비교하면 종교는 기술 변화의 영향을 거의 받지 않는다. 이슬람 세계에서 과거와 마찬가지로 오늘날까지 이슬람 신자들에게 기도할 시간을 알리는 사람이 확성 장치를 이용한다는 사실은 곰곰이 생각해 볼 만한 가치가 있다.

마지막으로 경계의 말을 한마디 덧붙인다면 이처럼 오랜 시간을 넘나들고 수많은 문화 경계선을 가로지르며 역사적 사실들을 찾아내는 연구에는 반드시 그 대가를 지불하기 마련이다. 다른 문화 간의 국제 무역을 연구하면서 치러야 하는 대가 가운데 하나는 여기서 모든 것을 적절하게 다룰 수 없다는 것이다. 은연중에 모든 것을 아는 것처럼 행동하는 역사가의 태도는 오랜 옛날부터 내려온 역사를 서술하는 좋지 않은 전통이었다. 역사가가 '노르만 족의 영국 정복'이라고 쓸 때 그는 정해진 시간과 공간의 틀 안에 들어 있는 중요한 사건들을 이 표현으로 모두 말할 것이라는 가정을 밑에 깔고 있다. 그러나 이것은 불가능한 일이며 더군다나 이런 비교 연구에서는 절대로 시도해서는 안 된다. 따라서 이 연구는 인류가 경험한 역사를 고찰하는 여러 가지 방법 가운데 하나를 제시한 것이므로 앞으로 또 다른 연구자들이 우리가 이미 알고 있던 과거의 모습에서 새로운 요소들을 찾아내어 이 연구를 보충하길 바란다.

참고문헌

참고문헌 목록은 장별로 또는 두 장을 묶어서 정리했다. 이렇게 한 까닭은 이 책이 어떤 부분은 지리적 공간에 따라, 어떤 부분은 시간의 흐름에 따라 서술되어 있기 때문이다. 한 문헌을 둘 이상의 장에서 참고한 경우도 있지만 목록에 반복해서 쓰지는 않았다. 그리고 각 장에 나열된 참고문헌은 해당 부분을 서술할 때 가장 참조를 많이 한 문헌들이다.

학술회의 발표 자료나 헌정 책같이 저자가 여러 명인 문헌은 본문의 각주에 저자별로 열거하였지만, 여기서는 그 문헌에 나온 여러 논문들이 이 연구에 도움이 되었다면 편집자 이름만 열거했다.

1장 _ 앞머리와 이론

Adams, Robert McC. "Anthropological Reflections on Ancient Trade." *Current Anthropology* 15:239-57 (1974).
Agnew, Jean-Christophe. "The Threshold of Exchange: Speculation on the Market." *Radical History Review*, 21:99-118 (1979).
Bratchel, M.E. "Italian Merchant Organization and Business Relationships in Early Tudor London." *Journal of European Economic History*, 7:5-32 (1978).
Braudel, Fernand. *Civilization and Capitalism: 15th-18th Century*. Vol. II, *The Wheels of Commerce*. New York, 1982.
Brown, Norman O. *Hermes the Thief: The Evolution of a Myth*, 2nd ed. New York, 1969.
Burghardt, A. T. "A Hypothesis about Gateway Cities." *Annals of the Association of American Geographers*, 61:269-85 (1971).
Christaller, Walter. *Central Places in Southern Germany*. Englewood Cliffs, N.J., 1966.
Cook, Scott. "The Obsolete 'Anti-Market' Mentality: A Critique of the Substantive Approach to Economic Anthropology." *American Anthropologist*, 68:323-45 (1966).
Dalton, George (ed.). *Economic Development and Social Change*. New York, 1974.
 (ed). *Primitive, Archaic and Modern Economies: Essays of Karl Polanyi*. New York, 1968.
 "Primitive, Archaic and Modern Economies: Karl Polanyi's Contribution to Economic Anthropology and Comparative Economy." In *Essays in Economic Anthropology: Dedicated to the Memory of Karl Polanyi*, ed. by June Helm, Paul Bohannon, and Marshall D. Sahlins. Seattle, 1965. Pp. 1-24.

Dupré, Georges, and Pierre Philippe Rey. "Reflections on the Relevance of a Theory of the History of Exchange." In *Relations of Production: Marxist Approaches to Economic Anthropology*, ed. David Seddon. London, 1978. Pp. 171–208.
Fallers, Lloyd A. (ed.). *Immigrants and Associations*. The Hague, 1967.
Geertz, Clifford. "Ports of Trade in Nineteenth Century Bali." *Research in Economic Anthropology*, 3:109–22 (1980).
Glamann, Kristof. "European Trade, 1500–1750." In *The Fontana Economic History of Europe. Vol. 2, The Sixteenth and Seventeenth Centuries*, ed. by Carlo M. Cipolla. London, 1974. Pp. 427–562.
Herteig, A. E., H. E. Liden, and C. Blindheim. *Archaeological Contributions to the Early History of Urban Communities in Norway*. Oslo, 1975.
Hodges, Richard. "Ports of Trade in Medieval Europe." *Norwegian Archaeological Review*, 2:97–101 (1978).
Humphreys, S. C. "History, Economics, and Anthropology: The Work of Karl Polanyi." *History and Theory*, 8:165–212 (1969).
Kurmoto, Schinichiro. "Silent Trade in Japan." In George Dalton (ed.), *Research In Economic Anthropology*, 3:97–108 (1980).
Lampard, Eric. "Historical Aspects of Urbanization." In *The Study of Urbanization*, ed. by P.M. Hauser and Leo F. Schnore. New York, 1965. Pp. 519–54.
Le Clair, Edward E., Jr. "Economic Theory and Economic Anthropology." *American Anthropologist*, 64:1179–1203 (1962).
Leeds, A. "The Port of Trade as an Ecological and Evolutionary Type." In *Proceedings of the 1961 Annual Meeting of the American Ethnological Society Symposium: Patterns of Land Utilization and Other Papers*. Seattle, 1961. Pp. 26–48.
Lösch, August. *The Economics of Location*. New Haven, Conn., 1954.
McNeill, William H. *The Pursuit of Power: Technology, Armed Force, and Society since A.D. 1000*. Chicago, 1982.
North, Douglas C. "Markets and Other Allocation Systems in History: The Challenge of Karl Polanyi." *The Journal of European Economic History*, 6:703–16 (1977).
Polanyi, Karl. "Ports of Trade in Early Societies." *Journal of Economic History*, 23:30–45 (1963).
Polanyi, Karl, Conrad M. Arensberg, and Harry W. Pearson. *Trade and Markets in Early Empires*. New York, 1957.
Price, John A. "On Silent Trade." In George Dalton (ed.). *Research in Economic Anthropology*, 3:75–96 (1980).
Rodinson, Maxime. "Le Marchand meditérranéen à traverse les ages." In *Markets and Marketing as Factors of Development in the Mediterranean Basin*, ed. by C. A. O. Van Nieuwenhuijze. The Hague, 1963. Pp. 71–92.
Rotstein, Abraham. "Karl Polanyi's Concept of Non-Market Trade." *Journal of Economic History*, 30:117–126 (1970).
Rozman, Gilbert. *Urban Networks in Russia, 1750–1800 and Premodern Periodization*. Princeton, N.J., 1976.
Urban Networks in Ch'ing China and Tokugawa Japan. Princeton, N.J., 1973.
Sahlins, Marshall D. *Stone-Age Economics*. Chicago, 1972.
Salisbury, Richard F. "Trade and Markets." *International Encyclopedia of the Social Sciences*, 16:118–22 (New York, 1968).

Skinner, G. William (ed.). *The City in Late Imperial China.* Stanford, Calif., 1977.
"Marketing and Social Structure in Rural China." *Journal of Asian Studies,* 24:3–43 (1964).
Smelser, Neil J. "A Comparative View of Exchange Systems." *Economic Development and Cultural Change,* 7:173–82 (1959).
Smith, Carol A. (ed.). *Regional Analysis.* 2 vols. New York, 1976.
Smith, R. M. T. (ed.). *Market Place Trade: Periodic Markets, Hawkers, and Traders in Africa, Asia, and Latin America.* Vancouver, 1978.
Valensi, Lucette. "Anthropologie économique et histoire." *Annales: économies, sociétés, civilisations,* 29:1311–19 (1974).
Vance, James E., Jr. *The Merchant's World: The Geography of Wholesaling.* Englewood Cliffs, N.J., 1970.
Wallerstein, Immanuel. *The Modern World-System,* multivol. New York, 1974–.
Wilber, Charles K. (ed.). *The Political Economy of Development and Underdevelopment,* 2nd ed. New York, 1979.

2장과 3장 _ 아프리카

Abir, Mordechai. "Caravan Trade and History in the Northern Parts of East Africa." *Paideuma,* 14:103–20 (1968).
"Brokerage and Brokers in Ethiopia in the First Half of the Nineteenth Century." *Journal of Ethiopian Studies,* 3:1–5 (1965).
Ethiopia: The Era of the Princes. London, 1968.
Adams, C. C. "The Sanusis." *Muslim World,* 36:21–45 (1946).
Adams, William Y. *Nubia: Corridor to Africa.* Princeton, N.J., 1977.
Ajayi, J. F. Ade, and Michael Crowder (eds.). *History of West Africa,* 2nd ed. 2 vols. London, 1976.
Alagoa, E. J. "Long Distance Trade and States in the Niger Delta." *Journal of African History,* 3:319–29 (1970).
Alpers, Edward A. *Ivory and Slaves in East Central Africa: Changing Patterns of International Trade to the Later Nineteenth Century.* London, 1975.
"The Mzab." *Journal of the Royal Anthropological Institute,* 84:34–44 (1954).
Amat, Charles. "L'esclavage au M'zab, étude anthropologique des nègres." *Bulletin de la société d'anthropologie de Paris,* 7(3rd ser.):689–98 (1884).
"Anthropologie des M'zabites." *Bulletin de la société d'anthropologie de Paris,* 7(3rd ser.):587–600 (1884).
Amselle, Jean-Louis. *Les négociants de la savanne: histoire et organisation sociale des Kooroko (Mali).* Paris, 1978.
Arhin, Kwame. *West African Traders in Ghana in the Nineteenth and Twentieth Centuries.* London, 1979.
Azarya, Victor. "Traders and the Center in Massina, Kong, and Samori's State." *International Journal of African Historical Studies,* 13:420–56 (1980).
Baier, Stephen. *An Economic History of Central Niger.* New York, 1980.
"Ecologically Based Trade and the State in Precolonial West Africa." *Cahiers d'études africaine,* 20:149–54 (1980).
"Trans-Sahara Trade and the Sahel: Damergu, 1870–1930." *Journal of African History,* 18:21–36 (1977).
Barbosa, Duarte. *The Book of Duarte Barbosa.* 2 vols. Edited from original composed about 1518 by Mansel Longworth Dames. London, 1908.

Binger, Louis. *Du Niger au Golfe de Guinée par le pays de Kong et le Mossi.* 2 vols. Paris, 1892.
Bohannan, Paul, and George Dalton (eds.). *Markets in Africa.* Evanston, Ill., 1961.
Bourdieu, Pierre. *The Algerians.* Boston, 1962.
Brett, Michael. "Ifriqiya as a Market for Saharan Trade from the Tenth to the Twelfth Century, A.D." *Journal of African History,* 10:347-64 (1969).
Bulliet, Richard W. *The Camel and the Wheel.* Cambridge, Mass., 1975.
Butzer, Karl W. "Rise and Fall of Axum, Ethiopia: A Geo-Archaeological Interpretation." *American Antiquity,* 46:471-95, (1981).
Chittick, Neville. "East Africa and the Orient: Ports and Trade Before the Arrival of the Portuguese." In UNESCO, *Historical Relations Across the Indian Ocean.* Paris, 1980. Pp. 13-22.
Chittick, H. N., and R. I. Rotberg (eds.). *East Africa and the Orient.* New York, 1975.
Cohen, Abner. *Custom and Politics in Urban Africa: A Study of Hausa Migrants in Yoruba Towns.* Berkeley, 1969.
Cordell, Dennis, D. "Eastern Libya, Wadai, and the Sanusiya: A Tariqa and a Trade Route." *Journal of African History,* 18:21-36 (1977).
Curtin, Philip D. *Africa Remembered: Narratives of West Africans from the Era of the Slave Trade.* Madison, Wis., 1967.
Economic Change in Precolonial Africa: Senegambia in the Era of the Slave Trade. 2 vols. Madison, Wis., 1975.
"Africa in the Wider Monetary World, 1250-1850." In *Silver and Gold Flows in the Medieval and Early Modern Worlds,* ed. by John F. Richards. Chapel Hill, N.C., 1983.
Curtin, Philip D., Steven Feierman, Leonard Thompson, and Jan Vansina. *African History.* Boston, 1978.
Dike, K. Onwuka. *Trade and Politics in the Niger Delta, 1830-1885.* Oxford, 1956.
Dunn, Ross E. "The Trade of Tafilalt: Commercial Change in Southeast Morocco on the Eve of the Protectorate." *International Journal of African Historical Studies,* 6:271-304 (1971).
Resistance in the Desert. Madison, Wis., 1977.
Dupré, Georges. "Le commerce entre sociétés lignagères: les Nzabi dans la traite à la fin du XIX$_e$ siècle (Gabon-Congo)." *Cahiers d'études africaines,* 12:616-58 (1972).
Ekejiuba, F. Ifeoma. "The Aro Trade System in the Nineteenth Century." *Ikenga,* 1:11-26; 2:10-21 (1972).
Evans-Pritchard, E. E. *The Sanusi of Cyrenaica.* Oxford, 1949.
Flint, John E. (ed.). *The Cambridge History of Africa,* vol. 5. Cambridge, 1976.
Forde, Daryll (ed.). *Efik Traders of Old Calabar.* London, 1956.
Fyfe, Christopher. *A History of Sierra Leone.* London, 1962.
Garrard, Timothy F. "Myth and Metrology: The Early Trans-Saharan Gold Trade." *Journal of African History,* 23:443-61 (1982).
Good, Charles M. "Periodic Markets and Traveling Traders in Uganda." *Geographical Review,* 65:49-72 (1975).
"Salt, Trade and Disease: Aspects of Development in Africa's Northern Great Lakes Region." *International Journal of African Historical Studies,* 5:543-86 (1972).
Gray, Richard (ed.). *The Cambridge History of Africa.* vol. 4. Cambridge, 1975.

A History of the Southern Sudan 1839–1889. Oxford, 1961.
Gray, Richard, and David Birmingham (eds.), *Pre-Colonial African Trade: Essays on Trade in Central and Eastern Africa before 1900.* London, 1970.
Hamdum, Said, and Noel King, *Ibn Battuta in Black Africa.* London, 1975.
Handwerker, W. Penn, "Market Places, Travelling Traders, and Shops: Commercial Structural Variation in the Liberian Interior prior to 1940," *African Economic History*, 9:3–26 (1980).
Harms, Robert W. *River of Wealth, River of Sorrow: The Central Zaire Basin in the Era of the Slave and Ivory Trade, 1500–1891.* New Haven, Conn., 1981.
Hartwig, Gerald W. "The Victorian Nyanza as a Trade Route in the Nineteenth Century." *Journal of African History*, 11:535–52 (1970).
The Art of Survival in East Africa: The Karebe and Long Distance Trade. New York, 1976.
Hill, Richard, *Egypt in the Sudan 1820–1881.* London, 1959.
Holsinger, Donald C. "Migration, Commerce and Community: The Mizābís in Eighteenth- and Nineteenth-Century Algeria." *Journal of African History*, 21:61–74 (1980).
Howard, Allen. "The Relevance of Spatial Analysis for African Economic History: The Sierra-Leone Guinea System." *Journal of African History*, 17:365–88 (1975).
Ibn Battuta, Muhammad. *Ibn Battuta in Black Africa*, trans. and annotated by Said Hamdun and Noel King. London, 1975.
Isaacman, Allen F. *Mozambique: The Africanization of a European Institution, The Zambezi Prazos, 1750–1902.* Madison, Wis., 1972.
Isichei, Elizabeth. "Historical Change in an Ibo Polity: Asaba to 1885." *Journal of African History*, 10:421–38 (1969).
Johnson, Marion. "Calico Caravans: The Tripoli-Kano Trade after 1880." *Journal of African History*, 17:95–117 (1976).
"The Ounce in Eighteenth-Century West African Trade." *Journal of African History*, 7:197–214 (1966).
Jones, Adam. "Who Were the Vai?" *Journal of African History*, 22:159–78 (1981).
Jones, G. I. *The Trading States of the Oil Rivers.* London, 1963.
Kobishanov, Y. M. "Aksum: Political System, Economics and Culture, First to Fourth Century." In UNESCO, *General History of Africa.* 8 vols. projected, 2:381–99. Paris, 1981.
Kopytoff, Igor. "Aghem Ethnogenesis and the Grassfields Ecumene." In *Contribution de la recherche ethnologique à l'historie des civilisations du Cameroun*, ed. by Claude Tardits. 2 vols., 2:371–81. Paris, 1981.
Lespès, René. "Quelques documents sur la corporation des Mozabites d'Alger dans les premiers temps de la conquêt." *Revue africaine*, 66:197–218 (1925).
Levtzion, Nehemia. *Muslims and Chiefs in West Africa: A Study of Islam in the Middle Volta Basin in the Pre-Colonial Period.* London, 1968.
Lewicki, Tadusz. "Traits d'historie du commerce transsaharien: marchands et missionaires ibadites au Soudan occidental et central au cours des VIIIe–XIIe siècles." *Ethnografia Polska*, 8:291–311 (1964).
Lovejoy, Paul E. "Polanyi's 'Ports of Trade'; Salaga and Kano in the Nineteenth Century." *Canadian Journal of African Studies*, 16:245–77 (1982).
Caravans of Kola: The Hausa Kola Trade, 1700–1900. Zaria, 1980.
"The Role of the Wangara in the Economic Transformation of the Central

Sudan in the Fifteenth and Sixteenth Centuries." *Journal of African History*, 19:341–68 (1978).
Lovejoy, Paul E., and Stephen Baier. "The Desert-Side Economy of the Central Sudan." *International Journal of African Historical Studies*, 8:551–81 (1975).
Maier, Donna. "Competition for Power and Profits in Kete-Krachi, West Africa, 1875–1900." *International Journal of African Historical Studies*, 13:33–50 (1980).
Manning, Patrick. *Slavery, Colonialism and Economic Growth in Dahomey, 1640–1960*. Cambridge, 1982.
Martin, Phyllis M. *The External Trade of the Loango Coast, 1576–1870: The Effects of Changing Commercial Relations on the Vili Kingdom of Loango*. Oxford, 1972.
McIntosh, Susan Keech. "A Reconstruction of Wangara/Palolus, Island of Gold." *Journal of African History*, 22:145–58 (1981).
Meillassoux, Claude (ed.). *The Development of Indigenous Trade and Markets in West Africa*. London, 1971.
Miracle, Marvin P. "Aboriginal Trade among the Senga and Nsenga of Northern Rhodesia." *Ethnology*, 1:212–22 (1962).
Newitt, M. D. D. *Portuguese Settlements on the Zambezi*. New York, 1973.
Northrup, David. *Trade Without Rulers: Pre-Colonial Economic Development in South-Eastern Nigeria*. Oxford, 1978.
Pankhurst, Richard. "The Trade of the Gulf of Aden Ports of Africa in the Nineteenth and Early Twentieth Centuries." *Journal of Ethiopian Studies*, 3:36–81 (1965).
Person, Yves. *Samori: une revolution dyula*. 3 vols. Dakar, 1968–75.
Peukert, Werner. *Der Atlantische Sklavenhandel von Dahomey 1740–1797: Wirtschaftsanthropologie und Socialgeschichte*. Wiesbaden, 1978.
Polanyi, Karl, in collaboration with Abraham Rotstein. *Dahomey and the Slave Trade: An Analysis of an Archaic Economy*. Seattle, 1966.
Priestley, Margaret. *West African Trade and Coast Society: A Family Study*. London, 1969.
Roberts, Richard. "Long Distance Trade and Production: Sinsani in the Nineteenth Century." *Journal of African History*, 21:169–88 (1980).
Schildkraut, Enid. *People of the Zongo: The Transformation of Ethnic Identities in Ghana*. Cambridge, 1978.
Skinner, Elliott P. *The Mossi of the Upper Volta: The Political Development of a Sudanese People*. Stanford, Calif., 1964.
Stewart, Marjorie Helen. "The Role of the Manding in the Hinterland Trade of the Western Sudan: A Linguistic and Cultural Analysis." *Bulletin d l'IFAN*, 41:281–302 (1979).
Terray, Emmanuel. "Long-Distance Exchange and the Formation of the State: The Case of the Abron Kingdom of Gyaman." *Economy and Society*, 3:315–45 (1974).
Ukwu, Ukwu I. "The Development of Trade and Marketing in Iboland," *Journal of the Historical Society of Nigeria*, 3:647–62 (1967).
Vail, Leroy. "Suggestions Towards a Reinterpreted Tumbuka History." In *The Early History of Malawi*, ed. by B. Pachai. London, 1972. Pp. 148–67.
Vansina, Jan. *The Tio Kingdom of the Middle Congo 1880–1892*. London, 1973.
Kingdoms of the Savanna. Madison, Wis., 1969.
"Long-Distance Trade Routes in Central Africa." *Journal of African History*, 3:375–90 (1962).

Venture de Paradis. "Alger au xviii⁴ siècle." *Revue africaine*, 39:266–314 (1895).
Verger, Pierre. *Flux et reflux de la traite des nègres entre le golfe de Bénin et Bahia de todos os santos du dix-septième au dix-neuvième siècle*. Paris, 1968.
Vigourous. L. "L'émigration mozabite dans les villes du Tell algerien." *Travaux de l'institut de recherches sahariennes*, 3:87–102 (1945).
Walz, Terrence. *Trade Between Egypt and Bilad-as-Sudan, 1700–1820*. Cairo, 1978.
Weiskel, Timothy C. "The Precolonial Baule: A Reconstruction." *Cahiers d'etudes africaines*, 18:503–60 (1978).
Wilhelm, H. "Le commerce précolonial de l'ouest (Plateau bamileka-grassfield, région bamoum et bafia)." In *Contribution de la recherche ethnologique à l'histoire des civilisations du Cameroun*, ed. by Claude Tardits. 2 vols., 2:485–501. Paris, 1981.
Wilks, Ivor. *Asante in the Nineteenth Century: The Structure and Evolution of a Political Order*. Cambridge, 1975.
"Wangara, Akan, and the Portuguese in the Fifteenth and Sixteenth Centuries." *Journal of African History*, 23:333–50, 463–502 (1982).
Wood, L. J., and Christopher Ehret. "The Origins and Diffusions of the Market Institution in East Africa." *Journal of African Studies*, 5:1–17 (1978).
Zarwan, John. "Indian Businessmen in Kenya during the Twentieth Century." Ph.D. diss., Yale University, 1977.

4장 _ 고대 중앙 아시아

Adams, Robert McC. *The Evolution of Urban Society*. Chicago, 1965.
Heartland of Cities: Surveys of Ancient Settlement and Land Use on the Central Floodplain of the Euphrates. Chicago, 1981.
Austin, M. M. *Greece and Egypt in the Archaic Age*. Cambridge, 1970.
Austin, M. M., and P. Vidal-Naquet. *Economic and Social History of Ancient Greece*. Berkeley, 1977.
Beale, T. W. "Early Trade in Highland Iran: A View from the Source." *World Archaeology*, 5:133–48 (1973).
Bryson, Reid A., H. H. Lamb, and David L. Donley. "Drought and the Decline of Mycenae." *Antiquity*, 48:46–50 (1974).
Carpenter, Rhys. *Discontinuity in Greek Civilization*. Cambridge, 1966.
Casson, L. *The Ancient Mariners*. New York, 1959.
Charlesworth, Martin P. "Roman Trade with India: A Resurvey." *Studies in Roman Economic and Social History in Honor of Allan Chester Johnson*, ed. by P.R. Coleman Norton. Princeton, N.J., 1951. Pp. 131–43.
Trade-Routes and Commerce of the Roman Empire. Cambridge, 1926.
Colledge, Malcolm A. R. *The Parthians*. London, 1967.
Crawford, H.E.W. "Mesopotamia's Invisible Exports in the Third Millenium B.C." *World Anthropology*, 5:232–41 (1973).
Culican, William. *The First Merchant Ventures: The Ancient Levant in History and Commerce*. London, 1966.
Deimal, A. (ed.). "Sumerische Tempelwirtschaft zur Zeit Urukaginas und seiner Vorganger." *Analecta Orientalia*, 2. (n.s.): 71–113 (1931).
Earle, Timothy K., and Jonathan E. Ericsson (eds.), *Exchange Systems in Prehistory*. New York, 1977.
Finley, M. I. *The Ancient Economy*. Berkeley, 1973.

The World of Odysseus. New York, 1954.
Foster, Benjamin, "A New Look at the Sumerian Temple State," *Journal of Economic and Social History of the Orient*, 24:225–41 (1981).
"Commercial Activity in Sargonic Mesopotamia," *Iraq*, 39:31–44 (1977).
Gardin, G. C., and P. Garelli, "Études des établissements Assyriens en Cappadoce par ordinateur," *Annales: économies, sociétés, civilisations*, 16:837–76 (1961).
Garelli, Paul, *Les Assyriens en Cappadoce.* Paris, 1963.
Gelb, I. J. "On the Alleged Temple and State Economies in Ancient Mesopotamia," *Studi in Onore di Edouardo Volterra*, 6:137–54 (Rome, 1969).
Graham, A. J. "Patterns in Early Greek Colonisation." *Journal of Hellenic Studies*, 91:35–47 (1971).
Harden, Donald, *The Phoenicians*. London, 1962.
Hawks, Jacquetta, and Sir Leonard Wooley, *Prehistory and the Beginnings of Civilization*. Vol. I of the UNESCO *History of Mankind*. New York, 1963.
Heichelheim, Fritz M. *An Ancient Economic History: From the Palaeolithic Age to the Migrations of the Germanic, Slavic, and Arabic Nations*. 2 vols. Leiden, 1958–64.
Jones, Tom B. *Ancient Civilization*. Chicago, 1960.
Knorringa, Heiman. *Emporos. Data on Trade and Traders in Greek Literature from Homer to Aristotle*. Amsterdam, 1926.
Kohl, Philip L. "The Balance of Trade in Southwestern Asia in the Mid-Third Millennium B.C." *Current Anthropology*, 19:463–92 (1978).
Lamberg-Karlovsky, C.C. "Foreign Relations in the Third Millenium at Tepe Yahya." In *Le plateau iranien de l'asie centrale des origines à la conquête islamique*. Centre National de la Recherche Scientifique. Paris, 1977. Pp. 33–44.
"Trade Mechanisms in Indus-Mesopotamian Interrelations." *Journal of the American Oriental Society*, 2:222–9 (1972).
Larsen, M. T. *Old Assyrian Caravan Procedures*. Istanbul, 1967.
"Early Assur and International Trade." *Sumer*, 35:347–9 (1979).
Leemans, W. F. *Foreign Trade in the Old Babylonian Period*. Leiden, 1960.
The Old Babylonian Merchant: His Business and His Social Position. Leiden, 1950.
Mallowan, M. G. L. "The Mechanics of Ancient Trade in Western Asia." *Iran*, 3:1–9 (1965).
Moscati, Sabatino. *The World of the Phoenicians*. London, 1969.
Oppenheim, A.L. "The Seafaring Merchants of Ur." *Journal of the American Oriental Society*, 74:6–17 (1954).
Ozguc, Nimet. "Assyrian Trade Colonies in Anatolia." *Archaeology*, 22:250–5 (1969).
Peterson, David Andrew. "Ancient Commerce." Ph.D. diss., State University of New York, Binghamton, 1976.
Powell, M. A. "Sumerian Merchants and the Problem of Profit." *Iraq*, 39:23–29 (1977).
Renfrew, Colin. *Before Civilization: The Radiocarbon Revolution and Prehistoric Europe*. London, 1973.
The Emergence of Civilization: The Cyclades and the Aegean in the Third Millenium B.C. London, 1972.

"Trade and Culture Process in European Prehistory." *Current Anthropology*, 10:151-60 (1969).
Roebuck, Carl. "The Grain Trade between Greece and Egypt." *Classical Philology*, 45:236-47 (1950).
"The Organization of Naukratis." *Classical Philology*, 46:212-20 (1951).
Rougé, Jean. *Recherches sur l'organisation du commerce maritime en Mediterranée sous l'empire romain*. Paris, 1966.
Sabloff, Jeremy A., and C. C. Lamberg-Karlovsky (eds.). *Ancient Civilization and Trade*. Albuquerque, N. Mex., 1975.
Sams, Kenneth. "Patterns of Trade in First Millennium Gordion." *Archaeology News*, 8:45-53 (1979).
Sandars, N. K. *The Sea Peoples: Warriors of the Ancient Mediterranean, 1250-1150 B.C.*. New York, 1978.
Starr, Chester G. *The Economic and Social Growth of Early Greece, 800-500 B.C.* New York, 1977.
Van Seters, John. "What is Trade? The Nature of Egyptian Trade in the Eastern Mediterranean During the Second Millennium B.C." *Archacology News*, 8:137-39 (1980).
Veenhoff, K.R. *Aspects of Old Assyrian Trade and its Terminology*. Leiden, 1972.
Wallace, M. B. "Early Greek Proxenoi." *Phoenix*, 24:189-208 (1970).
Warmington, E.H. *The Commerce Between the Roman Empire and India*. Cambridge, 1928.
Weiss, Harvey, and T. Cuyler Young, Jr. "The Merchants of Susa: Godin V and Plateau-Lowland Relations in the Late Fourth Millennium." *Iran*, 13:1-16 (1975).
Wright, Henry T. "A Consideration of Interregional Exchange in Greater Mesopotamia: 4000-3000 B.C." In *Social Exchange and Interaction*, ed. by E.N. Wilmsen. Ann Arbor, Mich., 1972.

4장 _ 고대 아메리카

Acosta Saignes, Miguel. "Los Pochteca." *Acta Antropologica*, 1:1-62 (1945).
Berdan, Frances F. "Distributive Mechanisms in the Aztec Economy." In *Peasant Livelihood*, ed. by R. Halperin and J. Dow. New York, 1977.
Bromley, Raymond J., and Richard Symanski. "Marketplace Trade in Latin America." *Latin American Research Review*, 9:3-38 (1974).
Brumfiel, Elizabeth M. "Specialization, Market Exchange, and the Aztec State: A View from Mexotla." *Current Anthropology*, 21:459-78 (1980).
Carasco, Pedro, and Johanna Broda (eds.). *Economía politica e ideología en el Mexico prehispanico*. Mexico, D.F., 1978.
Chadwick, Robert E. L. "The 'Olmeca-Xicallanca' of Teotihuacán: A Preliminary Study." *Meso-American Notes*, 7-8:1-23 (1966).
Coe, Michael D. *The Jaguar's Children: Pre-Classic Central Mexico*. New York, 1965.
Dahlgren de Jordan, Barbro. *La Mixteca: Su Cultura e História Prehispanicas*. Mexico, D.F., 1954.
Diaz del Castillo, Bernal. *The Conquest of New Spain*. Harmondsworth, 1963.
Flannery, Kent V. "The Olmec and the Valley of Oaxaca." *Dunbarton Oaks Conference on the Olmec*. Washington, D.C., 1968. Pp. 79-110.
Gibson, Charles. *The Aztecs Under Spanish Rule*. Stanford, Calif., 1964.

Heizer, Robert F., and John A. Graham (eds.). *Observation on the Emergence of Civilization in Mesoamerica*. Berkeley, 1971.
Hirth, R.G. "Interregional Trade and the Formation of Gateway Communities." *American Antiquity*, 43:35–45 (1978).
Murra, John V. *The Economic Organization of the Inka State*. Greenwich, Conn., 1980.
Padden, R. C. *The Hummingbird and the Hawk: Conquest and Sovereignty in the Valley of Mexico, 1503–41*. Columbus, Ohio, 1967.
Peterson, Frederick A. *Ancient Mexico: An Introduction to the Pre-Hispanic Cultures*, 2nd ed. New York, 1962.
Rathje, William L. "The Origin and Development of Lowland Classic Maya Civilization." *American Antiquity*, 36:275–85 (1971).
Rathje, William L., and Jeremy A. Sabloff. "A Research Design for Cozumel, Mexico." *World Archaeology*, 5:221–31 (1973).
Renfrew, Colin. "Alternative Models for Exchange and Spatial Distribution." In *Exchange Systems in Prehistory*, ed. by Timothy E. Earle and Jonathan E. Ericson. New York, 1977. Pp.71–90.
Rougé, Jean. *Ships and Fleets of the Ancient Mediterranean*, trans. by Susan Frazer. Middletown, Conn., 1981.
Sabloff, Jeremy A., and William L. Rathje. *A Study of Changing PreColumbian Commercial Systems, the 1972–73 Seasons at Cozumel Mexico*. Cambridge, 1975.
Sahagun, Fr. Bernardino de. *Florentine Codex. Book 9 – The Merchants*, trans. by C. E. Dibble and A.J.O. Anderson. Salt Lake City, 1959.
Sanders, William T., Jeffrey R. Parsons, and R.S. Santley. *The Basin of Mexico: Ecological Processes in the Evolution of a Civilization*. New York, 1979.
Sidrys, Raymond (ed.). *Papers on the Economy and Architecture of the Ancient Maya*. Los Angeles, 1978.
"Supply and Demand among the Classic Maya." *Current Anthropology*, 20:594–7 (1979).
Smith, Michael E. "The Aztec Marketing System and Settlement Pattern in the Valley of Mexico: A Central-Place Analysis." *American Antiquity*, 44:110–25 (1979).
Tourtellot, Gair, and Jeremy A. Sabloff. "Exchange Systems among the Ancient Maya." *American Antiquity*, 37:126–35 (1972).
Wolf, Eric R. *Sons of the Shaking Earth*. Chicago, 1959.

5장과 6장 _ 1,500년 전의 인도양 무역 세계

Adhya, G. C. *Early Indian Economics: Studies in the Economic Life of Northern India and Western India c. 200 B.C.–A.D. 300*. Bombay, 1966.
Ahmad ibn Majid. *Arab Navigation in the Indian Ocean Before the Coming of the Portuguese*. London, 1971.
Ahmad Makubl. *Indo-Arab Relations. An Account of India's relations of the Arab World from Ancient up to Modern Times*. Bombay, 1969.
Anand, R. P. "Maritime Practice in South-East Asia until 1600 A.D. and the Modern Law of the Sea." *International Comparative Law Quarterly*, 30:440–54 (1981).

Appadorai, A. *Economic Conditions in Southern India, 1000–1500 A.D.* 2 vols. Madras, 1936–51.
Ashtor, Eliahu. *A Social and Economic History of the Near East in the Middle Ages.* Berkeley, 1976.
"The Karimi Merchants." *Journal of the Royal Asiatic Society,* 1956: 45–56 (1956).
"Banking Instruments between the Muslim East and the Christian West." *Journal of European Economic History,* 1:553–73 (1972).
Ayyar, K. R. Venkatarama. "Medieval Trade, Craft, and Merchant Guilds in South India." *Journal of Indian History,* 25:269–80 (1947).
Benjamin of Tudela. "The Perigrination of Benjamin the sonne of Jonas..." In *Samuel Purchas, Hakluytus Posthumous or Purchase His Pilgrimes,* 20 vols., 8:523–93. Glasgow, 1905.
Boulnois, Luce. *The Silk Road.* London, 1966.
Chakraborti, H. *Trade and Commerce of Ancient India.* Calcutta, 1966.
Chandra, Moti. *Trade and Trade Routes in Ancient India.* New Delhi, 1977.
Duby, Georges. *The Early Growth of the European Economy: Warriors and Peasants from the Seventh to the Twelfth Century.* Ithaca, N.Y., 1974.
Elvin, Mark. *The Pattern of the Chinese Past.* Stanford, Calif., 1973.
Fourquin, Guy. *Histoire économique de l'occidente mediévale,* 2nd ed. Paris, 1969.
Goitein, Solomon Dob Dritz. "From the Mediterranean to India: Documents on the Trade to India, South Arabia, and East Africa from the Eleventh to the Twelfth Century." *Speculum,* 29:181–97 (1954).
A Mediterranean Society. 3 vols. Berkeley, 1967–78.
Studies in Islamic History and Institutions. Leiden, 1976.
Haeger, John W. (ed.). *Crisis and Prosperity in Sung China.* Tucson, 1975.
Hartwell, Robert. "A Cycle of Economic Change in Imperial China: Coal and Iron in Northeast China, 750–1350." *Journal of Economic and Social History of the Orient,* 10:103–59 (1967).
Huan, Ma. *The Overall Survey of the Ocean's Shores,* trans. and edited by J. V. G. Mills. London, 1970.
Jhao, Ju-Kua. *Chau Ju-kua: His Work on the Chinese and Arab Trade in the 12th and 13th Centuries, Entitled Chu-fan-chi,* ed. and trans. by F. Hirth and W. W. Rockhill. First published 1911. Taipei, 1970.
Kuo, Tsung-fei. "A Brief History of the Trade Routes between Burma, Indochina, and Yunnan." *T'ien Hsia Monthly,* 12:9–32 (1941).
Kwanten, Luc. *Imperial Nomads: A History of Central Asia, 500–1500 A.D.* Philadelphia, 1978.
Labib, Subhi Y. *Handelsgeschichte Ägyptens im Spätmittelalter (1171–1517).* Wiesbaden, 1965.
"Egyptian Commercial Policy in the Middle Ages." In *Studies in the Economic History of the Middle East,* ed. by M. A. Cook. London, 1970. Pp. 64–77.
"Karimi." *Encyclopedia of Islam,* 4:640–3 (1979).
Lambton, Ann K. S. "The Merchant in Medieval Islam." In *A Locust's Leg: Studies in Honour of S. H. Taqizadeh.* London, 1962. Pp. 121–30.
Lane, Frederick C. "Fleets and Fairs: The Functions of the Venetian Muda." In *Studi in Onore di Armando Sapori.* Milano, 1957. Pp. 649–63.
Venice: A Maritime Republic. Baltimore, 1973.
Venice and History. Baltimore, 1966.

Lewis, Archibald. "Maritime Skills in the Indian Ocean, 1368–1500." *Journal of the Economic and Social History of the Orient*, 16:238–64 (1973).
Naval Power and Trade in the Mediterranean, 500–1100. Princeton, N.J., 1959.
Lo, Jung-pang. "Maritime Commerce and its Relation to the Sung Navy." *Journal of the Economic and Social History of the Orient*, 12:57–101 (1969).
Ma, Laurence J. C. *Commercial Development and Urban Change in Sung China (960–1279)*. Ann Arbor, Mich., 1971.
Majumdar, R. C. *Ancient Indian Colonization in South-East Asia*, 2nd ed. Baroda, 1963.
Hindu Colonies in the Far East, 2nd ed. Calcutta, 1963.
Mas Latrie, Louis comte de. *Traités de paix et de commerce et documents divers concernant les rélations Chrétiens avec les Arabes de l'Afrique septentrionale au moyen age...*" Paris, 1866.
Miller, J. Innes. *The Spice Trade of the Roman Empire: 29 B.C. to A.D. 641*. Oxford, 1969.
Miskimin, Harry A, David Herlihy, and A. L. Udovitch (eds.). *The Medieval City*. New Haven, Conn., 1977.
Needham, Joseph. "Abstract of Material Presented to the International Maritime History Commission at Beirut." In *Sociétés et compagnies de commerce en orient de dans l'océan indien*, ed. by M. Mollat. Paris, 1971.
Science and Civilization in China, multivol. Cambridge, 1954–.
Nilakanta Sastri, K. A. *A History of South India*. Madras, 1948.
Foreign Notices of South India from Megasthenes to Ma Huan. Madras, 1939.
Parker, John (ed.). *Merchants and Scholars*. Minneapolis, 1965.
Polo, Marco. *Marco Polo: Description of the World*, ed. by Arthur Christopher Moule and Paul Pelliot. 2 vols. London, 1938.
Pulleybank, E.G. "Han China in Central Asia." *International Historical Review*, 3:278–86.
Rabinowitz, L. *Jewish Merchant Adventures: The Study of the Radanites*. London, 1948.
Raychaudhuri, Tapan, and Irfan Habib. *The Cambridge Economic History of India*. 2 vols. Cambridge, 1982.
Reischauer, Edwin O., and John K. Fairbank. *East Asia: The Great Tradition*. Boston, 1960.
Richard, Jean. "European Voyages in the Indian Ocean and Caspian Sea (12th–15th Centuries)." *Iran*, 6:45–52 (1968).
Richards, D. S. (ed.). *Islam and the Trade of Asia: A Colloquium*. Philadelphia, 1970.
Rossabi, Morris. "Ming China and Turfan 1406–1517." *Central Asiatic Journal*, 16:213–22 (1972).
Samarrai, A. "Medieval Commerce and Diplomacy, Islam and Europe A.D. 850–1300." *Canadian Journal of History*, 15:1–21 (1980).
Sheiba, Yoshinobu. *Commerce in Society in Sung China*. Ann Arbor, Mich. 1970.
Smith, D. Howard. "Zaitun's Five Centuries of Sino-Foreign Trade." *Journal of the Royal Asiatic Society*, 1958: 167–77 (1958).
Srivastava, B. *Trade and Commerce of Ancient India*. Varanasi, 1968.
Stillman, Norman A. "The Eleventh Century Merchant House of Ibn 'Awkal (A genize study)." *Journal of the Economic and Social History of the Orient*, 16:15–88 (1973).
Thapar, Romila. *A History of India*. vol. one. London, 1966.

Tibbetts, G. R. *Arab Navigation in the Indian Ocean before the Coming of the Portuguese.* London, 1971.
Toussaint, Auguste. *History of the Indian Ocean.* Chicago, 1966.
Unger, Richard W. *The Ship in the Medieval Economy, 600–1600.* London, 1980.
Vlekke, B. H. M. *Nusantara: A History of the East Indian Archipelago.* Cambridge, 1943.
Wake, C. H. H. "The Changing Patterns of Europe's Pepper and Spice Imports, ca. 1400–1700." *Journal of European Economic History,* 8:361–403 (1979).
Wheatley, Paul. *The Golden Khersonese: Studies in the Historical Geography of the Malay Peninsula before A. D. 1500.* Kuala Lumpur, 1971.
Whitehouse, David, and Andrew Williamson. "Sasanian Maritime Trade." *Iran,* 11:29–60 (1973).
Wolters, O. W. *Early Indonesian Commerce: A Study of the Origins of Srivijaya.* Ithaca, N.Y., 1967.
Yamamoto, Tatsuro. "Chinese Activities in the Indian Ocean Before the Coming of the Portuguese." *Diogenes,* 111:19–34 (1981).
Yu, Ying-shih, *Trade and Expansion in Han China.* Berkeley, 1967.

7장과 8장 _ 1,500년 이후의 인도양 무역 세계

Andaya, Leonard Y. *The Heritage of Arung Palakka: A History of South Sulawesi (Celebes) in the Seventeenth Century.* The Hague, 1981.
The Kingdom of Johor 1641–1728: Economic and Political Developments. Kuala Lumpur, 1975.
"An Outline of the Social and Economic Consequences of Dutch Presence in South Sulawesi Society in the Late 17th and Early 18th Centuries." Paper presented at the Symposium on the Western Presence in South-East Asia, Manila, January 25–8, 1982.
Arasaratnam, Sinnappah. *Dutch Power in Ceylon 1658–1687.* Amsterdam, 1958.
"Some Notes on the Dutch Malacca and the Indo-Malayan Trade 1641–1670." *Journal of Southeast Asian History,* 10:480–90 (1969).
Aubin, Jean (ed.). *Mare Luso-Indicum: Études et documents sur l'histoire de l' Océan Indien et des pays riverains a l'époque de la domination portugaise.* 5 vols. Geneva, 1971–.
Basu, Dilip. "The Banian and the British in Calcutta, 1800–1850." *Bengal Past and Present,* 92:157–70 (1973).
Blusse, Leonard, and Femme Gaastra (eds.). *Companies and Trade: Essays on Overseas Trading Companies during the Ancient Regime.* The Hague, 1981.
Boxer, Charles R. *Fidalgos in the Far East, 1550–1770.* The Hague, 1948.
Franciso Vieira de Figueiredo: A Portuguese Merchant-Adventurer in Southeast Asia, 1624–1667. The Hague, 1967.
The Dutch Seaborne Empire, 1600–1800. New York, 1965.
The Portuguese Seaborne Empire, 1415–1825. New York, 1969.
Burns, Michael. "All Hail Ye Bugis Schooners." *Orientations,* 11:43–9 (1980).
Cady, John F. *Southeast Asia: Its Historical Development.* New York, 1964.
Chaudhuri, K. N. *The Trading World of Asia and the English East India Company 1660–1760.* Cambridge, 1978.

Chaudhuri, Susil. *Trade and Commercial Organization in Bengal, 1650–1720*. Calcutta, 1975.
Ch'en Ching-ho. *The Chinese Community in the Sixteenth Century Philippines*. Tokyo, 1969.
Dale, Stephen Frederick. *Islamic Society on the South Asian Frontier: The Mappilas of Malabar, 1498–1922*. New York, 1980.
Das, Dipakranjan. *Economic History of the Deccan From the First to the Sixth Century A.D.* Delhi, 1969.
Das Gupta, Ashin. *Malabar in Asian Trade 1740–1800*. Cambridge, 1967.
Dermigny, Louis. *La Chine et l'Occident: Le commerce à Canton au XVIIIe siècle, 1719–1833*. 3 vols. and album. Paris: 1964.
Diffie, Bailey W., and George D. Winius. *Foundations of the Portuguese Empire, 1415–1580*. Minneapolis, 1977.
Disney, Anthony R. *Twilight of the Pepper Empire: Portuguese Trade in Southwest India in the Early Seventeenth Century*. Cambridge, Mass., 1978.
Dobbin, Christine. *Urban Leadership in Western India: Politics and Communities in Bombay City, 1840–55*. Oxford, 1972.
Dulaurier, Edouard. "Institutions maritimes de l'archipel d'Asie." In *Collection de lois maritimes antérieures au xviiie siècle*, vol. 6, ed. by J. M. Pardessus. Paris, 1845.
Fairbank, John K. "Tributary Trade and China's Relations with the West." *The Far Eastern Quarterly*, 1:129–49 (1941).
——— (ed.). *The Chinese World Order: Traditional China's Foreign Relations*. Cambridge, 1968.
Fairbank, John K., and S. Y. Teng. "On the Ch'ing Tributary System." *Harvard Journal of Asiatic Studies*, 6:135–247 (1947).
Fairbank, John K., Edwin O. Reischauer, and Albert M. Craig. *East Asia: The Modern Transformation*. Boston, 1965.
Felix, Alonso, Jr. *The Chinese in the Philippines*. 2 vols. Manila, 1966.
Furber, Holden. *Rival Empires of Trade in the Orient, 1600–1800*. Minneapolis, 1976.
Glamann, Kristoff. *Dutch Asiatic Trade, 1620–1740*. The Hague, 1958.
Gopal, Surendra. *Commerce and Crafts in Gujarat, 16th and 17th Centuries: A Study of the Impact of European Expansion on a Precapitalist Economy*. New Delhi, 1975.
——— "Gujarati Shipping in the Seventeenth Century." *Indian Economic and Social History Review*, 8:31–40 (1971).
Grottanelli, Vinigi L. *Pescatori del Occeano Indiano*. Rome, 1955.
Habib, Irfan. *An Atlas of the Mughal Empire*. New York, 1980.
Hall, D. G. E. *A History of Southeast Asia*. London, 1955.
Hambly, G. "Introduction to the Economic Organization of Qajar Iran," *Iran*, 2:69–81 (1964).
Hawkins, Clifford W. *The Dhow*. Lymington, 1977.
Hazelhurst, Layton W. "Caste and Merchant Communities," In *Structure and Change in Indian Society*, ed. by Milton Singer and Bernard S. Cohn. Chicago, 1968.
Hodgson, Marshall G. S. *The Venture of Islam: Conscience and History of a World Civilization in Three Volumes*, 3 vols. Chicago, 1974.

Hourani, G. F. *Arab Seafaring in the Indian Ocean in Ancient and early Medieval Times*. Princeton, N.J., 1951.
Kling, Blair B., and M. N. Pearson (eds.), *The Age of Partnership: Europeans in Asia before Dominion*. Honolulu, 1979.
Kobata, A. "The Production and Uses of Gold and Silver in Sixteenth and Seventeenth Century Japan." *The Economic History Review*, 2nd ser., 18:245-65 (1965).
Koentjaraningrat, Raden Mas, *Introduction to the Peoples and Cultures of Indonesia and Malaysia*. Menlo Park, Calif., 1975.
Kuchhal, S. C. "The Managing Agency System," In *The Industrial Economy of India*, ed. by S.C. Kuchhal. Allahabad, 1963.
Lineton, Jacqueline. "'Pasompe' Ugu': Bugis Migrants and Wanderers." *Archipel*, 10:173-201 (1975).
Linschoten, John Huyhgen van. *The Voyage of John Huyhgen van Linschoten to the East Indies*. 2 vols. London, 1885.
MacKnight, C. C. "The Nature of Early Maritime Trade: Some Points of Analogy from the Eastern Part of the Indonesian Archipelago." *World Archaeology*, 5:198-210 (1973).
"The Rise of Agriculture in South Sulawesi before 1600." Unpublished paper, 1981.
"The Study of Praus in the Indonesian Archipelago." *The Great Circle*. 2:117-28 (1980).
Magalhães-Godinho, Vitorino. *L'économie de l'empire portugais aux xve et xvie siècles*. Paris, 1969.
Os Descobrimentos e a Economía Mundial. 2 vols. Lisbon, 1963.
Mahalingan, T.V. *Economic Life in the Vijayanagar Empire*. Madras, 1951.
Marques, António Henrique de Oliveria. *History of Portugal*. 2 vols. New York, 1971.
Meilink-Roelofsz, M. A. P. *Asian Trade and European Influence in the Indonesian Archipelago Between 1500 and about 1630*. The Hague, 1962.
Mollat, M. (ed.). *Sociétés et compagnies de commerce en orient et dans l'océan indien*. Paris, 1971.
Moreland, W. H. "The Shabandar in the Eastern Seas." *Journal of the Royal Asiatic Society*, 28:517-33 (1920).
Parkinson, C. Northcote. *Trade in the Eastern Seas 1793-1813*. Cambridge, 1937.
Pearson, M. N. *Merchants and Rulers in Gujarat: The Response to the Portuguese in the Sixteenth Century*. Berkeley, 1976.
Prins, A. H. J. *Sailing from Lamu: A Study of Maritime Culture in Islamic East Africa*. Van Gorcum, 1965.
Purcell, Victor. *The Chinese in South East Asia*. London, 1965.
Quaison, Serafin D. *English "Country Trade" with the Philippines, 1664-1765*. Quezon City, 1966.
Reading, Douglas K. *The Anglo-Russian Commercial Treaty of 1734*. New Haven, Conn., 1938.
Reid, Anthony. "A Great Seventeenth Century Indonesian Family: Matoaya and Pattingalloang of Makassar." *Majalah Ilmu-Ilmu Sosial Indonesia*, 8:1-28 (1981).
"The Rise of Makassar." In press.
Saguchi, Toru. "The Eastern Trade of the Kohkand Kmanate." *Memoirs of the Research Department of the Toyo Bunko*, 24:47-114 (1965).

Sakamaki, Shunzō. "Ryukyu and Southeast Asia." *Journal of Asian Studies*, 23:383–90 (1964).
Scammell, G.V. "England, Portugal, and the Estado da India, c. 1500–1635." *Modern Asian Studies*, 16:177–92 (1982).
Schurz, William Lytle. *The Manila Galleon*. New York, 1939.
Serjeant, Robert Bartram. *The Portuguese off the South Arabian Coast: Hadrami Chronicles*. Oxford, 1963.
Simkin, C. G. F. *The Traditional Trade of Asia*. London, 1968.
Sinha, Pradip. "Approaches to Urban History: Calcutta (1750–1850)." *Bengal Past and Present*, 87:106–19 (1968).
Skinner, G. William. *Chinese Society in Thailand: An Analytical History*. Ithaca, N.Y., 1957.
Sopher, David E. *The Sea Nomads: A Study Based on the Literature of the Maritime Boat People of Southeast Asia*. Singapore, 1965.
Steensgaard, Niels. *Carracks, Caravans and Companies: The Structural Crisis in the European-Asian Trade of the Early Seventeenth Century*. Copenhagen, 1973.
Steinberg, David Joel, David K. Wyatt, John R. W. Smail, Alexander Woodside, William R. Roff, and David P. Chandler. *In Search of Southeast Asia*. New York, 1971.
Tobing, Philip Oder Lumban. *Hukum Pelajaran dan Perdangangan Amanna Gappa: Pembahasan Philogis-Kulturil Dengan Edisi Jang Diperpendek Dalam Bahasa Inggris*. Makassar, 1961.
University of Western Australia. *The Indian Ocean in Focus: International Focus on Indian Ocean Studies*. Perth, 1979.
Verlinden, Charles. *The Beginnings of Modern Colonization*. Ithaca, N.Y., 1970.
Viraphol, Sarasin. *Tribute and Profit: Sino-Siamese Trade, 1652–1853*. Cambridge, Mass., 1977.
Warren, James Francis. *The Sulu Zone, 1768–1898: The Dynamics of External Trade, Slavery, and Ethnicity in the Transformation of a Southeast Asian Maritime State*. Singapore, 1981.
Yambert, Karl A. "Alien Traders and Ruling Elites: The Overseas Chinese in Southeast Asia and the Indians in East Africa." *Ethnic Groups*, 3:173–98 (1981).
Yule, Henry. *A Narrative of the Mission to the Court of Ava in 1855*. London, 1968.

9장 _ 아르메니아 인의 육상 무역

Ambrose, G. "English Traders at Aleppo (1658–1756)." *Economic History Review*, 3:246–67 (1931–2).
Anderson, Matthew Smith. *Britain's Discovery of Russia 1553–1815*. London, 1958.
Attman, Artur. *The Russian and Polish Markets in International Trade 1500–1650*. Goteborg, 1973.
Barbour, Violet. *Capitalism in Amsterdam in the Seventeenth Century*. Baltimore, 1950.
Berry, Lloyd E., and Robert O. Crummey (eds.). *Rude & Barbarous Kingdom: Russia in the Accounts of Sixteenth-Century English Voyagers*. Madison, Wis., 1968.
Carouthers, Douglas (ed.). *The Desert Route to India: the Journals of Four Travelers*

by the Great Desert Caravan Route Between Aleppo and Basra 1745–1751. London, 1929.
Carswell, John. *New Julfa: The American Churches and Other Buildings.* Oxford, 1968.
Chardin, John. *Sir John Chardin's Travels in Persia.* First published in 1686. London, 1927.
Davis, Ralph H. *Aleppo to Devonshire Square: English Traders in the Levant in the Eighteenth Century.* London, 1967.
Donzel, E. J. van. *Foreign Relations of Ethiopia, 1642–1700: Documents Relating to the Journeys of Khodja Murad.* Leiden, 1979,
Ferrier, R. W. "The Agreement of the East India Company with the Armenian Nation 22nd June 1688." *Revue des études arméniennes*, 7(n.s.): 427–43 (1970).
"The Armenians and the East India Company in Persia in the Seventeenth and Early Eighteenth Centuries." *Economic History Review*, 26:38–62 (1973).
Gulbenkian, Roberto. "Philippe de Zagly, marchand arménien de Julfa, et l'établissement du commerce persan en Courlande en 1696." *Revue des études arméniennes*, 7(n.s.):361–99 (1970).
Hanway, Jonas Walden. *An Historical Account of British Trade Over the Caspian Sea.* 2 vols. London, 1754.
Herbert, Sir Thomas. *Some Yeares Travells into Africa and Asia...* London, 1677.
Jeannin, Pierre. "The Sea-borne and the Overland Trade Routes of Northern Europe in the XVIth and XVIIth Centuries." *Journal of European Economic History*, 11:5–59 (1982).
Kevonian, Keram. "Marchands arméniens au XVIIe siècle." *Cahiers du monde russe et sovietique*, 16:199–244 (1975).
Khachikian, Lvon. "The Ledger of the Merchant Hovannes Joughayetsi." *Journal of the Asiatic Society* (Calcutta), 8:153–86 (1966).
"Le registre d'un marchand arménien en Perse, en Inde et en Tibet (1682–93)." *Annales: économies, sociétés, civilisations*, 22:231–78 (1967).
Lang, David Marshall. *Armenia: Cradle of Civilization*, 2nd ed. rev. London, 1978.
Lockhart, L. "Isfahan." *Journal of the Royal Central Asian Society*, 37:248–61 (1950).
Macler, Frederic. "Les Arméniens de Galicie." *Revue des études arméniennes* 6:7–17 (1926).
Morgan, E., and C. H. Cooke (eds.). *Early Voyages and Travels in Russia and Persia by Anthony Jenkinson and other Englishmen.* 2 vols. London, 1885.
Morgan, Jacques de. *The History of the American People.* Boston, 1965.
Morse, Richard M. *The Bandeirantes: The Historical Role of the Brazilian Pathfinders.* New York, 1965.
Olearius, Adam. *Rélations du voyage en Muscovie, Tartarie et Perse.* 2 vols. Paris, 1679.
Pankhurst, Richard."The History of Ethiopian-Armenian Relations." *Revue des études arméniennes*, 12(n.s.):174–345 (1977).
Rooy, Silvio van. "Armenian Merchant Habits as Mirrored in the 17th–18th Century Amsterdam Documents." *Revue des études arméniennes*, 3(n.s.):347–558 (1966).
Savory, Roger. *Iran under the Safavids.* Cambridge, 1980.
Seth, M. H. *The Armenians in India.* Calcutta, 1937.
Spicer, Edward H. *Cycles of Conquest: The Impact of Spain, Mexico, and the United States on the Indians of the Southwest, 1553 1965.* Tucson, 1962.

Struys, Jan. *The Voyages of I. Struys through Moscovia, Tartary, India, and Most of the Eastern World*. London, 1684.
Taunay, Alfonso de Escragnolle. *Curso de bandeirologia*. Rio de Janeiro, 1946.
Tekekian, C. D. "Marseille, La Provence, et les arméniens." *Mémoires de l'Institut Historique de Provence*, 5:5–65 (1929).
Willan, T. S. *The Early History of the Russia Company 1553–1603*. Manchester, 1956.
———. *The Muscovy Merchants of 1555*. Manchester, 1953.

10장 _ 모피 무역

Benningsen, Alexandre, and Chantal Lemercier-Quelquejay. "Les marchands de la cour ottomane et le commerce des fourrures moscovites dans la seconde moitie du XVIe siècle." *Cahiers du monde russe et sovietique*, 9:363–90 (1970).
Berindei, Mihnoa. "Contribution a l'étude du commerce ottoman des fourrures moscovites: La route moldavo-polonaise 1453–1700." *Cahiers du monde russe et sovietique*, 12:393–409 (1971).
Bigger, H. P. (ed.). *The Works of Samuel de Champlain*. 6 vols. Toronto, 1922–36.
Bishop, C.A. *The Northern Ojibwa and the Fur Trade*. Toronto, 1974.
Carlos, Ann. "The Causes and Origins of the North American Fur Trade Rivalry: 1804–1810." *Journal of Economic History*, 41:777–94 (1981).
Crutchfield, James A., and Giulio Pontecorvo. *The Pacific Salmon Fisheries: A Study of Irrational Conservation*. Baltimore, 1969.
Davey, Richard. *Furs and Fur Garments*. Westminster, 1896.
Delort, Robert. *Le commerce des fourrures en Occident a la fin du moyen age (vers 1300–vers 1450)*. Rome, 1978.
Eccles, W. J. A. "A Belated Review of Harold Adams Innis, The Fur Trade of Canada." *Canadian Historical Review*, 40:420–41 (1979).
———. "A Response to Hugh M. Grant on Innis (and the Canadian Fur Trade)." *Canadian Historical Review*, 62:323–9 (1981).
Fisher, Raymond Henry. *The Russian Fur Trade, 1550–1700*. Berkeley, 1943.
Ford, Richard I. "Barter, Gift, or Violence: An Analysis of Tewa Intertribal Exchange." In *Social Exchange and Interaction*, ed. by Edwin N. Wilmsen. Ann Arbor, Mich., 1972.
Galbraith, John S. *The Hudson's Bay Company as an Imperial Factor, 1821–1869*. Berkeley, 1957.
Gibson, James R. *Feeding the Russian Fur Trade: Provisionment of the Okhotsk Seaboard and the Kamchatka Peninsula, 1639–1856*. Madison, Wis., 1969.
Gould, J. R. "Externalities, Factor Proportions, and the Level of Exploitation of Free Access Resources." *Economica*, 39:383–402 (1972).
Graburn, Nelson H. H., and B. Stephen Strong. *Circumpolar Peoples: An Anthropological Perspectus*. Pacific Palisades, Calif., 1973.
Grant, Hugh M. "One Step Forward, Two Steps Back: Innis, Eccles, and the Canadian Fur Trade." *Canadian Historical Review*, 62:304–22 (1981).
Heidenreich, Conrad E. *Huronia: A History and Geography of the Huron Indians*. Toronto, 1971.
Heidenreich, Conrad E., and A. H. Ray. *The Early Fur Trade: A Study in Cultural Interaction*. Toronto, 1976.
Hunt, George T. *The Wars of the Iroquois: A Study in Intertribal Trade Relations*. Madison, Wis., 1960.

Innis, Harold A. *The Fur Trade in Canada.* Toronto, 1956.
Jablow, Joseph. *The Cheyenne in Plains Indian Trade Relations, 1795–1840.* New York, 1951.
Jenness, Diamond. *Indians of Canada,* 7th ed. Ottawa, 1977.
Kerner, Robert J. *The Urge to the Sea: The Course of Russian History.* Berkeley, 1942.
Krech, Shepard III (ed.). *Indians, Animals, and the Fur Trade: A Critique of Keepers of the Game.* Athens, Ga., 1981.
Lantzeff, George V. *Siberia in the Seventeenth Century: A Study of the Colonial Administration.* Berkeley, 1943.
Lewis, Oscar. *The Effects of White Contact upon Blackfoot Culture, with Special Reference to the Role of the Fur Trade.* New York, 1942.
Martin, Calvin. *Keepers of the Game: Indian-Animal Relationships and the Fur Trade.* Berkeley, 1978.
Moodie, D. Wayne, and John C. Lehr. "Macro-Historical Geography and the Great Chartered Companies: The Case of the Hudson's Bay Company." *Canadian Geographer,* 25:277–83 (1981).
Ray, Arthur J., and Donald Freeman. *"Give Us Good Measure": An Economic Analysis of Relations between the Indians and the Hudson's Bay Company Before 1763.* Toronto, 1978.
Rich, Edwin E. *The Fur Trade and the Northwest to 1857.* Toronto, 1967.
Robson, Joseph. *An Account of Six Years Residence in Hudson's Bay: From 1733 to 1736 and 1744 to 1747.* Toronto, 1965.
Rotstein, Abraham. "Fur Trade and Empire: An Institutional Analysis." Ph.D. diss. University of Toronto, 1967.
Trigger, Bruce G. *The Children of Aataentsic: A History of the Huron Peoples to 1660.* 2 vols. Montreal, 1976.
"The French Presence in Huronia: The Structure of Franco-Huron Relations in the First Half of the Seventeenth Century." *Canadian Historical Review,* 49:107–41 (1968).
"Trade and Tribal Warfare on the St. Lawrence in the Sixteenth Century." *Ethnohistory,* 9:240–56 (1962).
Turner, Frederick Jackson. *The Character and Influence of the Indian Trade in Wisconsin: A Study of the Trading Post as an Institution,* new ed. Norman, Okla., 1977.
Wishart, David J. "The Fur Trade of the West, 1807–1840: A Geographical Synthesis. In *The Frontier in Comparative Studies,* ed. by David Henry Miller and Jerome O. Steffan. Norman, Okla., 1977.

11장 _ 산업 시대

Adas, Michael. *Prophets of Rebellion: Millenarian Protest Movements against the European Colonial Order.* Chapel Hill, N.C., 1979.
Emerson, Rupert. *Malaysia: A Study of Direct and Indirect Rule.* New York, 1937.
Fairbank, John King. *Trade and Diplomacy on the China Coast: The Opening of the Treaty Ports 1842–1854.* Cambridge, Mass., 1964.
Gallagher, John, and Ronald Robinson. "The Imperialism of Free Trade." *Economic History Review,* 6(n.s.):1–15 (1953).
Hao, Yen-P'ing. *The Comprador in Nineteenth-Century China: Bridge Between East and West.* Cambridge, Mass., 1970.

July, Robert W. *The Origins of Modern African Thought: Its Development in West Africa during the Nineteenth and Twentieth Centuries*. New York, 1967.
Landes, David. *Bankers and Pashas*. Cambridge, Mass., 1958.
Latham, A. J. H. *The International Economy and the Underdeveloped World, 1865–1914*. London, 1978.
LeFevour, Edward. *Western Enterprise in Late Ch'ing China*. Cambridge, 1968.
Porter, Arthur T. *Creoledom: A Study of the Development of Freetown Society*. London, 1963.
Priestley, Margaret. *West African Trade and Coast Society: A Family Study*. London, 1969.
Spaulding, Jay. "Slavery, Land Tenure and Social Class in the Northern Turkish Sudan." *International Journal of African Historical Studies*, 15:1–20 (1982).
Twitchett, Denis, and John K. Fairbank (eds.). *The Cambridge History of China*. Vol. 10, *The Ch'ing*. Cambridge, 1978.

찾아보기

2차 제국 390, 393~395, 396
40일 도로 391
HBC 407
HBC 교역소 370, 379, 380
HBC 상인 369
MB(인조 비버) 377, 380
『오디세이』 136
『일리아느』 136
『페르시아 인의 편지Persian Letters』 334
『플로렌타인 코덱스Florentine Codex』 153

ㄱ

가격 담합 시장 38
가나 51, 56, 78, 80, 103, 237, 411
가다메스 53, 54, 57
가다야 53, 54
가마, 바스코 다Gama, Vasco da 232, 237, 240, 249
가우초 305
가트 53, 54
갈리시아 335
감비아 강(변) 44, 68, 409~411
강변 무역 48
갠지스 강 210, 325, 327
갤리선 206
갤리언선 254
거래 표준 가격표 377
검은담비 모피 349, 360
게니자 문서 193, 196, 197, 268
게즈 어 176
경제 인류학 34
경제적 계층 구조 31, 32
계절풍 171, 173, 174, 187, 188, 252, 261
계층 구조 28, 30~32, 71, 243, 299, 307

고기잡이 모형 348, 360, 361
고딘 5층위 121
고리대금 201
고아Goa 25, 32, 72~74, 222, 239, 241, 243, 246, 254, 257, 260, 263, 299
고와 273
고이틴, 솔로몬 돕Goitein, Solomon Dob 194
공동 가격 협상 227
공자 213
광저우 176, 177, 188, 214, 219, 223, 225~227, 229, 240, 286, 299~401, 403, 406, 414, 415
교역로 10, 17~19, 40, 43, 44, 47, 56, 59, 60, 68, 73, 75, 76, 84, 85, 88, 89, 99, 102, 103, 150, 153, 154, 160, 168~170, 178, 184, 187, 197, 203, 207~209, 228, 245, 307, 309, 311, 319, 320, 328, 338, 357, 370, 391
교역소 22, 25, 34, 71~73, 88, 109, 121, 123, 130, 133, 203, 205, 209, 211, 219, 234, 236~238, 240, 241, 243, 244, 258, 263, 265~267, 280, 281, 299, 302, 303, 305, 344, 357, 359, 360, 364, 368, 369, 371, 376, 383~386, 394, 397, 398, 401, 405, 411
구세계 186, 208, 345

구자라트 74, 210, 213, 222, 223, 239, 245, 246, 250, 263, 293, 295, 297, 299, 313
구자라트 상인 210, 247, 248, 251, 252, 285, 286, 295
구자라트 어 226
국경 무역 162, 164
국경 시장 164
국제 무정부 구역 256
그로세이예르Groseilliers 368
그리스 도시 국가 17, 32, 136
그리스 무역 상인 정착촌 25
그리스 무역망 18
그리스 문자 175
그리스 상인 45, 143, 144, 196
그리스 상인 공동체 144
그리스 어 18, 145, 174, 176, 180, 187, 226
금광 지대 59, 69, 71, 73
기니 만 58, 237
기독교 국가 199, 200, 202, 208, 316
기독교 상인 81, 196, 200, 227, 331
기름진 초승달 지역 137, 138, 174, 186
기만 89
길란 314, 341
꾸란 201

ㄴ

나가라 248

나르바 338, 339
나우크라티스 143, 144, 196
나이저 강 49, 56, 62, 63, 78, 410
나일 강 40, 50, 52, 54, 131, 132, 170, 175, 197, 390, 391, 393, 394
나일 강 삼각주 132, 139, 143
낙타 50, 51~53, 55, 56, 59, 170, 309, 390, 393
남술라웨시 244, 276, 253, 270, 273, 274, 279, 281
남술라웨시 상인 유민 집단 244
내수 시장 189
네덜란드 동인도 식민지 23
네덜란드 동인도 회사 22, 259, 261, 262, 264, 265, 275, 277, 279, 281, 282, 289, 290, 292, 293, 297, 360, 386, 387
네덜란드 상인 259, 281, 283, 291, 292, 357, 358, 361, 364, 387
네덜란드 인도 식민지 23
네메시스 404
네스토리우스교 307
네오마르크스주의 경제 인류학 89
네오마르크스주의자 29
노르 곶 317
노스웨스트 컴퍼니 371
노예 교역소 411
노예무역 34, 75, 111, 407
농업 시대 18
농업 혁명 10, 114, 115

누비아 (지역) 54, 55, 390, 391, 397
누비아 상인 393, 394
뉴줄파 314, 315, 322, 325, 328, 330, 332~334, 337, 339, 343
뉴줄파 상인 342, 413
느자비Nzabi 족 90, 94
니암웨지 족 상인 390
니암웨지Nyamwezi 족 59, 75
니우미 왕국 410
니제르 (계곡) 43, 44, 51, 56, 58
니피싱 호수 357

ㄷ

다기능 계층 구조 219, 243
다르푸르 391, 395, 397
다우스 206
다이말, 안톤Deimal, Anton 118, 119
다코타 족 375
다코타수Dakota Sioux 족 370
다호메이 111, 112, 411
단순 갈등 모형 31
당 나 라 160, 181~183, 185, 187~189, 205
대금업 24
대부업자 125, 129
대상隊商 51, 53, 56, 76, 83, 94, 105, 106, 107, 128, 129, 153, 165, 168, 170, 183, 194, 245, 307, 309, 332, 410
대승 불교 179

대운하 189
대저울 20
대추야자 49, 51, 53, 55, 59, 96, 100, 118, 122, 390
덴디 43
덴디 어 43
델카노Del Cano 232
도시 국가 17, 25, 82, 117, 126~128, 139, 141, 143, 151, 209
도시 문명 114, 117, 123, 130, 132, 146, 151, 160
도시 생활 16, 17
도시망의 계층 구조 29
도시의 다기능성 계층 구조 30, 361
도시화 이론 27
독립 무역 도시 18
동 마누엘Dom Manuel 왕 237
동 주앙Dom João 2세 236
동남아시아 상인 213, 270
동방 무역 198, 266
동서 교역로 169
동서 무역 183
동아프리카 해안 무역 74
동인도 회사 266, 293, 315, 329, 388, 402, 404
두바시 295
드라비다 왕국 177
디바우티Djibouti 족 82
디아스포라 17
딜랄리 106

ㄹ

라다나이트 184, 185
라신 급류 지역 357, 366
라틴 어 15, 145, 181
라틴 제국 202
러브조이, 폴Lovejoy, Paul 13, 103
러시아 모피 무역 347
러시아 모피 상인 347
러시아 상인 301, 302, 317, 347, 360, 361, 373
러시안 아메리칸 컴퍼니 349, 361
런던 21, 26, 30, 31, 322, 335, 379
레나 강 346, 347
레바논 상인 132
레반트 (지역) 18, 26, 133, 136, 137, 139, 140, 143, 170, 174, 184, 192, 333, 335
레반트 무역 도시 26
레반트 지역 202, 203, 292, 310, 311, 330
레이, 아서Ray, Arthur 374
레인, 프레더릭Lane, Frederick 83, 84, 200
로마 상인 69, 168, 174
로마 상인 공동체 174
로마 상인 유민 집단 174
로마 제국 158, 167, 168, 174, 175, 180, 181, 189, 193, 195, 307, 310
로맨스 어 180
로스타인, 아브라함Rotstein, Abraham

111, 374
로열 아프리칸 컴퍼니 335
뤼베크 26
리그비Ligby 족 81
리바우 338
리비어, 로버트Revere, Robert B. 36
리스본 32, 72~74, 234, 240, 241, 243, 291, 322
리아우 277, 280, 281
리치, 에드윈Rich, Edwin E. 374

ㅁ

마 후안Ma Huan 228
마그레브 40, 55, 95
마그레브 족 409
마닐라 254, 260, 262, 284, 293, 323
마닐라 상인 229
마두구 105
마드라스 265
마라카 57
마르세유 322, 333, 334
마사와 107
호지슨, 마셜Hodgson, Marshall 254
마시나 85, 87, 89
마야 문명 147, 149
마우리아 제국 159
마이기다 105~107, 195, 293, 406
마젤란 232
마카사르 253, 270, 273, 275, 276, 283, 284, 291, 292

마카사르 상인 280
마카사르 어 270
마카사르 왕국 273
마카사르Makassar 족 244, 273~277, 279
마카오 25, 32, 240, 241, 252, 253, 257, 260, 291, 401
마타람 왕국 386, 387
마토아야, 카라엥Matoaya, Karaeng 275
마틴, 캘빈Martin, Calvin 375
마필라 250
만다르 82
만디 44
만리장성 162
말 혁명horse revolution 354
말라바르 (해안) 239, 241, 244, 249, 248, 262
말라위 호수 47, 73, 75, 390
말라카 해협 177, 213, 217, 224, 225, 260, 277, 279, 280, 282, 400
말레보 호수 47, 48
말레이 반도 164, 171, 180, 215, 221~224, 244, 270, 274, 277, 279, 282, 284, 400
말레이 상인 273
말레이 어 274
말리 왕국 58
말린다 221
말린케 105
말린케 어(말) 44, 88

맘루크 왕조 192
맘프루시 81
머스커비 컴퍼니 317, 319, 321
메디나 32
메로에 175
메소포타미아 (문명) 51, 114, 115,
　117, 119~124, 126, 131~133, 145,
　151, 154, 169, 176, 182, 186, 187,
　192, 309
메소포타미아 사원 경제론 130
메소포타미아 상인 124
메카 32, 194, 217, 221
메크네스 53
메틱스 140, 141, 144
멜라카 25, 227, 221~223, 226, 228,
　239, 244, 253, 257, 270, 273, 280,
　286, 288, 291, 399
명나라 213, 217, 225, 254, 282, 284
모로코 160, 181, 184, 194, 418
모리쿤다 79
모잠비크 25, 47, 69, 71~73, 238,
　257, 260
모잠비크 해협 171
모피 동물 355, 358, 359~361, 362,
　364, 366
모피 무역 19, 31, 305, 344,
　346~347, 349, 351, 352, 353~355,
　358, 360~363, 366~368, 374, 375
모피 무역 상인 347, 351, 362, 376
모피 상인 301, 302

몬트리올 상인 361, 380
몰루카 제도 222, 225, 240, 241,
　270, 271, 274
몰루카 해협 291
몸바사 71, 74, 75, 238, 257
몽골 제국 183, 185, 207, 307
몽골 족 207
몽테스키외 334
무굴 제국 254, 262, 263, 266, 267,
　296, 313, 316, 327, 328, 341
무역 공동체 18, 21, 22, 193, 194,
　210, 233
무역 도시 186, 246, 333
무역 식민지 56, 71, 174, 196, 311
무역 여행 46, 47, 324, 330
무역 외 수지 127
무역망 17~19, 67, 76, 93, 94, 100,
　102, 122, 139, 146, 175, 193, 238,
　251, 253, 302, 358, 365, 390, 396
무역풍 231, 232, 261
무역항 37, 43, 130, 154, 230, 399
무함마드 32, 181, 186
문화(의) 중개자 19, 34
물고기 47~49, 259, 319, 320, 348,
　353
물레이 이드리스 32
므자브 (계곡) 53, 96
미국 남북 전쟁 31
미국 독립 전쟁 31
미낭카바우 288, 289

미노스 문명 133
미노스-미케네 문명 133
미시간 호수 357, 367
미시시피 강 19, 302, 351, 358
미자비 33, 97, 98
미자비 상인 집단 99
미주리 강 352, 358, 359
미케네 문명 133, 140
믹스텍 152, 155
믹스텍Mixtec 족 151

ㅂ

바그다드 160, 186, 192, 198, 208, 310, 323
바니안 295, 296, 297, 413, 414
바다 소금 43, 47
바마코 46
바브엘만데브 해협 170, 174
바빌론 124, 183, 196
바스 왕조 205
바이 말 44
바자우Bajau 족 270, 271, 274, 276, 281
바타비아 260, 263, 288, 290, 292, 299, 329, 386, 387
바bars 112, 380
박서Boxer, C. R. 291
반다르아바스 265
반데이라스 302
반데이란테스 302, 303

반줄 68
반텐 263, 286, 288, 289, 299
발루치스탄 169
발트 해 26, 319~321, 335, 337, 341
버마 167, 177, 223, 284
베냉 43, 61, 81
베니스 200~203, 205, 206, 209, 219, 224, 234, 235, 322, 323, 330, 333
베니스 상인 201, 205, 226, 228
베니스 상인 유민 집단 203
베르데 곶 104, 237
베르베라 107
베르베르 어(말) 33, 50, 98
베르베르 왕조 192
벵골 267, 297, 383~385, 388, 397, 413, 414
벵골 민 176, 211, 226, 251, 252, 286, 293
벵골 상인 400
벵골 어 226, 296, 413
보네 273
보르노 왕국 397
보방기 족 화물선 49
보방기Bobangi 족 47, 48, 62, 63, 107
보우나 왕국 89
보호 비용 83, 84, 86, 107, 128, 130, 153, 154, 162~164, 200, 201, 218, 220, 232, 233, 241, 247, 257, 258, 266, 330, 339, 341, 359, 384

보호 용역 234
보호 지대 84
본도우코우 89
볼가 강 313, 316, 317, 319, 321, 324, 338, 341
볼가 강 교역로 319, 339
볼타 강 80, 107
볼티모어-오하이오 철도 30
부기 왕국 273, 275, 276
부기 족 상인 388
부기Bugis 족 244, 271, 274~277, 279~281, 283, 291, 297, 303, 386 399, 400, 405
부업 46
부족 국가 37, 45
북아메리카 모피 무역 363, 370, 371, 373, 374
북아프리카 대상 교역로 184
북아프리카 사막 경계 지역 52
북아프리카 상인 57, 58
분업 41, 46, 132
불교 32, 159, 167, 168
브라만 계급 179
브라운, 노먼Brown, Norman O. 24
블랙푸트Blackfoot 족 353
비공식 제국 398, 400, 404, 407
비교 세계사 9, 13
비교 표준 가격표 377
비단 무역 310, 315, 329, 332, 342
비라폴, 사라신Viraphol, Sarasin 286

비버 모피 349, 366
비산두구 89
비옥한 초승달 지역 169
비잔티움 175
비잔틴 문명 181, 193, 199, 201
비잔틴 상인 196
비잔틴 제국 183, 201~203, 205, 307, 310, 311
빌리Vili 족 108

ㅅ

사르곤 왕 117, 123
사르디니아 139
사막 경계 지역 52, 56~59, 96, 103, 104, 162, 169, 194
사막 항구 49, 51, 52, 56, 57, 194
사바나 지대(지역) 41, 42, 44~46, 51, 56, 58, 59, 104, 107
사산 문명 181
사아군, 베르나르디노 드Sahagun, Bernardino de 153, 154
사파비 왕조 254, 257, 314~317, 319, 320, 331
사하라 사막 39, 40, 42, 49, 50, 52, 53, 55, 58, 59, 78, 95~97, 99, 100, 192, 232, 391
사하라 사막 경계 지역 60
사하라 사막 교역로 101
사하라 사막 무역 49, 50, 52, 53, 57, 209

산스크리트 어 179
산업 시대 18, 113, 382, 383, 404, 406
산업 혁명 231, 280, 389, 399, 413, 416
살라가 67
삼림 지대 344, 346, 352, 353, 354, 357, 360, 362, 367, 370, 375
삼림 한계 지대 353
상 왕조 160
상아 47, 49, 59, 73, 74, 109, 124, 140, 393
상업 식민지 283
상업 혁명 10
상인 공동체 25, 46, 77, 81, 89, 96, 143, 144, 152, 185, 195, 196, 198, 209, 221, 247, 248, 288, 295, 324, 330, 342, 405, 406
상인 관리 285
상인 도시 79, 81, 89
상인 동업 조합 211, 226, 248, 401
상인 성직자 79, 80
상인 유민 집단 17~22, 25, 27, 32~35, 38, 40, 43, 45, 46, 48, 55, 67~69, 74, 75, 89, 96, 99, 102, 104, 108~110, 113, 121, 123, 126, 129, 139, 145, 152, 153, 155, 157, 166, 177, 180, 185, 187, 195~197, 200, 210, 211, 218, 219, 244, 246, 248, 258, 270, 277, 279, 301, 303, 316, 330, 382, 386, 388, 390, 394, 406, 409, 413, 418
상인 정착촌 20, 25~27, 67, 78, 79, 93, 127, 133, 139, 143, 144, 177, 215, 394
상품 교환 36, 41
상품 총량 거래 방식 112
상호 교환 38, 156, 380
생태(학적) 경계 지역 41, 42, 45, 162
샤 아바스Shah Abbas 314
샤반다르 222, 223, 406
샤이엔Cheyenne 족 353, 373
샤프먼, 앤Chapman, Anne 154
샹플랭 호수 353
샹플랭, 사뮈엘 드Champlain, Samuel de 365
석기 시대 16
성소 93
성지 도시 32
성지 순례 194, 217
성직자 도시 95
세 제국 시대 254, 313
세나 60, 71
세네갈 강 56, 68
세네감비아 79, 91, 95, 105, 111, 112
세인트로렌스 강 349, 357, 358, 361, 364, 367~369, 377
세인트로렌스 교역로 31
세인트로렌스 만 363

세인트루이스 68, 109, 358, 359
셀랑고르 279
셀레우시드 제국 168
셀주크 튀르크Seljuk Turks 족 192, 310
셈 족 116, 124, 126, 137, 138, 15
소그디아나 167
소금 43, 44, 46, 60, 161, 206, 259
소금 독점권 44
소금 무역 68
소닌케 79
소닌케-왕가라 59
소닌케Soninke 족 56, 57, 104
소매 무역 21, 22, 96
소승 불교 179
소아시아 19
소팔라 59, 69, 71, 209, 219, 238
솔로로마카사르 274
송나라 11, 189, 191, 206, 213, 214, 217
쇼아 왕국 8
숄파 32
수경水耕 119
수라트 263, 299, 313, 323, 324, 329
수마트라 (섬) 177, 211, 215, 224, 225, 244, 252, 271, 286, 288, 289, 290, 341
수메르 117, 150, 153, 157
수메르 사원 경제 가설 153
수메르 어 118
수상 문화 47, 48

수에즈 운하 170, 417
수출입 관세 285
수표 199
수Sioux 족 353
순다 해협 213, 260, 261
술라웨시 270
술탄 101, 199, 222, 223, 228, 251, 273, 277, 279, 288, 331, 387, 391, 395
슈피리어 호수 357, 367, 368, 369, 371
스리비자야 211, 219, 221
스멜서, 네일Smelser, Neil J. 156
스와힐리 상인 390
스와힐리 어 76, 271
스탠리 호수 47, 48, 62, 63, 107, 110
스텝 지대(지역) 41, 49, 53, 207, 307, 316
스파이스 제도 224, 244, 263, 273, 274, 276, 360
스페인 상인 254, 292, 305
슬라브 족 184
시닝西寧 323, 327
시돈 26
시드리스, 레이먼드Sidrys, Raymond 150
시베리아 모피 무역 363
시안西安 182
시에라리온 411, 414
시장 교환 156, 157
식민 도시 312

신성 도시 32
신세계 115
신용 대출 328
신장 165, 167, 169
신전 28
실라티기 105
실론 (섬) 179, 187, 241, 252, 260, 262
실체주의자 37, 38, 230, 374, 375, 376
실크 로드 165, 168, 169, 174, 184, 185, 187, 203, 300, 307
십자군 192, 193, 202, 203, 236, 332, 333
싱가포르 25, 277, 252, 281, 399, 400, 405
쐐기 문자 19, 118

ㅇ

아갈라와 104
아고라 136
아그라 324, 210, 215, 219, 221, 225, 238, 252
아나톨리아 123, 124, 126~128, 135
아나톨리아 상인 식민지 129
아널드, 로즈메리 Arnold, Rosemary 36
아덴 173, 197, 198
아드리아 해 201, 202
아라비아 반도 50, 170, 171, 173, 186, 215, 220

아라비아 상인 69, 74, 210, 400
아라비아 숫자 15, 186
아라비아 어(말) 181, 184, 194, 199, 226, 335, 414
아라비아 해 173, 176, 187, 206, 209, 249, 265
아로추쿠 93
아로 Aro 족 92, 94, 95
아르메니아 176, 295, 306, 307, 309, 310, 321, 323
아르메니아 공동체 334, 335, 337
아르메니아 기독교 상인 331, 334
아르메니아 상인 307, 309, 311~315, 317, 319~322, 324, 325, 327~329, 330~335, 337~341, 413
아르메니아 상인 공동체 311, 323, 327, 328, 333, 335
아르메니아 상인 유민 집단 301, 313
아르메니아 어 12, 306, 322
아르메니아 이동 상인 333
아르메니아 제국 310
아르메니아 중개 상인 332
아르항겔스크 319, 323
아리스토텔레스 136
아리아 족 159
아메리칸 원주민 344~346, 349, 353, 358, 362, 363, 373~377
아메리칸 원주민 상인 집단 360
아모리 왕조 124
아모리 족 126

아바스 왕조 160, 181~183, 185~187, 189, 191, 192, 208, 310, 391
아바스Abbas 대왕 254
아보 65
아보 상인 64, 65
아비캄 44
아샨티 (왕국) 61, 64, 65, 67
아샨티 족 67
아소카 왕조 15
아슈르 123, 126~130, 154
아스완 55, 170, 197
아스텍 151, 152, 155
아스텍Aztec 족 151
아스트라한 317, 319~321, 335
아시니보인Assiniboine 족 370
아시리아 126, 137
아시리아 상인 127~129
아시리아 상인 유민 집단 127
아시리아 상인 정착촌 19
아시아 무역망 234
아시아 상인 238, 243, 246, 254, 261, 266~269, 293, 297, 342
아시아 상인 유민 집단 232, 290
아시아 해상 무역 207, 244, 268, 269, 290
아우질라 101
아유타야 283, 284
아이야볼레 211
아이유브 왕조 192~194, 200

아이조 44
아자랴, 빅토르Azarya, Victor 85, 87
아조레스 제도 232
아체 252, 273, 286
아카드 117, 123
아카드 어 125, 126
아카드 족 126
아퀴나스, 토마스 24
아편 무역 402, 406
아프리카 노예 상인 410
아프리카 상인 34, 40, 59, 69, 110~112, 389, 410
아프리카 상인 공동체 410
아프리카 상인 유민 집단 38
아프리카 중개 상인 410
아프리카 해상 무역 237
아프리카계 아라비아 상인 390
아프리카의 뿔 171, 175
악바르Akbar 왕조 254
악숨 (왕국) 175, 176
알곤킨 어 353, 354, 364
알곤킨 족 366
알라디안 44
알래스카 360, 361
알레포 124, 309, 319~321, 323, 331, 332
알렉산더 (대왕) 26, 137, 144, 145, 158, 165, 168, 181
알렉산드리아 219, 225, 226
알메이다, 프란시스코 데Almeida,

Francisco de 237
암본 (섬) 262, 263
암흑시대 135, 136, 140
애덤스, 로버트Adams, Robert 115, 119
앤트워프 20
야금 기술자 120
야르세 57
야세Yarse 족 81
야오 족 상인 73, 390
야오Yao 족 46, 47, 74, 75
야쿠트Yakut 족 347
양쯔 강 415
어머니 도시 25
에게 문명 133
에스키모 족 353
에스타도 다 인디아 25, 32, 241, 242, 290
에클레스Eccles, W. J. 362, 363
에니오피아 고지대 42, 50, 55, 175, 176
엠마누엘, 알기리Emmanuel, Arghiri 29
엠포로스 136, 144
엠포리온 143, 144
역내 무역 289, 290, 292, 297, 402
역사적 경제 인류학 9
역외 무역 40
열대 삼림 (지역) 42, 45, 46, 58, 61, 64, 65, 104, 147, 206
영, 퀼러Young, T. Cuyler 121
영국 동인도 회사 22, 262, 263, 265, 266, 282, 296, 297, 315, 329, 341, 384, 385
영국 상인 296, 302, 321, 361, 368~370, 377, 401, 403, 404, 414
영국 상인 모험 회사 20
영국 상인 유민 집단 321, 335
영국(의) 인도 자치령 297
영사관 407
오대호 18, 30, 302, 351, 353, 357, 370
오스만 제국 192, 301, 311, 314~317, 319, 320, 331, 332, 407
오스만 튀르크 254
오스만 튀르크Ottoman Turks 족 19
오아시스 51, 52, 55, 165
오아시스 경제 101
오아시스 도시 53, 57, 95, 165, 167
오아시스 지역 33, 51, 59, 81, 100, 101, 157, 165, 194
오악사카 147
오요 61
오우아글라 96
오지브와Ojibwa 족 369, 370, 367
오키나와 상인 252
오타와 강 357, 371
오타와Ottawa 족 367
오하이오 강 358
옥수수 358, 362, 365
올메카 문화 147
올멕 147, 149, 152, 155

올버니 357, 358, 364
와다이 101, 397
와술루 45, 46, 87
와치시Wachisi 족 46
와킬 195, 196, 198, 293
와킬알투자르 195, 198, 406
왈라타 56, 57
왕가라 57, 58
왕실 독점권 199, 240
요크 보트 351, 371
우라르투Urartu 왕국 310
우르 117, 124, 125
우르 왕조 123
우마이야 왕조 181
우아르글라 53
원거리 무역 21, 23, 37~39, 40, 43, 51~53, 59, 69, 102, 104, 107, 120, 121, 124, 140, 151, 152, 155, 166, 167, 200, 207, 210, 224, 230, 248, 307, 310, 322, 324, 359, 363, 365, 419
원거리 무역 상인 35, 65, 124, 182, 303
원거리 통신 417
원나라 191, 213, 217
월러스틴, 이마누엘Wallerstein, Immanuel 29
웨이스, 하비Weiss, Harvey 121
위스콘신 강 357
위탁 판매 21

위탁 판매인 21, 195
윈난 성 167, 177, 217
유, 잉시Yu, Ying-shih 164
유대 공동체 183
유대 상인 22, 182~185, 187, 194, 197, 198, 292
유대 상인 공동체 193, 194, 292
유대 상인 유민 집단 184, 198
유대 인 공동체 193
유대교 184
유럽 상인 22, 34, 60, 109, 110, 112, 225, 226, 231, 256, 258, 267~269, 283, 288, 289, 293, 296, 297, 302, 334, 339, 342, 344, 346, 357, 358, 359, 361~364, 369, 373, 380, 381, 389, 401, 405, 407, 409, 410, 414
유목 국가 165
유목 민족 162, 163, 192
유목민 41, 42, 47, 48, 50, 52, 55, 101, 162, 163, 220, 307, 309, 352, 353
유카기르Yukagirs 족 346
유프라테스 강 114, 170, 186, 309
육상 교역 10, 339, 307
육상 교역로 10, 165, 174, 185, 191, 194, 207, 208, 269, 299~302, 339
육상 교역소 359
육상 무역 107, 183, 183, 185, 187, 197, 228, 269, 300, 301, 312, 315,

321
은나라 161
의류 무역 289, 290
이갈라 65
이갈라 상인 64, 65
이갈라 왕국 63
이그보 어 92
이그보Igbo 족 92
이니스, 해럴드Innis Harold 362, 380
이동 변민移動邊民 305
이동 상인 102, 104~106, 110, 129~130, 144, 153, 194, 195, 246, 322, 327, 339
이동 중개 상인 323
이로쿼이 족 354, 358, 364~367, 370, 375, 377
이리 운하 30
이븐바투타Ibn Battuta 57, 59, 60, 78, 198
이븐후르다드베Ibn Khurdadhbeh 184
이비누크파비 92
이비비오 93
이스파한 314
이슬람 개혁주의자 85, 88
이슬람 공동체 194, 211
이슬람 국가 192, 199, 208, 307, 329
이슬람 무역 공동체 74
이슬람 무역 식민지 187
이슬람 문명 189, 316
이슬람 상인 34, 57, 58, 81, 82, 87, 182, 185, 194, 221, 223, 233, 246, 249~251, 284, 316, 334, 388
이슬람 상인 유민 집단 180
이슬람 제국 181, 184, 186, 313
이슬람 종교 개혁 운동 85
이슬람 통일 국가 181
이슬람교 31, 32, 34, 57, 95, 180, 181, 183, 185, 186, 198, 289
이오니아 해 202
이조 상인 64, 65
이중 도시 78, 80, 314
이집트 상인 132, 197, 198, 393
이집트 상인 공동체 198
이탈리아 상인 235
이탈리아 상인 집단 21
이탈리아 어 226
인더스 강 115, 167, 177, 210, 220
인더스 문명 159
인도 상인 177, 179, 210, 211, 213, 225, 273, 296, 388, 406, 413
인도 상인 유민 집단 177
인도 영국 자치령 265, 413
인도 해상 무역 267
인도양 무역 171, 175, 185
인도양의 해상 무역 316
인디언 상인 369, 380
인디언 중개 상인 359, 360, 368
일본 상인 282, 283
일본 상인 유민 집단 283
잉카 문명 157

ㅈ

자글리, 필리페 데Zagly, Philippe de 337, 338
자기 나침반 206
자모린 249
자바 22, 23, 33, 34, 177, 213, 222, 244, 253, 260, 261, 267, 271, 280, 281, 286, 288, 291, 303, 329, 383, 397, 399
자바 상인 224, 270, 291, 400
자알리인 족 상인 395
자알리인Ja'alīyyīn 족 391, 393~395, 397
자유 경쟁 67
자유 무역항 399
자치권 22, 79, 80, 81, 97, 154, 196, 225, 226, 248, 273, 284, 330, 331, 335
자 치 령 263, 265, 290, 383, 385~388, 397
자티기 105
자한케 22, 57
잔지바르(섬) 75, 171, 174, 407
잘루 101
잠베지 72
잠베지 강 71
잡슨, 리처드Jobson, Richard 80, 91, 92
재분배 38, 156, 157, 380
재외 공관 282, 263, 265, 273, 284, 331, 410

재외 상관在外商館(체계) 20, 78, 234, 381
적도 삼림 지대 391
전염병 344, 346, 367, 375
점토판 127, 130
정기 육상 교역로 165
정착 농민 162, 360
정착 농민 공동체 94
정착 상인 102, 104, 105, 129, 194, 246, 325, 409
정착 중개 상인 406
정착민 41, 42
정치적 계층 구조 31, 32
정크선 206, 229, 285, 286
제3대 우르 왕조 117, 119, 120, 124, 129
제네제노 52
제노바 200, 203, 205, 219, 226, 234, 235
제노바 상인 205, 234, 312, 322
제노바 상인 유민 집단 312
제일라 107
조공 무역 164, 166, 167, 213, 284, 286, 290, 401, 403
조공선 바닥짐 286
조로아스터교 상인 400, 406
조약항 405, 414
조지안 만 354
조호르 252, 270, 277, 279, 399
종고 80, 95

종교 개혁 국가 85
종교 공동체 32, 194, 233
종교 무역 공동체 33
종교적 계층 구조 32
종속 이론 29
주바 강 54, 55
주변부 29
주장 강 226, 240, 401
줄라 57
줄라juula 족 81, 87, 88, 92
줌보 72
중간 화물 집산지 124
중개 무역 46, 123, 341
중개 상인 106, 110, 112, 107~112, 122, 123, 125, 153, 154, 194, 224, 254, 293, 302, 321, 323~325, 327, 329, 331, 335, 401, 406, 414
중개 위탁 상인 377
중개 회사 297, 298, 402, 405, 413
중개상 17, 20, 102, 129, 288, 296, 367, 409, 413, 415
중계 무역 43, 61, 64, 65, 101, 121, 254, 301, 213, 215, 217, 221, 225, 226, 229, 254, 281~286, 288, 289, 330, 359, 363, 400, 403, 414
중계 무역 도시 72
중계 무역 시장 61, 63, 65, 67, 71, 97, 107, 109
중국 문명 189
중국 상인 33, 164, 165, 167, 176, 388
중국 상인 공동체 284, 286
중국 상인 유민 집단 290, 400
중국 상인 정착촌 215
중상주의 시대 374
중세 플랑드르 20
중심 도시 25~27, 31, 79, 149, 280
중심지 계층 구조 73, 395
중심지 이론 30
중앙아메리카 무역망 147
지다 170, 184
지대地代 84
지역 내 거래 40
지주 중개 상인 105~107, 108, 110, 145, 195, 198
지중해 34, 124, 132, 133, 135, 139, 141, 143, 145, 146, 160, 174, 175, 181, 183, 184, 186, 197, 199, 333, 405
지중해 무역 146, 198
지중해 무역 상인 175
지중해 이슬람 지역 200
지하드 251
짐바브웨 59, 60, 69, 209, 238

ㅊ

차 무역 402
차드 호수 50~52, 104, 397
차르 316, 338, 341
찰카칭고 147

창장 강 190
채프먼, 앤Chapman, Anne 36
철 43~47, 49, 112, 190, 349, 352
청나라 120, 133, 147, 254, 284, 285
체체파리 39, 58, 60, 61
체티스 210, 211, 229
체티스 상인 248
초보적 도시망 28
촐라 왕국 177
최초의 교역 16
최초의 도시화 과정 17
최혜국 대우 협정 404
취안저우 214, 219, 219
치아파스 146
치외 법권 406, 407
치치멕 305
치치멕Chichimec 족 151
침묵 거래 35, 36
칭기즈 칸 207

ㅋ

카네시 127, 128, 130
카롤링거 왕조 183
카루 128
카룸 125, 126, 128, 129, 154
카르타고 26, 139, 140, 143
카르타세스 238
카리미 198, 199
카리미 상인 209, 211
카림 상인 199

카사 다 인디아 240, 241, 258
카슈미르 상인 327
카스피 해 168, 185, 299, 307, 310, 313, 314, 317, 319, 320, 341
카이로 32, 184, 193, 195, 196, 221, 268, 331, 395
카이로 상인 197
카파도키아 19, 126
칸칸 89
캄바린 베리베리 103
캄바Kamba 족 59, 75
캄베이 210, 219
캐나다 모피 무역 371
캘리컷 226, 229, 249, 250, 260
케이프타운 260
케이프혼 170
코로만델 261, 265
코르도판 101
코언, 애브너Cohen, Abner 18
코친 250, 262
콘스탄티노플 181, 196, 202, 310, 311
콜라열매 무역 106
콜럼버스 115, 156, 232, 345, 352
콜카타 265, 299, 329, 385, 417
콤프라도르 414, 415
콥트 교회 176, 227
콥트 상인 194, 198
콩고 강 62, 63, 390
콩Kong 85, 87~89

쾰른 26, 104
쾰른 상인 18
쿠로코 45~47
쿠를랜드 338
쿠프라 53, 101
쿤룬 산맥 165
퀘벡 361, 365~367, 370
퀼리만 71
퀼테페 127, 130
크라 지협 177
크레크, 셰퍼드Krech, Shepard 375
크레타 섬 131, 133, 135, 203
크리올계 포르투갈 어 34
크리Cree 족 370
클링 210, 211, 222~224, 251, 271, 288, 400
키레나이카 141
킨탐포 67
킬와 47, 69, 71, 73, 75, 221, 238

ㅌ

타리카 99, 100
타밀 상인 286
타밀 어(말) 210, 226, 312
타이완 260, 284
타클라마칸 사막 165, 167, 185
타타르 상인 317
타타르Tatar 족 185, 360, 316
타필랄트 52, 53, 57
탈로 273, 275
탐카루 119, 125, 129, 153
탕가니카 호수 75
테노치티틀란 151~153
테르나테 244, 274
테오티와칸 149, 150
테테 71
테페 야야 121, 12
텔라구 210
톈산 산맥 165
토카라와 103
토메 피르스 210
톨텍 155
톨텍Toltecs 족 151
투루크 99
투아레그Tuareg 족 50
투피 303
툰드라 지대 353
툴라 151
튀르크 족 196, 292, 311, 339, 347
튜더 왕조 20
트라키아 141
트란스옥시아나 165, 167, 168, 182, 184, 307, 316
트레이드 온스 112, 380
트리파노소마 39
트리폴리 101
트리폴리타니아 51, 52
틀라텔롤코 151, 152
티그리니언Tigrinyan 족 82
티그리스 강 114, 120, 170, 309

티레 26
티모르 32, 222, 274, 291, 292
티오Tio 족 107, 110
팀북투 49

ㅍ

파르티아 (제국) 168, 169, 174, 310
파이프 담배 373
파티마 왕조 192~194, 196, 197, 200, 218
파팅갈로앙Pattingalloang 275
판카다 229
팔미라 169
페낭 399
페니키아 26, 137
페니키아 교역소 139
페니키아 무역망 18, 34, 139
페니키아 상인 유민 집단 139
페니키아 식민지 26
페라나칸 33, 288
페르가나 167
페르손, 이브Person, Yves 88
페르시아 186, 187, 226
페르시아 만 59, 117, 124, 145, 160, 169, 184, 186~188, 192, 200, 208, 228, 245~247, 254, 309, 313, 323, 329
페르시아 만 교역로 170
페르시아 상인 69, 211, 317
페르시아 어 168, 184, 187, 223, 306
페르시아 제국 263, 267
페스 32, 53
페이토리아 78
페잔 51, 101
페툰Petun 족 354
페트라 169
편서풍 232, 261
평화 우호선 256
포르투갈 교역소 243, 246, 257, 258, 329
포르투갈 상인 60, 72, 74, 233, 235, 237, 238, 242, 244~253, 258, 260, 273, 291, 296, 409
포르투갈 상인 유민 집단 234
포르투갈 어 244, 295, 302, 414
포르투갈 제국 242
포르투갈 크리올 말 110
포치테카 152~155
포함 외교 398, 404
폭스 강 357
폴라니 학파 37
폴라니, 칼Polanyi, Karl 36, 37, 111, 125, 130, 154, 156
폴로, 마르코 183, 214
폴리스 141, 144
푸들리카트 210
푸젠 상인 유민 집단 400
푼다코 78, 144
푼두크 78, 144, 195, 196, 331
푼트 132

풀베 족 87
프라소스 72, 73
프라우 274
프랑스 동인도 회사 384, 407
프랑스 모피 무역 363
프랑스 상인 334, 357, 361, 369, 364, 365, 367, 370, 380
프랑스계 캐나다 인 19
프랑크 어 226
프랑크Franks 족 183, 184, 196
프랭크, 앙드레 군더Frank, Andre Gunder 29
프렌치 수단 46
프록세모이 145
프리먼, 도널드Freeman, Donald 374
플라톤 24
플랜테이션 농장 75
피르스, 토메Pires, Tome 219~221, 224, 225, 227, 230, 270, 274
피진 잉글리시 414

ㅎ

하라리Harari 족 82
하르툼 55, 390, 391, 393~395
하부 교역소 25
하상 무역 107
하우사 195, 293
하우사 상인 유민 집단 105
하우사 어(말) 80, 103
하우사Hausa 족 80, 95, 103

한국 상인 283
한나라 159~165, 167, 176, 182
한자 동맹 18, 20, 26, 27, 34, 104
함무라비 124
함무라비 법전 125
항구 도시 30, 31, 59, 107, 110, 133, 174, 211, 215, 218, 219, 221, 234, 240, 260, 299, 331, 333, 334
항해술 183, 231
해군 원정 215, 217
해달 모피 349
해상 교역로 71, 160, 191, 205, 207~209, 224, 238, 309, 332, 369
해상 무역 60, 108, 123, 124, 132, 137, 146, 160, 164, 169, 176, 183, 188, 197, 201, 202, 203, 205, 206, 209, 211, 213, 215, 217, 229, 233~235, 237, 242, 254, 273, 286, 300, 301, 312, 315, 319, 327, 333, 409
해상 무역 상인 136, 187, 210
해상 봉쇄 245
해상 상인 유민 집단 271
해상 유목민 273
해안 도시 76
해양 항해 기술 191
해양 혁명 231, 242
행상 무역 324, 327
향신료 191, 197, 206, 225, 226, 241, 290, 332

향신료 무역 199, 228, 239, 240, 244, 261, 263, 269, 275, 276
허드슨 강 357, 358
허드슨 만 302, 351, 358, 361, 368~371, 375, 377, 380, 381
허드슨 만 회사 361, 363
허드슨 베이 컴퍼니(HBC) 368, 369, 371, 375
헤로도토스 35, 36
헤르메스Hermes 16, 24, 137, 138
헤지라 181
헨리Henry 왕자 236
헬레니즘(세계) 26, 137, 138, 159, 160, 165, 168, 174, 181, 199
헬레니즘 218
형식주의자 37, 38
호라산 121
호르무즈(해협) 238, 257, 265, 315
호머 136
홍 상인 415
홍해 교역로 170
홍hong 상인 401
화물 집산 항구 219, 228, 252, 260, 274
화물 집산지 123, 240, 249, 251, 273, 332
화약 제국 313
황허 강 115, 190
후추 205, 206, 214, 225, 239, 241, 242, 244, 245, 248, 252, 253, 262, 265, 286, 290
후추 무역 244, 245, 250, 288, 289, 341
휴런 족 354, 355, 363~367, 370, 374, 375, 377
휴런 호수 353, 354, 357
흑요석 120, 131, 132, 147, 149, 150
희귀 상품 43
희망봉 42, 170, 231, 243, 245, 263, 332, 417
히타이트 왕국 135
힌두교 32, 179, 198
힌두(교) 상인 34, 246, 317, 339
힌두쿠시 산맥 167
힐라리언 192

경제 인류학으로 본
세계 무역의 역사

초판 1쇄 인쇄일 · 2007년 7월 16일
초판 1쇄 발행일 · 2007년 7월 23일

지은이 · 필립 D. 커틴
옮긴이 · 김병순
펴낸이 · 양미자
책임 편집 · 추미영
경영 기획 · 하보해
본문 디자인 · 이춘희

펴낸곳 · 도서출판 **모티브북**
등록번호 · 제313-2004-00084호
주소 · 서울시 마포구 동교동 156-2 마젤란21빌딩 1104호
전화 · 02-3141-6921, 6924 / 팩스 · 02-3141-5822
e-mail · motivebook@naver.com

- 잘못된 책은 구입한 곳에서 바꾸어 드립니다.
- 이 책은 저작권법에 따라 보호를 받는 저작물이므로 무단 전재와 무단 복제, 광전자매체 수록을 금합니다. 이 책 내용의 전부 또는 일부를 이용하려면 도서출판 모티브북의 서면동의를 받아야 합니다.

ISBN 978-89-91195-15-8 93900